KB153789

〈개정판〉

부동산
경·공매론

이석근 · 임윤수 · 장희헌 공저

21세기사

머리말

최근 정부의 부동산 활성화 정책에 힘입어 부동산 경·공매 시장이 활발해지고 있다. 보다 나은 재테크와 무주택서민들의 내 집 마련의 수단으로서 경·공매는 각광을 받고 있는 것이다. 어느 정도의 법률적인 기본지식과 노력만 투자한다면 충분히 남보다 더 나은 삶의 질을 추구할 수도 있다는 것이 보편화되어 있기 때문이다. 또한, 요즘은 대학·대학원에서도 경매과목을 정규과목으로 채택하여 학문의 폭을 넓혀가고 있는 중이다.

경매란 민사집행법에, 공매는 국세징수법에 근거하여 법적인 절차에 따라 국가에서 진행하는 것이며, 경·공매를 하기 위해서는 기본적인 법률지식을 요구한다. 이를 바탕으로 권리분석과 함께 물건분석을 하기 위함이다. 이러한 바탕이 없이는 경매절차상의 복잡함과 경매대상 물건에 대한 권리를 파악하는데 어려움에 직면할 수밖에 없다.

특히 경매에서 최고로 난해한 유치권과 법정지상권에 대하여 판례를 많이 인용하여 실무에 충분히 도움을 주도록 노력했고, 최근 기존판례와 다른 입장을 변경한 내용도 비교하여 집필하였으며, 또한 최근 개정된 특별법상 임차인의 상향조정된 보호범위와 기존의 판례를 변경한 분묘기지권(분묘물권)에 대하여 분석하였다. 추후 계속적으로 이와 관련된 판례를 보충하여 집필할 예정이다.

이 책의 구성은 아래와 같이 구성되어 있다.

제1장에서, 경매의 의의, 종류, 소멸주의, 인수주의, 경매절차의 개요에 대하여 설명하고,

제2장에서, 권리분석의 대상과 주의할 점, 각종 권리에 대한 권리분석을 쉽게 이해할 수 있도록 설명하였으며, 공매와도 비교 언급하였다.

제3장 경매말소기준권리에 대하여 각 권리별로 설명하였고,

제4장에서는 경매배당에 대하여 배당기준과 각 권리별로 배당을 설명하였다.

제5장에서는 경매와 관련하여 많은 분쟁이 발생하고 있는 주택임대차보호법과 상가건물임대차보호법을 독자들의 이해를 돕기 위하여 문답식으로 설명하고 있으며, 특히 최근 개정된 특별법(주택임대차보호법과 상가건물임대차보호법)의 정보요청권과 2018년 9월 17일 최근 개정 시행되고 있는 주택임대차보호법의 변경된 보호규정도 세밀하게 분석하였다.

또한, 2018년 10월 16일 최신 개정된 상가건물임대차보호법의 권리금보호규정 범위(갱신권 5년에서 10년 개정)가 대폭 확대되어 시행하고 있는 제도와 관련하여 독자들의 이해를 돕기 위해 판례를 분석하였다.

제6장에서는 최근투자수익으로 각광받고 있는 NPL(부실채권)과 경매절차를 통하여 농지매수를 위한 농지취득자격증명제도에 대하여 자세히 기술하였으며,

제7장에서는 낙찰 후 발생되는 각종세금과 부동산의 인도명령, 인도소송에 대하여 자세히 기술하였고,

제8장에서는 경매용어정리와 함께 필요한 서식으로 구성되어 있다.

끝으로 각 장마다 연관성 있는 판례를 비교 평석 분석하여 이론과 실무에 도움이 될 수 있도록 세심하게 구성하였다

이 책이 부동산경매를 배우고자 하는 대학 학부 생들과 독자 여러분들에게 유익한 정보가 되기를 기대해 본다.

끝으로 본서를 만들기까지 물심양면으로 도움을 주신 임윤수 교수님과 저의 모친, 사랑하는 처, 그리고 교정을 도와준 큰아들 오섭, 민섭, 이에게도 사랑하는 마음을 전한다. 아울러 이 책의 출판을 응해주신 도서출판 21세기 사 이범만 대표님과 편집부 관계자 여러분에게도 심심한 감사의 뜻을 표한다.

저자

목차

머리말   3

제1장   부동산 경매 제도   13

제1절   부동산경매의 의의와 기능   14
1. 의의   14
2. 기능   15

제2절   부동산경매의 분류   15
1. 형식적 경매와 실질적 경매   15
2. 강제경매와 담보권실행(임의경매) 등을 위한 경매   16
3. 강제경매와 임의경매의 차이점   20

제3절   소멸주의와 인수주의   21
1. 소멸주의   22
2. 인수주의   22
3. 소멸주의와 인수주의의 장·단점   23

제4절   부동산경매의 절차   23
1. 경매신청   23
2. 경매개시결정 및 배당요구   24
3. 물건현황조사 및 감정평가   30
4. 최저매각가격의 결정 및 물건명세서 등의 작성·비치   32
5. 매각의 실시와 매각허가결정   35
6. 매각대금의 납부 및 소유권이전등기 등의 촉탁   37
7. 부동산의 인도 및 배당   47

제5절   부동산 경매절차에 있어서의 이해관계인   53
1. 이해관계인의 의의   53
2. 이해관계인의 권리   54

3. 이해관계인의 범위에 해당하는 자   54
4. 이해관계인에 해당하지 않는 자   57

제2장   **부동산 경매 권리 분석**   59

제1절   부동산 경매권리분석   61
1. 권리분석의 개념   61
2. 권리분석의 대상(목적물)   62
3. 경매 권리분석의 기본원리   72
4. 기타 권리관계 순위   78
5. 권리분석 시 주의사항   79

제2절   각 종 권리의 권리분석   80
1. 가등기의 권리분석   80
2. 가압류(假押留) 등기의 권리분석   85
3. 가처분(假處分)의 권리분석   88
4. 압류의 권리분석   95
5. 근저당권(저당권)의 권리분석   95
6. 분묘기지권의 권리분석   89
7. 예고등기의 권리분석   104
8. 유치권의 권리분석   105
9. 임차권등기와 임차인의 권리분석   126
10. 전세권의 권리분석   130
11. 지상권의 권리분석   132
12. 법정지상권의 권리분석   133
13. 지역권의 권리분석   144
14. 환매등기의 권리분석   145
15. 대위변제에 의한 권리분석   147
16. 강제경매개시결정등기 권리분석   150
17. 체납압류등기 권리분석   150
18. 공유자우선매수청구권의 권리분석   151

제3절   공매권리분석   156
  1.   공매의 정의   156
  2.   공매(KAMCO)물건 (표 2-12)   156
  3.   경매와 공매 비교 차이점   157

제3장   **부동산 경매 말소 기준권리**   159

제1절   채권   160
  1.   가압류(1)   160
  2.   가압류(2)   161
  3.   가압류(3)   161
  4.   가압류(4)   162

제2절   물권   162
  1.   근저당(1)   162
  2.   근저당(2)   163
  3.   근저당(예고등기)   163

제3절   물권과 채권 기타   164
  1.   전세권, 소유권보전가등기   164
  2.   전세권   164
  3.   가처분, 임차권(대항력)   165
  4.   대위변제   165
  5.   환매등기, 등기된 임차권 순위   166
  6.   담보가등기   167
  7.   보전가등기   167
  8.   강제경매신청등기(1)   168
  9.   강제경매신청등기(2)   168
  10.   체납압류   168
  11.   예고등기   169

제4장   부동산 경매 배당 기준   171

제1절   배당   173

1. 배당의 의의   173
2. 배당절차   173
3. 배당을 받을 수 있는 채권자   175
4. 배당요구와 권리신고   175
5. 배당의 실시   177
6. 배당원칙 기준   178
7. 필요비와 유익비(비용 상환청구권)배당   179

제2절   각 권리간의 배당   180

1. 물권과 물권   180
2. 채권과 채권   182
3. 물권과 채권의 혼합   183
4. 전 소유자의 가압류(1)   184
5. 전 소유자의 가압류(2)   184
6. 전 소유자의 가압류(3)   185
7. 임대차 확정일자와 소액임차인에 대한 최우선 배당기준
   (서울기준)   185
8. 대항력 있는 임대차와 근저당, 가압류에 대한 배당기준
   (과밀권 기준)   186
9. 확정일자와 근저당권 순위다툼   186
10. 담보가등기   187
11. 흡수배당(1)   188
12. 흡수배당(2)   190
13. 2단계 배당과 흡수배당   191
14. 순환배당(1)   192
15. 특수흡수배당   193
16. 순환흡수배당(가압류와 당해세 아닌 조세)   194
17. 순환흡수배당(가압류와 당해세 아닌 조세)   195
18. 조세(체납처분)   197
19. 동시배당과 이시배당   201
20. 대위변제에 의한 배당   202

　21. 다수의 권리배당 배당금액 : 2억원　　203

제3절　판례 분석(배당이의)　　204
　1. 대법원 2011. 12. 8.선고 2011다65396 판결. 배당이의　204
　2. 대법원 2007. 5. 11. 선고, 2007다14933 판결. 배당이의　204
　3. 대법원 2005. 8. 25. 선고 2005다14595 판결. 배당이의　205

제 5 장　부동산 임대차(주택, 상가건물)　　209

제1절　주택 임대차 보호법　　212
　1. 주택 임대차 보호법의 목적　　212

제2절　상가건물 임대차보호법　　236
　상가건물 임대차보호법 (2002년 11월 1일 시행) 문답　　236

제3절　2013년 08월 13일에 시행되는 주택(상가건물)
　　　임대차보호법의 주 내용　　251
　1. 우선변제권의 승계대상 확대
　2. 상가임대차 갱신요구권의 확대
　3. 철거, 재건축을 사유로 한 임대인이 갱신거절 가능한 경우

제4절　2014년 1월 1일에 시행되는 주택(상가건물)
　　　임대차보호법의 주 내용　　252
　1. 주택임대차보호법의 적용범위의 확대　　252
　2. 차임 등 정보제공 요청권 신설(주택)　　252
　3. 법무부 법무심의관실　　252
　4. 보증금 월세 전환율 하향조정　　253
　5. 최우선 변제금의 한도 조정　　254

제5절　권리금보호법(2015년 5월 13일 시행)　　254
　1. 권리금의 정의　　254
　2. 권리금 회수 기회의 보호　　255
　3. 권리금 회수의 보호가 인정되지 않는 경우　　256
　4. 임대인의 손해배상의무　　256
　5. 임차인의 정보제공의무　　256

6. 권리금 적용 제외 257

7. 권리금을 확보하기 위한 임차인의 의무 257

제6절 2018년 1월 26일에 시행되는 상가건물
임대차보호법의 주 내용 260

1. 시행령 개정안 제안 이유 260

2. 주요 내용 261

제7절 2018년 10월 16일에 개정 시행되는 상가건물
임대차보호법의 주 내용 262

제6장 NPL(부실채권)·농지취득자격 269

제1절 NPL(부실채권) 270

1. 의의 270

2. 종류 270

3. 부실채권이 시장에 나오는 이유 270

4. 흐름도 271

5. 접근방법 271

6. 수익창출방법 271

제2절 농지취득 자격증명 272

1. 정의 272

2. 대상 272

3. 신청지역 272

4. 제출서류 272

5. 발급절차 273

6. 처리기간 273

7. 농지취득자격증명서 반려사유(농림부 예규) 273

8. 농지취득자격증명을 발급 받지 않아도 되는 경우 273

제7장　낙찰 후 사후 절차　279

제1절　인도명령　280
1. 인도명령 의의　280
2. 인도명령 신청의 당사자　280
3. 인도명령 신청기간　281
4. 인도명령 진행절차　281
5. 인도명령의 인도범위　282
6. 인도명령의 불복　283
7. 인도명령의 집행　284
8. 인도명령의 집행비용　285

제2절　인도소송　287
1. 인도소송의 개념　287
2. 인도소송의 신청자　288
3. 인도소송의 대상　288
4. 인도소송의 절차　288
5. 인도 집행 절차　289
6. 송달방법실무　291
7. 체납관리비　292

제3절　경매와 세금　296
1. 매수(경락)시 관련된 세금　296
2. 매도 시 경매와 관련된 세금　298
3. 양도세를 줄이는 방법　299

제8장　부동산 경매 용어와 서식　309

제1절　부동산경매 용어해설　310
제2절　부동산경매서식 총정리　362

참고문헌　393
찾아보기　395

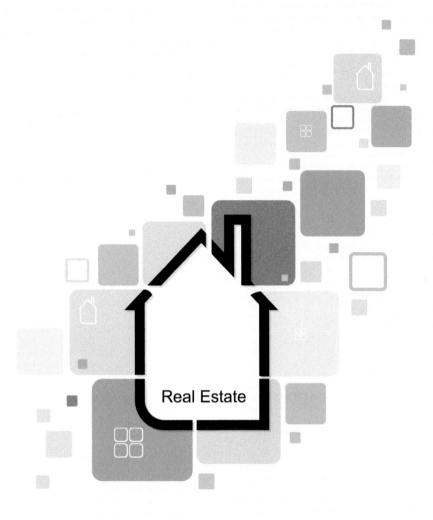

Real Estate

제 1 장
부동산 경매 제도

제 1 절   부동산경매의 의의와 기능
제 2 절   부동산경매의 분류
제 3 절   소멸주의와 인수주의
제 4 절   부동산경매의 절차
제 5 절   부동산경매절차에 있어서의 이해관계인

부동산경매의 의의와 기능

1. 의의

부동산경매는 채권자의 신청에 의하여 개인과 개인 또는 개인과 기관간의 채권·채무에 있어서 채권의 충족을 위하여 국가 즉, 이를 관장하는 법원이 채무자 또는 제3자의 부동산을 강제적으로 매각하여 채권자에게 채권의 목적을 실현시켜주는 강제집행[1]의 한 방법이다. 구 민사소송법[2]에서는 '강제집행'편[3]에서 규정하여 실행하여 왔지만 2002년 7월 1일 부터는 민사집행법의 절차에 의하여 진행되고 있다.

경매에는 국가기관이 주체가 되어 행하는 공매(공매와 경매)와[4] 개인이 집행주체가 되어 행하는 사경매[5]가 있으며, 공매는 국가의 위임을 받은 한국자산관리공사가 국세징수법[6]에 규정된 절차로 진행하고, 경매는 국가 즉 법원이 민사집행법의 절차에 따라 진행한다. 그리고 민사집행법상의 경매에는 다시 집행권원[7]에 의한 강제경매와 담보권실행을 위한 임의경매로 분류된다.

---

[1] 강제집행은 확정된 종국판결이나 가집행의 선고가 있는 종국판결에 기초하여 한다(민사집행법 제24조).

[2] 손한기, "민사소송법 개정작업의 방향과 그 주요내용", 법학논취 제14집, 한양대학교 출판부, 1997. 10, 311면 : 현행 민사소송법은 1960면에 제정되어 전후 3차의 개정을 거친 법률이다. 세 차례의 개정 중 1984년에 법무부에서 민사소송개정특별위원회를 구성하여 약 5년이 작업 끝에 개정안을 만들어 1989년 12월에 국회에서 통과되었던 세 번째의 가장 폭넓은 것이었다.

[3] 구 강제집행법의 내용이 포함되어 있던 민사소송법은 법률 제547호로서 1960년 7월1일일부터 시행되어 오던 것으로 독일민사소송법을 모방한 일본명치 시대 제정의 일본민사소송법을 번역적으로 계수한 것이다.

[4] 국세징수법상 체납처분에 따른 공매의 집행주체는 한국자산관리공사(온 비드)이고, 민사집행법상 경매의 집행주체는 법원이 된다.

[5] 사인(私人)이 실행하는, 미술품경매, 골동품경매, 농수산물경매, 자동차경매 등이 사경매에 해당한다.

[6] 국세의 징수에 관하여 필요한 사항을 규정한 법률. 국세의 징수절차, 독촉절차 및 체납처분 절차를 규정하고 있다. 국세징수법 제78조 2항은 공매낙찰자가 매수대금을 내지 않아 매각결정이 취소되면 이미 낸 계약보증금을 국고에 귀속토록 하고 있다. 이에 대하여 헌법재판소 전원재판부는 '국세징수법상 공매절차에서 낙찰자가 기한 내에 잔금을 내지 못할 경우 계약보증금을 국고에 귀속토록 한 조항은 위헌 소지가 있다'며 서울행정법원이 위헌 제청한 사건에 대해 8대1의 찬성으로 헌법 불합치결정(2007헌가8, 2009.4.30.선고)을 내린 바 있다. 비교하여 민사집행법상의 경매에서는 매수인이 대금을 내지 않을 경우에 매수신청보증금은 재매각 성사 후 우선순위에 따라 집행채권자나 담보 권자에게 배당하고 남은 금액이 있을 경우에는 매각재산 소유자에게 분배하고 있다.

[7] 집행권원이란 일정한 사법상의 이행청구권의 존재 및 범위를 표시하고 그 청구권에 집행력을 부여한 공정의 문서를 말한다. 채무명의, 채무권원, 집행명의라고도 한다.

2. 기능

부동산경매의 기능은 채권자의 채권 변제를 위하여 채권자의 신청에 의하여 국가가 채무자 또는 제3자의 부동산을 강제적으로 매각하여 채권자의 채권확보에 만족을 주는 것이고, 공유자간에 공유물의 분할을 분쟁 없이 해결할 수 있고, 개인과 개인 간의 거래에서 발생되는 채권채무의 경색을 해소할 수 있으며, 자력구제를 방지하여 법질서를 확립하는데 있다.

제 2 절   부동산경매의 분류

경매는 국가에서 행하는 공매(광의)와 사경매가 있고 공매는 다시 법원에서 민사집행법에 근거하여 실시하는 경매와 국세징수법의 절차에 의한 공매(협의)가 있으며 아래와 같이 분류한다.

1. 형식적 경매와 실질적 경매

형식적 경매란 민법, 상법 기타 법률의 규정에 의해서 재산의 가격보존 또는 재산의 분할 및 정리를 목적으로 하는 경매를 말하며, 이는 청산을 위한 경매, 자조매각[8], 타인의 권리를 상실시키는 경매, 유치권자의 경매(민법 제322조), 공유물분할을 위한 경매를 통한 경매 등(각각 협의의 경매)이 해당한다.

---

8 자조매각이란 채무자가 급부의무를 면하기 위하여 스스로 그 목적물을 경매하는 것을 말하며, 변제의 목적물이 공탁에 적당하지 아니하거나, 멸실·훼손의 염려가 있거나, 공탁에 과다한 비용을 요하는 경우 법원의 허가를 얻어 그 물건을 경매하거나 시가로 방매하여 대금을 공탁할 수 있다(민법 제490조). 예를 들면 상사매매의 매수인, 위탁 매매 인에게 매입의 위탁을 한 위탁자 또는 창고업자에 대한 임치 자가 각각 목적물을 수취할 것을 거절하거나 이것을 수취할 수가 없을 때에는 매도인·위탁매매인·창고업자는 그 물건을 공탁하든가 상당한 기간을 정하여 최고를 한 후에 이것을 경매할 수가 있다(상법 제67조 1항, 제109조, 제165조). 또 손괴되기 쉬운 물건이면 최고도 요하지 않는다. 또 그 대가의 전부 또는 일부를 대금에 충당하여도 좋다(제67조 2항). 운송인에 대하여서도 수하인을 모르거나 운송물의 인도에 관하여 시비가 있는 경우 자조매각이 인정되고 있다(제142조, 제143조, 제145조). 민법상의 자조매각은 대가공탁의 준비행위에 지나지 않으나, 상법상의 자조매각은 채무를 면하는 독립수단이며, 민법 제490조에 대한 특칙의 성질을 갖는다.

실질적 경매란 어떠한 판결, 조서 등의 집행권원(채무명의)에 기하여 행하는 강제경매와 저당권이나 근저당권 등 담보권실행을 위한 임의경매를 통칭하여 말한다.

2. 강제경매와 담보권실행(임의경매) 등을 위한 경매

강제경매란 사법상의 권리의 실현을 위하여 민사집행법(제80조 내지 제162조)상 강제집행 절차에서 채무자 소유의 부동산을 압류하고, 매각하여 그 매각 대금으로 채권자의 금전채권의 만족을 얻는 것을 목적으로 하는 강제집행절차이다. 즉 채권자가 채권의 변제를 받을 수 있는 집행권원을 가지고 채권자가 그 집행권원에 표시된 이행 청구권의 실현을 위해서 채무자 소유의 부동산이나 동산을 압류한 후 매각시켜 그 매각 처분된 매각 대금에서 금전채권의 만족을 얻기 위해 강제 집행하는 제도이다. 예컨대, 채무자에 대하여 대여금 혹은 물품대금 등을 받을 것이 있어서 소송을 제기하여 승소판결을 받았다고 하더라도 채무자가 임의로 갚지 아니할 경우에는 강제적인 채무이행을 구하는 강제집행을 실행하여야 하며, 채무자 소유의 재산 중 부동산에 대하여 실행하는 강제집행의 한 방법이다.

대상목적물압류	➡	환　가	➡	배당(채권변제)

채권자의 신청으로 채무명의(판결문, 집행권원)에 표시된 국가권력(공권력)에 의한 강제적 실현절차

부동산강제경매신청서(표 1-1)

수입인지
000원

채 권 자   성 명

　　　　주 소

채 무 자   성 명

　　　　주 소

청구금액 : 원금　　원 및 이에 대한　　년　월　일부터 다 갚을 때까지 연　 % 비율에 의한

　　　　금원

경매할 부동산의 표시 : 별지 목록 기재와 같음

경매의 원인된 채권과 집행할 수 있는 채무명의

채무자는 채권자에게　　　　　법원　　　가　　　　　　　청구사건의 200 년　월　
일 선고한 판결(또는 공증인　작성　호 공정증서)의 집행력 있는 정본에 기하여 위 청구금
액을 변제하여야 할 것이나 이를 이행하지 아니하므로 위 부동산에 대한 강제경매 절차를
개시하여 주시기 바랍니다.

첨 부 서 류

1. 집행력 있는 정본　　　　　　　　　　　　1통
2. 송달증명서　　　　　　　　　　　　　　　1통
3. 부동산등기부등본　　　　　　　　　　　　1통

2019년 월　　　　　일

위 채권자　　　　　　　　　　(인)

연락처(☎)

지방법원　　　　　　　　귀중

이러한 집행권원으로는 확정된 판결문[9], 가집행 선고 부 판결[10], 확정된 지급명령[11], 화해조서[12], 조정조서[13], 인낙조서[14], 강제집행 취지의 공정증서[15] 등이 있다.

담보권실행(임의경매) 등을 위한 경매란 일반적으로 담보권의 실행을 위한 경매를 말한다. 즉 집행권원 대신에 저당권, 근저당권, 전세권[16], 담보가등기[17] 등 담보권을 설정한 후 채권자가 그 담보권을 행사하여 담보의 목적물을 경매로 매각한 다음 그 매각대금에서 다른 채권자보다 먼저 채권을 회수하는 강제집행 절차이다.

임의경매 (담보권실행등을 위한 경매)	1. 실질적 경매: 담보권 등의 실행 2. 형식적 경매: 민법, 상법, 기타 법률규정 공유물분할, 유치권경매(민법 제322조 제1항) 등

---

9 판결은 이행판결, 확인판결, 형성판결로 나누어지며, 여기서 말하는 집행권원은 이행판결문을 말한다.

10 가집행을 할 수 있음을 선고한 판결을 말한다.

11 법원의 지급명령에 대하여 채무자의 이의가 없이 확정된 것을 말한다.

12 다툼의 당사자가 서로 양보하여 재판관 앞에서 작성한 조서를 화해조서라 한다. 판결과 동등한 효력을 지닌다.

13 다툼의 당사자가 조정위원회에 회부되어 조정이 성립되는 경우에 작성하게 되는 조서를 조정조서라 한다. 조정이 성립될 시 이 또한 판결과 동등한 효력을 지닌다.

14 인낙조서란 피고가 원고의 주장이나 내용을 전면적으로 긍정하는 진술을 적은 문서를 인낙조서라 한다.

15 공증된 문서 중 금전·유가증권의 채무이행에 관한 문서를 말한다.

16 전세권은 용익물권이지만, 전세권이 소멸한 경우 담보권으로 전환되어 전세금반환을 위하여 목적물을 경매할 수 있다. 즉, 담보물권의 성질도 가지고 있다.

17 가등기는 소유권유보(매매예약)가등기와 담보가등기 기능이 있는데 담보가등기는 담보권의 기능을 갖는다. 담보가등기는 매각으로 인하여 소멸하고 매수인에게 인수되지 않는다. 그러나 소유권유보매매예약가등기는 기준권리보다 앞선 경우 소멸하지 않고 매수인에게 인수되는 권리이다.

부동산임의경매신청서(표 1-2)

	수입인지 000원

채 권 자 성 명
      주 소
채 무 자 성 명
      주 소

청구금액 : 원금   원 및 이에 대한   년 월 일부터 다 갚을 때까지 연 % 비율에 의한
금원
경매할 부동산의 표시 : 별지 목록 기재와 같음

담보권과 피담보채권의 표시

채무자는 채권자에게   년 월 일 금   원을, 이자는 연 %, 변제기일   년 월 일로
정하여 대여하였고, 위 채무의 담보로 별지목록기재 부동산에 대하여   지방법원   등기
접수 제   호로서 근저당권설정등기를 마쳤는데, 채무자는 변제기가 경과하여도 아직까지
변제하지 아니하므로 위 청구금액의 변제에 충당하기 위하여 위 부동산에 대하여 담보권실
행을 위한 경매절차를 개시하여 주시기 바랍니다.

첨 부 서 류
    1. 부동산등기부등본   1통
    2. 근저당권설정계약서(채권증서 또는 원인증서 포함)사본   1통

년   월   일
    위 채권자   (인)
        연락처(☎)

        지방법원   귀중

3. 강제경매와 임의경매의 차이점

(1) 집행권원[18]의 존부

강제경매에 있어서는 일정한 집행권원의 존재의 증명을 요구한다. 즉, 확정판결문, 확정판결과 동일한 효력이 있는 각종 조서[19], 가집행 선고 부 판결, 확정된 지급명령, 공증된 공정증서(집행증서)[20] 등이다. 따라서 강제집행[21]을 신청함에 있어서 집행할 수 있는 일정한 집행권원을 기재하여야 하고(민사집행법[22]제80조 제3호), 그 신청에는 집행력 있는 정본을 첨부하여야 한다.

그러나 임의경매는 채무 변제기가 도래하였을 때 담보권의 실행을 위한 경매로 집행권원을 필요로 요구하지 않는다. 담보권으로는 (근)저당권, 질권, 담보가등기, 소멸된 전세권, 기타[23] 목적물의 교환가치를 누리는 권리의 실행으로 담보권의 존재를 증명하는 서면을 첨부하여 신청하면 된다(민사집행법 제264조 제3항).

(2) 경매절차에 있어서의 공신력[24]의 인정여부

강제경매는 집행력 있는 정본에 기초한 국가의 강제집행의 실행이므로 강제경매

---

18 일정한 사법상의 급부청구권의 존재 및 범위를 표시함과 동시에 법률이 강제집행에 의하여 그 청구권을 실현할 수 있는 집행력을 인정한 공정의 증서이다. 채무명의는 강제집행의 불가결한 기초이며, 채무명의로 되는 증서는 민사소송법 기타 법률에 규정되어 있다.

19 각 종 조서에는 화해조서, 조정조서, 청구의 인낙조서 등이 있다.

20 공증된 문서 중 금전·유가증권의 채무이행에 관한 문서.

21 참고로, 급료채권인 경우에 개정 법률에서는 1/2 한도 내에서 압류금지를 할 수 있도록 하여 압류금지 액이 대통령령이 정하는 최저생계비(월 150만원)에 미치지 아니하면 그 액수까지 압류를 금지하여 저임금 노동자들의 생계비를 보장하고 있다.

22 2002년 7월 1일부터 시행된 민사집행법은 기존의 민사소송법의 강제집행 분야를 분리해서 독립해서 시행되고 있다. 따라서 2002년 7월 1일을 기준으로 이전 경매사건을 구법사건, 이후 경매사건을 신법사건으로 구분한다.

23 유치권은 목적물을 유치하여 심리적으로 채무자의 변제를 강제하지만, 예외적으로 목적물을 임의 환가하여 간이변제에 충당할 수 있다(민법 제320조~제328조).

24 공신력이란 실제로는 아무런 권리 관계가 없으나, 있는 것으로 보이는 외형적 사실을 믿고 거래한 사람을 보호하기 위하여 권리 관계가 있는 것과 같은 법률효과를 부여하는 효력이다. 우리나라의 등기제도는 등기의 형식적 성립요건만 갖추면 다른 조사 없이 서류심사만으로 등기할 수 있도록 되어 있다. 그러므로 등기내용이 사실과 달라서 피해를 입었을 경우, 등기관이 등기에 관한 실질적인 심사권이 없다는 이유 등으로 공신력을 인정하고 있지 않으므로, 구제받기 어렵다. 다만 예외적으로 구분건물의 표제부의 표시에 관한 사항은 실질적인 심사권한이 있었다. 그러나 2011년 10월 13일부터 시행되는 개정된 등기법에서는 등기관의 실질심사제를 폐지하고 형식적 심사원칙으로 회귀했다(임윤수, 부동산 공시법, 형설출판사, 2013)(부동산등기법 제56조 제2항).: 여기에서의 공신력의 개념은 부동산 등기법에서 말하는 공신력의 문제와는 다른 개념이다. 즉 국가의 결정에 의한 집행권원에 대한 공신력이다.

인 경우에는 공신력이 있다.

이에 반하여 임의경매에 있어서는 강제경매의 경우와 달리 담보권의 존재, 피담보채권의 존부를 심사하여 담보권의 부존재·무효 피담보채권의 불 발생·소멸 등과 같이 실체상의 하자가 있으면 경매개시결정을 할 수 없다. 그러나 강제경매나 임의경매 모두 매수인이 잔금을 납부하면 부동산에 대해서도 공신력[25]이 인정된다.

(3) 실체상의 하자가 경매절차에 미치는 영향

강제경매에 있어서는 집행채권의 부존재·소멸·이행의 연기 등과 같은 실체상의 하자가 있는 경우 청구이의의 소로서만 이를 주장할 수 있고, 경매개시결정에 대한 이의사유나 경락허가결정에 대한 항고사유가 되지 않는다.

이에 반하여 임의경매에 있어서는 담보권의 부존재·소멸, 피담보채권의 불 발생·소멸·이행기의 연기 등 실체상의 하자를 이유로 경매개시결정에 대한 이의를 할 수 있고, 또한 경락허가에 대한 이의 및 경락허가결정에 대한 항고 등을 할 수 있다.[26]

제 3 절   소멸주의와 인수주의

압류채권자의 채권에 우선하는 채권에 관한 부동산상의 부담을 경매절차에서의 취급방법에 관한 입법주의를 말한다. 민사집행법상 경매절차에서 매각목적물 부동산의 경매 종결 시 매각부동산을 매수 받은 매수인에게 소유권이 이전하는 때에 그 매각목적물 부동산 위에 설정된 각종의 권리인 물적 부담에 대하여 어떻게 처리하여야 하는 것으로 우리 법제 하에서 소멸주의와 인수주의가 있다.

---

25 부동산 등기법에서 의미하는 공신력의 문제와는 다른 개념이다. 즉, 우리 등기법제하에서는 형식주의를 취하고 있어서 등기부에 공신력을 부여하지 않고 단지 공시주의를 취할 뿐이다.

26 대판 1980. 9. 14, 80마166; 대판 1991. 1. 21, 90마946.

1. 소멸주의[27]

매각허가에 의하여 부동산 위의 모든 부담은 소멸되고 매수인은 완전한 소유권을 취득하게 하는 주의이다. 목적부동산의 물적 부담을 매각으로 소멸시키는 원칙인 소멸주의는 부담이 완전히 소멸되므로 매수인에 유리한 것으로 보일 수는 있으나 소멸되는 부담에 대한 물적 부담까지 매각대금으로 지급해야 하는 점에서는 결국은 매수인의 부담을 가중하는 요인이 되고 또 담보물권자의 입장에서 보면 자기가 생각하지도 않았던 시기에 다른 채권자의 강제경매에 의하여 투자한 금원을 회수하도록 강요당하는 결과가 발생하는 것이므로 근대적인 담보제도와 어긋나며 또 담보목적이 아니고 그 물건에 대한 사용을 목적으로 하는 용익물권 자에게도 불합리한 결과를 초래하게 된다.

소멸주의는 결과적으로 권리를 기한 전에 포기를 강요하는 결과가 될 수밖에 없다. 소멸하는 권리에 대하여는 낙찰대금에서 법률이 정하는 변제순위에 따라 배당을 받고 소멸한다. 배당을 받지 못하는 권리는 무담보채권으로서 채무자의 다른 재산이 있는 경우에 압류 등의 절차에 의하여 환가 처리한다.

2. 인수주의

인수주의는 매수인이 경매신청채권자의 채권에 우선하는 채권에 관한 부동산 위의 부담을 현실적으로 인수하는 경우에 한하여 매각을 허가한다는 주의이다. 인수주의는 부담을 모두 매수인이 인수하여야 한다는 점에서 매수인에게 괴로운 부담을 주기는 하나 그 대신 매각대금이 소멸주의에 비하여 저렴할 것이므로 매각을 쉽게 할 수 있는 면도 있다. 그리고 신청채권에 우선하는 담보물권자는 물론 용익물권자에게 권리의 실현 내지 포기를 강요하는 폐단도 없다. 소멸되지 않고 남아있는 부동산상

---

27 소멸제 주의와 소제주의는 소멸주의는 사라진다는 뜻이고 소제주의는 깨끗하게 청소한다는 의미이다. 부동산경매에서 민사집행법 제91조 제2항에서는 저당권은 경락으로 소멸한다고 규정하고 있는 반면에, 동법 제91조 제5항에서는 유치권은 매수인이 인수한다고 규정하였는바, 저당권이 경락된 부동산상에서 말소되더라도 채무자에 대한 채권마저 소멸되는 것은 아니므로 경매절차만 놓고 본다면 경락으로 매수인에 대한 관계에서 권리를 인수하지 않고 깨끗이 청소해 없애는 것으로 보아서 소제한다고 봄이 옳다고 본다. 다만 등기된 물권으로서 저당권은 없어지고 채권만 남게 되므로 저당권이 소멸되는 것은 맞으므로 저당권이 소멸한다고 보아 소멸주의로 호칭하는 것도 맞으므로 소제주의 또는 소멸주의는 혼용하고 있다.

의 부담을 그대로 낙찰자에게 인수시키는 권리로서 최선순위 담보물권 또는 선순위 가압류보다 앞선 용익물권 그리고 담보물권이 없는 경우에는 경매개시결정등기보다 빠른 용익물권이다.

3. 소멸주의와 인수주의의 장·단점

소멸주의의 장점을 보면 한 번의 경매로 모든 부담을 소멸시키기 때문에 각 부담에 따라 경매가 되풀이되는 복잡함을 막을 수 있다. 또한 매수인이 안심하고 부동산의 소유권을 취득할 수 있으므로 경매를 용이하게 하는 점이 있다. 그러나 단점으로는 매수신청인은 일시에 고액의 대금을 마련하여야 하므로, 이러한 경우에 오히려 경매금액 부담의 부가로 인한 기피현상의 사유로 작용하는 단점이 있다. 반면에 인수주의의 장점을 보면, 매수인은 인수할 부담상당액을 최저경매가격에 산입시켜 그 차액만을 지급하면 되므로 일시에 고액의 대금을 내지 않아도 된다는 점이 있다. 그리고 부동산 위의 권리자는 매수인에 대해서도 계속하여 권리를 행사할 수 있으므로 권리자 입장에서 보면 그 법적 지위가 안정적으로 보일 수도 있다. 반면에 소멸주의와 달리 매수인이 인수받은 담보권이 행사되면 다시 경매를 실시하여야 하는 위험이 있으므로 매수인의 법적지위가 불안하다는 단점도 있다. 이와 같이 양 주의는 서로 장·단점을 나누어 가지고 있다. 그런데 매수신청인의 입장에서 보면 비록 일시에 많은 대금을 납부하여야 하는 부담이 있기는 하지만, 부동산의 부담이 없는 깨끗한 부동산을 선호하는 경향이 대세이고 소멸주의를 지향하고 있다 할 수 있다.

제4절 부동산경매의 절차

1. 경매신청

민사집행법상 부동산에 대한 경매(강제, 임의, 형식적)를 신청하려면 소정의 사항을 기재한 경매 신청서를 해당 경매법원에 제출하고 경매비용(집행비용[28])을 예납하여야 한다.[29] 이 비용은 추후 먼저 배당을 하고 다음 배당절차를 이행하며 이 때 관할 법원은 원칙적으로 당해 부동산 소재지를 관할하는 지방법원(또는 지원)이 된다. 근저당권 등의 담보물권에 기하여 경매를 신청하는 경우는 담보권 실행(임의경매)을 위한 경매가 되고, 판결문 등의 집행권원(채무명의)에 기하여 경매를 신청하는 경우는 강제경매가 된다. 형식적 경매인 민법 제322조의 유치권의 경매 시에도 채권과 관련된 공사 관련서류 등으로 입증을 하여야 한다.

2. 경매개시결정 및 배당요구

(1) 경매개시결정

경매신청이 접수되어 적법하면 법원은 변론 없이 형식적 심사를 하여 경매개시결정을 결정하게 된다.[30] 즉 법원은 채권자의 신청이 적법하고 타당하다고 인정되는 경우에는 경매절차를 개시한다는 결정과 그 부동산의 압류를 명하는 결정[31]을 하게 된다. 경매개시결정에 대한 불복방법으로 이해관계인[32]은 경매개시결정에 대한 이의신청을 할 수 있고, 이의신청에 대한 재판에 대해서는 1주일 이내에 즉시 항고를 할 수 있다. 이의신청이나 항고의 경우 경매절차의 집행정지의 효력은 없다.

(2) 경매개시결정 등기촉탁[33]

당해 법원이 경매개시결정을 한 때에는 지체 없이 직권으로 개시결정을 한 취지를 등기부에 기입할 것을 관할등기소에 촉탁하여야 한다. 이러한 촉탁은 개시결정이 당

---

28 집행준비비용과 집행실시비용이 있다. 준비비용은 집행문부여비용과 집행권원 등 부속서류의 송달비용을 말하며, 실시비용은 집행신청인지, 집행관의 매각수수료와 비용, 압류등기, 등록비용, 압류물의 보존 또는 관리비용, 현금화비용, 제3채무자의 공탁비용, 이해관계인의 송달 통지비용 등을 말한다.

29 경매비용은 그 집행 후에 배당절차에 있어서 배당금으로부터 최우선적으로 반환을 받는다.

30 통상 접수일로부터 3일 이내에 개시한다.

31 소송에 있어서의 판단은 변론주의를 원칙으로 한 판결이라는 형식의 재판으로 이루어지지만, 소송 이외의 국가나 공공단체가 그 재량에 속하는 사항에 대해 내리는 공권적인 확정의 선언을 결정이라고 한다.

32 민사집행법 제90조 각 호에 해당하는 자로서, 압류채권자, 집행력 있는 정본에 의하여 배당을 요구한 채권자, 채무자 및 소유자, 부동산상에 기입된 부동산위의 권리자, 부동산위의 권리자로서 그 권리를 증명한 자가 이해관계인이 된다.

33 등기는 원칙적으로 당사자가 신청에 의함이 원칙이지만, 관공서가 등기의 당사자인 경우라든가, 관공서가 개인의 권리행사를 돕는 경우에는 촉탁등기를 한다. 촉탁등기도 광의의 신청에 해당한다.

사자에게 송달되기 전에 이루어지게 된다. 판결문 등의 집행권원에 의한 경매인 경우에는 강제경매개시결정 등기가 되고 담보권실행을 위한 경매인 경우에는 임의경매개시 등기가 된다. 경매개시결정 등기에 따른 압류의 효력은 소유자에게 그 정본이 송달된 때에 생기는 것이 원칙이나 실무관행은 경매개시결정 등기가 된 때에 압류의 효력이 발생한다.

이러한 압류는 부동산 소유자의 목적물 처분금지제한의 효과가 있을 뿐, 소유자는 통상의 용법에 따라 목적물의 가치감소를 가져오지 아니하는 한도에서 사용수익을 할 수 있다.

(3) 경매개시결정의 송달

민사집행법상 경매개시결정은 등기필증 접수일로 부터 3일 안에, 임의경매는 개시결정일로 부터 3일 안에 채무자 또는 소유자에게 경매개시결정정본을 송달(민사집행법 제83조 제4항, 제264조 제3항)하여야 압류의 효력이 발생하므로 그 결정정본을 소유자 또는 채무자에게 송달하여야 한다. 소유자 또는 채무자에게 송달이 되지 않으면 경매절차를 진행시킬 수가 없기 때문에 만약 소유자 또는 채무자에게 송달 없이 경매절차가 진행되면 이는 위법이므로 집행방법 이의의 대상이 될 수 있다.[34] 따라서 경매절차의 이해 관계인은 집행에 관한 이의를 할 수 있고, 이의신청결정에 대한 즉시항고도 할 수 있다. 그러므로 소유자 또는 채무자에게 송달하지 아니하면 경매 신청권자는 주소 보정을 하여야 한다. 또한 소유자 또는 채무자의 주소가 불분명하거나 외국에 주소를 거주하고 있는 때에는 법원은 직권으로 공시송달 하여야 한다. 당사자가 외국에 주소를 둔 경우 그 송달은 국제민사사법공조법에 따르고 당사자가 대한민국 국민으로서 "영사관계에 관한 비엔나협약"에 가입한 외국에 거주하고 있는 경우에는 그 외국의 대한민국 영사에게 촉탁한다. 외국공시송달의 요건을 갖춘 경우에는 법원게시판에 게시하거나 대법원규칙이 정하는 방법에 따라서 하여야 하고 외국

---

34 대판 1970. 4. 30, 70마162에 의하면 "채무자 겸 소유자에 대하여 경매개시결정정본 및 경매기일통지가 적법하게 송달되지 않았다면 경매법원은 그 이후의 경매절차를 진행할 수 없다할 것이므로 경매법원이 경매절차를 진행하여 경락허가결정을 하였음은 위법하다"고 판시하고 있다.

공시송달의 효과는 게시 후 2개월이 지난 때에 발생한다(민소 196조). 소유자 아닌 채무자(물상보증인)[35], 경매신청권자, 공유자 등에 경매개시결정을 고지하게 되는데, 이는 송달하지 않고 경매를 개시하여도 압류의 효력발생 요건이 아니기 때문에 경매의 효력에는 아무런 영향이 없다.

(4) 배당요구의 종기결정 및 공고·최고

민사집행법상 경매개시결정에 따른 압류의 효력이 생긴 때에는 집행법원은 절차에 필요한 기간을 감안하여 배당요구를 할 수 있는 종기를 첫 매각기일 이전까지로 정한다(민사집행법 제84조 제1항).[36] 배당요구의 종기가 정해진 때에는 법원은 경매개시결정을 한 취지 및 배당요구의 종기를 공고하고 배당요구를 한 선순위 전세권자 및 배당요구를 할 수 있는 사람들에게 고지를 하여야 한다. 배당요구의 종기결정 및 공고는 경매개시결정에 따른 압류의 효력이 생긴 때로부터 1주일 이내에 하여야 한다. 법원은 경매등기 전에 등기된 가압류권자, 저당권·전세권, 그 밖의 우선변제청구권자로서 경매개시결정전에 등기되었고 매각으로 소멸하는 것을 가진 채권자 및 조세, 공과금을 주관하는 공공기관에 대하여 권리자에게 배당요구의 종기까지 권리신고를 하도록 최고[37]하고 이러한 최고에 대한 신고를 하지 않은 경우에는 그 채권자의 채권액은 등기부등본 등 집행기록에 있는 서류와 증빙에 따라 계산하게 된다. 한편 위에 해당하지 않은 권리자[38][39]들은 반드시 배당요구[40]를 하여야 배당이 된다.[41] 배당요구

---

35 일반적으로 채무자는 자기 재산을 채무에 대한 물적 담보를 제공하지만, 채무자에게 물적 담보로 제공할 재산이 없는 경우에는 제3자와 채권자와의 계약으로 제3자의 재산을 채무자의 채무에 대한 물적 담보로 제공하는 경우가 있는데, 이것을 물상보증이라고 하며, 그 제3자를 물상보증인이라고 한다. 채무자의 채무를 위하여 그의 친구가 동산을 입질하는 경우 또는 제3자가 자기 토지를 저당권의 목적물로 제공하는 경우 등이 그 예이다. 입질이란 동산을 담보로 맡기고 금전을 빌려 쓰는 행위를 말한다.

36 헌법재판소 2005. 12. 22. 선고 2004헌마142 전원재판부 : 가. 집행법원으로 하여금 첫 매각기일 이전으로 배당요구의 종기를 정하도록 한 민사집행법 제 84조 제1항이 재산권을 침해하는지 여부(소극) 나. 법원이 특별히 필요하다고 인정하는 경우 배당요구의 종기를 연기할 수 있도록 한 민사집행법 제84조 제6항이 재산권을 침해하는지 여부(소극).

37 법원은 경매개시결정일로부터 3일 이내에 이해관계인으로 규정된 일정한 자에게 채권계산서를 매각기일 이전까지 제출할 것을 최고하는데, 이때까지 배당요구를 하지 아니하면 불이익을 받게 된다.

38 대표적으로 주택(상가)의 확정일자 있는 임차인, 일반채권자 등이 해당된다.

39 판례는 경매절차진행의 주택임차인에 대한 통지는 법률상 규정된 의무가 아니며 단지 당사자의 편의를 위하여 내용을 안내해 주는 것일 뿐이다 하여 임차인이 권리신고를 하기 전에 임차목적물에 대한 경매절차의 진행사실에 대한 통지를 받지 못하였다 하더라도 매각결정에 대한 불복사유가 될 수 없다(대법원 2000. 1. 31. 자 99마7663 결정).

를 하지 않아도 배당을 받을 수 있는 채권자가 아니면 배당요구의 종기까지 배당요구를 하여야 배당을 받을 수 있게 되고 배당요구를 하지 않을 경우 선순위 채권자라도 경매절차에서 배당을 받을 수 없게 될 뿐만 아니라 자기보다 후 순위 채권자로서 배당을 받은 자를 상대로 별도의 소송으로 부당이득[42]반환청구도 허용하지 않게 된다. 경매개시결정등기 전에 가압류등기를 마친 채권자의 경우 배당요구를 하지 않아도 배당을 받을 수 있으나, 이미 본안 소송에서 가압류금액 이상의 승소판결을 받았다면 위 기간 내에 집행력 있는 정본에 의하여 배당요구를 할 필요가 있으며, 가압류금액을 넘는 부분에 대하여는 전혀 배당에 참가할 수 없게 되는 등 일정한 경우에는 배당요구를 하지 않아도 배당을 받을 수 있는 채권자에 해당하더라도 배당요구를 할 필요가 있는 경우도 있다.

판례연구

1. 대법원 2013. 11. 14. 선고 2013다27831 판결

임차인이 보증금을 반환받기 위하여 임차주택에 대하여 스스로 강제경매를 신청한 경우, 우선변제권을 인정받기 위하여 배당요구를 하여야 하는지 여부

■ 판결 요지

주택임대차보호법상의 대항력과 우선변제권을 모두 가지고 있는 임차인이 보증금

---

40 대판 2005.8.25.,2005다14595: 배당요구가 필요한 배당요구채권자가 적법한 배당요구를 하지 아니한 경우에 배당에서 제외되는지 여부(적극) 및 채권의 일부금액만을 배당 요구한 경우, 경락기일 이후에 배당요구하지 아니한 채권을 추가하거나 확장할 수 있는 지 여부(소극): 배당요구가 필요한 배당요구채권자는 배당요구종기까지 배당요구를 한 경우에 한하여 비로소 배당을 받을 수 있고, 적법한 배당요구를 하지 아니한 경우에는 실체법상 우선변제청구권이 있는 채권자라 할지라도 그 매각대금으로부터 배당을 받을 수 없으며 또한 배당요구종기까지 배당요구한 채권자라 할지라도 채권의 일부 금액만을 배당 요구한 경우에 배당요구종기 이후에는 배당요구하지 아니한 채권을 추가하거나 확장할 수 없다.

41 배당요구에 따라 매수인이 인수하여야 할 부담이 바뀌는 경우 배당요구를 한 채권자는 배당요구의 종기가 지난 뒤에는 이를 철회하지 못한다.

42 부당이득(不當利得)은 법률상의 원인 없이 부당하게 타인의 재산이나 노무에 의하여 재산적 이익을 얻고 이로 말미암아 타인에게 손해를 준 자에 대하여 이익의 반환을 명하는 제도(민법 제741조)로서 법률요건의 하나이다. 이러한 경우 이득자는 원칙적으로 손실을 받은 자에 대하여 이익을 반환하는 의무를 진다. 법정채권으로 사무관리, 불법행위가 있다.

을 반환받기 위하여 보증금반환청구 소송의 확정판결 등 집행권원을 얻어 임차주택에 대하여 스스로 강제경매를 신청하였다면 특별한 사정이 없는 한 대항력과 우선변제권 중 우선변제권을 선택하여 행사한 것으로 보아야 하고, 이 경우 우선변제권을 인정받기 위하여 배당요구의 종기까지 별도로 배당요구를 하여야 하는 것은 아니다.

■ 판례평석

다른 채권자에 의하여 임차주택에 대한 경매가 개시된 경우에 주택임대차보호법상의 대항력과 우선변제권을 모두 가지고 있는 임차인은 이 두 가지 권리 중 하나를 선택하여 행사할 수 있고, 그 중 보증금을 반환받기 위한 우선변제권의 행사는 집행권원 없이도 배당요구의 방법으로 할 수 있다.

그러나 다른 채권자에 의한 경매 등이 없는 상태에서 임차인이 보증금을 반환받기 위해서는 보증금반환청구 소송의 확정판결 등 집행권원을 얻어 임대인의 재산에 대하여 강제집행을 신청할 수밖에 없는데, 이와 같은 경위로 임차인이 임차주택에 대하여 스스로 강제경매를 신청한 경우에도 우선변제권의 행사는 배당요구의 방법으로 하여야만 하는 것인지 의문이 든다.

주택임대차보호법은 우선변제권을 배당요구의 방법으로만 행사하라고 규정하지 않으며, 경매신청은 경매절차가 개시·진행되도록 하는 주도적인 행위인 반면 배당요구는 다른 채권자가 신청한 경매절차에 종속적으로 참가하는 행위로서 동일한 채권자가 동일한 채권에 기하여 경매신청도 하고 배당요구도 한다는 것은 법리적으로도 타당하지 않으므로, 임차인이 보증금을 반환받기 위하여 임차주택에 대하여 스스로 강제경매를 신청하였다면 특별한 사정이 없는 한 우선변제권을 행사한 것으로 보아야 하고, 별도로 배당요구를 하여야 하는 것은 아니라고 할 것이다.

대상판결은 이 점에 관하여 판시하고, 나아가 이처럼 우선변제권이 있는 임차인이 스스로 강제경매를 신청하였고, 그 경매절차에서 집행관의 현황조사 등을 통하여 경매신청채권자인 임차인의 우선변제권이 확인되고 그러한 내용이 현황조사보고서, 매각물건명세서 등에 기재된 상태에서 경매절차가 진행되어 매각이 이루어졌다면, 특별한 사정이 없는 한 경매신청채권자인 임차인은 배당절차에서 후순위권리자나 일반채권자보다 우선하여 배당받을 수 있다고 판시하였다.

2. 대법원 2014.4.30. 2013다58057 배당이의

■ 판시사항

상가건물에 근저당권설정등기가 마쳐지기 전 최초로 임대차계약을 체결하여 사업자등록을 마치고 확정일자를 받아 계속 갱신해 온 임차인 甲 등이 위 건물에 관한 임의경매절차에서 '근저당권설정등기 후 다시 임대차계약을 체결하여 확정일자를 받은 최후 임대차계약서'에 기한 배당요구를 하였다가 배당요구 종기 후 최초 임대차계약서에 기한 확정일자를 주장한 사안에서, 甲 등의 주장은 배당요구 종기 후 배당순위의 변동을 초래하여 매수인이 인수할 부담에 변동을 가져오는 것으로서 특별한 사정이 없는 한 허용될 수 없다고 한 사례

■ 판결요지

상가건물에 근저당권설정등기가 마쳐지기 전 최초로 임대차계약을 체결하여 사업자등록을 마치고 확정일자를 받아 계속 갱신해 온 임차인 甲 등이 위 건물에 관한 임의경매절차에서 '근저당권설정등기 후 다시 체결하여 확정일자를 받은 최후 임대차계약서'에 기한 배당요구를 하였다가 배당요구 종기 후에 최초 임대차계약서에 기한 확정일자를 주장한 사안에서, 최후 임대차계약서가 최초 임대차계약서와 비교하여 임대차기간 뿐만 아니라 임대차계약의 당사자인 임대인 및 임대차보증금의 액수 등을 모두 달리하는 점 등에 비추어 甲 등의 배당요구는 최초 임대차계약에 의한 임대차보증금에 관하여 우선변제를 주장한 것으로 보기 어렵고, 배당요구의 종기 후 甲 등이 최초 임대차계약서에 기한 확정일자를 주장한 것을 이미 배당 요구한 채권에 관한 주장을 단순히 보완한 것으로 볼 수도 없으며, 甲 등의 주장은 배당요구 종기 후 배당순위의 변동을 초래하여 매수인이 인수할 부담에 변동을 가져오는 것으로서 특별한 사정이 없는 한 허용될 수 없다고 한 사례.

3. 물건현황조사 및 감정평가

(1) 현황조사

법원은 경매개시결정을 한 뒤에 바로 집행관[43]에게 현황조사명령을 내리게 된다.[44] 집행관의 현황조사는 실무상 14일 이내에 하도록 되어 있으며 조사보고서에는 대략 다음과 같은 내용들이 기재된다. 사건의 표시, 부동산의 표시, 조사의 일시·장소·방법, 부동산의 현황, 부동산의 점유관계, 임대차가 있는 경우 차임 또는 보증금 액수, 기타 현황, 기타 법원이 조사를 명한 사항에 대해서 조사를 하게 된다(민사집행법 제85조 제1항). 이는 경매부동산의 매각조건[45]을 결정하기 위한 자료이다. 집행관은 조사를 위하여 건물을 출입할 수 있고, 채무자 또는 건물을 점유하는 제3자에게 질문하거나 문서를 제시하도록 요구할 수 있다(현황조사명령 양식). 현황조사는 집행관에게 명하여야 하며 집행관 이외의 자에게 명할 수 없으나(민사집행법 제85조 제1항), 법원사무관등이 직무대리를 하는 경우에는 법원사무관 등에게 조사를 명할 수 있다.

---

43 법률이 정하는 바에 따라 재판의 집행, 서류의 송달, 기타 법령에 의한 사무를 행하는 자로 국가의 강제 집행권을 행사하는 국가공무원. 집행관은 지방법원 및 동지원에 두되, 법원 또는 검찰청주사보 이상의 직에 10년 이상 있던 자 중에서 소속 지방법원장이 임명한다(법원조직법 제55조).

44 통상 3일 이내로 한다.

45 매수인에게 부동산의 소유권을 취득하게 하는 조건으로서 최저경매가액 기타 매수인의 권리의무를 정하는 법률상의 요건을 의미한다.

현황조사명령 양식 (표 1-3)

○○ 지방법원

현황조사명령

○○법원 소속 집행관 ○○○ 귀하

사건 ○○타경○○○호 부동산강제(임의)경매

별지기재 부동산에 대하여 다음사항을 조사하여 00년 00월 00일까지 보고하여 주시기 바랍니다.

1. 부동산의 현상 및 점유관계
    가. 부동산의 위치 및 현상(약도 첨부)
    나. 부동산의 내부구조 및 사용용도 등(도면, 사진 등 첨부)
    다. 부동산의 점유자와 점유권원

2. 임대차관계
    가. 임차목적물
    나. 임차인
    다. 임차내용(보증금, 전세금, 임대차기간 등)
    라. 주민등록 전입여부 및 그 일자
    마. 임차 확정여부 및 그 일자

3. 기타 현황

00년 00월 00일

판사 ○○○ 인

(2) 감정평가

민사집행법상 부동산의 평가는 집행관의 집행명령에 따라 감정인이 하게 되며 감정인이 산출한 감정가격을 참작하여 이를 토대로 최저매각가격을 정하게 된다. 감정인에 대한 평가명령은 통상 경매개시결정등기 촉탁과 동시에 집행관에 대한 현황조사명령과 같이 발하게 된다.

감정인은 경매부동산이 있는 현장에 나가서 부동산의 위치, 형상, 주위의 상황, 건물의 구조, 건축자재 등을 참작하여 공정하고 타당성 있는 방법으로 평가하여야 한다. 따라서 법원은 감정인의 평가가 최저매각가격으로 참작될 수 없다고 판단되는 경우 또는 경제사정의 급격한 변동이 생겨 당초의 평가액이 현재의 평가액과 현저한 차이가 나 종전의 평가액을 사용함이 심히 부당한 경우 재평가 명령을 내릴 수 있다.

4. 최저매각가격의 결정 및 물건명세서 등의 작성·비치

(1) 최저매각가격의 결정

법원은 감정인에게 부동산을 평가하게 하고 평가액을 참작하여 최저매각가격을 정하게 된다. 최저매각결정은 목적물이 부당하게 염가로 매각되는 것을 막고 입찰에 참여하는 자에게 기준을 제시하여 입찰이 공정하게 이루어지게 하려는데 기본적인 취지가 있다.[46] 법원은 최저매각가격으로 압류채권자의 채권에 우선하는 부동산의 모든 부담과 절차비용을 변제하고 남을 가망이 없겠다고 인정한 때에는 압류채권자에게 통지하고 경매절차를 취소하여야 한다.[47][48] 이러한 취소결정에 대하여는 즉시항고할 수 있다. 경매 진행 중에 유찰을 통해서 무잉여[49]가 되는 경우에도 경매를 취소한다.

---

46 대결 1995. 7. 29, 95마540; 대결 1994. 11. 30, 94마1673.
47 그러나 압류채권자가 이러한 통지를 받은 날로부터 1주일 이내에 부동산의 모든 부담과 비용을 변제하고 남을 만한 가격을 정하여 그 가격에 맞는 매수신고를 하고 충분한 담보를 제공한 경우에는 경매절차를 속행하게 된다.
48 이를 잉여주의라고 한다. 잉여주의란 압류채권자의 채권에 우선하는 채권에 관한 부동산의 부담을 매수인에게 인수하게 하거나, 매각대금으로 그 부담을 변제하는데 부족하지 아니하다는 것이 인정된 경우가 아니면 그 부동산을 매각하지 못한다는 원칙이다.
49 경매가 유찰되어 최저매각가격이 압류채권자가 채권회수를 하지 못할 경우를 말한다.

(2) 매각물건명세서 등의 작성·비치

집행법원은 부동산등기부등본, 집행관의 현황조사보고서, 감정인의 평가서 사본을 참조하여 법정사항을 기재한 매각물건명세서를 경매기일 1주일 전까지 작성해서 누구든지 볼 수 있도록 비치하여야 한다. 이는 경매대상 물건을 표시하고 그 현황과 권리관계를 공시하여 매수희망자가 경매대상 물건에 필요한 정보를 쉽게 얻을 수 있도록 하여 예측하지 못한 손해를 입는 것을 방지하고자 하는 것이다.[50] 매각물건명세서에는 ① 부동산의 표시 ② 부동산의 점유자와 점유의 권원, 점유할 수 있는 기간, 차임 또는 보증금에 관한 관계인의 진술 ③ 등기된 부동산에 대한 권리 또는 가처분으로서 매각으로 효력을 잃지 아니하는 것[51] ④ 매각에 따라 설정된 것으로 보게 되는 지상권의 개요[52] 등을 기재한다.

(3) 매각기일과 매각결정기일 등의 지정·공고·통지

매각기일이란 집행법원이 매각부동산에 대하여 매각을 실시하는 기일을 말하고, 매각결정기일은 매각이 실시되어 최고가 매수인이 있을 때 매각허가 여부의 결정을 선고하는 기일을 말한다. 매각결정기일은 매각기일로부터 1주일 이내로 정한다. 매각기일의 공고는 법원게시판에 게시하며 최초의 매각기일의 공고는 반드시 14일 이전에 그 요지를 일간신문에 게재하여야 한다. 그러나 새매각기일[53]과 재매각기일[54]은 법원의 판단에 의한다.

또한 법원은 매각기일과 매각결정기일을 이해관계인에게 통지하여야 한다. 통지의 누락은 매각허가에 대한 이의 사유가 되며, 이 때문에 매각허가 결정이 취소된 때에는 직무상 불법행위가 되어 국가가 매수인에 대하여 손해배상책임을 진다.[55] 이해

---

50 대법원 2004. 11. 9. 자 2004마94 결정; 대법원 2010. 6. 24. 선고 2009다40790 판결.

51 매수인이 인수해야 되는 권리를 말한다. 예를 들면 저당권이나 압류채권 또는 가압류채권에 대항할 수 있는 지상권, 지역권, 전세권 및 등기된 임차권 등이다.

52 지상권의 개요만을 간단하게 기재한다. 대표적으로 법정지상권이 해당한다.

53 매수인이 없어 새로운 기일을 정하는 매각을 말한다.

54 매각허가결정이 확정되어 경락인이 일단 정해졌음에도 불구하고 매각대금을 납부하지 않아서 다시 날짜를 잡아서 하는 매각을 말한다.

55 대판 2008. 7. 10, 2006다23664.

관계인은 매각기일에 출석하여 목적부동산이 지나치게 저렴하게 매각되는 것을 방지하기 위한 필요한 조치를 취할 수도 있고 매각결정기일에 출석하여 의견진술을 할 수도 있으므로 입찰절차에 참여하는 기회를 부여한다고 볼 수 있다.

매각물건명세서 양식(표 1-4)

매각물건명세서

○ ○ 지 방 법 원
매각물건명세서

사건 | 20 타경 부동산강제(임의)경매(타경 중복) | 매각물건번호 | | 작성일자 | | 담임 법관 | (인)

부동산의 표시, 감정평가액 | | |
최저매각가격, 매수신청의 | 별지 기재와 같음 | 최선순위 설정 |
보증금액과 보증제공방법 | | |

부동산의 점유자와 점유의 권원, 점유할 수 있는 기간, 차임 또는 보증금에 관한 관계인의 진술 및 임차인이 있는 경우 배당요구 여부와 그 일자, 전입신고일자 또는 사업자등록신청 일자와 확정일자의 유무와 그 일자

| 점유자의 | 점유 | 점유의 | 임대차기간 | 전입신고일자·사 | 확정 | 배당요구여부 |
| 성 명 | 부분 | 권 원 | (점유기간) | 보증금 | 차임 | 업자등록신청일자 | 일자 | (배당요구일자) |

※ 위 최선순위 설정일자보다 대항요건을 먼저 갖춘 주택·상가건물 임차인의 임차보증금 은 매수인에게 인수되는 경우가 발생할 수 있고, 대항력과 우선변제권이 있는 주택·상 가건물 임차인이 배당요구를 하였으나 보증금 전액에 관하여 배당을 받지 아니한 경우 에는 배당 받지 못한 잔액이 매수인에게 인수되게 됨을 주의하시기 바랍니다.

등기된 부동산에 관한 권리 또는 가처분으로서 매각으로 그 효력이 소멸되지 아니하는 것 매각에 따라 설정된 것으로 보는 지상권의개요

비고란
※ 1. 매각목적물에서 제외되는 미등기건물 등이 있을 경우에는 그 취지를 명확히 기재한다.
   2. 매각으로 소멸되는 가등기담보권, 가압류, 전세권의 등기일자가 최선순위저당권등 기일자보다 빠른 경우에는 그 등기 일자를 기재한다.

5. 매각의 실시와 매각허가결정

(1) 매각의 실시

민사집행절차에서 매각기일에는 집행관이 미리 지정한 장소에서 매각[56]을 실시하여 최고가 매수신고인 및 차 순위 매수신고인[57]을 정한다. 매각목적물이 농지인 경우에는 농지법에 따른 농지이용계획서를 받는 조건으로 매각을 실시한다. 매각기일에 매수인이 없는 경우에는 법원은 최저매각가격을 일정비율로 저감[58]하고 신 매각기일을 정하여 다시 매각을 실시한다. 따라서 매각허가 결정이 확정된 뒤에 매수인이 된 자가 대금을 지급하지 않았기 때문에 실시하는 재매각[59]과 구별된다.

(2) 입찰의 무효사유

① 입찰표상의 금액의 기재를 수정한 경우[60]

② 입찰보증금이 부족한 경우

③ 동일사건에 관하여 입찰자이면서 다른 입찰자의 대리인이 된 경우(민법 제124조)

④ 동일물건에 관하여 이해관계가 다른 2인 이상의 대리인이 된 경우

⑤ 농지자격증명서 등을 제출하지 않은 경우

⑥ 한 장의 입찰 표에 수 개의 사건번호나 물건번호를 기재한 경우 (1물1원칙)

⑦ 채무자가 응찰하거나 재입찰 사건에서 전 최고가매수인이 응찰한 경우

⑧ 매각절차에 참여한 집행관과 감정평가기관이 응찰한 경우

⑨ 입찰가격이 최저입찰가격 미만인 경우

---

[56] 매각의 방법은 매각기일에 입찰 및 개찰하게 하는 기일입찰(서면입찰)을 원칙으로 하고 있다.

[57] 차순위 매수신고인이란 최고가 매수신고인이 대금지급기한까지 그 의무를 이행하지 않으면 자기의 매수신고에 대하여 매각을 허가하여 달라는 취지의 신고를 말한다. 차순위 매수신고자가 2명 이상인 때에는 신고한 매수가격이 높은 사람을 차순위 매수신고인으로 정하고, 신고한 매수가격이 같을 때에는 추첨에 의하여 정하게 된다.

[58] 최저매각가격의 평균 20% 내지 30%를 저감한다. 각 경매법원마다 다르게 진행한다.

[59] 재매각이란 매수인이 대금을 납부하지 않거나 차 순위 매수신고인도 없는 경우 실시되는 경매를 말한다. 위약금에 대하여는 배당재단에 편입하여 배당순위에 의거 배당을 한다.

[60] 부동산경매절차에서 최고가매수인이 착오로 인하여 본래 기재하려고 했던 금액보다 높은 가격으로 기록한 경우에 매각불허가 사유에 해당하지 않는다(대법원 2010. 2. 16. 자 2009마2252 결정).

(3) 매각허가결정

매각기일로부터 약 7일 후 매각결정기일에 집행법원이 매각기일의 절차를 종결한 후 이해관계인에게 매각에 대한 의견(민사집행법 제121조)[61]을 듣고 매각허가 혹은 불허가결정[62]을 하게 된다. 민사집행법 제121조 제6호에서 '중대한 권리관계의 변동에 대하여'대법원은 '부동산에 물리적 훼손이 없는 경우라도 선순위 근저당권의 존재로 후순위 처분금지가처분이나 대항력 있는 임차권 등이 소멸하거나 또는 부동산에 관하여 유치권이 존재하지 않는 것으로 알고 매수신청을 하여 매각허가결정까지 받았으나 그 이후 선순위 근저당권의 소멸로 인하여 유치권이 존재하는 사실이 새로 밝혀지는 경우와 같이 매수인이 소유권을 취득하지 못하거나 또는 매각부동산의 부담이 현저히 증가하여 매수인이 인수할 권리가 중대하게 변동되는 경우'[63]라고 판례가 정의하고 있다. 이의신청이 없으면 최고가 매수인은 매각허가 결정을 받아 매수인이 된다. 매각허가 결정은 선고에 나아가 공고도 하여야 하나(민사집행법 제128조 제2항), 이해관계인에게 송달할 필요는 없다.[64] 매각허가결정이 확정된 뒤에 천재지변, 그 밖의 자기가 책임질 수 없는 사유로 부동산이 현저하게 훼손된 사실 또는 부동산에 관한 중대한 권리관계가 변동된 사실이 경매절차 중에 밝혀진 때에는 매수인은 대금을 완납할 때까지 매각허가결정의 취소신청을 할 수 있다.

(4) 매각허가결정에 대한 즉시항고

이해관계인이 매각허가 또는 불허가의 결정에 의하여 손해를 받은 경우 즉시항고 할 수 있고, 또 매각허가의 이유가 없거나 허가결정에 기재한 이외의 조건으로 허가할

---

61 매각허가에 대한 이의신청사유로는, 민사집행법 제 121조;① 강제집행을 허가할 수 없거나 집행을 계속 진행할 수 없을 때, ② 최고가 매수신고인이 부동산을 매수할 능력이나 자격이 없을 때, ③ 부동산을 매수할 자격이 없는 사람이 최고가 매수신고인을 내세워 매수신고를 한 때, ④ 최고가 매수신고인, 그 대리인 또는 최고가 매수신고인을 내세워 매수신고를 한 사람이 민사집행법 제108조 각호(매각장소의 질서유지를 위하여 배척되는 사람들) 가운데 어느 하나에 해당하는 때, ⑤ 최저매각가격의 결정, 일괄매각의 결정 또는 매각물건명세서의 작성에 중대한 흠이 있는 때, ⑥ 천재지변, 그 밖에 자기가 책임질 수 없는 사유로 부동산이 현저하게 훼손된 사실 또는 부동산에 관한 중대한 권리관계가 변동된 사실이 경매절차의 진행 중에 밝혀진 때, ⑦경매절차에 그 밖의 중대한 잘못이 있는 때 등이다 (민사집행법 제 121조).

62 집행법원은 이해관계인의 이의가 정당하다고 인정할 때, 직권으로 매각을 불허가할 사유가 있을 때, 과잉매각의 경우에는 매각불허가 결정을 하게 된다.

63 대법원 05마643. 결정.

64 대결 2000. 1. 31, 99마6589; 대결 1984. 4. 4, 84마127.

것임을 주장하는 매수인 또는 매각허가를 주장하는 매수인도 즉시항고 할 수 있다.

즉시항고는 원 결정을 고지한 날부터 1주일 내에 제기하고 위 1주일의 기간은 매각허가결정 선고일로부터 일률적으로 진행된다.

채무자, 소유자 또는 매수인이 매각허가결정에 대하여 즉시항고 할 때 보증금으로 매각대금의1/10 에 해당하는 현금 또는 유가증권을 공탁하여야 하고 보증의 제공이 없으면 원심법원은 항고장을 접수한 날로부터 7일 이내에 결정으로 이를 각하 하게 되며, 원심법원은 이후의 절차를 진행할 수 있다.

채무자나 소유자의 즉시 항고가 기각된 때에는 항고인은 보증으로 제공한 금전이나 유가증권의 반환을 청구하지 못하고 이는 배당재단에 편입되어 배당의 대상이 된다.

매각허가 결정에 대한 항고는 반드시 항고이유가 기재된 항고장을 제출하거나 항고장을 제출한 날부터 10일 내에 항고 이유서를 원심법원에 제출하여야 한다. 또한 항고를 하고자 하는 사람은 보증으로 매각대금의 1/10에 해당하는 금전 또는 법원이 인정한 유가증권을 공탁하여야 한다.

채무자 및 소유자 외의 사람이 한 항고가 기각된 때에는 항고인은 보증으로 제공한 금전이나, 유가증권을 현금화한 금액 가운데 항고를 한 날부터 항고기각결정이 확정된 날까지의 매각대금에 대한 법정이자(연15%의 비율에 의한 이자)부분에 대하여는 돌려 줄 것을 요구할 수 없으며 몰수한 금원에 대하여는 배당할 금액에 포함하여 나중에 배당하게 된다. 단지 항고법원은 항고장과 항고이유서에 기록된 사항에 대하여만 조사한다.

6. 매각대금의 납부 및 소유권이전등기 등의 촉탁

(1) 매각대금의 납부

매각허가결정이 난 후 7일 이내에 항고신청이 없거나, 신청된 항고재판이 기각된 경우에 매각허가결정은 확정된다. 매각허가결정이 확정되면 법원은 대금의 지급기한을 정하고 이를 매수인과 차순위 매수신고인에게 통지하게 된다. 매수인은 대금지급기한까지[65] 매각대금을 납부하여야 한다. 한편 차순위 매수신고인은 최고가매수인이 대금을 모두 납부한 때에는 매수의 책임을 벗게 되고 즉시 매수신청의 보증금을 반환 받을 수 있다. 매각대금의 납부는 분할납부가 허용되지 않고 일시불로 전액 납부하여야 한다. 그러나 매수인은 매각조건에 따라 부동산의 부담을 인수하는 외에 배당표의 실시에 관하여 매각대금의 한도에서 관계채권자의 승낙이 있으면 대금의 지급에 갈음하여 채무를 인수할 수 있다(기존의 저당권의 인수 등). 또한 채권자가 매수인인 경우에는 매각결정기일이 끝날 때까지 법원에 신고하고 배당받아야 할 금액을 제외한 대금을 배당기일에 낼 수 있다. 즉 상계[66]처리가 가능하다. 매수인은 매각대금을 납부하면 소유권을 취득한다. 매수인이 매각대금을 납부하지 못하면, 차순위 매수신고인에게 매각허가 여부를 결정하게 된다. 이 경우 매수인의 매수보증금은 반환되지 않고 배당재단에 편입한다.

(2) 재매각

매수인이 대금지급기한까지 대금을 납부하지 않고 또한 차순위 매수신고인이 없는 경우에는 법원은 직권으로 재매각을 명하게 된다. 재매각절차는 기존의 최저매각가격, 그 밖의 매각조건을 적용한다. 따라서 매각을 실시하였으나 매수인이 없는 경우 다시 실시하는 신 매각과 구별된다. 그러나 매수인이 재매각기일 3일 이전까지 대금, 그 지급기한이 지난 뒤부터 지급기일까지의 대금에 대한 지연이자와 절차비용을 지급한 때에는 재매각절차를 취소하여야 한다. 한편 차순위 매수신고인이 매각허가결정을 받았던 때에는 위 금액을 먼저 지급한 매수인이 매매목적물을 취득한다.

대금을 납부하지 않은 전 매수인은 그 사건에 있어서는 다시 매수신청을 할 수 없으며 또한 보증금의 반환을 청구하지 못한다.[67] 이를 위반하여 매각대금을 납부하지 않은 전 매수인이 재경매에 참가한 경우 이는 매각허가에 대한 이의사유에 해당되며 법원은 직권으로 매각불허가를 결정하게 된다.

---

65 대금납부는 구법사건에서는 반드시 납부기일에만 납부 할 수 있었으나, 신법사건에서는 납부기한 전까지 언제든지 납부할 수 있다.
66 상계란 채권자와 채무자가 서로 같은 종류의 채권·채무를 가지고 있는 경우에 일방의 의사표시로 소멸시키는 것을 말한다.
67 납부한 보증금은 법원에 몰수되어 채권자들에게 배당될 배당재단에 편입된다.

(3) 경매신청의 취하

경매신청의 취하란 경매신청인이 집행법원에 대하여 경매신청을 철회하는 진술이며, 취하는 매수인이 매각대금을 완납하기 전까지만 할 수 있다. 이러한 경매신청의 취하는 채무자가 피담보채권의 변제 또는 변제공탁하거나 당사자 간에 피담보채권의 변제기를 유예하는 합의가 성립된 때에 일반적으로 있게 된다. 매수신고전의 취하는 경매기일의 개시 전은 물론이고 경매개시 후에도 최고가 매수인이 정해지기 전까지는 단독으로 경매신청을 취하할 수 있다. 그러나 매수신고가 있는 후의 취하는 최고가 매수신고인과 차순위 매수신고인의 동의가 있어야 취하할 수 있다. 매수인등이 동의를 하지 않는 경우에는 해당채무를 완제한 채무자나 소유자 등이 피담보채권의 부존재나 저당권의 소멸을 이유로 하여 경매법원에 경매개시결정에 대한 이의를 신청하여 경매개시결정을 취소하도록 하면 된다.

경매취하서(표 1-5)

경매취하서

사건번호   타경   호

채 권 자

채 무 자

　위 사건의 채권자는 채무자로부터 채권전액을 변제(또는 합의가 되었으므로)받았으므로 별지목록기재 부동산에 대한 경매신청을 취하합니다.

첨 부 서 류

1. 취하서 부본(소유자와 같은 수)   1통
1. 등록세 영수필확인서(경매기입등기말소등기용)   1통

　　　　　　　　　　년   월   일

　　　　　　채권자   (인)

　　　　연락처(☎)

　　　　　　지방법원   귀중

　(최고가 매수신고인 또는 낙찰인의 동의를 표시하는 경우)

위 경매신청취하에 동의함.

　　　　　　　　　　년   월   일

　위 동의자(최고가 매수신고인 또는 낙찰인)   (인)

　　연락처(☎)

☞유의사항

1) 경매취하신청은 매수인의 대금납부까지 취하할 수 있는 바, 경매신청취하로 압류효력은 소멸하나 매수신고 후 경매신청을 취하하려면 최고가매수신고인(차순위매수신고인 포함)의 동의가 있어야 합니다.

2) 동의를 요하는 경우에는 동의서를 작성하여 취하 서에 첨부하거나 또는 취하서 말미에 동의의 뜻을 표시하고 본인이 아닌 경우에는 인감증명을 첨부 하여야합니다.

⑷ 경매절차의 취소 · 정지

경매절차의 취소란 경매개시결정 이후 이미 실시한 경매절차의 전부 또는 일부의 효력을 상실시키는 행위를 말한다. 강제경매절차에 있어서 집행할 판결 또는 그 가집행을 취소하는 취지나, 강제집행을 허가하지 아니하거나 그 정지를 명하는 취지 또는 집행처분의 취소를 명한 취지를 적은 집행력 있는 재판의 등본, 집행을 면하기 위하여 담보를 제공한 증명서류, 집행할 판결, 그 밖의 재판이 소의 취하 등의 사유로 효력이 잃었다는 것을 증명하는 조서등본 또는 법원사무관이 작성한 증서, 강제집행을 하지 아니한다거나 강제집행의 신청이나 위임을 취하한다는 취지를 적은 화해조서의 정본 또는 공정증서의 정본 등을 취소신청서와 함께 제출[68]한 경우에는 이미 실시한 집행처분을 취소하게 된다.

또한 경매절차의 정지란 이미 실행된 부분은 그냥 둔 채 장래의 절차만을 일시적으로 정지하는 것을 말한다. 강제경매절차에서 강제집행의 일시정지를 명한 취지를 적은 재판의 정본, 집행할 판결이 있은 뒤에 채권자가 변제를 받았거나 의무이행을 미루도록 승낙한 취지를 적은 증서를 제출한 경우에는 경매절차의 정지결정을 하여야 한다.

임의경매절차에 있어서는 담보권의 등기가 말소된 등기부의 등본, 담보권 등기를 말소하도록 명한 확정판결의 정본, 담보권이 없거나 소멸되었다는 취지의 확정판결의 정본, 채권자가 담보권을 실행하지 아니하기로 하거나 경매신청을 취하하겠다는 취지 또는 피담보채권을 변제받았거나 그 변제를 미루도록 승낙한다는 취지를 적은 서류, 담보권 실행을 일시정지 하도록 명한 재판의 정본 등을 경매법원에 제출하면 경매절차를 정지하여야 한다.

경매절차가 취소되면 법원은 채권자 등에게 고지를 하게 되고 항고기간인 1주일이 지나게 되면 취소결정은 확정이 되게 된다. 법원은 등기공무원에게 위 취소결정을 등기원인으로 하여 경매신청 기입등기의 말소를 촉탁하게 된다.

그러나 부동산의 멸실, 강제집행정본이 무효로 판명된 때, 등기공무원의 통지에 의하여 경매절차 개시에 장애될 사실이 판명된 때, 남을 가망이 없을 경우 등의 경우에는 법원에서 직권으로 경매절차를 취소한다.

68　강제집행정지결정이 있으면 즉시로 당연히 집행정지의 효력이 있는 것이 아니며 그 결정정본을 집행기관에 제출함으로써 비로소 정지의 효력이 발생한다. : 대판 1966. 8. 12, 65마1095.

경매절차정지 신청서

신 청 인

　　　　　　시 구 동

피신 청인

　　　　　　시 구 동

신 청 취 지

 피신청인으로부터 신청인에 대한 신청사건은 동원 호 신청사건의 결정시까지 이를 정지
한다.
라는 재판을 구합니다.

신 청 이 유

소 명 방 법

1. 추후 변론시 제출하겠습니다.

20　.　.

위 신청인　　　(인)

수원 지방법원 성남지원 귀중

(5) 이중경매신청(압류의 경합)

최초의 경매신청인 이외의 다른 채권자가 그 부동산에 관해서 이중경매신청을 하던가. 기존의 경매절차에 부수하여 배당을 신청할 수 있다. 이 경우 매각허가 시 까지 신청할 수 있는 것이 원칙이나 매수인이 매각대금을 완납할 때까지 이중경매신청이 가능하다.

이중경매신청이 된 경우 법원은 다시 경매개시결정을 하고 먼저 경매개시결정을 한 집행절차에 따라서 경매한다. 먼저 경매개시결정을 한 경매신청이 취하되거나 그 절차가 취소된 경우에는 법원은 뒤의 경매개시결정에 따라 절차를 계속 진행하게 된다. 이 경우 경매신청이 중복되어 기록 첨부된 경우에 이미 개시한 경매절차가 취소되거나 그 경매신청이 취하되면 그 때에는 순차 그 다음 경매신청사건에 대하여 경매개시결정이 된 것으로 간주하므로, 제1의 경매신청인을 위한 경매절차는 제2의 경매신청인을 위하여 시행된 것과 동일시하여 남은 절차만을 속행하면 되고 새로운 경매절차를 진행하는 것은 아니다.[69]

(6) 소유권이전등기 등의 촉탁

매각대금이 지급되면 법원은 매각허가결정의 등본을 첨부하여 매수인 앞으로 소유권을 이전하는 등기, 매수인이 인수하지 아니한 부동산의 부담에 관한 기입을 말소하는 등기, 경매개시결정등기를 말소하는 등기를 촉탁하게 된다. 다만, 그 등기와 말소의 비용은 매수인의 부담이므로 매수인으로부터 주민등록표등본, 등록세 영수필 통지서 및 영수필 확인서, 국민주택 매입필증 등 첨부서류가 제출되었을 때 집행법원은 소유권이전등기를 촉탁하게 된다. 구법에 의하여 마쳐진 예고등기는 권리에 관한 공시를 목적으로 하는 등기가 아니어서 부동산상의 부담으로 되지 아니하므로 말소촉탁의 대상이 아니다.[70]

---

69 대판 1980. 2. 7, 79마417.

70 부동산등기법의 개정(2011. 4. 12.공포, 2011. 10. 13. 시행)으로 예고등기제도를 폐지함에 따라 종전에 이미 이루어진 예고등기의 말소방법이 문제되는 바, 이에 대하여는 종전의 규정에 따라 처리하도록 하였다('개정 부동산등기법 및 부동산 등기규칙 해설'법원행정처 발행, 2011).

부동산소유권이전등기 촉탁신청서

사건번호 :   2019타경 18256(1)   부동산강제(임의)경매

채 권 자 : 농협은행(주)

채 무 자(소유자) :

매 수 인 :

  위 사건에 관하여 매수인(은) 귀원으로부터 매각허가결정을 받고 2019년   월 일 대금
전액을 완납하였으므로 별지목록기재 부동산에 대하여 소유권이전 및 말소등기를 촉탁하
여 주시기 바랍니다.

첨 부 서 류

1. 부동산목록	4통
1. 부동산등기부등본	1통
1. 토지대장등본	1통
1. 건축물관리대장	1통
1. 공시지가확인서	1통
1. 주민등록등본	1통
1. 등록세 영수증(이전, 말소)	1통
1. 대법원수입증지-이전 000원, 말소 1건당 000원(토지, 건물 각각임)	
1. 말소할 사항	4통
1. 부본 6부	

2019년   01월 03일

매수인   (인)

연락처(☎)

지방법원   귀중

부 동 산 목 록

집합건물
경기도 성남시 중원구 금광동 10번지 단대시장 제2층 제104호
소재지번, 건물명칭 및 번호
경기도 성남시 중원구 금광동 10 단대시장
(도로명 주소) 경기 성남시 중원구 광명로 289

건물내역
철근콘크리트조 스라브지붕 6층 시장 및 부대시설 및 연립주택 및 판매시설
1층2324.65㎡
2층2307.57㎡
3층2428.57㎡
4층930.10㎡
5층606.40㎡
6층606.40㎡
지층2361.81㎡
내역: 시장
1층 1934.29㎡
2층 2049.21㎡
3층 2170.21㎡
4층 65.34㎡
지층 1928.33㎡
부대시설
1층 390.36㎡
2층 258.36㎡
3층 258.36㎡
4층 258.36㎡
지층 433.48㎡

연립주택
4층 606.40㎡
5층 606.40㎡
6층 606.40㎡
(대지권의 목적인 토지의 표시)
소재지번
1.경기도 성남시 중원구 금광동 10
지목 : 대
면적 3895.9㎡

(전유부분의 건물의 표시)
건물번호: 제2층 제104호
건물내역: 철근콘크리트조, 시장 8.62㎡, 부대시설(지층) 0.52㎡

(대지권의 표시)
대지권종류
1 소유권대지권
대지권비율
3895.9분의3.29

– 이상 끝–

말 소 할 사 항

갑 구

1. 순위3번 2012년 9월 13일 접수 제33827호 가압류등기

2. 순위6번 2014년 8월 18일 접수 제31247호 임의경매개시결정등기

을 구

3. 순위1번 2006년 11월 23일 접수 제82687호 근저당권설정등기

— 이 상— 끝.

국민주택채권 매입기준표

구분	시가표준액	특별시, 광역시	기타지역
주택	2천만원 ~5천만원	1.3%	1.3%
	5천만원 ~ 1억원	1.9%	1.4%
	1억원 ~1억6천만원	2.1%	1.6%
	1억6천만원 ~ 2억6천만원	2.3%	1.8%
	2억6천만원 ~6억원	2.6%	2.1%
	6억원	3.1%	2.6%
토지	5백만원 ~ 5천만원	2.5%	2.0%
	5천만원 ~ 1억원	4.0%	3.5%
	1억원 이상	5.0%	4.5%
주택·토지 외의 부동산	1천만원 ~ 1억3천만원	1.0%	0.8%
	1억3천만원 ~ 2억5천만원	1.6%	1.4%
	2억5천만원 이상	2.0%	1.6%
저당권설정 및 이전	저당권설정금액 2천만원 이상: 저당권설정금액의 1%		
상속 및 증여 (무상취득 포함)	1천만원 ~ 5천만원	1.8%	1.4%
	5천만원 ~ 1억5천만원	2.8%	2.5%
	1억5천만원 이상	4.2%	3.9%

7. 부동산의 인도 및 배당

(1) 부동산의 인도

법원은 매수인이 매각대금을 완납한 후 6개월 이내에 신청하면 채무자·소유자 또는 부동산 점유자에 대하여 부동산을 매수인에게 인도하도록 명할 수 있다. 그러나 점유자가 매수인에게 대항할 수 있는 권원에 의하여 점유하고 있는 것으로 인정되는 경우에는 그러하지 아니하다(민사집행법 제136조 제1항). 채무자·소유자 또는 점유자가 법원이 결정한 인도명령에 따르지 아니할 때에는 매수인 또는 채권자는 집행관에게 그 집행을 위임할 수 있다. 법원은 매수인 또는 채권자가 신청하면 매각허가가 결정된 뒤 인도할 때까지 관리인에게 부동산을 관리하게 할 것을 명할 수 있다(민사집행법 제136

조 제2항). 그러나 6개월이 지난 후의 채무자·소유자 또는 점유자나 선순위세입자 및 유치권자는 인도소송을 통해서 점유회수를 하여야 한다. 인도명령의 상대방은 채무자·소유자 또는 부동산 점유자이다(민사집행법 제136조 제1항 본문). 채무자·소유자의 일반승계인도 상대방이 된다.[71] 채무자나 소유자의 점유는 인도명령의 요건이 아니다. 대개 점유자와의 마찰을 피하기 위해서는 상호간 대화를 통한 합의점을 찾는 것이 가장 이상적인 방법이다. 실제로 경매절차에서의 부동산의 인도방법은 약 80% 이상이 당사자 간의 대화로 해결하고 있다.

(2) 배당

법원은 매각대금이 지급되면 배당에 관한 진술 및 배당기일을 정하고 이해관계인과 배당을 요구한 채권자에게 이를 통지하여야 한다(민사집행법 제146조). 법원은 출석한 이해관계인과 배당을 요구한 채권자를 심문하여 배당표를 작성하고 확정하여야 한다(민사집행법 제149조 제2항). 배당기일에 출석한 이해관계인과 배당을 요구한 채권자가 합의한 때에는 이에 따라 배당표를 작성하여야 한다(민사집행법 제150조 제2항).

매각배당기일에 이의가 완결되지 아니한 경우, 채권자는 다른 채권자를 피고로 하여 또는 채무자는 집행정본 없는 채권자를 피고로 하여 배당이의의 소를 제기하여야 한다(민사집행법 제154조 제1항. 제2항). 배당이의의 소의 취하나 취하간주, 배당이의소송의 소각하 또는 청구기각 판결의 확정이 증명된 경우, 배당이의의 소의 판결이 확정되었음이 증명된 경우 및 배당을 받을 채권자들 전원이 배당협의를 하여 배당협의서를 제출한 경우 등에는 배당을 실시한다. 대금으로 배당에 참가한 모든 채권자를 만족할 수 없는 때에는 법원은 민법·상법 기타의 법률에 정한 우선순위에 따라 배당하여야 한다. 배당절차가 종료됨으로써 경매절차가 종료된다(배당이의신청서 첨부).

---

71 대법원 1973. 11. 30. 자 73마734 결정.

배당이의 신청서(표 1-8)

배 당 이 의 신 청 서

신청인(배당요구채권자) ○ ○ ○

주 소

피신청인(압류채권자) ○ ○ ○

주 소

위 당사자 간 귀 원 2018타경○○○호 배당절차사건에 관하여, 다음과 같은 이유로 동 법원에서 작성한 배당표 중 배당자 ○ ○ ○의 배당 액을 취소하고, 각 채권자의 채권 액에 비례한 금액에 따른 배당을 청구합니다.

다 음

1. ○○지방법원 집행관 합동사무소에 2017본○○○ 유체동산압류사건에 대하여, 압류채권자인 피신청인 ○ ○ ○는 위 경매매득금에서 압류 및 경매비용을 공제한 잔액 금 ○○원에서 동산 질 권에 의한 우선변제권을 주장하여, 이를 인정한 귀 원은 금 ○○원을 피신청인에게 배당하는 배당표를 작성하였습니다.

2. 그러나 신청인은 피신 청인의 위 채권의 존재자체를 부인하므로 이 건 배당에 대한 이의를 제기합니다.

2018 .   .   .

위 신청인 ○ ○ ○ ⑳

○ ○ 지 방 법 원 귀 중

배당을 받아야할 채권자가 배당을 받지 못하고 배당받지 못한 채권자로서는 배당에 관하여 이의를 한 여부 또는 형식상 배당절차가 확정되었는가의 여부에 관계없이 부당이득반환청구권을 갖는다.

경매절차도표(표 1-9)

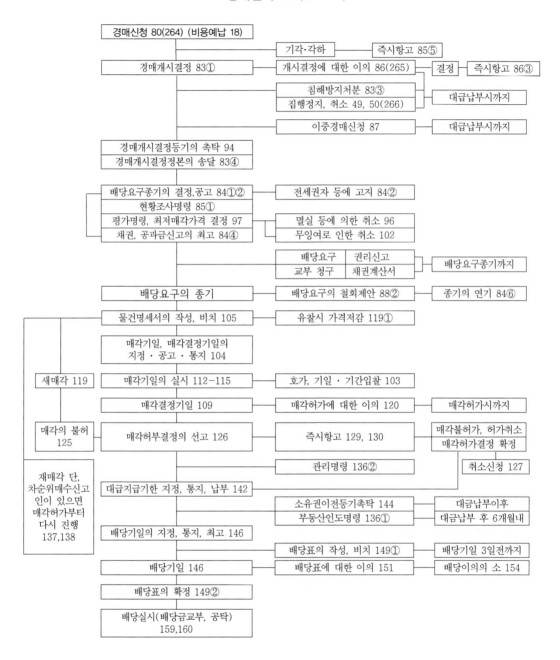

그러나 '법원으로부터 적법한 발송송달을 받고 경매절차의 배당요구종기일 까지 배당요구를 하지 않은 소액임차인은 배당기일에 출석하여 배당표에 대하여 이의를 신청하였다 하더라도 배당이의의 소'[72]를 제기할 원고적격이 없다.[73]

위에서 설명한 민사집행법상 법원에서 진행하는 부동산경매절차에 대하여 정리하면 도표와 같다.

〈참고〉 경매절차표식도(표 1-10)

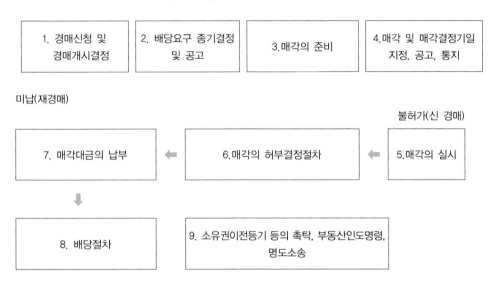

1. 경매신청 및 경매개시결정

1) 채권자의 신청에 따라 법원은 경매개시결정을 하여 목적부동산을 압류하고 관할등기소에 경매개시결정의 기입등기를 촉탁하고 등기기관에게 등기부에 기입등기를 하도록 한다.

임의경매인 경우는 담보권을 증명하는 서류와 강제경매인 경우에는 채무명의(집행권원)을 첨부하여 제출한다.

---

[72] 배당이의의 소는 강제집행의 배당절차에 있어서 이의가 완결되지 아니한 때 이의를 신청한 채권자가 이의에 관하여 이해관계를 가지고 또 이의를 정당하다고 인정하지 않는 다른 채권자를 상대로 이의를 주장하기 위해 제기하는 소(민사집행법 제154조)를 말한다.

[73] 전주지법, 2005. 10.27. 선고 2005나2922판결.

2) 경매비용의 예납

경매 예납비용은 보통 감정가의 1~2 % 정도이고, 비용은 감정평가비용, 이해
관계인 송달비용, 집행관 현황조사비용 등이 사용내역이고, 추후 배당절차 시
우선 배당처리 한다.

2. 배당요구종기결정 및 공고

구민사소송법은 매각결정기일까지 배당요구를 하도록 하였으나, 신민사집행법은
배당요구를 정한 종기일 까지 배당요구를 할 수 있도록 하였다. 배당요구종기일은
매각부동산의 첫 매각기일 이전의 날로 정하게 된다.

3. 매각의 준비

환가의 준비절차로 부동산의 현황, 임대차관계, 차임, 보증금, 점유관계 기타 현
황에 대하여 조사를 명하고, 감정인에게 부동산을 평가하여 그 평가액을 참조하여
최저매각가격을 정한다.

4. 매각 및 매각기일 지정, 공고, 통지

위 절차 후에 법원은 매각 및 매각결정기일을 지정하여 대법원규칙이 정하는 방법
에 따라 이를 일간신문 등에 공고한다. 최초매각기일은 공고일로부터 14일 이후로
정한다.

5. 매각의 실시

지정 공고된 장소에서 법원 집행관은 매각을 실시하고 최고가 매수신고인과
차순위 매수신고인을 정한다. 매각기일에 최고가 매수인이 없는 경우는 최저매
각가격을 저감하고 새로운 매각기일을 정하여 다시 매각을 실시한다.

6. 매각허부결정절차

법원은 매각결정기일에 이해관계인의 의견을 들은 후 매각허부 결정을 한다. 매각
허부의 결정에 대하여 이해관계인은 즉시 항고할 수 있다.

7. 매각대금의 납부

매각허가결정이 확정되었을 때에는 법원은 대금지급기일을 정하여 최고가 매수인에게 매각대금의 납부를 명한다. 구민소법은 대금지급일까지는 대금을 납부할 수 없었으나 신민사집행법은 대금지급기한이 정해지면 기한 내에 언제든지 대금을 납부할 수 있다.

8. 배당절차

매수인이 매각대금을 전액 완납하면 법원은 배당기일을 정하여 이해관계인과 배당을 요구한 채권자 등에게 통지하여 배당을 실시하게 된다. 매수인이 지정한 기일까지 완납하지 않는 경우에 차순위 신고인이 있는 경우는 그에 대하여 매각의 허부를 결정하고, 차순위 신고인이 없는 경우에는 재매각을 명한다.

9. 소유권 이전등기 등의 촉탁 및 부동산인도명령, 명도

매수인은 매각허가결정이 선고된 후에는 매각부동산의 관리명령을 신청할 수 있고 대금완납 후에는 인도명령을 신청할 수 있다. 또한 부동산의 소유권을 취득하므로 집행법원은 매수인으로부터 필요서류의 제출이 있게 되면 매수인을 위하여 소유권 이전등기 등 매수인이 인수하지 아니하는 권리 등을 말소할 수 있게 등기관에게 촉탁하게 할 수 있다.

제 5 절 부동산 경매절차에 있어서의 이해관계인

1. 이해관계인의 의의

부동산 경매로 인하여 자기의 권리에 영향을 받게 된 권리자들은 그 권리를 보호하기 위하여 경매절차의 진행 상황을 알고 경매절차에 참가하여 권리행사를 할 필요가 있다. 즉 경매개시결정이 확정된 후 부동산 침해행위에 대해 방지를 신청할 수 있고, 경매개시결정에 대한 이의를 제기할 수 있다. 따라서 집행당사자 이외에 이해관계를 가지는 자는 모두 부동산집행절차에 관여할 수 있도록 하여 그들의 이익을 보호할 필요가 있을 것이다. 그러나 이해관계를 가지는 자라 하더라도 그들이 제한 없이 집행절차에 관여하도록 방치할 경우에는 신속하고 엄정하게 진행되어야 하는 부동산집행절차에서 절차의 신속성과 획일성의 보장에 손상을 초래할 염려도 있다. 이러한 까닭으로 민사집행법은 제90조에서 명문으로 이해관계인을 열거하고 이들만이 부동산집행절차에 관여할 수 있도록 이해관계인의 범위를 제한하고 있다. 또한 압류의 경합이나 배당요구가 있을 때에는 이를 통지 받을 수 있고, 매각조건의 변경에 합의할 수 있으며 매각기일에 출석할 수 있다. 그리고 매각허가여부결정에 대하여 즉시 항고할 수 있고 배당기일의 통지를 받을 수 있으며 배당표에 대하여 이의를 제기할 수 있다. 따라서 여기서 말하는 이해관계인은 법률상 이해관계인에 한하며 민사집행법 제90조 각 호에 해당하는 자가 이해관계인이 된다. 실무상 이해관계인은 송달·통지의 기준이 되므로 특히 누락되지 않도록 하여야 한다.

2. 이해관계인의 권리

이해관계인은 집행에 관한 이의신청권(민집 제16조), 부동산에 대한 침해방지신청권(민집 제83조 제3항), 경매개시결정에 대한 이의신청권(민집 제83조 제3항), 배당요구신청 또는 2중경매신청 사실의 통지를 받을 권리(민집 제89조)가 있고, 매각기일과 매각결정기일을 통지받을 수 있는 권리(민집 제104조 제2항), 매각기일에 매각기일조서에 서명날인 할 수 있는 권리(민집 제116조 제2항)가 있으며, 최저매각가격 외에 매각조건의 변경에 합의할 수 있는 권리(민집 제110조), 매각결정기일에 매각허가에 관한 의견을 진술할 수 있는 권리(민집 제120조), 매각허부결정에 대하여 즉시항고를 할 수 있는 권리(민집 제129조)가 있다. 그리고 배당기일의 통지를 받을 권리(민집 제146조), 배당기일에 배당표에 관한 의견을 진술할 수 있는 권리(민집 제149조), 배당기일에 배당에 대한 합의를 할 수 있는 권리(민집 제150조 제2항) 등을 행사할 수 있다.

3. 이해관계인의 범위에 해당하는 자

민사집행법 제90조에 열거된 자에 한하여 이해관계인으로 보며 이에 해당하지 않는 자는 이해관계가 있어도 경매절차상의 권리를 행사할 수 없다.

(1) 압류채권자와 집행정본에 의하여 배당요구한 채권자[민사집행법 제90조1호]

민사집행법 제90조 제1호에 경매신청을 한 채권자, 이중경매에서 뒤의 압류채권자, 조세채권에 의하여 압류등기를 한 압류채권자, 집행정본에 의한 배당요구채권자(사본도 가능)등이 이해관계인에 해당한다.

그러나 가압류채권자[74], 가처분권자[75], 일반가등기권자[76], 임금채권자[77]와 배당을 요구하지 아니한 채권자는 여기에 포함되지 아니한다. 경매개시전의 가압류채권자는 배당요구를 하지 않더라도 배당을 받을 수 있지만 이해관계인은 아니다. 집행정본 없이 배당요구를 한 채권자,[78] 판결과 같이 집행문이 필요한 집행권원에 있어서 집행문이 붙어 있지 아니한 집행권원으로 배당요구를 한 채권자,[79] 집행정본을 가지고 있더라도 배당요구를 하지 아니한 채권자 등도 이해관계인이 아니다. 경매개시결정이 있고 난 뒤에 같은 부동산에 대하여 제2의 경매신청을 한 채권자는 압류채권자는 아니지만, 집행정본에 의하여 배당을 요구한 채권자이기 때문에 이해관계인이 된다. 또한 경매신청사건이 정지된 뒤에 제2의 경매신청이 있고, 이에 대하여 경매개시결정이 있으면, 그 제2의 경매신청인도 압류채권자이므로 역시 이해관계인이 된다. 집행정본에 의하지 아니하고 배당요구를 한 채권자는 이해관계인이 아니고 단지 배당절차에 참가할 수 있을 뿐이다.

(2) 채무자 및 소유자[민사집행법 제90조 제2호]

채무자란 집행채무자를 의미하고 소유자는 경매개시결정등기 당시의 소유자를 말한다. 민사집행법 제90조 제2호에 채무자 및 소유자는 경매절차에서 이해관계인이 된다. 여기서 말하는 채무자는 경매신청인의 채무자를 의미한다.[80] 또한 소유자라

---

74 대판 2002. 7. 22, 2002다52312 ; 대법원 2005. 5. 19.자 2005마59결정.

75 대판 2008. 9. 18, 2008마1534; 대판 1994. 9. 30, 94마1534.

76 대판 1968. 5. 13, 68마367.

77 대판 2005. 5. 19, 2005마59; 대판 2003. 2. 19, 2001마785.

78 대법원 2003. 2. 19.자 2001마785결정: 배당요구를 한 임금채권자는 위 조항에서 말하는 이해관계인이 될 수 없다.

79 대법원 2002. 9. 5.자 2002마2812 결정.

80 대결 1968. 7. 31. 68마716 결정.

함은 경매개시결정 당시의 소유자를 말한다. 압류 후에 소유권을 양도한 전 소유자는 소유권 상실과 동시에 이해관계인으로서의 지위도 상실한다.[81] 또한, 임의경매에서 경매신청이 되지 아니한 저당권의 피담보채권의 채무자도 이해관계인이 될 수 없다. 그리고 압류 후에 소유권이전등기를 마친 제3자는 본 호의 소유자에는 해당하지 않으나 그 권리를 증명하면 4호[82]의 이해관계인이 될 수 있다.[83]

(3) 부동산등기사항증명서에 기입된 부동산 위의 권리자(민집 제90조 제3호)

본 호에서 말하는 이해관계인은 경매개시결정 시점이 아닌 경매개시결정 등기 시점을 기준으로 하여 이미 등기가 되어 등기부에 나타난 자를 말한다.[84] 본 호의 등기부에 기입된 부동산 위의 권리자는 경매절차에서 이해관계인이 된다. 등기부에 기입된 권리자라 함은 경매신청 기입 등기 당시에 이미 등기가 되어 있어 등기부에 나타난 자를 말하며, 용익권자(지상권자, 전세권자, 민법상 또는 임차권 등기명령에 의하여 임차권등기를 한자), 담보권자, 압류등기 전에 등기한 환매권자, 공유지분경매에서 다른 공유자, 가등기 담보권자, 소유권이전에 관한 가등기권리자(가담법 제16조 제3항), 근저당설정의 가등기 권리자 등이 이에 해당한다. 건물소유를 목적으로 하는 토지임대차는 이를 등기하지 아니한 경우에도 임차인은 제3자에 대하여 대항력을 가지게 되는데 그러한 토지임차인은 여기서 말하는 권리자는 아니다.[85] 왜냐하면 여기서의 권리자란 집행법원이 등기부의 기재만으로 그 권리자임을 바로 알 수 있는 경우의 권리자를 지칭하기 때문이다. 그 경우 임차권자는 건물등기부등본을 제출하면 이해관계인이 될 수 있다. 또한 경매부동산에 관하여 소유권 회복의 등기를 할 수 있는 확정판결이 있다 하더라도 이에 기한 등기를 갖추고 이를 집행법원에 권리신고를 하여야 이해관계인이 될 수 있다.

---

81 대법원 1967. 8. 31. 67마615 결정.
82 부동산 위의 권리자로서 그 권리를 증명한 자.
83 대법원 1964. 9. 30. 64마525 결정.
84 대법원 1999. 11. 10. 99마5901 결정.
85 대법원 2002. 1. 3.자 2001마6073 결정.

(4) 부동산 위의 권리자로서 그 권리를 증명한 자(민사집행법 제90조 제4호)

민사집행법 본 호에 해당하는 자는 경매개시결정등기 전에 등기 없이도 제3자에게 대항할 수 있는 물권이나 채권을 취득한자 또는 경매개시결정등기 후에 소유권·용익권·담보권을 취득한 자로서 권리증명[86]을 한 자를 말한다. 부동산 위의 권리자로서 그 권리를 증명한 사람은 경매절차에서 이해관계인이 된다. 부동산 위의 권리자는 경매신청기입등기 이전에 목적부동산에 대하여 등기가 없어도 제3자에 대항할 수 있는 물권 또는 채권을 가진 자를 말한다. 유치권자, 점유권자, 주택(상가건물)임대차보호법상의 우선변제권자 등이 이에 해당한다. 다만 이들은 집행법원에 그들의 권리를 주장하고 신고하여야 비로소 이해관계인이 된다.

법정지상권자, 특수지역권자, 건물등기 있는 토지임차인, 인도 및 주민등록을 마친 주택이나 상가임차인, 경매개시결정등기 후에 소유권·담보권·용익권을 취득한 자, 전세금반환채권·임차보증금반환채권을 압류 및 전부 받은 자 등으로서 권리증명을 한 자가 본 호의 이해관계인에 해당한다. 따라서 대항력을 갖춘 주택이나 상가임차인이라고 하더라도 경매법원에 권리증명을 하지 아니한 때에는 이해관계인에 해당하지 않고 권리증명을 한 경우에 한하여 본 호의 이해관계인으로 취급된다.[87] 그러나 강제경매신청채권자의 배당금채권을 압류 및 전부 받은 자는 경매법원에 권리신고를 하더라도 이해관계인이라 할 수 없다.[88]

4. 이해관계인에 해당하지 않는 자

집행력 있는 정본 없이 배당요구를 한 채권자, 집행력 있는 정본을 가진 채권자 중 배당요구를 하지 아니한 채권자, 가압류권자, 가처분권자, 부동산 위의 권리자 중 집행법원에 그 권리를 증명하지 아니한 자, 강제경매신청인이 법원으로부터 배당받을 권리를 피보전 채권으로 하여 채권압류 및 전부명령[89]을 받은 자 등은 이해관계인이 아니다.

---

[86] 권리증명이란 권리자가 스스로 집행법원에 권리신고 또는 배당요구를 하는 것을 말한다. 권리증명은 자기의 책임으로 스스로 하여야 하므로 현황조사보고서에 임차인으로 기재된 사실, 이중경매의 후행사건기록에 이해관계인으로 표시된 사실, 다른 권리자가 제출한 등기부등본에 등재된 사실만으로는 이해관계인이 될 수 없다(대법원 1994. 9. 14. 자 94마1455 결정).

[87] 대법원 2008. 11. 3. 선고 2008다43976 판결.

[88] 서울고법 1990. 7. 20. 선고 90나21485 판결(확정).

민사집행도해 (표 1-11)

민사집행도해

1. 강제집행
    (1) 금전 집행
        가. 재산명시절차[90, 91]
            1) 명시선서: 명시기일출석-재산목록제출-선서-불이행시 20일 이내의 감치, 3년 이하의 징역 또는 500만이하 벌금
            2) 채무불이행자명부[92]: 법원비치·시·군·구·읍·면의 장 및 금융 기관장에 송부·열람한다(집행권원 후 6월이내 불이행시).
            3) 재산조회: 전산망관리의 공공기관. 금융기관 등에 조회
        나. 부동산집행
        다. 준부동산집행: 선박, 항공기, 자동차 등
        라. 유체동산집행
        마. 채권 그 밖의 재산권에 대한 집행: 추심명령. 전부명령

    (2) 비금전집행-가. 물건인도청구권
                  나· 작위. 부작위채권

2. 담보권의 실행(저당권, 전세권, 가등기담보 등)
3. 형식적 경매: 유치권경매(민법 제322조), 공유물분할, 자조매각 등
4. 보전처분
    (1) 가압류 - 금전채권(장래 확정할 수 있는 채권 포함)의 집행보전
    (2) 가처분 - 다툼의대상가처분-특정물채권(인도. 작위. 부작위. 권리이전청구)의 집행보전이다.
                임시지위가처분-다툼 있는 권리관계에서 본안확정까지 잠정적인 순위보전이다.
                점유이전금지가처분

---

89 전부명령이란 채무자가 제3채무자에 대하여 가지는 압류한 금전채권을 집행채권의 변제에 갈음하여 압류채권자에게 이전시키는 집행법원의 결정을 말한다. 참고로, 추심명령이란 압류채권자에게 피압류 추심채권의 추심 권을 수여하는 집행법원의 이부명령이다. 피압류채권의 추심권을 국가가 행하지 않고 압류채권자에게 수권화하여 현금화하는 것이다.

90 금전 집행을 함에 있어서 채무자의 재산을 쉽게 찾을 수 없는 경우 채무자로 하여금 자신의 재산상태를 명시한 재산목록을 법원에 선서 제출하고 채무자 명의의 재산에 대하여 공공기관. 금융기관 등에 조회하며 재산명시기일에 출석하지 아니하거나 재산목록을 제출하지 아니하는 경우 등에 채무 불이행 자명부등재하는 것을 말한다(이시영, 신민사집행법,238면).

91 대판 2012.1.12.2011다78606재산명시결정에 의한 소멸시효중단의효력: 채권자가 확정판결에 기한 채권의 실현을 위하여 채무자에 대하여 민사집행법상 재산명시신청을 하고 그 결정이 채무자에게 송달되었다면 거기에 소멸시효의 중단사유인'최고'로서의 효력만이 인정되므로 재산명시결정에 의한 소멸시효 중단의 효력은 그로부터 6월내에 다시 소를 제기하거나 압류 또는 가압류, 가처분을 하는 등 민법 제174조에 규정된 절차를 속행하지 아니하는 한 상실된다.

92 등재요건: 첫째, 집행권원이 생긴 후 6월내에 채무를 이행하지 아니한 때, 둘째, 정당한 사유 없이 명시기일 불출석. 재산목록 제출거부. 선서거부 또는 거짓의 재산목록제출 등 명시절차에 비협조적인 경우이며, 2가지 중에서 어느 하나에 해당되어야 한다(민집 제70조1항 1.2호).

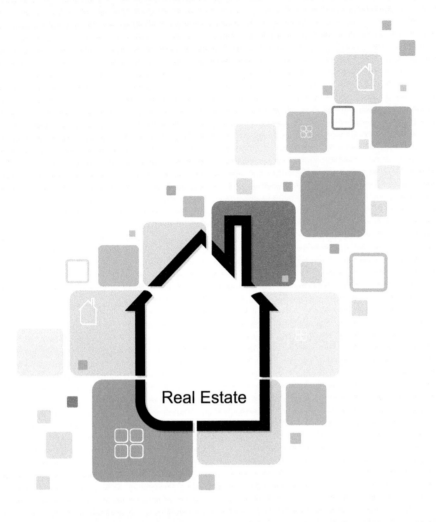

Real Estate

제 2 장

부동산 경매 권리 분석

제 1 절　부동산 경매권리분석

제 2 절　각종 권리의 권리분석

제 3 절　공매

◎ 물권과 채권

1. 물권

본권	소유권	지상권
	용익물권	지역권
		전세권
	제한물권	
		유치권
	담보물권	질 권
		저당권

점유권 (동산, 부동산)

*법정지상권: 민법 제305조 제1항(전세권), 민법제366조(저당권), 가등기담보법 제10조, 입목법 제6조, 관습법상법정지상권, 분묘기지권.

2. 채권　1) 전형계약 (14가지)

❶ 재산권이전 : 매매, 교환, 증여

❷ 물건이용 : 소비대차, 사용대차, 임대차

❸ 노무공급이용 :고용, 도급, 현상광고, 위임, 임치, 조합, 종신 정기금, 화해,

　　　2) 법정채권

❶ 사무관리(민법734조)

❷ 부당이득(민법741조)

❸ 불법행위(민법750조)

3. 물권행위 1) 유인론; 물권행위의 효력이 그 원인인 채권행위의 부존재. 무효, 취소, 해제 등으로 당연히 그 영향을 받으면 유인론 이다.

　　　2) 무인론: 그 원인이 되는 채권행위의 운명에 의하여 아무런 영향도 받지 않으며 물권행위의 효력은 원인관계와 법률상 단절 내지 절연되어 있다고 보는 것이 무인론이다.

* 학설은 무인론이 다수설, 판례는 유인 론을 취함.

제1절   부동산 경매권리분석

1. 권리분석의 개념

권리분석에서 의미하는 권리는 부동산의 소유권 및 그에 관계된 기타 권리, 권원, 권리의 적법성, 부동산활동상 공법상 규제관계를 의미하고, 이 권리에 대한 흠의 여부를 판정하는 것이 권리분석이며 부동산을 거래(경매, 매각)할 때에 대상 부동산에 숨어있는 법률, 사실상의 하자, 즉 흠을 조사 발견하는 작업을 말한다. 이는 비권력적 행위이며 일반사람들이 쉽게 발견할 수 없는 흠이나 하자를 발견하여 부동산과 관련한 여러 가지 사고를 예방하고 안전한 부동산활동을 도모하는 작업이다. 라고 개념을 정의하고 있다. 최광의 권리분석의 의미로는 부동산의 상태 또는 사실관계, 등기능력 없는 권리관계, 등기를 요하지 않는 권리관계 등을 분석하는 것을 말한다. 부동산의 상태 또는 사실관계에는 도로관계, 세금관계, 면적 등 표시에 관한 등기관계, 대상 부동산이 공·사법상 적합한가에 관한 문제, 분묘의 존재관계 등의 개별적 확인사항과 점유의 상태 등이 있다. 등기능력이 없는 권리는 점유권·유치권·특수지역권 등이 있다. 등기를 요하지 않는 권리는 상속·판결·공용징수·경매(민법 제187조)에 의한 것이 있다. 특히 주택임대차보호법, 상가건물임대차보호법 등의 기타 경매 관련 특별법에 따라 소멸하는 권리와 인수하는 권리를 파악하는 경매 응찰의 한 단계로 경매 전문가나 매수희망자 등이 행하는 경매에 관한 사전적인 중요한 업무활동이다. 따라서 대상 부동산의 진정한 권리관계는 이러한 것들을 분석함으로써 알 수 있다.

2. 권리분석의 대상(목적물)

(1) 부동산[1]

민법 제99조 제1항은 '토지와 그의 정착물'을 부동산으로 정의하고 있다. 부동산은 토지, 건물, 입목, 명인방법을 갖춘 수목의 집단 및 개개의 수목, 미분 리의 과실 등이 있고, 준부동산은 법률상 부동산에 준해 취급하는 것으로, 선박, 자동차, 항공기, 중기, 공장재단, 광업재단, 광업권, 조광권, 어업권, 입어권, 댐사용권 등이 있다.

1) 토지

토지란 민법에서 명문규정으로 토지의 개념에 대하여 정의를 내리고 있는 것은 없지만 토지소유권의 개념을 유추해 본다면 '토지'란 지표면과 정당한 이익이 미치는 상하라고 규정할 수 있다. 토지는 그 지표에 인위적으로 선을 그어서 경계로 삼고 토지대장, 임야대장, 지적도, 임야도, 수치지적부 등 지적공부에 등록되고 등록된 각 구역은 독립성이 인정되며 지번으로 표시되고 그 개수는 지적공부상 1필의 토지로 등록되면 현실의 경계나 지적과 상관없이 지적공부상 경계, 지적에 의해 특정되어 거래되며 매각의 목적물로서 권리분석의 대상이 된다.

2) 토지의 정착물

토지에 고정적으로 부착되어 용이하게 이동할 수 없는 물건으로서 그러한 상태로 사용되는 것이 그 물건의 거래관념상의 성질로 인정되는 것을 말한다. 정착물의 유형으로서는 다음과 같이 존재한다.

① **독립정착물** : 토지와 별개의 부동산으로 건물, 입목에 관한 법률에 의한 입목이 있고, 토지의 정착물이 특수재단을 구성하는 경우, 예컨대 공장재단, 광업재단 등은 그 자체가 1개의 부동산으로 간주된다.

---

1   부동산이란 인간이 본래의 인간성을 회복하여 그것을 공정하게 소유하고 효율적으로 이용하며, 합리적인 거래와 서비스를 도모하며, 양호한 정책의 실현으로 자유와 평등을 실현하기 위한 수단으로 삼아야 하는 실체(reality)다. 라고도 정의하고 있다.

② 종속정착물 : 토지의 일부로 인정되는 것으로 교량, 돌담, 도랑 등이 이에 속하는데, 권원 있는 자가 부착해도 강한 부합으로 인하여 토지소유권에 흡수된다.

③ 반독립정착물 : 원칙적으로 토지의 일부이나, 거래관행에 따라 토지와 별개의 물건으로 취급된다. 입목등기를 하지 않은 수목의 집단, 개개의 수목, 미분리 과실, 농작물 등은 원칙적으로 토지소유권에 흡수되나, 타인의 권원에 의하여 부속된 것은 독립한 물건이 되고, 수목의 집단. 개개의 수목, 미분리 과실이 명인방법을 갖추면 독립한 부동산으로 취급된다. 미분 리의 천연과실은 원래의 토지의 구성부분 이므로 명인방법을 구비하여 제3자에게 양도된 경우가 아니면 원칙적으로 감정평가의 대상이 되고 경매의 목적물이 된다. 특히 농작물은 타인의 토지에 권원[2]없이 불법 경작했어도 농작물의 소유권은 항상 경작자 소유라는 것이 확고한 판례[3]이다.

3) 건물

건물이란 일정한 면적·공간의 이용을 위해 지상·지하에 건설된 것으로서, 토지와 별개의 부동산으로 토지등기부와 별도로 건물등기부를 두고 있다(등기법).

건물이 어느 정도의 구조를 갖추어야 독립한 부동산으로 인정될 수 있는가의 문제로, 독립한 부동산이 되지 못하면 동산에 불과하다.

건축 중의 건물은 사회통념상 건물을 신축할 때 의도한 건물의 목적과 용도에 적합한 구조를 갖추는 정도에 이른 때 독립성이 있다고 볼 것인데[4] 최소한의 기둥, 지붕 그리고 주벽이 필요하다.[5] 건축 중인 건물의 기성 고를 인수하여 나머지 공사를 완공함에 의하여 건물의 소유권을 원시취득 한 것이라고 하기 위해서는 아직 사회통

2　권원이라 함은, 민법제256조 단서에서 지상권·전세권·임차권 등과 같이 타인의 부동산에 자기의 동산을 부착시켜서 그 부동산을 이용할 수 있는 권리를 뜻한다. 즉 권원은 어떠한 행위에 대하여 법률적으로 정당화하는 근거이다. 권원에 의한 경우의 점유, 사용, 수익은 법적으로 보호를 받지만 권원이 없는 자가 위법하게 토지소유자의 승낙을 받음이 없이 그 임차인의 승낙만을 받아 그 부동산 위에 나무를 심었다면 특별한 사정이 없는 한 토지소유자에 대하여 그 나무의 소유권을 주장할 수 없다. 이러한 경우 위법이 인정될 경우에 부당이득 또는 불법행위에 의한 손해배상(안 날로부터 3년, 발생한 날로부터 10년)을 발생시킬 수 있다.

3　대판 1979. 8. 28. 79다784

4　대법원 90다카 6160 결정

5　대판 2001. 1. 16, 2000다51872

념상 건물이라고 볼 수 있는 형태와 구조를 갖추지 못한 것을 넘겨받아 건물로 완성하였음을 필요로 한다.[6] 건물이 증축된 경우에는 증축부분이 독립된 부동산인지 아니면 기존건물에 부합되었는지 여부는 증축 부분이 기존 건물에 부착된 물리적 구조뿐만 아니라 그 용도와 기능면에서 기존건물과 독립한 경제적 효용을 가지고 거래상 별개의 객체가 될 수 있는지의 여부 및 증축하여 이를 소유하는 자의 의사 등을 종합하여 판단하여야 한다. 미등기 건물은 적법하게 건축허가나 건축신고를 마치고 완공되었으나 아직 사용승인을 받지 못한 건물에 한해 건축물대장등본, 건축허가서 등 건물이 채무자소유임을 증명하는 서류(부동산등기법 제131조)를 제출하면 경매대상이 되고, 무허가건물, 미완성 건물은 경매대상에서 제외된다(민사집행법 제81조 제1항 단서). 1동의 건물의 일부도 독립하여 소유권의 객체가 될 수 있고 이러한 구분소유관계(민법 제215조)는 '집합건물의 소유 및 관리에 관한 법률'이 규율하고 있다.

(2) 물권과 채권

1) 물권

물권은 재산권의 일종이며, 이는 채권과 더불어 재산법의 2대지주라는 공통점을 가지고 있다. 그러나 채권과 비교하여 물권의 특징은 그의 객체인 물건을 직접 지배해서 이익을 얻는 것을 내용으로 하는 배타적 권리를 말하는데 권리의 분류 가운데에서, 특히 재산권이고 지배권이며 절대권이다. 물권의 종류로서는 점유권과 소유권, 제한물권으로서 용익물권인 지상권 지역권 전세권 그리고 담보물권인 유치권 질권 저당권 등이 있다. 지상권, 지역권, 전세권을 용익물권(用益物權)이라 하는데, 소유권의 내용이 되는 사용·수익의 권능 즉 사용가치 지배의 권능 중 일부가 소유권으로부터 분리되어 독립된 권리다. 지상권(地上權)은 타인의 토지에 건물 기타 공작물 또는 식목을 위하여, 지역권(地役權)은 이웃하는 토지소유권과 이용조절을 위하여, 또 전세권(傳貰權)은 타인의 토지 또는 가옥의 사용·수익을 위하여 인정되는 권리다. 담보물권은 일정한 물건을 채권의 담보로 제공하는 것을 목적으로 하는 제한물

6　대법원 83다카1858 결정

권이다. 채권자 평등의 원칙을 적용을 피하기 위하여 인정하는 제도로서 물건의 교환가치를 파악하여 거기에서 우선하여 채권의 변제를 확보함을 그 사명으로 하고 있다. 우리 민법상 유치권·질권·저당권 등의 3가지를 인정하고 있다. 그 밖에 민법은 전세 권자에게 우선변제권을 인정함으로써 전세권을 용익물권인 동시에, 일종의 담보물권으로 구성하고 있다. 담보물권 중 유치권은 일정한 요건이 갖추어진 경우 민법의 규정에 의하여 당연히 성립하는 '법정담보물권'이고, 질권과 저당권은 원칙적으로 당사자의 설정행위에 의해 성립하는 '약정담보물권'이다.

특별법에 의해 인정되는 것으로 '가등기담보등에 관한 법률[7]'의 가등기담보권, 농지담보법에 의한 농지담보권, 입목저당법에 의한 입목저당권[8] 등과 관습법상의 법정지상권, 관습법상 인정되는 분묘기지권[9] 등이 있다. 물권의 효력으로는 물권은 채권에 우선한다. 그리고 물권 상호 간에는 시간적으로 먼저 성립한 순서에 의해서 우선적 효력이 있다.

---

7 차용물의 반환에 관하여 차주가 차용물을 갈음하여 다른 재산권을 이전할 것을 예약할 때 그 재산의 가액이 차용액과 이에 붙인 이자를 합산한 액수를 초과하는 경우에 이에 따른 담보계약과 그 담보의 목적으로 마친 가등기 또는 소유권 이전등기의 효력을 정함을 목적으로 한다(가등기담보등에 관한 법률 제1조), 토지 및 그 지상건물이 동일한 소유자에 속하는 동안에 그 토지 또는 건물에 대하여만 가등기담보권, 양도담보권 또는 매도담보권이 설정된 후 담보권의 실행으로 토지와 건물의 소유자가 다른 경우에 지상권이 설정된 것으로 본다(가등기담보등에 관한 법률 제10조).

8 입목에 관한 법률에 의하여 1필의 토지 또는 1필의 토지의 일부에 생립하는 수목의 집단은 동법에 의하여 소유권보존 등기를 할 수 있고, 이 등기를 거친 수목의 집단을 입목에 관한 법률상 '입목'이라 한다(입목법 제2조). 입목은 토지와 별도로 독립한 하나의 부동산으로 보게 되며 이러한 입목을 목적으로 하여 설정된 저당권을 '입목저당권'이라 한다. 토지와 입목이 동일인에게 속하고 있는 동안에 입목의 경매 기타 사유로 토지와 그 입목이 각각 다른 소유자에 속한 경우 토지소유자는 입목소유자에게 지상권을 설정한 것으로 본다(입목법 제6조).

9 분묘기지권은 소유자의 승낙을 얻어 그의 소유지 안에 분묘를 설치한 때, 타인 소유 토지에 소유자의 승낙 없이 분묘를 설치하여 20년간 평온·공연하게 그 분묘기지를 점유하여 시효에 의해 취득한 때, 자기 소유 토지위에 분묘를 설치한 자가 이에 대한 소유권을 보류하거나 또는 분묘도 함께 이전한다는 등의 특약을 함이 없이 토지를 매매 등으로 처분한 때에 성립한다.

*물권도표 (표 2-1)

소유권	소유자는 법률의 범위 내에서 그 소유물을 사용, 수익, 처분할 권리가 있다. (민법 제211조)	
점유권	물건을 사실상 지배할 시 지배할 권리가 있는 지 여부를 묻지 않고 그 사실 상태를 보호해 주는 권리(민법 제192조 제1항, 민법 제200조)	
용익물권	지상권(민법 제279조)	타인의 토지에 건물기타 공작물이나 수목을 소유하기 위하여 그 토지를 사용할 수 있는 권리
	지역권(민법 제291조)	일정한 목적을 위하여 타인의 토지를 자기 편익에 이용하는 권리 (통행, 인수, 관망 등)
	전세권(민법 제303조)	전세금을 지급하고 타인의 부동산을 이용, 수익할 수 있는 권리. 담보권의 성질도 겸하고 있다.
담보물권	유치권(민법 제320조)	타인의 물건 또는 유가증권을 점유한 자가 그 물건에 관하여 생긴 채권이 변제기에 있는 경우에는 채권의 변제를 받을 때까지 유치할 권리
	저당권(민법 제356조)	채권자가 채무자의 부동산을 담보로 하여 채무변제가 없는 경우 경매하여 우선변제권을 행사할 수 있는 권리
	질권(민법 제329조)	동산
관습법상 인정	분묘기지권	타인의 토지위에 분묘를 설치 또는 보유하기 위한 목적에 한정하여 그 토지를 사용할 수 있는 권리
	법정지상권 (민법 제366조)	저당물의 경매로 인하여 토지소유자와 건물소유자가 다른 경우에는 토지소유자는 건물소유자에게 법정지상권을 설정한 것으로 본다.

2) 채권

채권이란 채권자가 채무자에게 어떠한 일정한 행위를 할 것을 청구할 수 있는 권리이다(대인청구권). 물권과 달리 채권은 당사자 간에 자유로운 의사의 결정에 의하여 계약에 대한 내용을 정할 수 있고 이에 대한 이행을 하지 않는 경우 손해배상 등에 의한 청구를 법원에 제기하고 강제집행을 실현하여 채권의 충족을 할 수 있다. 민사집행법에 의한 강제집행에 의한 권리를 실현 시 물권은 상호 성립한 순위에 따른 우선변제권을 보장 받지만 채권은 물권과 경합 시 물권에 후순위이고 채권끼리 경합을 하는 경우에는 평등하게 자신의 권리금액에 따라서 균등하게 비율배당을 받게 된다.

*물권과 채권의 비교표 (표 2-2)

물 권	채 권
지배권-물건을 객체로 한다.	청구권-특정인에 대한 행위를 객체로 한다.
절대권-모든 사람에게 주장할 수 있는 대세권이다.	상대권-특정의 채무자에만 주장할 수 있는 대인권이다.
법률·관습법에 의해서만 창설할 수 있는 법정주의가 지배한다.	당사자가 자유로이 창설할 수 있는 사적자치의 원칙이 지배한다.
강행법규성	임의법규성

3) 권리분석의 대상권리

권리분석의 대상권리로서 공시되어 있는 권리와 공시되어 있지 않는 권리가 있다
표로 정리하면 아래와 같다.

권리분석의 대상권리 표시여부(표 2-3)

법률			권리종류	등기부 표시 여부
민법상의 권리	물권	용익물권	지상권	표 시
			법정지상권	미표시
			지역권	표 시
			특수지역권	미표시
			전세권	표 시
		담보물권	유치권	미표시
			저당권	표 시
			특수저당권[10]	표 시
	채권		환매권	표 시
			임차권	표 시(미표시 존재)
주택(상가)임대차보호법상의 권리			선순위 임차권	미표시
			등기된 임차권	표 시
절차법상의 권리			가압류등기	표 시
			가처분등기	표 시
			가등기	표 시
			예고등기	표 시
공법상의 권리			압류등기	표 시
			환지등기	표 시

(3) 부합 물과 종물

권리의 대상이 미치는 부동산의 범위는 매각으로 인하여 취득한 부동산의 범위로 매각허가결정에 기재된 부동산과 동일성이 인정되는 범위 내에서 그 소유권의 효력이 미치는 범위이다. 따라서 매각부동산의 구성부분인 부합물, 종물도 포함한다(민법 제256조, 제100조 등).

1) 부합물[11]

부합이란 소유자를 각각 달리하는 수 개의 물건이 결합하여 1개의 물건으로 되는 것으로 손궤하거나 과도한 비용을 지출하지 않고서는 즉 물리적, 사회적, 경제적으로 분리할 수 없는 경우에 이를 원상회복 시키지 않고 한 개의 물건으로 어느 특정인의 소유로 귀속시키는 것을 말한다.

주 건물에 부합하느냐의 판단기준은 물리적 구조, 용도, 기능면 등 다양한 측도에서 기존 건물과 독립한 경제적 효용을 가지고 거래상 별개의 소유권의 객체가 될 수 있는 것 또는 증축한 소유자 의사 등을 종합적으로 판단하여야 한다. 그러나 부합된 물건이 타인의 권원[12]에 의하여 부속된 것일 때에는 그 물건은 부속 시킨 자의 소유로 인정한다.

① 토지의 부합물

교량, 도로포장, 논둑, 정원수, 정원석, 수목 등이 있다. 수목은 '입목에 관한 법률'에 따라 등기된 입목과 명인방법을 갖춘 수목을 제외하고는 부합 물로 취급한다(대판 97도3425). 그러나 농작물은 토지에 부합하지 않고 언제나 경작자의

---

10 공동저당 및 근저당처럼 특별법에 의한 저당권을 말한다.

11 민법 제256조(부동산의 부합)
부동산의 소유자는 그 부동산에 부합한 물건의 소유권을 취득한다. 그러나 타인의 권원에 의하여 부속된 것은 그러하지 아니하다.

12 민법 제256조 단서 소정의 권원이라 함은 지상권·전세권·임차권 등과 같이 타인의 부동산에 자기의 동산을 부착시켜서 그 부동산을 이용할 수 있는 권리를 뜻한다. 즉 권원은 어떠한 행위에 대하여 법률적으로 정당화하는 근거이다. 권원에 의한 경우의 점유, 사용, 수익은 법적으로 보호를 받지만 권원이 없는 자가 위법하게 토지소유자의 승낙을 받음이 없이 그 임차인의 승낙만을 받아 그 부동산 위에 나무를 심었다면 특별한 사정이 없는 한 토지소유자에 대하여 그 나무의 소유권을 주장할 수 없다. 이러한 경우 위법이 인정될 경우에 부당이득 또는 불법행위에 의한 손해배상을 발생시킬 수 있다.

소유이다.[13] 과수원은 농작물이 아니므로 수목으로 취급한다.

② 건물의 부합 물(증, 개축 부문)

매각부동산의 부합 물은 독립성을 갖추고 타인의 권원에 의하여 부속된 경우에는 매각대상에서 제외된다. 따라서 감정평가에 포함이 되었든, 되지 아니 하였든 낙찰자는 부합물의 소유권을 취득한다(제시 외 건물 등).

2) 종물(민법 제100조)[14]

종물도 제3자의 소유자가 아닌 한 매각대상에 포함된다. 민법 제100조의 내용에 따라 종물은 주물의 처분에 따른다. 어떠한 건물이 주된 건물의 종물이기 위해서는 주물의 상용에 이바지하는 관계에 있어야 하고 주물 그 자체의 경제적 효용을 다하게 하는 것을 말한다.

※ 주물과 종물의 요건
① 주물의 상용에 공할 것
② 독립한 물건일 것
③ 동일한 소유자에 속할 것
④ 주물과 장소적으로 밀접한 위치에 있을 것

(4) 대지권

1) 대지사용권의 의미

집합건물에서 구분소유자가 전유부분을 소유하기 위하여 건물의 대지에 대하여 가지는 권리를 말한다. 대지권이 성립하면 대지권의 등기와 관계없이 그 토지지분은 구분건물[15]의 종속권리로 일체성이 성립되어 건물과 같이 운명을 한다.[16] 즉 종 된 권

---

13 대판 1968.6.4, 68다613.614 농작물을 부합의 예외로 인정한 판례이다.
14 민법 제100조(주물과 종물)
　　① 물건의 소유자가 그 물건의 상용에 공하기 위하여 자기 소유인 다른 물건을 이에 부속하게 한 때에는 그 부속물은 종물이다.
　　② 종물은 주물의 처분에 따른다.
15 1동의 건물을 구분하여 각 부분을 별개의 부동산으로 소유하는 형태의 건물을 말한다.

리에 지나지 않는다는 것이다.

2) 대지사용권의 경락사례

① 대지사용권이 있는 토지 지분만을 경락 받은 경우

대지사용권이 있는 토지지분을 경락 받으면 그 토지의 취득은 분리처분금지에 위반하였기 때문에 무효이다(집합건물의 소유 및 관리에 관한 법률: 토지와 건물의 일체성에 의한 분리처분금지).

② 대지사용권이 있는 건물을 경락 받는 경우

대지사용권이 있는 건물만을 경락받으면 그 토지지분도 함께 취득한다. 보통 경매물건명세서에 대지권도 함께 감정평가서에 포함이 되어 입찰을 하는 경우가 많다.

③ 대지사용권이 없는 건물을 경락받은 경우

대지사용권이 없는 건물을 경락 받으면 그 구분건물인 건물만을 취득하게 된다. 이러한 때에는 권원 없이 건물이 존재하는 것이고 사안에 따라 구분소유권의 매도청구권을 행사할 수 있다. 예를 들어 집합건물 소유 아파트 한 채를 경락받았을 시 그 중 아파트 한 채를 나눌 수 없기 때문에 구분소유권 매도청구권[17]을 행사 당할 수 있다.

(5) 토지별도 등기

1) 의의

집합건물의 대지권등기가 행하여지기 전에 이미 토지에 근저당 등의 어떤 권리의 등기가 있는 상태에서 건물을 짓고 등기가 되었을 때 집합건물의 등기부 상에는 토

---

16   집소법 제20조(대지권과 전용부분의 일체성)
  ① 구분소유자의 대지사용권은 그가 가지는 전유부분의 처분에 따른다.
  ② 구분소유자는 그가 가지는 전유부분과 분리하여 대지사용권을 처분할 수 없다. 다만, 규약으로써 달리 정한 경우에는 그러하지 아니하다.

17   집합건물의 소유 및 관리에 관한법률 제7조(구분소유권 매도청구권) 대지사용권을 가지지 아니한 구분소유자가 있을 때에는 그 전유부분의 철거를 청구할 권리를 가진 자는 그 구분소유자에 대하여 구분소유권을 시가(時價)로 매도할 것을 청구할 수 있다.

지에만 권리가 미치는 별개의 토지에 별도의 등기가 있음을 공시하는 등기를 말한다. 이는 등기부의 표제부란에 '토지별도등기 있음'이라고 표시한다. 주로 아파트를 짓기 위한 건축행위를 하기 전에 은행에서 이 토지를 담보로 하여 건축행위에 필요한 자금조달을 위하여 하는 경우가 대부분에 속한다.

2) 민사집행법상 경매와 관련된 토지별도등기

토지별도등기가 등재되어 있는 경우에 그에 대한 원인사유의 종결로 인하여 토지별도등기가 말소되어야 함에도 불구하고 계속하여 존재하는 경우에 실질적인 권리는 없고 후에 등기관이 말소처리 한다면 경락인으로서는 아무런 문제가 없다. 하지만, 권리가 실질적으로 존재하고 토지와 관계된 채권자와 채무자의 법적분쟁 등 다툼이 있는 경우(시공사, 시행사 등)에는 토지별도등기의 권리에 대하여 낙찰자가 인수될 수 있음을 주의하여야 한다.

3) 법원에서 실무상의 처리

경매절차상 통상적으로 별도등기에 관련된 권리에 대하여는 해당 법원이 토지의 권리자에게 채권신고를 하게하고 그에 따른 배당을 실시하여 그에 대한 권리를 말소시키는 것으로 하고 있다.

4) 예시

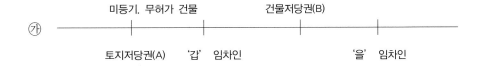

'B'가 말소기준권리에 해당하며 '갑'은 인수대상이 될 수 있다.

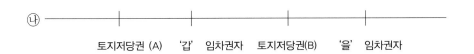

법정지상권 성립여지 있는 토지만을 낙찰 받은 경우에 임차인(주택. 상가건물임대차)에게 소액우선변제 배당과 순위배당을 한다. 말소기준권리는 'A'가 된다.

3. 경매 권리분석의 기본원리

(1) 말소기준권리

말소기준권리가 될 수 있는 것은 가압류(압류), 근저당권(저당권), 담보가등기, 전세권[18], 경매기입등기 등이다. 이들 중에서 등기사항전부증명서에 가장 먼저 등재된 것이 말소기준권리이다. 단, 용익물권인 전세권은 배당요구에 따라 달라질 수 있다. 말소기준이 된다는 의미는 민사집행법에 의하여 매각 시 말소기준권리보다 후에 등기된 권리는 등기부상에서 소멸된다. 경매목적부동산의 등기부에 표시되는 모든 권리뿐만 아니라 등기사항전부증명서에 표시되지 않는 권리 즉 임차권, 법정지상권, 특수지역권, 유치권 등에 대하여 매수인의 부담여부를 결정하는 권리를 말한다.

(2) 소멸주의

1) 개념

민사집행법 제91조는 소멸주의를 원칙으로 하고 예외적으로 인수주의를 취하고 있다. 말소기준권리를 기준으로 후에 성립된 등기부에 기재된 권리는 매각(경매)으로 인하여 소멸하는 주의이다. 이는 등기사항전부증명서에서 삭제가 되고 매수인(경락인)에게는 대항할 수 없는 권리이다.

2) 용익물권, 임차권

말소기준권리보다 후에 성립한 지상권, 지역권, 전세권 등의 용익물권 그리고 등기된 임차권 등은 말소기준권리에 대항할 수 없으며 매각으로 인하여 소멸한다. (민사집행법 제91조 제3항)

3) 담보물권

담보물권인 저당권은 기준권리인 동시에 매각으로 인하여 소멸한다. 즉 경매부동산위의 모든 저당권은 매각으로 인하여 소멸한다(민사집행법 제91조 제2항).

---

[18] 말소기준권리보다 앞서 있으면서 담보물권 성질로서 배당요구를 하였을 시 배당을 받고 소멸한다. 단, 전액배당이 이루어지지 않은 시는 미배당부분에 대하여는 매수인이 인수한다.

4) 가처분, 가압류, 압류, 환매등기, 채권 등

말소기준권리보다 후에 성립된 가처분, 가압류, 압류, 환매등기 등은 매각으로 인하여 소멸한다.

(3) 인수주의 (소멸주의의 예외)

1) 개념

경매 대상 부동산이 매각(경매)되었을 때 압류채권자의 채권에 우선하는 부동산의 부담을 매수인(낙찰인)에게 인수시키는 것을 인수주의라고 한다. 이는 말소기준권리보다 앞서 등기된 권리로서 매각으로 인하여 소멸하지 않고 매수인에게 이전되어 부담을 주는 권리에 해당한다. 이는 등기사항전부증명서에 남아 있기도 하고 때로는 공시와 관계없이(유치권 등) 매수인에게 인수되는 것이다(민사집행법 제91조 제5항).

2) 항상 인수되는 권리

민사집행법의 실행에 의하여 매각이 되어 항상 인수되는 권리에는 유치권, 법정지상권, 예고등기 등이 있다.

① 예고등기

예고등기는 등기원인의 무효 또는 취소로 인한 등기의 말소 또는 회복의 소가 제기된 경우에 수소법원[19]의 촉탁에 의하여 행하여지는 등기로써 이 등기는 계쟁부동산에 관하여 소유권의 제기가 있었다는 것을 경고하는 효력만 있을 뿐 어떤 절차법상이나 실체법상의 효력이 있는 것이 아니다. 예고등기는 단지 제3자에게 경고적 효력만을 가질 뿐[20] 그 자체로서는 어떤 권리의 발생, 변경, 소멸, 처분금지, 순위보전 등의 특별한 효력은 없다. 이처럼 예고등기가 되어 있어도 경매절차의 진행에는 아무런 문제가 없으므로 소유권말소나 근저당권말소 예고등기가 경료 된 경우 추후, 예고등기권자의 본안소송결과에 따라 매수

---

19 수소법원이란 특정 사건의 판결 절차가 현재 계속되고 있거나 과거에 계속되었거나 앞으로 계속될 법원, 판결 절차 이외에 증거보전, 가압류, 가처분에 관한 직무를 행하는 곳이다.

20 대법원 1994. 9. 13. 선고 94다21740 판결.

인이 소유권을 상실할 수도 있는 부분이 존재하고 있는 권리이며 매각으로 인한 소유권 이전 시 말소촉탁의 대상이 안 된다면 등기사항전부증명서에 그대로 존속한다.

또한, 예고등기는 2011년 10월 13일부터 시행되는 등기법의 개정내용에는 삭제되어 현재에는 시행되지 않으므로 추가로 예고등기가 될 소지는 없으나, 개정 전 등기법의 규정에 의하여 이미 경료 된 예고등기는 효력이 있으므로 주의해야 한다.

② 유치권

유치권은 언제나 매수인이 인수해야 하는 권리이다. 등기법상 공시도 할 수 없고 민법 제320조 제1항에서 규정하는 성립요건만 해당된다면 경매로 인한 매수인이 절대적으로 부담을 안아야 하는 권리이다. 매수인은 유치권자 에게 유치권으로 담보되는 채권을 변제할 책임이 있다.(민사집행법 제91조 제5항) 이러한 경우에 민법 제320조 제2항에서 말하는 점유는 반드시 적법한 점유이어야 하며 불법인 경우에는 성립하지 않는다. 유치권의 기타 자세한 사항은 권리분석 편에서 구체적으로 다루기로 한다.

③ 법정지상권

(A) 성립근거

공익적인 측면에서 토지의 이용관계를 수반하지 않고는 존립할 수 없는 건물을 사회적 손실을 막기 위하여 가능한 한 유지하도록 하고 사적인 측면에서도 건물의 철거로 인한 개인의 재산침해의 손실을 막기 위함이 크다 할 수 있다. 이러한 경우를 인정하지 않는다면 건물소유자는 아무런 권리 없이 타인의 토지를 점유 사용하는 것이 되어 이를 철거하지 않을 수가 없게 된다. 이는 경제적으로 국가의 큰 손실이 아닐 수 없다. 이는 결국 법정지상권제도는 건물보호라는 공익적인 측면과, 당사자의 의사를 추정하는 사익적인 양면성이 있다고 할 것이며, 이 두 가지 측면을 어떻게 조화시켜야 할 것인지가 법정지상권의 성부를 해석함에 있어서 중요한 판단근거가 되고 있다.

또한, 법정지상권에 관련된 이해관계인의 의사와 이익에 크게 반하지 않는다는 것이다. 민법 제366조에서 '토지소유자는 건물소유자에 대하여 지상권을 설정한 것으로 본다.' 토지소유자, 토지의 매수인(경락인)에게 지상권 설정의 의사가 존재하고 있는 것으로 간주한다.

(B) 강행규정(법규)[21]

법정지상권에 관한 내용은 강행규정으로서 저당권설정 당시에 당사자의 특약으로 법정지상권의 성립을 배제할 수 없다. 유치권은 법률의 규정에 의하여 성립하지만 당사자의 특약으로 성립을 배제하면 인정되지 않는다. 법정지상권과의 성립차이가 있다. 따라서 법정지상권도 말소기준권리에 관계없이 매수인이 언제나 인수해야 하는 권리에 속한다.

3) 인수될 수 있는 권리

① 가등기(말소기준권리보다 앞선 선순위, 소유권 유보부(계약, 예약))

가등기는 부동산물권 즉 소유권, 지상권, 지역권, 전세권, 저당권, 권리 질 권과 임차권의 설정, 이전, 변경, 소멸의 청구권을 보전 하려할 때, 또는 그 청구권이 조건부이거나 장래에 있어서 확정된 것일 때 그 본등기의 순위 보전을 위한 예비등기이다. 예비등기에는 예고등기와 가등기가 있다(부동산등기법 제3조, 제6조 제2항).

② 용익물권(말소기준권리보다 앞선 선순위, 지상권·지역권·전세권)

말소기준권리보다 앞선 선순위 용익물권은 매각으로 소멸하지 않고 매수인에게 인수되는 권리이다.

③ 가처분(말소기준권리보다 앞선 선순위)

금전채권 이외의 특정의 지급을 목적으로 하는 청구권을 보전하기 위하거나, 또는 쟁의(爭議) 있는 권리관계에 관하여 임시의 지위를 정함을 목적으로 하는 재판이다.

21　당사자의 의사 여하에 불구하고 강제적으로 적용되는 규정(법규)으로 임의규정에 대한 의미. 원칙적으로 공법에 속하는 규정은 거의가 강행규정이다.

부동산에 대한 분쟁이 있는 권리관계에 있어 위험, 불안을 제거하기 위해 또는 분쟁해결까지 방치하여두면 회복할 수 없는 손해가 발생할 염려가 있는 경우에 분쟁해결까지 잠정적인 임시의 지위를 정하기 위해 조치를 정해두는 경우인 보전처분을 말한다(민사집행법 제300조). 일반적으로 처분행위를 금지하는 처분금지가처분과 점유이전을 금지하는 점유이전금지 가처분이 있다. 여기에서는 전자를 말한다.

④ 환매등기(말소기준권리보다 앞선 선순위)

환매등기는 부동산 매매에 있어 소유권이전등기와 동시에 환매권의 유보를 등기함으로써 제3자에게 대항할 수 있는 권리이다(민법 제590조 제1항). 뒤 권리분석편에서 자세한 설명을 하기로 한다.

⑤ 특별법에 의한 대항력을 취득한 임차권(말소기준권리보다 앞선 선순위)

임차권은 임차주택에 대하여 민사집행법에 의한 경매가 행하여진 경우에 그 임차주택의 경락에 의하여 소멸한다. 다만, 보증금이 전액 변제되지 아니한 대항력이 있는 임차권은 그러하지 아니한다(주택임대차보호법 제3조의 제5항). 따라서 대항력(점유, 전입신고)이 있고 임차보증금을 전액 배당 받지 못한 임차권은 매수인에게 인수된다.[22] 대항력 있는 주택임차인이 임차권을 적법하게 양도 또는 전대한 경우 임차인이 갖고 있던 대항력은 임차권의 양수인이나 전대인에게 승계된다.

⑥ 전소유자의 가압류

전 소유자에 대한 가압류는 배당받을 채권자의 범위(민사집행법 제148조)에 해당되어 공탁을 하고 가압류를 말소하여야 한다. 이전 견해는 현재소유자를 상대로 한 경매절차인 배당절차에 이해관계인이 아니므로 참여할 수 없는 것으로 하여 낙찰인 에게 인수되는 것으로 보았으나 현재 법원실무는 가압류 결정 당시의

---

22 대법원 1988. 4. 25. 선고 87다카458; 대법원 1988. 4. 25. 선고 87다카2509; 대법원 2002. 2. 26. 선고 99다67079 판결.

청구금액의 한도 안에서는 배당에 참가하여 제3취득자에 대한 근저당권자보다 우선하여 배당하고 말소시키는 것으로 하고 있다. 단, 소멸하지 않는 경우에는 매각물건명세서상에 표기하여 처리하고 있다.

말소기준권리와 인수권리의 도표(표 2-4)

등기부 표시여부		종류	말소기준여부	말소기준권리		비고
				전	후	
등기부표시	갑구	경매개시결정 입등기	※말소기준권리	말소	말소	
		(가)압류	※말소기준권리	인수/말소	말소	등기대상 소유자에 따라 말소여부 결정
		가처분		인수	인수/말소	말소되지 않은 후 순위가처분 존재
		가등기 담보 가등기	※말소기준권리	말소	말소	
		가등기 소유권이전 청구권		인수	말소	
		예고등기	※2011년 폐지	인수	인수	말소기준권리와 무관
		환매등기		인수	말소	
	을구	(근)저당권	※말소기준권리	말소	말소	
		전세권	※말소기준권리	인수/말소	말소	배당여부에 따라 말소여부 결정
		지역권		인수	말소	
		지상권		인수	말소	
		등기된 임차권		인수	말소	
		임차권등기명령임차권		인수	말소	
등기부 미표시		법정지상권		인수	인수	말소기준권리와 무관
		유치권		인수	인수	말소기준권리와 무관
		주택임대차보호법상의 임차권		인수	말소	
		상가건물임대차보호법상의 임차권		인수	말소	
		특수지역권		인수	인수	말소기준권리와 무관

⑦ **토지별도등기**

토지별도등기란 건물, 아파트 등의 건축 이전에 대지상태에서 건축을 하기 위한 자금의 조달 등으로 근저당 또는 가압류 등이 우선하여 설정되고 후에 건물이 완성된 경우에 토지만의 등기를 말한다.

토지별도등기 시 집행 법원은 낙찰자에게 인수시키는 특별 매각조건을 붙이거나 (별도등기 매수인 인수), 대항력 있는 임차인이 있을 시는 인수대상이 될 수 있다.

4. 기타 권리관계 순위

(1) 부동산등기사항전부증명서상의 권리 순위

동일한 부동산에 관한 등기권리의 순위는 등기의 전후에 의하고 등기의 전후는 동구(갑구, 을구)에서 한 등기는 순위번호에 의하며 별구에서 한 등기는 접수번호에 따라 순위가 정해진다. 따라서 모든 등기사항전부증명서상의 권리는 시간 순으로 나열하며 등기가 이루어진 순서대로 순위번호를 부여한다.

이 순서에 따라 소유권의 변동이 이루어진 것이며 후순위 번호의 최종 소유자가 현재의 권리자임을 추정할 수 있는 것이다.

보충 : 부동산등기사항전부증명서의 구성(표제부, 갑 구, 을 구)

표제부 (부동산의 표시사항)	갑구 (소유권에 관한 사항)	을구 (소유권 이외의 권리에 관한사항)
• 부동산의 위치, 지번, 지목 • 면적, 구조, 건물내역 • 등기원인 등	• 소유권 보존등기 • 소유권 이전등기 • 가처분 • 가등기 • 압류(가압류) • 예고등기 • 말소 및 회복등기 • 경매 신청 기입등기(강제, 임의경매)	• 용익물권 • 담보물권 • 임차권 설정 • 예고등기(소유권 이외) • 각 권리의 변경사항

⑵ 우선변제권 임차인과 저당권 간의 순위

전입(주민등록)과 인도(입주)를 하고 그 후에 확정일자를 받았는데 같은 날 저당권이 설정된 경우는 저당권과 확정일자인은 동일 순위이므로 채권 액에 비례하여 평등하게 배당받게 된다. 또한 입주, 주민등록, 확정일자를 동시에 하였는데 같은 날 저당권이 설정된 경우 저당권의 순위가 우선하게 되며, 확정일자인이 후순위가 된다. 주민등록 전입은 신고한 익일(0시)부터 효력이 발생하기 때문이다.

5. 권리분석 시 주의사항

⑴ 권리관계

① 말소 기준권리를 선정한다.
② 세입자 및 전입자 유무, 확정일자 여부, 점유현황 등의 철저한 사실적 조사를 분석한다.
③ 선순위 저당권과 가압류, 압류를 파악 산정한다.
④ 임차인 전입일 산정(주민등록등본의 철저한 확인 필수) 등의 철저한 사실적 관계를 조사하고 분석한다.
⑤ 물권과 채권의 확실한 관계성을 검토한다.
⑥ 소액 선순위 저당 뒤의 임차인 및 가등기 권리자를 주의한다(대위변제로 인한 순위상승).
⑦ 배당을 전액 받지 못하는 임차인 있을 경우에 인도소송에 따른 별도의 시간과 비용 등을 추가 산정한다.
⑧ 권리분석을 잘못 판단하였을 경우 매각기일까지 매각 불허가 등 이의신청의 방법 등을 검토한다.
⑨ 관리비 등 부담 가능성인 연체여부에 대하여 충분하게 검토한다.
⑩ 국세 등 우선주의 원칙에 따라 세무 관련 등에 대하여도 검토한다.

⑵ 물건관계

① 매각물건에서 일부가 타인의 권리가 목적이 된 경우

② 매각물건에 일부가 타인소유 건물에 속한 경우(법정지상권 등의 문제발생)

③ 매각물건이 여러 필지에 속하는 경우에 도로와 접한 필지 등의 확인 여부

④ 행정관청으로부터 토지, 건물 등의 무허가, 무단용도변경 등에 의한 위반 건축물 및 이행강제금 부담여부(대집행[23], 원상회복의무)

⑤ 매각물건에 화재, 누수 침수 등 하자여부

⑥ 미완성건물이나 공사 터파기 등의 공사중단사태에 의한 건축허가 등의 승계여부

제 2 절　각 종 권리의 권리분석

1. 가등기의 권리분석

금전소비대차에 의한 담보가등기인 경우 선순위 가등기(기준권리가 될 수도 있다)라도 경매(매각)로 소멸하고, 또한 선순위 담보가등기 권리이면서 경매를 신청하였을 시는 말소기준권리가 될 수 있으며, 선순위 가등기(매매예약)는 소멸하지 않고 낙찰자에게 인수되는 권리이다.

(1) 소멸되지 않는 가등기

① 근저당권보다 선순위 가등기(소유권이전 청구권 가등기)는 경매절차에서 소멸되지 않고 매수자가 인수(대법원 1997.11.11. 선고 96그64판결)하여야 한다.

② 담보가등기에 관한 법률(1984.1.1시행)시행 전에 등기된 가등기의 경우, 그 가등기는 순위보전의 효력만 인정되고 채권의 우선변제효력은 인정되지 않는다. 따라서 채권자와 채무자가 법 시행일 이전에 채권담보의 목적으로 한 가등기의 경우 우선 변제권이 인정되지 않는다(대법원 1997.12.26.선고 97다33584판결).

23　대집행(代執行)은 행정상 강제집행의 일종으로, 행정상의 의무자가 그 의무를 이행하지 않는 경우에 행정청(行政廳)이 스스로 그 의무자에 갈음하여 그 의무내용을 실현하거나 제3자로 하여금 그것을 대행케 하여 그 비용을 의무자로부터 징수하는 방법이다.

(2) 소멸되는 가등기

선순위 가등기가 금전대차관계에 의한 담보가등기일 경우 경매절차에서 근저당권과 동일하게 배당절차에 참가하여 배당 받고 소멸된다(가등기담보법).

(대법원 1997.1.6. 선고 96마231판결)

(대법원 1994.4.12. 선고 93다 52853판결)

(3) 선순위 가등기 시효

가등기에 기한 소유권이전등기청구권이 시효의 완성으로 소멸되었다면 그 가등기 이후에 그 부동산을 취득한 제3자는 그 소유권에 기한 방해배제청구로서 그 가등기권자에 대하여 본등기청구권의 소멸시효[24](기입등기 후 10년경과)를 주장하여 그 가등기의 말소를 구할 수 있다(대법원 1991.3.12. 선고 90 다카27570 판결).

(4) 순위보전을 위한 선순위 가등기(매매예약, 매매계약)

1) 매매예약가등기

(A) 개념

매매예약가등기는 현재는 계약체결의 상태는 아니지만 장래에 체결할 것으로 미리 예정하는 개념이다. 예약완결권을 행사할 수 있고 예약완결권은 형성권[25]이고 제척기간이다. 예약완결권이 행사되면 매매계약의 효력이 발생하고 매도인은 소유권이전등기의무를 부담하고 매수인은 대급지급의무를 부담하는 매매계약의 이행단계에 접하게 된다.

---

24 권리자가 권리를 행사할 수 있음에도 불구하고 권리를 행사하지 않는 사실상태가 일정기간 계속된 경우에 그 권리의 소멸을 인정하는 제도이다. 소멸시효 기간은 일반채권과 판결(判決) 등에 의하여 확정된 채권은 10년(동법 제162조, 제165조)이고, 상사채권(商事債權)과 공법상의 채권(국가세금 등)은 5년(상법 제64조)이며, 단기소멸시효 기간의 규정이 있고(민법 제163조, 제164조), 기타 재산권(지상권, 지역권, 전세권)은 20년이다(동법 제162조). 특별한 규정이 있으면 그에 의한다. 소유권, 점유권, 유치권, 저당권 등은 소멸시효에 걸리지 않는다. 공사도급비, 퇴직금, 추징금(형법제78조)은 3년의 소멸시효에 해당된다.
소멸시효의 중단은 청구, 압류(押留)·가압류(假押留)·가처분(假處分), 승인(承認) 등을 그 사유로 한다(동법 제168조). 내용증명 등 최고서를 보내면 6개월까지 연장할 수 있으며 이후 적극적인 재판상의 청구를 하여야 한다.

25 형성권이란 권리자의 일방적인 의사표시에 의하여 법률관계의 발생·변경·소멸 등의 변동을 발생시키는 권리를 말한다. 동의권, 취소권, 추인권, 계약의 해제 및 해지권 등이 있다.

(B) 제척기간

제척기간은 권리자로 하여금 당해 권리를 신속히 행사하도록 함으로써 법률관계를 조속히 확정 시키는데 그 제도의 취지가 있는 것으로서, 소멸시효가 일정한 기간의 경과와 권리의 불행사라는 사정에 의하여 권리소멸의 효과를 가져오는 것과는 달리 그 기간의 경과 자체만으로 곧 권리 소멸의 효과를 가져오게 하는 것이므로 그 기간 진행의 기산점은 특별한 사정이 없는 한 원칙적으로 권리가 발생한 때[26]이고 당사자 사이에 매매예약완결권을 행사할 수 있는 시기를 특별히 약정한 경우에도 그 제척기간은 당초 권리의 발생일로부터 10년간의 기간이 경과하면 만료되는 것이지 그 기간을 넘어서 그 약정에 따라 권리를 행사할 수 있는 때로부터 10년이 되는 날까지로 연장된다고 볼 수 없다(대법원 1995.11.10 선고 94다22682호 ; 대법원 2003. 1. 10. 선고 2000다 26425 판결).

※ 매매예약가등기에 대하여 학설은 권리를 행사하는 때부터 시작하는 개념으로 보기도 하지만, 판례는 당사자 간의 약정에 관계없이 최장 10년의 제척기간으로 소멸한다. 또한 등기청구권은 물권적 청구권이 아닌 채권적 청구권으로 보아 10년간 행사하지 않으면 소멸한다. 단, 점유개정의 방법인 경우에는 시효가 진행하지 않는다.

※ 판례 : 서울중앙법원 2008. 12. 2 선고 2008나4260판결 가등기말소

이 사건 건물에 관한 소유권등기이전등기청구권이 시효로 소멸하였는지 여부:

피고의 이 사건 건물에 관한 소유권이전등기청구권은 이 사건 매매예약이 완결된 1994. 9. 29.부터 10년간 행사하지 아니하면 시효로 소멸한다고 할 것이나 이에 대하여 피고는 최모로 부터 이 사건 건물을 점유개정의 방법으로 인도받아 이 사건 건물을 간접점유하고 있으므로 이 사건 건물에 관한 소유권이전등기청구권의 소멸시효는 진행하지 않는다고 주장하므로 살피건대, 부동산을 매수한 사람이 목적부동산을 인도받은 경우에는 매수인의 소유권등기이전청구권은 그 부동산에 대한 점유가

---

26 권리분석의 기준일은 접수일로 하지만 소멸시효를 논할 때는 등기원인일이 기준이 된다.

계속되는 한 시효로 소멸하지 아니하고 여기에서 말하는 점유에는 직접점유 뿐만 아니라 간접점유도 포함된다고 할 것인바(대법원 2000. 7. 28. 선고 2000다12037판결 ; 대법원 94다28468판결 참고).

2) 매매계약가등기

(A) 개념

매도인과 매수인이 매매계약을 체결하고 잔금을 이행하기 전에 어떠한 사항(예, 가압류. 가처분 등 제3자의 행위 등)을 방지하기 위하여 이전등기에 앞서 매매계약을 등기원인으로 하는 순위보전을 위하여 하는 등기이고 잔금을 이행한 후에는 소유권이전등기청구권을 행사할 수 있다.

3) 매매예약가등기와 매매계약가등기 검색

매매예약가등기와 매매계약가등기의 실체관계를 확인하기 위하여 하급심의 소송결과를 조사하여 입찰에 필요한 정보를 득하고 경매에 참여할 필요가 있다. 하급심 판결검색은 대법원 도서관 특별열람실에서 확인할 수 있으며 가등기권자, 소유자, 지번 등을 검색하여 판결문 전문을 확인할 수 있다.

참고

낙찰로 소멸되지 않는 선순위 가등기(보전 가등기)를 인수한 경우에는 위 가등기에 의한 본등기의 행사로 소유권을 상실한 매수인은 :

① 매각대금 납부 전이면 법원에 매각허가결정 취소신청(민집 제127조)을 하고
② 매각대금 납부 후이면 법원에 매매계약해제권, 매각대금반환청구권을 행사하고
③ 배당절차 후이면 채권자를 상대로 부당이득 반환청구의 소로서 다퉈야 할 것이다.

---

(5) 가등기 담보법[27]의 적용과 관련판례

1) 적용범위

가등기담보법은 재산권 이전의 예약에 의한 가등기담보에 있어서 그 재산의 예약 당시의 가액이 차용액 및 이에 붙인 이자의 합산 액을 초과하는 경우에 그 적용이 있는 것이다(대법원 1991. 11. 22. 선고 91다30019, 선고 93다27611 판결).

보충 : 재산가액

재산의 가액은 원칙적으로 '통상적인 시장에서 충분한 기간 거래된 후 그 대상재산의 내용에 정통한 거래당사자 간에 성립한다고 인정되는 적정가격'이다.(대법원 2007. 6. 15. 선고 2006다5611판결)

---

2) 가등기가 담보가등기인지의 여부(판례)

가등기가 담보가등기인지 여부는 그 등기부상 표시나 등기 시에 주고받은 서류의 종류에 의하여 형식적으로 결정될 사항이 아니고 거래의 실질과 당사자의 의사해석에 따라 결정될 문제라고 할 것이다(대법원 1992. 2.11. 선고 91다36932판결).

담보가등기인지의 여부는 대법원 경매정보 센터에서 사건번호를 검색하고 가등기권자의 접수 신고 내역을 확인하면 판단할 수 있다. 배당요구를 하였다면 담보가등기이고 하지 않았다면 소유권부 가등기로 판단하면 된다. 담보가등기인 경우 배당과 관계없이 소멸하며 매수인에게 인수되지 않는다.

※ 판례 대판 1992.12.8, 92다35066

양도담보권자가 담보목적부동산에 대하여 가등기담보법 소정의 청산절차를 이행

---

27 가등기 담보법 제11조 채무자등은 청산금채권을 변제받을 때까지 그 채무액(반환할 때까지의 이자와 손해금을 포함한다)을 채권자에게 지급하고 그 채권담보의 목적으로 마친 소유권이전등기의 말소를 청구할 수 있다. 다만, 그 채무의 변제기가 지난 때부터 10년이 지나거나 선의의 제3자가 소유권을 취득한 경우에는 그러하지 아니하다.
가등기 담보법 제14조 (경매 등의 경우의 담보가등기)
담보가등기를 마친 부동산에 대하여 강제경매 등의 개시 결정이 있는 경우에 그 경매의 신청이 청산금을 지급하기 전에 행하여진 경우(청산금이 없는 경우에는 청산기간이 지나기 전)에는 담보가등기권리자는 그 가등기에 따른 본등기를 청구할 수 없다.
[전문개정 2008.3.21]

하지 아니한 채 소유권을 이전한 경우 선의의 부동산 매수인은 소유권을 확정적으로 취득한다.

보충 : 차이점

- 양도담보 : 점유이전 하지 않는다.
- 매도담보 : 점유이전 한다.
- 가등기담보 : 점유이전 하지 않는다.

---

2. 가압류(假押留) 등기의 권리분석

(1) 가압류 의의

가처분과 함께 집행보전의 약식절차의 하나로, 금전채권 또는 금전으로 환산할 수 있는 채권을 위하여 채무자의 재산을 확보하여 장래의 강제집행이 불능 또는 곤란을 초래하지 않도록 보전할 것을 목적으로 하는 법원의 처분을 말한다. 집행권원(채무명의)을 받고 강제집행에 착수할 때까지 채무자의 재산 은닉·도망 및 빈번한 전입 등의 사실이 생겨 집행이 불가능하거나 또는 현저히 곤란하게 될 염려가 있을 때에 채무자의 재산을 한동안 보유하여 강제집행을 가능하게 하려는 제도이다(민사소송법 제696조, 제707조).

가압류 절차

금전채권의 존재	➡	보전의 필요성
가압류의 대상	➡	가압류의 재판
		⬇
		가압류의 집행

가압류명령이라는 것은 금전채권의 확보를 위해 채무자의 재산을 확보하는 것이며 장래의 강제집행을 목적으로 하는 판결 또는 그 집행으로서 하는 처분이다. 가압류신청을 인용하여 가압류를 허가하는 재판을 가압류명령이라 한다. 변론을 거치느

냐 거치지 않느냐에 따라서 판결의 형식으로 행하기도 하고, 결정의 형식으로 행하기도 한다(민사소송법 제190조, 제703조 참조).

제소명령이란 채무자의 신청에 따라 가압류 법원이 변론 없이 채권자에게 상당한 기간 내에 본안의 소를 제기하여 이를 증명하는 서류를 제출하거나 이미 소를 제기하였으면 소송계속사실을 증명하는 서류를 제출하도록 하는 명령을 말한다.

⑵ 가압류의 취소신청

가압류 가처분 채권자가 집행 후 (10년, 5년, 3년) 본안의 소를 제기하지 아니한 때에 가압류 가처분 채무자 또는 이해관계인은 그 취소를 신청할 수 있고 그 기간이 경과되면 취소의 요건은 완성되며, 그 후 본안의 소가 제기되어도 가압류 가처분 취소를 배제하는 효력이 생기지 아니한다(대법원 1999.10.26. 선고 99다 37887판결).

⑶ 선순위 가압류와 임차인과의 관계

선순위 가압류와 근저당권 사이에 확정일자나 대항력을 갖춘 임차인의 권리는 매수인이 인수하지 않고 경매로 소멸된다. 선순위 가압류 뒤에 대항력을 갖춘 임차인은 가압류의 처분 금지효력으로 인하여 가압류 채권자의 권리를 침해할 수 없다(가압류 채권자에 대한 관계에서만 처분행위의 무효를 주장하는 상대적 효력) 임차인의 소멸기준이 근저당권이 아니라 선순위 가압류가 되며 선순위 가압류 이후에 모든 권리 관계는 소멸되고, 다만 확정일자와 대항력을 갖춘 임차인은 배당절차에 참가하여 선순위 가압류권자와 안분비례 하여 배당을 받을 수 있을 뿐이다(대법원 1992.3.27. 선고 91다 44407 판결).

⑷ 선순위 가압류와 근저당권과의 관계

선순위 가압류와 근저당권은 경매로 당연히 소멸되는 권리이다. 그러나 근저당권자는 가압류의 처분금지 효력 때문에 선순위 가압류권자보다 우선하여 변제를 주장할 수 없고 선순위 가압류권자와 근저당권자는 동순위로 채권금액에 안분 비례하여 배당 받게 된다.

⑸ 전소유자의 가압류와 소액임차인, 확정일자 권리와의 관계

이미 가압류된 주택을 양수한 사람으로부터 주택을 임차한 경우에는 비록 대항요건을 갖추었다 하더라도 그 후 가압류권자가 본안소송을 통해 승소한 판결을 가지고 임차주택에 강제경매 신청을 한 경우에는 임차인은 매수인에게 대항할 수 없다. 또 확정일자를 갖추었거나 또는 소액임차인에 해당한다 하더라도 (선순위 가압류의 청구금액 범위 내) 우선변제권 또는 최우선변제권이 없어 배당을 받지 못한다. 가압류 후 소유권이 이전된 경우 전소유자의 가압류채권자가 경매를 신청한 경우에는 위 가압류는 소멸하므로 말소기준권리가 된다.

⑹ 전소유자의 가압류와 근저당권자와의 관계

전소유자로부터 현소유자로 이전되면서 전소유자에 대한 가압류를 말소시키지 않고 이전된 경우,

사례

2015. 1. 3. 가압류　　　　　　갑 (권리자)
　　　 2. 4. 소유권이전　　　　을 (소유자)
　　　 2. 5. 근저당　　　　　　우리은행
　　　 2. 8. 강제경매(갑)　　　(1)
　　　 3. 1. 임의경매 (우리은행)　(2)

---

1) '갑'이 강제경매신청을 한 경우

위 사례에서 전소유자의 가압류채권자인 갑이 강제경매를 신청하고 있으므로 갑의 가압류가 말소기준권리가 되고 그 가압류는 가압류청구금액 범위 내에서 먼저 배당을 받은 후 소멸한다. 이때 우리은행 근저당권자는 남는 금액이 있으면 배당을 받고 소멸한다.

2) '우리은행'이 임의경매 신청을 한 경우

위 사례에서 원칙적으로 가압류채권자 갑은 현소유자의 채권자인 우리은행이 신청한 임

의경매의 배당절차에 참여할 수 없으므로 갑의 가압류등기는 말소되지 않고 매수인이 인수해야 할 것이지만 실무상 공탁[28]을 하고 소멸시키고 있다.

(7) 법원에서 전소유자의 가압류 처리(민사집행법)

가압류등기는 경매에 의하여 전부 소멸되는 권리이며 전소유자의 가압류는 인수대상이나 실무에서는 배당을 하고 소멸한다. 전소유자의 가압류는 이론상 원칙적으로 전 소유자에 기한 가압류채권자는 현소유자의 채권자가 신청한 경매의 배당절차에 참여할 수 없으므로 전소유자의 가압류는 말소되지 않고 매수인이 인수하여야 하나 현재 법원의 실무는 그 청구금액을 지급받는 것에 있으므로 그 청구금액을 배당액 중에서 공탁한 후 가압류등기를 말소시킨다 해도 가압류채권자에게 불리할 것이 없으며 경매 후 목적부동산에 대한 권리를 정리하여 주는 것이 매수인의 이익에도 부합한다는 취지로 경매절차를 진행하고 있다(가압류결정 당시의 청구금액). 전소유자 가압류는 신법사건의 경우 말소를 원칙으로 하고 있다(대법원 2006.7. 28, 2006다19986 판결).

3. 가처분[假處分]의 권리분석

선순위 가처분은 경매절차에서 소멸되지 않는다.

(1) 가처분의 종류

① 점유이전금지가처분

가처분권자가 목적물의 인도 또는 명도청구권을 보전하기 위하여 본집행시까지 가처분채무자로 하여금 목적물의 점유를 타인에게 이전하거나 점유명의를 변경하지 못하도록 금지하는 보전처분을 말한다(인도소송, 인도명령 등을 진행하기 이전에 취해지는 보전처분행위이다).

---

28 공탁이란 가압류나 가처분을 신청함에 있어 피신 청인(채무자)의 재산상 손해를 담보할 목적으로 법원이 담보제공을 원할 경우 신청인(채권자)이 납부해야 할 금액의 일종이다.

② 처분금지가처분

목적부동산에 대한 가처분채무자의 소유권이전, 저당권, 전세권설정, 임차권 설정 기타 일체의 처분행위를 금지하는 즉 목적부동산을 가처분집행 당시 상태로 보존 유지시키고 권리변동을 금지시키는 보전처분행위이다.

(2) 소멸되지 않는 가처분

① 기준권리보다 선순위 가처분은 경매절차에서 소멸되지 않고 매수자가 인수한다.

② 후순위가처분의 경우는 매각으로 모두 소멸한다. 단, 토지소유자가 건물소유자를 상대로 건물철거 또는 인도를 구하는 본안소송을 위하여 건물에 대하여 처분행위금지가처분을 한 경우에는 그 가처분이 언제 경료 되었는지 여부를 떠나 건물만의 경매에 있어서 매각으로 소멸하지 않는다(경매기입등기 후라도 그러한 가처분이 등기되더라도 소멸하지 않는다).

③ 부동산에 대한 가처분권자는 민사집행법 제90조 소정의 이해관계인이 아니다 (대법원 1994.9.30. 선고 94마 1534판결).

④ 소유자의 진정한 소유권의 다툼을 원인으로 하는 '원인무효에 의한 소유권이 전등기 가처분' 경우 즉, 종중이 명의신탁을 하고 진정명의회복을 위한 소 제기 후에 승소한 경우이다.

⑤ 가처분보다 앞선 기준권리인 저당권, 가압류 등이 실제적으로 변제하여 형식만 존재하는 경우에 후순위인 가처분이 순위 상승하는 경우[29]이다.

(3) 소멸되는 가처분

① 선순위 가처분 자가 소유권을 취득하는 경우에 혼동[30]으로 소멸한다.

---

[29] 대법원 1998. 10. 27. 선고 97다26104, 2611 판결.

[30] 물권·채권·채무의 소멸원인이 된다. 혼동이 일어나는 원인은 상속·합병 등의 포괄승계나 매매 등의 특정승계를 불문한다. 물권의 혼동(민법 제191조 참조)에는 소유권과 제한물권과의 혼동, 제한물권과 그 제한물권을 목적으로 하는 제한물권의 혼동이 있다. 전자는 저당권자가 저당부동산을 취득하거나, 지상권자가 소유권자를 상속하면 그 저당권이나 지상권이 소멸하는 경우가 해당된다. 그러나 혼동한 제한물권이 제3자의 권리의 목적인 경우와 그 물건이 제3자의 권리의 목적인 경우에는 혼동이 일어나지 않는다. 후자는 지상권상에 저당권을 가진 자가 지상권을 취득하면 저당권이 소멸하는 경우이다.

② 선순위가처분 목적이 근저당설정청구권을 보존하기 위한 경우이다. 즉, 토지소유
자가 토지를 담보로 건물을 신축하기 위해 은행에 근저당을 설정한 경우에 채권자
(은행)는 건물이 완성되면 추가 근저당을 설정하기 위해 가처분을 하는 경우이다.

③ 가압류인 채권과 같이 시효완성으로 인한 가처분인 경우 소멸한다.

보충 : 가처분/가압류 결정의 취소를 구하기 위하여 필요한 기간

2002. 6. 30 까지 경료 된 가처분/가압류	10년
2002. 7. 1 ~ 2005. 7. 27 까지 경료 된 가처분/가압류	5년
2005. 7. 28 이후 경료 된 가처분/가압류	3년

보충 : 가압류, 가처분 비용

가. 채권가압류비용

임대차보증금, 예금, 월급 등 채권에 대하여 가압류를 하는 경우 소요되는 비용은 인지대
와 송달료, 담보제공금액(공탁보증보험료) 등이 있다. 인지대는 1,000원이며, 1회당
4,500원씩 1인당 3회를 계산한다. 각 개인당 13,500원이다.

담보제공금액은 청구금액의 2/5로 통상 보증보험으로 담보제공명령을 내리고 있으나,
월급이나 영업자 예금의 경우 담보제공 금액의 1/2에 대하여 현금공탁명령을 내리고 있는
것이 실무이다. 현행 보증보험회사의 기본보험요율은 담보제공 금액의 0.75%이다.

청구금액을 5,000만원으로 하는 경우 공탁보증보험료는 15만원이며(15만원 = 5,000
만원 x 2/5 x 0.0075). 다만 월급가압류의 경우 담보제공금액의 1/2에 대하여 현금공탁
명령을 내리므로 보증보험료 75,000원과 현금공탁금액 1,000만원을 납부하게 된다.

보증 보험료는 추후 이를 반환받을 수 없으나, 현금공탁금액은 추후 담보취소절차를 거
친 후 소정의 이자와 더불어 반환받을 수가 있다.

따라서 채권가압류청구금액이 5,000만원일 경우 총비용은 187,500원이 소요된 인지대
10,000원 + 송달료 27,500원 + 보증보험료 15만원이 된다.

나. 부동산가압류비용

부동산에 가압류를 하는 경우(이혼소송의 경우 통상 위자료청구채권을 보전하고자 하는
경우 상대방 소유의 부동산에 가압류신청을 한다) 소요되는 비용은 인지대, 송달료, 등록
세, 교육세, 증지대, 공탁보증보험료 등이 있으며 부동산가압류는 채권가압류와 달리 등기
부등본에 가압류결정을 등재해야 하기 때문에 등록세, 교육세, 증지대가 추가로 소요된다.

인지대와 송달료는 채권가압류와 동일하며, 등록세는 청구금액의 0.2%이며, 교육세는 등록세의 20%이고 증지대는 부동산마다 2,000원이며, 담보제공금액은 청구금액의 1/10이다.

청구금액을 5,000만원으로 하고 상대방 소유의 부동산 1개에 대하여 가압류를 하고자 하는 경우 소요되는 비용은 인지대 2,500원, 송달료 16,200원, 등록세 10만원(10만원 = 5,000만원 x 0.002), 교육세 2만원, 증지대 2,000원, 보증보험료 37,500원으로 총 178,200원이다.

청구금액이 1억 원인 경우 총비용은 335,700원이다. 부동산이 2개인 경우 등록세와 교육세는 피보전권리가 동일하므로 부동산이 1개인 경우와 동일하나 증지 대는 부동산 1개당 2,000원씩 4,000원이 소요된다.

다. 부동산가처분비용

이혼소송의 경우 통상 재산분할청구채권에 대한 권리를 보전하기 위하여 상대방 소유의 부동산에 부동산처분금지가처분신청을 한다.

가처분비용은 청구금액이 특정되어 있는 경우 특정된 금액을 기준으로 하여 비용을 산출하게 되며, 청구금액이 특정되지 않고 부동산 공유지분으로 가처분을 하는 경우 과세시가표준액을 기준으로 비용을 산출한다. 다만 법원에 따라서는 과세시가표준액이 아닌 부동산시가를 기준으로 담보제공명령을 내리는 경우가 있다.

가처분비용은 부동산가압류비용과 항목이 동일하게 산출되며 청구금액 또는 과세시가표준액이 5,000만원인 경우 총비용은 178,200원이 소요되며, 1억 원인 경우 335,700원이 소요된다.

라. 부동산가압류 해제비용

부동산가압류나 가처분해제비용은 등록세 3,000원, 교육세 600원, 증지대 2,000원, 송달료 5,400원으로 총 11,000원이 소요된다. 다만 부동산이 2개인 경우 등록세 6,000원, 교육세 1,200원, 증지대 4,000원이 소요된다.

마. 대법원 예규에 의하여 시행되고 있는 현행 담보제공기준

부동산, 자동차는 청구금액의 1/10, 채권은 청구금액의 2/5(단 급여, 영업자예금의 경우 1/5 이내의 현금공탁포함), 유체동산은 청구금액의 4/5(청구금액의 2/5 이내의 현금공탁포함)이다.

부동산가압류신청서(표 2-5)

채권자   김 서   일(주민등록번호 :   )

             서울시 중랑구 용마산로 90길 28

채무자   김   일 대(주민등록번호 :   )

             경기 광주시 이배재로 00동 00번지

청구채권의 표시   금100,000,000원(대여금 원금)

가압류할 채권의 표시   별지 목록 기재와 같음.

신 청 취 지

1. 채권자가 채무자에 대하여 가지는 위 청구채권의 집행을 보전하기 위하여 별지목록 기재 부동산 을 가압류한다.

신 청 이 유

1. 채권자는 2015. 7. 30일 채무자에게 금 100,000,000원을, 변제기 2016. 7. 30일. 이자는 연20%로 하고 빌려주었다. 그런데 채무자는 위 변제기가 지났음에도 위 대여금을 지급하지 않아 수차독촉과 최고를 하였지만 아직도 변제하지 않고 있다.

2. 따라서 채권자는 채무자를 상대로 대여금 반환청구의 소를 제기하려고 준비 중에 있으나 채권자가 알아본 바에 의하면 채무자는 다른 채권자에게도 많은 채무가 있고 별지목록 기재 채권만이 유일한 재산인바, 이것 또한 어느 때 어떤 형식으로 처분한다면 채권자가 본안소송에서 승소하더라도 강제집행이 불가능하거나 현저하게 곤란해질 우려가 있으므로 그 집행을 보전 받고자 이건 신청에 이른 것입니다.

3. 담보제공에 관하여는 00보증보험 주식회사와 지급보증위탁계약을 체결한 문서로서 제출하고자 하오니 허가하여 주시기 바랍니다.

소명방법 및 첨부서류

1. 차용증서 사본 1통
1. 부동산등기부등본 1통

2018. 2. 1.

위 채권자 김 서 일 (인)

수원지방법원 성남지원 귀중

(별지목록) 가압류(가처분)할 부동산의 표시(표 2-6)

* 토지를 가압류(가처분)하는 경우
1. 경기 성남시 중원구 산성대로 270-8 대 1,284㎡. 끝.

* 토지, 주택을 함께 가압류(가처분)하는 경우
 1. 경기 광주시 이배재로 451번길 23, 대 564.4㎡
 1. 위 지상 콘크리트조 평슬래브지붕 3층 주택
  1층 85.52㎡
  2층 73.42㎡
  3층 74.52㎡
  지층 69.89㎡. 끝.

* 아파트를 가압류(가처분)하는 경우)
 1동의 건물의 표시

경기 성남시 중원구 산성대로 1269
경기 성남시 중원구 산성대로 1269 한신아파트 102동
철근콘크리트조 슬래브 지붕 10층 아파트
1층 291.80㎡
2층 283.50㎡
3층 283.50㎡
4층 283.50㎡
5층 283.50㎡
6층 283.50㎡
7층 283.50㎡
8층 283.50㎡
9층 283.50㎡
10층 283.50㎡

전유부분의 건물의 표시
철근콘크리트조 제10층 1001호 121.40㎡

대지권의 목적인 토지의 표시
1. 경기 성남시 중원구 산성대로 1269 대 43,685.4㎡
대지권의 표시 1, 소유대지권 비율 43685.4분의 58.971. 끝.

가압류취하 및 해제신청서(표 2-7)

사 건 2016가단 5500 부동산가압류

채 권 자 ○ ○ ○

채 무 자 김 ○ ○

 위 사건에 관하여 채권자는 이 건 신청을 전부 취하하오니, 별지 목록 기재 부동산에
대한 가압류 집행을 해제하여 주시기 바랍니다.

2016 . 9 . .
위 채권자 김   서   일   인

수원지방법원 성남지원 민사신청과 귀중

―――

별지목록
〈가압류할 부동산의 표시〉
1. 광주시 ○ ○ 구 ○ ○ 동 ○ ○ ○ 번지 임야 ○ ○ ○ ○ ㎡

―이   상―

☞ 준비서류
– 가압류 취하 및 해제신청서 1부(법원용) + 신청서부본 1부(등기소송부용)
– 별지 목록 5부
– 증지 2,000원 〈부동산 1개당〉
– 등록세(교육세) : 3,600원 〈등기소 1개당〉, 납부영수증 첨부
– 우표 2회분
– 우편 접수시에는 인감증명서 첨부

4. 압류의 권리분석

(1) 압류의 의의

압류라 함은 일정한 채권에 대하여 승소한 판결정본 또는 집행력 있는 공정증서정본에 기하여 채무자의 부동산에 대하여 압류등기를 하여 강제집행을 통한 채권만족을 얻는 본 집행을 말한다.

(2) 압류의 등기

① 부동산에 대한 압류는 부동산에 대한 강제처분절차를 의미하며, 실무에서는 압류등기가 아니라 강제경매개시결정기입등기 또는 강제관리개시결정기입등기를 하여 본 집행을 시작하게 된다. 그 밖에 부동산 위에 공시를 위해 압류등기만 하고 그 강제집행신청을 보류할 수도 있는데 이러한 종류의 압류등기는 공기 관에 의해서만 가능하다.

② 체납처분에 의한 압류등기 중 선순위 압류등기는 경우에 따라서 말소기준권리가 된다. 즉 선순위 압류등기의 경우 현소유자를 채무자로 한 경매사건인 경우에는 압류등기가 그 사건의 말소기준권리가 되어 매각으로 소멸한다.

③ 선순위 압류등기가 전소유자에 대한 것이라면 현소유자를 채무자로 하는 경매에 있어서 압류는 배당에 참가할 수 없으므로 말소되지 않고 매수인이 위 압류를 인수하는 것이 이론상 원칙이지만 현재 법원실무에서는 가압류등기와 마찬가지로 체납처분에 의한 압류권자에게 배당을 하고 압류등기를 말소하는 것으로 하고 있다.

5. 근저당권(저당권)의 권리분석

근저당권은 대부분 기준권리에 해당하며, 경매에 의하여 전부 소멸되는 권리이다.

(1) 근저당권의 의의

근저당권이란 계속적인 거래관계로부터 발생하는 다수의 불특정채권을 장래의 결산기에 일정한 한도까지 담보하는 저당권을 의미한다.

(2) 저당권과 근저당권의 차이

근저당권은 장래 증감 변동하는 '불특정의 채권'을 담보하지만, 저당권은 '특정의 채권'을 담보한다. 근저당권은 채권자와 채무자의 기본관계가 종료될 때까지 그 피담보채권 액은 항상 불확정적이다. 저당권은 피담보채권액이 등기되지만, 근저당권은 채권최고액이 등기된다(부동산 등기법 제140조 제2항).

(3) 권리관계의 기준이 되는 근저당권

경매에 있어서 근저당권은 대항력 있는 임차인을 판정하는 기준이 된다. 최초근저당 설정일자를 기준으로 하여 정해진다. 또한 최우선소액임차인의 기준권리이기도 하다.

(4) 근저당권의 피담보채권의 확정일자

근저당권의 피담보채권 액은 매수인이 매수대금을 완납하는 일자에 확정된다(대법원 1999.9.21.선고 99다 26085 판결).

(5) 내용적으로 소멸된 근저당권

근저당권은 저당권과 달리 채권에 대한 부종성과 수반성이 있어 채권이 없는 등기상의 근저당권은 소멸된 것으로 본다. 후순위인 권리가 순위상승 하여 기준권리가 된다(대법원 1994.1.28. 선고 93다 31702 판결).

(6) 임차인보다 선순위의 근저당권을 임차인이 대위변제한 경우

1번 근저당권과 2번 근저당권사이의 임차인은 선순위 근저당권으로 인하여 대항력을 행사할 수 없게 된 때, 임차인이 선순위의 근저당권의 채권을 대위변제하고 근저당권을 말소하면 임차인은 낙찰자에 대하여 대항력을 갖게 된다.

(7) 저당권의 내용

저당권의 효력은 저당부동산에 부합한 물건[31]과 종물에 대하여 미친다(민법 제358조). 저당권은 원본. 이자. 위약금. 채무불이행으로 인한 손해배상 및 저당권의 실행 비용을 담보한다. 그러나 지연배상에 대하여는 원본의 이행기일을 경과한 후의 1년분에 한하여 저당권을 행사할 수 있다(민법 제360조).

보충:

- **포괄근저당** : 계속적인 모든 거래를 포괄하여 하나의 근저당으로 일괄하여 담보하는 경우를 말한다(예: 갑이 은행과 한도를 정해 당좌대월계약을 하고 갑 소유의 부동산에 근저당을 설정한 후 이외 어음할인, 어음대출 등 금융거래를 할 경우 거래별로 하지 않고 하나의 근저당으로 일괄하여 담보하는 경우).

- **공동저당** : 채권자가 동일한 채권의 담보로서 수 개의 부동산 위에 저당권을 가지는 것 (민법 368조).

- **근저당과 저당권의 오해**

사례: 근저당권과 저당권의 차이를 분석하지 못해 언론에 소개된 사실이다. 강원도 정선의 모 중개사무소에서 매가 1억5천에 1억의 근저당(○○은행)이 설정되어 있는 부동산을 임차전세 1억을 계약하려고 하자 부동산의 임대인은 임차할 세입자와 중개사무소 대표가 있는 자리에서 은행에 전화를 하여 1억 중에서 9,000만원은 변제하고 단지 1,000만원만 남았고 계약금을 받으면 다 갚겠노라고 약속을 하였다. 그리하여 1,000만원이 남은 것을 은행에 확인하고 임대차계약이 이루어지고 임차인은 1억 계약서에 전입과 인도에 확정일자까지 받았다. 그리고 1년이 지난 후에 갑자기 경매통지서가 송달되었고 임차인은 1,000만원일 때 계약을 했고 대항력에 확정일자까지 받았으니 임차보증금을 충분히 받을 거라 생각했다. 그러나 1순위 채권최고액 권리를 가진 은행이 1억을 배당받고 본인은 한 푼도 받지 못했다. 이는 근저당과 저당권의 차이를 숙지하지 못한데서 발생한 일이다.

---

31 민법 제98조
본법에서 물건이라 함은 유체물 및 기타 관리할 수 있는 자연력을 말한다.

6. 분묘기지권의 권리분석

(1) 분묘기지권의의

　분묘기지권이란 오랜 관습 된 매장[32]문화로 타인의 토지에 분묘라는 특수한 공작물을 설치한 자가 그 분묘를 소유하기 위하여 분묘와 주변의 일정부분의 타인 소유 토지를 사용할 수 있는 관습법상의 법정지상권과 유사한 물권으로 판례가 확립한 것이다.

① 소유자의 분묘설치에 대한 승낙이 있는 경우
② 자기 소유 토지에 분묘를 설치한 자가 분묘에 관하여 별도의 특약 없이 양도한 경우
③ 소유자의 승낙은 없었으나 분묘를 설치한지 20년이 경과할 때 까지 소유자가 분묘철거를 요구하지 않는 경우(시효취득)[33]

　우리나라 관습법상 분묘기지권을 취득하게 되면 매수인은 사용권에 제한을 받게 된다(대법원 1996.6.14. 선고 96다 14036). 즉 자기소유 토지에 분묘를 설치하고 이를 타에 양도한 경우에는 그 분묘가 평장되어 외부에서 인식할 수 없는 경우를 제외하고는 당사자 간에 특별한 의사표시가 없으면 매도한 사람은 분묘소유를 위하여 매수한 사람에 토지에 대하여 지상권유사의 물권을 취득한다(대법원 1967. 10.12. 선고 67다1920).

(2) 법적성질

　분묘기지권은 지상권과 유사한 관습법상의 물권이다(대법원 1996. 6. 14. 선고 96다14036 판결).

32　"매장"이라 함은 시체(임신 4月 이상의 사태(死胎)를 포함한다) 또는 유골을 땅에 묻어 장사함을 말하고, "화장"이라 함은 시체 또는 유골을 불에 태워 장사함을 말하며, "개장"이라 함은 매장한 시체 또는 유골을 다른 분묘 또는 납골시설에 옮기거나 화장함을 말한다.

33　민법 제245조 (점유로 인한 부동산소유권의 취득기간)
　① 20년간 소유의 의사로 평온, 공연하게 부동산을 점유하는 자는 등기함으로써 그 소유권을 취득한다.
　② 부동산의 소유자로 등기한 자가 10년간 소유의 의사로 평온, 공연하게 선의이며 과실 없이 그 부동산을 점유한 때에는 소유권을 취득한다.

(3) 분묘형태

분묘기지권이 성립될 수 있는 분묘란, 내부에 시신이 안장되어 있을 것을 요하며, 시신이 안장되어 있지 않은 이상 외형상 분묘형태를 갖추었다 할지라도 이는 실제 분묘라고 할 수 없으므로 분묘기지권이 생길 수 없다. 또한, 시신이 안장되어 있더라도 분묘가 이른바 평장되어 외부에서 분묘임을 인식할 수 없는 경우라든가, 더하여, 암장되어 객관적으로 분묘의 존재를 인지할 수 없는 상태라면 분묘기지권이 취득 내지 성립될 수 없다 할 것이다(대법원 1991. 10. 25. 선고 91다18040판결).

(4) 분묘기지권의 효력범위

1) 면적·범위

분묘의 점유면적을 1기당 20평방미터로 제한(매장 및 묘지 등에 관한 법률 제4조제1항, 동법 시행령 제2조 제2항)하고 있지만, 여기서의 분묘의 점유면적이라 함은 분묘의 기지면적 만을 가리키며 분묘기지 외에 분묘의 수호 및 제사에 필요한 분묘기지 주위의 공시 까지 포함한 묘지면적을 가리키는 것은 아니므로 분묘기지권의 범위가 위 법령이 규정한 제한면적 범위내로 한정하는 것은 아니다(대결 1994. 8. 26. 94다28970). 따라서 분묘기지권은 분묘의 기지자체뿐만 아니라 그 분묘의 수호 및 제사에 필요한 범위 내에서 분묘의 기지 주위의 공지를 포함한 지역에까지 미치는 것이고 그 확실한 범위는 각 구체적인 경우에 개별적으로 정하여야 할 것이다(대법원 1997. 5. 23. 선고 95다 29086판결).

2) 합장불허가

부부 중 일방이 사망하여 분묘기지권이 미치는 범위 내라 할지라도 기존의 분묘 외에 새로운 분묘를 신설할 권능은 포함하지 않으므로 부부 중 일방이 사망하여 이미 그 분묘가 설치되고 그 분묘기지권이 미치는 범위 내에서 그 후에 사망한 다른 일방의 합장을 위하여 '쌍분'형태의 분묘를 설치하는 것도 허용되지 않는다(대법원 1997. 5. 23. 선고 95다29086판결).

또한 사망한 다른 일방을 '단분' 형태로 합장하여 설치하는 것도 허용될 수 없다(대법원 2001. 8. 21 선고 2001다28367판결).

3) 사성포함여부

사성(무덤 뒤를 반달형으로 둘러쌓은 둔덕을 말한다)이 조성되어 있다 하더라도 반드시 그 사성 분을 포함한 지역에까지 분묘기지권이 미치는 것은 아니다(대법원 1997. 5. 23. 선고 95다29086판결).

(5) 존속기간과 지료

1) 존속기간

분묘기지권의 존속기간에 관하여는 민법의 지상권에 관한 규정에 따를 것이 아니고 당사자 사이에 약정이 있는 등 특별한 사정이 있으면 그에 따를 것이며 그러한 사정이 없는 경우에는 권리자가 분묘의 수호와 봉사를 계속하여 그 분묘가 존속하고 있는 동안은 분묘기지권은 존속한다고 해석함이 타당하다(대결 1994. 8. 26, 94다28970).

2) 지료

분묘지상권(분묘물권)에 있어서 지료의 지급은 그 요소가 아니어서 지료에 관한 약정이 없는 이상 지료의 지급을 구할 수 없는 점에 비추어 보면 분묘기지권을 시효취득하는 경우에도 지료를 지급할 필요가 없다고 해석한다(대판 1995. 2. 28. 94다37912). 최근 대법원 판례[34]는 20년간 평온·공연하게 분묘의 기지를 점유함으로써 분묘기지권을 시효로 취득한 경우에 분묘기지권자는 토지소유자가 지료를 청구하면 그 청구한 날부터의 지료를 지급할 의무가 있다.

---

34 대법원 2021. 4. 29. 선고 2017다228007 전원합의체 판결

(6) 장사 등에 관한 법률[35]의 개정에 따른 시효취득의 제한

2000년 개정된 장사 등에 관한 법률 제27조 1항~3항에 의하면 토지소유자의 승낙 없이 해당 토지에 설치한 분묘 등은 해당 토지소유자, 묘지 설치자 또는 연고자에게 토지 사용권이나 그 밖에 분묘의 보존을 위한 권리를 주장할 수 없으므로 동법 부칙에 따라 2001. 1. 12. 이후에 토지소유자의 승낙 없이 분묘가 설치된 경우에는 시효취득에 의한 분묘기지권이 성립되지 않는다고 해석된다.

■ 분묘연장기한

2001. 01. 12~2016. 08. 20(15년, 3회연장가능)
2016. 08. 30~(30년, 1회연장가능)

(7) 무연고묘지 개장 절차 (장사 등에 관한 법률 제23조 및 제24조)

1) 무연고묘지의 정의

토지소유자 또는 관리자의 승낙 없이 당해 토지에 설치한 묘지를 말하며 분묘의 설치자 또는 연고자가 없거나 불명하여 오랫동안 관리가 안 되고 있는 묘지를 말한다.

---

35 제19조 (분묘의 설치기간)
   ① 제13조에 따른 공설묘지 및 제14조에 따른 사설묘지에 설치된 분묘의 설치기간은 30년으로 한다. <개정 2015. 12. 29.>
   제20조(설치기간이 종료된 분묘의 처리)
      제19조에 따른 설치기간이 끝난 분묘의 연고는 설치기간이 끝난 날부터 1년 이내에 해당 분묘에 설치된 시설물을 철거하고 매장된 유골을 화장하거나 봉안하여야 한다.
   제27조 (타인의 토지 등에 설치된 분묘 등의 처리 등)
   ① 토지 소유자(점유자나 그 밖의 관리인을 포함한다. 이하 이 조에서 같다), 묘지 설치자 또는 연고자는 다음 각 호의 어느 하나에 해당하는 분묘에 대하여 보건복지부령으로 정하는 바에 따라 그 분묘를 관할하는 시장 등의 허가를 받아 분묘에 매장된 시체 또는 유골을 개장할 수 있다.
      1. 토지 소유자의 승낙 없이 해당 토지에 설치한 분묘
      2. 묘지 설치자 또는 연고자의 승낙 없이 해당 묘지에 설치한 분묘
   ② 토지 소유자, 묘지 설치자 또는 연고자는 제1항에 따른 개장을 하려면 미리 3개월 이상의 기간을 정하여 그 뜻을 해당 분묘의 설치자 또는 연고자에게 알려야 한다. 다만, 해당 분묘의 연고자를 알 수 없으면 그 뜻을 공고하여야 한다.
   ③ 제1항 각 호의 어느 하나에 해당하는 분묘의 연고자는 해당 토지 소유자, 묘지 설치자 또는 연고자에게 토지 사용권이나 그 밖에 분묘의 보존을 위한 권리를 주장할 수 없다.
   ④ 토지 소유자 또는 자연장지 조성자의 승낙 없이 다른 사람 소유의 토지 또는 자연장지에 자연 장을 한 자 또는 그 연고자는 당해 토지 소유자 또는 자연장지 조성자에 대하여 토지사용권이나 그 밖에 자연장의 보존을 위한 권리를 주장할 수 없다.

2) 개장허가 신청 시 구비서류

① 개장허가신청서 (각 읍.면. 동 및 사회복지과 비치)

② 기존 분묘의 사진 (분묘확인이 가능한 전경사진)

③ 분묘의 연고자를 알지 못하는 사유 (별도서식 비치)

④ 토지가 개장허가 신청인의 소유임을 증명하는 서류 및 부동산등기법 등 관계 법령에 의하여 해당 토지 등의 사용에 관하여 당해 분묘연고자의 권리가 없음을 증명하는 서류.

⑤ 토지대장 및 지적도 각 1부

⑥ 관리인이 신청 시 토지 소유자의 인감증명을 첨부한 위임장 제출

3) 개장절차 개장 허가

신청 접수 (신청인 ⇒ 읍. 면. 동) ⇒ 개장허가 및 신문 공고 (사회복지과) ⇒ 개장 신고

(신청인 ⇒ 읍. 면. 동) ⇒ 화장 및 납골신고 (신청인) ⇒ 양지공원관리 사업소안치 (동) ⇒ 공설 납골묘 안치(읍면)

4) 공고 (시 사회복지과)

－ 처 리 : 각 읍.면. 동의 신청 접수 건을 수합, 사회복지과에서 일괄 공고

－ 기 간 : 1차 신문 공고 후 3개월간

－ 방 법 : 중앙지 및 지방지에 각 2회 공고

－ 공고내용

① 묘지 또는 분묘의 위치 및 장소

② 개장사유, 개장 후 안치장소 및 기간

③ 개장신청자의 성명, 주소 및 연락방법

④ 기타 개장에 관한 사항

5) 개장 신고

－ 신 고 자 : 무연고묘지 신청자

– 접 수 : 각 읍.면. 동사무소

– 내 용 : 공고기간 내 분묘소유자 및 연고자가 확인되지 않은 무연분묘에 대하여
　　　　　개장 신고

6) 화장 및 납골 신고

– 신고자 : 무연고묘지 신청자

– 화장 : 000

– 납골 : 000읍. 면 소재 공설납골묘(읍. 면지역)

– 내용 : 개장 신청자가 개장하여 화장 및 납골 처리

⑻ 최근 대법원판례 태도

가. 대법원 2021. 4. 29. 선고 2017다228007 전원합의체 판결

■ 판시사항

구 장사 등에 관한 법률의 시행일인 2001. 1. 13. 이전에 타인의 토지에 분묘를 설치하여 20년간 평온·공연하게 분묘의 기지를 점유함으로써 분묘기지권을 시효로 취득한 경우, 분묘기지권자는 토지소유자가 지료를 청구하면 그 청구한 날부터의 지료를 지급할 의무가 있는지 여부(적극)

■ 판결요지

[다수의견] 2000. 1. 12. 법률 제6158호로 전부 개정된 구 장사 등에 관한 법률(이하 '장사법'이라 한다)의 시행일인 2001. 1. 13. 이전에 타인의 토지에 분묘를 설치한 다음 20년간 평온·공연하게 분묘의 기지(기지)를 점유함으로써 분묘기지권을 시효로 취득하였더라도, 분묘기지권자는 토지소유자가 분묘기지에 관한 지료를 청구하면 그 청구한 날부터의 지료를 지급할 의무가 있다고 보아야 한다.

관습법으로 인정된 권리의 내용을 확정함에 있어서는 그 권리의 법적 성질과 인정 취지, 당사자 사이의 이익형량 및 전체 법질서와의 조화를 고려하여 합리적으로 판단하여야 한다. 취득시효형 분묘기지권은 당사자의 합의에 의하지 않고 성립하는 지

상권 유사의 권리이고, 그로 인하여 토지 소유권이 사실상 영구적으로 제한될 수 있다. 따라서 시효로 분묘기지권을 취득한 사람은 일정한 범위에서 토지소유자에게 토지 사용의 대가를 지급할 의무를 부담한다고 보는 것이 형평에 부합한다.

취득시효형 분묘기지권이 관습법으로 인정되어 온 역사적·사회적 배경, 분묘를 둘러싸고 형성된 기존의 사실관계에 대한 당사자의 신뢰와 법적 안정성, 관습법상 권리로서의 분묘기지권의 특수성, 조리와 신의성실의 원칙 및 부동산의 계속적 용익관계에 관하여 이러한 가치를 구체화한 민법상 지료증감청구권 규정의 취지 등을 종합하여 볼 때, 시효로 분묘기지권을 취득한 사람은 토지소유자가 분묘기지에 관한 지료를 청구하면 그 청구한 날부터의 지료를 지급하여야 한다고 봄이 타당하다.

나. 대법원 2021. 5. 27. 선고 2020다295892 판결(분묘지료청구)

■ 판시사항

자기 소유 토지에 분묘를 설치한 사람이 토지를 양도하면서 분묘를 이장하겠다는 특약을 하지 않아 분묘기지권을 취득한 경우, 분묘기지권이 성립한 때부터 분묘기지에 관한 지료 지급의무를 지는지 여부(원칙적 적극)

■ 판결요지

자기 소유 토지에 분묘를 설치한 사람이 그 토지를 양도하면서 분묘를 이장하겠다는 특약을 하지 않음으로써 분묘기지권을 취득한 경우, 특별한 사정이 없는 한 분묘기지권자는 분묘기지권이 성립한 때부터 토지 소유자에게 그 분묘의 기지에 대한 토지사용의 대가로서 지료를 지급할 의무가 있다.

7. 예고등기의 권리분석

(1) 예고등기

등기원인의 무효 또는 취소로 인한 등기의 말소 또는 회복의 소가 제기된 경우 그 등기에 의하여 소의 제기가 있었음을 제3자에게 경고하여 계쟁 부동산에 관하여 법률행위를 하고자 하는 선의의 제3자로 하여금 소송의 결과 발생할 수도 있는 불측의 손해를 방지 하려는 목적에서 하는 것이다. 현재는 등기법의 개정으로 폐지되었다(대법원 1998.9.22. 선고 98다2631판결).

보충 : 부동산등기법 제4조[예고등기]

예고등기는 등기원인의 무효나 취소로 인한 등기의 말소 또는 회복의 소가 제기된 경우(패소한 경우 원고가 재심의 소를 제기한 경우도 포함한다.)에 한다. 그러나 그 무효나 취소로써 선의의 제3자에게 대항 할 수 없는 경우에는 그러하지 아니하다.

---

(2) 예고등기는 소멸되지 않고 매수인에게 인수되는 권리

① 경매에 있어서 소유권말소 및 근저당권 말소에 관한 예고등기는 소멸되지 않고 매수인에게 인수되는 권리이다.

② 가압류나 가처분과 같이 처분금지효력이 없어 예고등기 후에도 권리관계가 발생된다(대법원 1994.9.13. 선고 94다21740 판결).

(3) 예고등기가 되어있는 자는 이해관계인에게 해당되지 않는다.

경매부동산의 소유자를 상대로 등기원인의 무효로 인한 소유권이전등기의 말소등기절차 이행청구소송을 제기하여 그 예고등기가 되어있는 자는 본조 제3항 소정의 이해관계인에 해당하지 아니한다(대법원 1967.10.25. 선고 67마947 판결).

8. 유치권의 권리분석

유치권은 법정담보물권으로서 당사자의 합의에 의해 설정할 수 없다. 채무자가 채무를 변제하지 않는 한 유치권자가 유치 물을 점유하고 있는 동안은 권리를 행사하는 것으로 되어 소멸시효가 진행하지 않는다. 적법한 유치권은 경매절차에서 낙찰로 소멸하지 않고 매수인에게 인수되는 권리이다(민집법 제91조 제5항).

(1) 유치권(민법 제320조~328조)

유치권이란 타인의 물건 또는 유가증권을 적법하게 점유한자가 그 물건이나 유가증권에 관하여 생긴 채권을 변제 받을 때까지 점유하는 권리인 법정담보물권이다(민

법 제320조).

(2) 유치권의 성립요건

유치권은 당사자 간의 계약에 의해서 성립하는 게 아니라 법률의 규정에 의하여 성립하며

① 타인소유의 건물에 대해서
② 그 물건에 관하여 생긴 채권이 변제기에 있어야 하고(견련성)
③ 반드시 유치권자가 목적물을 점유하고 있어야 하며(직접, 간접 모두 인정)
④ 당사자 간의 계약에 유치권을 인정하지 않는다는 특약이 없어야 한다.

(3) 유치권의 법률적 성질

① 사실상의 우선변제권
② 법정담보물권성

(4) 유치권자의 권리

① 목적물을 유치할 수 있는 권리(민법 제320조)
② 경매 신청권리 (형식적 경매)(민법 제322조 제1항)
③ 실질적 우선 변제권(민사집행법 제91조 제5항)
④ 과실 수취권(민법 제323조)

사용·수익은 하지 못하지만 보존에 필요한 범위 내에서 사용할 수 있다.

(5) 유치권의 점유

① 경매절차에서 적법한 점유를 한 유치권은 매수인에게 인수되는 권리이다.
② 점유라 함은 물건이 사회통념상 그 사람의 사실적 지배에 속하는 객관적 관계가 있는 것을 말하고 물건과 사람과의 시간적, 공간적 관계와 본권 관계, 타인 지배의 배제 가능성 등을 고려하여 사회 관념에 따라 합목적으로 판단하여야 한다. [36]

③ 우리민법 및 판례의 태도는 점유에 대하여 제192조 제1항에서 '물건을 사실상 지배하는 자는 점유권이 있다'라고 추상적으로 규정하고 있는데, 이는 독일 민법이나 스위스 민법과 같이 객관주의 입장을 취하고 있는 것이다.

한편 판례는 점유에 대하여 구체적으로 판시하고 있다. 즉 점유라 함은 물건이 사회통념상 어떤 사람의 사실적 지배에 속한 다고 볼 수 있는 객관적 관계에 있는 것을 말하고 여기서 사실상의 지배가 있다고 하기 위해서는 반드시 물건을 물리적, 현실적으로 지배하여야 하는 것이 아니고 물건과 사람과의 시간적, 공간적 관계와 본권관계, 타인 지배의 배제가능성 등을 고려하여 사회 관념에 따라 합목적적으로 그 사실상의 지배 여부를 판단하여야 한다.[37] 즉 사실상의 지배는 너무 막연해서는 아니 되며 적어도 누군가의 사실상 지배에 속하고 있음을 인식할 수 있을 정도의 것이어야 한다. 예컨대 타인의 토지에 몰래 이장하여 분묘인지의 여부를 객관적으로 인식할 수 없는 경우에는 그 분묘가 위치하고 있는 토지를 점유하고 있다고 볼 수 없다. 점유가 불법행위에 의하여 시작되지 않았을 것을 요한다(민법 제320조제2항). 여기에서 불법행위의 의미는 민법 제750조에서 말하고 있는 고의·과실 있는 위법한 행위를 의미한다고 할 것이다. 우리 민법에서 목적물의 점유는 유치권의 성립요건이자 존속요건이다. 즉 점유는 계속되어야 한다. 판례[38]에 의하면 "공장신축공사 잔대금채권에 기한 공장건물의 유치권자가 공장건물의 소유회사가 부도가 난 다음에 그 공장에 직원을 보내 그 정문 등에 유치권자가 공장을 유치·점유한다는 안내문을 게시하고 경비용역회사와 경비용역계약을 체결하여 용역경비원으로 하여금 주야 교대로 2인씩 그 공장에 대한 경비·수호를 하도록 하는 한편, 공장건물 등에 자물쇠를 채우고 공장출입구 정면에 대형컨테이너로 가로막아 차량은 물론 사람들의 공장출입을 통제하기 시작하고 그 공장이 경락된 다음에도 유치권자의 직원 10여명을 보내 그 공장주변을 경비·수호하게 하고 있었다면, 유치권자가

---

36 대법원 1996.8.23. 선고 95다8713 판결. 대법원 1995.9.15. 선고 95다16202 판결.

37 대법원 2002. 11. 26. 선고 2002다32721 판결; 대법원 1996. 8. 23. 선고 95다8713 판결.

38 대판 1996. 8. 23, 95다8713.

그 공장을 점유하고 있었다고 보아야 한다고 판시하고 있다. 또한 점유로서 대외적으로 공시되며 점유는 직접점유나 간접점유[39], 공동점유가 인정된다. 유치권자가 점유를 잃으면 유치권은 당연히 소멸한다. 점유가 불법행위에 의하여 시작된 것이어서는 안 된다(민법 제320조 제2항). 불법행위에 기하여 점유를 취득한 자에게까지 유치권을 인정하여, 그의 채권을 보호할 이유나 필요가 없기 때문이다. 점유는 선의·평온·공연·적법한 점유로 추정[40]하므로 점유가 불법점유라는 것은 목적물의 반환을 청구하는 자가 주장·입증하여야 한다.[41] 예컨대, 타인의 물건을 훔치거나 횡령한 자가, 그 물건을 수선하여도 그 수선비채권에 관하여 유치권은 성립하지 않는다. 점유가 불법행위에 의하여 시작된 경우라는 것은 점유의 취득이, 점유의 권원 없이 또한 이를 알거나 과실로 알지 못하고 점유를 시작한 경우도 포함된다고 새겨야 한다.[42] 따라서, 건물임차인이 임대차건물이 해제·해지된 후에도 계속 건물을 점유하여 필요비 또는 유익비를 지출하여도 그 비용 상환 청구권에 관하여는 유치권이 성립하지 않는다. 또한 점유자가 점유할 정당한 권원에 기하지 않은 판례[43]로 원고의 소유권 취득 후에 대상 부동산을 정당한 권원 없이 점유하기 시작한 피고는 원고에 대하여 불법점유자 이므로 피고의 유치권 주장은 인정할 수 없다고 한다.

(6) 유치권의 견련성 (판례의 태도)

판례는 다수설인 이원설의 입장을 취하고 있는 듯하다. 즉 민법 제320조 제1항에서 '그 물건에 관하여 생긴 채권'이라 함은 유치권제도 본래의 취지인 공평의 원칙에 특별히 반하지 않는 한, 채권이 목적물 자체로부터 발생한 경우는 물론이고 채권이 목적물의 반환청구권과 동일한 법률관계나 사실관계로부터 발생한 경우도 포함된다

---

39 점유매개관계에 의하여 타인으로 하여금 물건을 점유하게 한 자는 간접으로 점유권이 있다. 예를 들면 전세권자, 지상권자, 임차권자가 직접점유자이며, 전세권 설정자, 지상권 설정자, 임대인이 간접점유자이다.

40 민법 제197조 제1항 : 점유자는 소유의 의사로 선의, 평온 및 공연하게 점유한 것으로 추정한다.

41 대판 1966. 6. 7, 66다600.601.

42 대판 1955. 12. 15, 4288민상136 ; 대판 1966. 6. 7, 66다600·601.

43 대판 1971. 8. 31, 71다1442.

고 판시[44]하고 있고 또 다른 판례[45] 또한, 채무불이행에 의한 손해배상청구권은 원채권의 연장이라 보아야 할 것이므로 물건과 원 채권과의 사이에 견련관계가 있는 경우에는 그 손해배상채권과 그 물건과의 사이에도 견련관계가 있다고 할 것이어서 손해배상채권에 대한 유치권의 항변을 인정하고 있다.

1) 견련관계를 긍정하는 경우

물건으로 인한 손해배상청구권과 물건에 관한 채권을 이야기 할 수 있다. 실무상 유치권이 문제되는 경우 대개 일반적으로 유치권이 신고 되는 경우는 공사수급인이 공사대금채권의 회수를 위한 신고와 각 종 권리에 기초한 물건에 관한 채권인 비용 상환청구권을 피담보채권으로 하여 유치권을 신고하는 경우가 대부분이다. 이러한 두 가지 경우를 중심으로 유치권의 견련관계가 인정되는 경우와 인정되지 않은 경우로 나누어서 구체적인 사례를 중심으로 살펴본다.

① 임차인의 비용 상환청구권

임차인은 필요비 및 유익 비에 대한 비용 상환청구권을 행사하기 위해서는 유치권을 행사할 수 있고 실무상에서 임차인이 경매절차에서 유치권신고하는 경우가 높은 비율을 차지하고 있다. 민법상 비용 상환청구권 규정은 임의규정이므로 임대차 계약 당시에 임차인의 원상회복의무의 특약이 있는 경우에는, 임차인의 비용 상환청구권은 발생하지 않고 피담보채권이 없으므로 유치권도 성립되지 않는다.[46]

또한 필요비란 임차 목적물의 보존·유지에 필수적인 비용을 말한다. 예를 들면, 임차인이 지붕을 수리하는 경우라든가, 화장실을 개보수한 경우가 해당되며, 유익 비란 목적물을 개량하기 위하여 지출한 비용을 말하며, 유익비가 인정되기 위해서는 목적물의 객관적인 가치를 증대시키는 것이어야 한다. 또한 유익비는 그 가액의 증가가 현존하는 경우에 한하여 임차인이 반환을 요구할

---

44 대판 2007. 9. 7, 2005다16942.

45 대판 1976. 9. 28, 76다582.

46 대판 1975. 4. 22, 73다2010.

수 있고, 임대인의 청구에 의하여 법원이 상당한 기간을 허여한 경우(민법 제325조 제2항)에는 유치권을 행사하는데 제약이 있을 수 있다. 또한 매매목적 부동산을 사용하여 온 임차인이 부동산매매계약 체결 이전에 그 부동산의 임차부분을 수선하여 발생한 유익 비는 그로 인한 가치증가가 매매대금결정에 반영되었다 할 것이므로 특별한 사정이 없는 한 매도인이 이를 부담할 성질의 것이니 매수인이 임차인의 점유부분을 명도받기 위하여 임차인을 상대로 명도청구소송을 제기한 결과 임차인의 유익비상환청구권이 인정되어 이를 상환하였다면 매도인에 대하여 명도채무 불이행으로 인한 손해배상으로 구상할 수 있다고 판시[47]하고 있다.

② 가등기 후의 매수자의 비용 상환청구권

가등기가 되어있는 부동산을 소유권을 이전 받은 자가 그 부동산에 필요비, 유익 비를 지출한 경우에 후에 가등기권리자가 소유권 이전의 본등기로 인해 가등기 이후의 저촉되는 등기라 하여 직권으로 말소를 당하여 소유권을 상실하게 된 소유권 이전등기의 명의자는 민법 230조에 의한 비용 상환청구권을 가지고 유치권을 행사할 수 있다[48].

③ 공사수급인의 공사대금채권(수급인- 하수급인)

견련관계를 인정한 경우로는 건물임차인이 건물에 관한 유익비상환청구권에 터 잡아 취득하게 되는 유치권은 임차건물의 유지사용에 필요한 범위 내에서 임차대지 부분에도 그 효력이 미친다.[49] 주택건물의 신축공사를 한 수급인이 그 건물을 점유하고 있고, 또 그 건물에 관하여 생긴 공사대금채권 즉, 수급인은 그 채권을 변제 받을 때가지 건물을 유치할 권리가 있고, 이러한 유치권은 수급인이 점유를 상실하거나 피담보채무가 변제되는 등의 특단의 사정이 없는 한 소멸되지 않는다.[50]

---

47 대판 1990. 2. 23, 88다카32425.32432.

48 대판 76다2079

49 대판 1980. 10. 14, 79다1170.

다만 수급인이 자기의 재료와 노력으로 건물을 건축한 경우[51]에 특별한 의사표시가 없는 한 도급인이 도급대금을 지급하고 건물을 인도받을 때까지 그 소유권은 수급인에게 있으므로[52] 수급인은 공사대금을 원인으로 그 부동산에 대하여 도급인에게 유치권을 행사할 수 없다.[53] 또한 수급인인 피고의 공사잔금채권이나 그 지연손해배상청구권과 도급인인 원고의 건물인도청구권[54] 등이다.

반면에 건물의 신축공사를 도급받은 수급인이 사회통념상 독립한 건물이라고 볼 수 없는 정착물을 토지에 설치한 상태에서 공사가 중단된 경우에, 위 정착물은 토지의 부합 물에 불과하여 이러한 정착물에 대하여 유치권을 행사할 수 없고, 또한 공사 중단 시 까지 발생한 공사대금채권은 토지에 관하여 생긴 것이 아니므로 위 공사금 채권에 기하여 토지에 대하여 유치권을 행사할 수 없다[55]고 결정하고 있다.

또한 도급인과의 관계에서 하수급인의 유치권행사는 대법원은 가능하다고 판단하고 있다. 하수급인이 받지 못한 돈은 유치권의 대상인 공사목적물에 관하여 발생한 채권이고 또 이 목적물의 소유권이 비록 하수급인이 가지는 피담보채권의 채무자인 수급인의 소유가 아니더라도 피담보채권과 유치 물 사이의 견련성이 인정된다면 더 이상 유치권의 행사에 지장이 없기 때문이다.[56]

2) 견련관계를 부정하는 경우

① 상가 등의 권리금[57](시설비 포함)

임대차 계약에서 임대인과 임차인 사이에 건물명도시 권리금을 반환하기로 한

---

50 대판 1995. 9. 15, 95다16202.16219.

51 수급인이 자기의 재료와 노력으로 건물을 완성하더라도 도급인과의 사이에 도급인명의로 건축허가를 받아 소유권보존등기를 하는 등 완성된 건물의 소유권을'도급인에게 귀속시키기로 합의'한 것으로 보일 때는 그 건물의 소유권은 도급인에게 귀속되어 유치권행사를 할 수 있다(서울고법 2006나78956 ; 2006나78963)

52 대판 1980. 7. 8, 80다1014 ; 대판 1997. 5. 30, 97다8601.

53 대판 1993. 3. 26, 91다14116.

54 대판 1976. 9. 28, 76다582.

55 대결 2008. 5. 30, 2007마98.

56 대법원 2007. 9. 7. 선고 2005다16942 판결; 대법원 2007. 5. 15. 선고 2007마128 결정.

57 주로 도시지역의 토지 또는 건물의 임대차, 전대차, 임차권의 양도 등에 있어서 그 부동산이 가지는 장소적 이익의 대가로서 임차인·전차인 또는 임차권의 양수인이 임대인·전대인 또는 전차권의 양도인에게 지급하는 보증금이나 차임 이외의 금전 기타 유가물을 의미한다. 임윤수·신승만·이석근, '상가권리금의 거래행태 분석 및 법제화 방안' 한국법학회 법학연구 제56집, 2014.12.

약정이 있었다 하더라도 그와 같은 권리금반환청구권은 건물에 관하여 생긴 채권이라 할 수 없으므로 그와 같은 채권을 가지고 건물에 대한 유치권을 행사할 수 없다.[58]

② 권원 없는 점유인 경우

임대차계약을 체결하지 않고 권원 없이 타인의 물건을 무단으로 점유한 자가 그 물건에 관하여 필요비·유익 비를 지출하여도 그 상환청구권을 이유로 유치권을 행사할 수 없다.[59] 또한 점유할 권원을 상실한 후에 지출한 수리비에 대해서도 유치권을 행사할 수 없다. 이 때 유치권의 주장을 배척하려면 권원이 없음을 알았거나 중대한 과실로 모른 사실을 채무자가 입증하여야 한다.[60] 점유 개시 때부터 불법점유인 경우뿐만 아니라 처음부터 권원이 있는 점유이었지만 어느 시점부터 점유권원이 소멸했는데도 불구하고 계속 점유하는 경우 역시 유치권이 인정되지 않는 것으로 해석한다. 때문에 임대차계약이 종료되거나 해지된 이후에도 계속 점유하면서 목적물에 지출한 비용에 대해서는 유치권 주장을 할 수 없다.

③ 사우나, 음식점 경영 등 자기의 영업을 위한 시설 개보수비용

임대차 관계에서 임차인이 임차건물에 자기의 음식점을 경영하기 위해서 한 시설 개보수비용이나 부착된 물건의 비용(임대인의 동의여부와는 별론) 등은 필요비나 유익비로 볼 수 없다.[61] 또한 외부에 영업을 위한 간판설치비도 건물의 객관적 가치를 증가시키기 위한 것이 것이라고 볼 수 없기 때문에 유익 비에 해당하지 않는다.[62] 그 외 카페영업을 위한 내부인테리어 공사,[63] 사우나영업을 하기 위하여 시설한 비용 등도 유치권이 성립하지 않는다.

---

58 대판 1994. 10. 14, 93다62119 ; 대구고법 83나874 판결.
59 대판 1955. 10, 6, 4288민상260.
60 대판 1966. 6. 7, 66다600.
61 대판 1990. 10 14, 90다1851.
62 대판 1994. 9. 30, 94다20389.
63 대판 1991. 10. 8, 91다8029.

④ 임대차 계약 시 계약완료 후 특약으로 원상회복의 약정이 있는 경우

임대차 계약에서 건물의 임차인이 임대차관계 종료 시에는 건물을 원상으로 복구하여 임대인에게 명도하기로 약정한 것은 건물에 지출한 각종 필요비 또는 유익비의 상환청구권을 미리 포기하기로 한 취지의 특약이라고 볼 수 있어 임차인은 유치권을 주장할 수 없다.[64]

⑤ 임대차보증금반환청구권이나 손해배상[65]채권

건물의 임대차계약에서 임차인이 임대인에게 지급한 임차보증금반환청구권이나 임대인이 건물시설을 하지 아니하여 건물을 임차목적대로 사용하지 못하여 임차인에게 발생한 손해배상청구권은 모두 그 건물에 관하여 생긴 채권이 아니므로 그 채권을 가지고 건물에 대한 유치권을 행사할 수 없다.[66]

⑥ 임차인이 부속물매수 청구권을 행사한 경우

임차인이 부속물매수청구권을 행사한 경우에 부속물대금채권과 건물 또는 건물의 부지인 대지의 반환의무 상호간을 부정하였다.[67]

⑦ 이중매매 또는 타인 물건의 매매로 인한 손해배상청구권의 경우

계약명의신탁에서 소유권을 취득한 명의수탁자에 대하여 명의신탁자가 가지는 부동산매수자금 상당의 부당이득청구에 관하여 '명의신탁자와 이와 같은 부당이득반환청구권은 부동산 자체로부터 발생한 것이 아닐 뿐만 아니라 소유권 등에 기한 부동산의 반환청구권과 동일한 법률관계나 사실관계로부터 발생한 채권이라고 보기도 어려우므로 결국 민법 제320조 제1항에서 정한 유치권의 성립요건으로서의 목적물과 채권의 견련 성을 인정할 수 없다'[68]라고 하여

64　대판 1975. 4. 22, 73다2010.

65　법률이 규정한 일정한 경우에 다른 사람이 입은 손해를 메워 손해가 없는 것과 같게 하는 것을 말한다. 손해배상의무를 발생하게 하는 원인 중에 가장 중요한 것은 위법행위, 즉 채무불이행과 불법행위이다. 민법은 통상손해배상을 원칙으로 하고 예외적으로 특별손해배상을 인정하고 있다.

66　대판 1976. 5. 11, 75다1305.

67　대판 1977. 12. 13, 77다115.

68　대판 2009. 3. 26, 2008다34828.

유치권을 견련 성을 부정하였다.

(7) 유치권 배제 특약이 없을 것

유치권 발생을 당사자 사이에 배제하는 특약이 있지 않아야 한다. 이러한 특약은 묵시적으로도 가능하다. 유치권 성립에 관한 민법 규정은 임의규정이기 때문에, 당사자가 계약으로 사전에 유치권의 성립을 배제하는 특약을 한 경우에 그 계약은 유효하다.

판례[69]는 건물의 임차인이 임대차관계가 종료한 경우에 건물을 원상으로 복구하기로 임대인과 약정한 것은 건물에 지출한 비용 상환청구권을 미리 포기하기로 한 취지의 특약으로 볼 수 있기 때문에 임차인은 유치권을 주장할 수 없다는 입장이고, 임대차계약상 유익비상환청구권을 포기하기로 약정한 경우 유치권을 주장할 필요가 없다[70]고 하고 있다. 또한 공사도급계약을 체결한 자가 공사대금을 확보하기 위하여 도급인의 부동산을 점유사용하고 있다가 아무 조건 없이 위 부동산을 명도 해 주기로 약정하였다면 이는 유치권자가 유치권을 포기한 것이라 할 것이므로 그 약정된 명도기일 이후의 점유는 적법한 점유가 아니다[71]라고 하고 있다. 하급심 판결에서는 '공사를 하면서 ○○일까지 사용승인을 받지 못할 경우 공사비와 이 사건 건물에 대하여 가지고 있는 유치권 등 일체의 권리를 포기하기로 약정한 사실 등에 대하여 이 사건 건물에 대한 사용승인을 받지 못함으로써 공사대금채권과 이에 기한 유치권을 포기한다는 약정으로 유치권은 소멸한다고 판결'[72]하였고, 또한 하급심판례로서 '근저당권자인 ○○새마을 금고에게 공사대금에 따른 유치권행사를 포기한 약정은 유치권의 성립으로 인한 근저당 목적물의 저가 낙찰을 방지하기 위한 것으로 유치권의 포기 특약은 유효하다'[73] 라고 판결하였다.

---

69 대판 1975. 4. 22, 73다2010 ; 대판 1995. 6. 30, 95다12927.

70 대판 2000. 6. 9, 99다71580.

71 대판 1980. 7. 22, 80다1174.

72 부산고법 2008. 7. 15. 선고 2007나5472 판결.

73 대구지방법원 2008. 12. 17 선고 2008나16170 판결.

유치권 권리신고서 (표 2-8)

사건번호 : 2016타경 7890호 물건번호 (3) 임의(강제)경매

채 권 자 : 서　일　대

채 무 자 : 서　일　국
소 유 자 : 서　국　일
신 청 인 : 서　일　순

　　　　주　소
　　　　성　명
　　　　연락처

　귀원에서 진행하는 위 사건에 대하여 신청인은 다음과 같이 유치권의 권리가 있음을 신고합니다.

－ 다　음 －

　신청인은 소유자 겸 채무자 와 2016년 00 월 00일 공사를 하기로 계약을 체결하고 공사를 진행하여 오던 중 채무자겸 소유자인 건축주가 공사비를 전혀 지급해주지 않고 있어 유치권자는 현재에 있어 공사비를 전액 지급해줄 때까지 유치권의 권리를 행사하고 있음을 신고합니다.

－ 첨부서류 －

1. 공사도급계약서
2. 지불각서
3. 세금계산서 사본
4. 영수증 사본
5. 기타 증거서류 사본

2018년　1월　일
위 신청인(유치권자) : 서　일　순　인

수원지방법원 성남지원 경매계 귀중

유치권배제신청서(표 2-9)

귀원에 접수된 사건번호 2007타경3789호에 대하여 유치권을 신고하였으나, 아래 사유로 허위임을 확인한다.

— 아   래 —

1. 집행관의 현황조사 및 감정평가 당시 유치권에 대한 언급이 없었으며, 자체 현황 파악 시 유치권이 확인되지 않았다.

2. 유치권신고금액 00억, 계약서상 공사대금 00억, 세부항목공사비용 00억으로 각각 금액 이 일치하지 않고 있다.

3. 유치권신고자는 2015년 부도폐업 법인인 것으로 확인되며, 계약서 및 신고서 상에 사업 자번호, 주소 등의 정보가 전혀 없으므로 유추하여 허위신고로 판단된다.

4. 낙찰과 동시에 유치권이 신고되고, 또한 유치권에 대한 열람 없이 낙찰자가 매각불허가 신청을 제출한 것으로 볼 때 매각불 허가를 위한 의도적인 유치권으로 판단할 수 있다.

5. 임대차계약서상 임차인의 원상회복의무조항이 있으며, 임차인이 자신의 영업을 위해 설 치한 물건에 대하여는 유치권이 성립하지 않는다는 판례[74]가 있다.

위 사실을 기준으로 유치권배제신청서 제출함.

2019. 2. 1일

유치권배제신청인 김   다   운 인

수원지방법원 성남지원 경매 귀중

(8) 유치권의 소멸

① 일반적 소멸사유

유치권은 목적물의 멸실, 혼동,[75, 76] 포기,[77] 토지수용 등 물권에 공통된 소멸사유인 일반적 소멸사유에 의하여 당연히 소멸한다. 그러나 유치권은 유치물 점유하고 있는 동안에는 소멸시효는 진행하지 않는다. 한편 유치물의 점유를 잃으면 유치권은 곧 소멸하므로(민법 제328조), 유치권 자체가 소멸시효에 걸리는 일은 없다. 다만, 피담보채권이 시효소멸하면 유치권은 소멸하기 때문에 유치권을 행사하고 있는 채권자가 자신의 채권의 소멸시효를 중단시키려면 별도로 민법 제168조 이하에 해당하는 행위 즉 청구, 압류 또는 가압류, 가처분 승인을 하여야 한다. 민법 제163조 제3호는 3년의 단기소멸시효에 관한 채권으로서 부동산 유치권의 행사의 대부분인 '도급을 받은 자의 공사에 관한 채권'을 들고 있는데 여기에서 채권은 도급받은 공사의 공사대금뿐만 아니라 그 공사에 부수되는 채권도 포함하고 있는 것이다. 소멸시효는 권리를 행사할 수 있는 때[78]부터 진행한다(민법 제166조 제1항).

또한 유치권은 담보물권 이므로 담보물권에 공통하는 소멸사유인 피담보채권의 소멸로 유치권도 소멸한다. 또한 유치권을 행사하고 있을 지라도 그것 때문에 피담보채권의 소멸시효 진행을 방해하지는 못한다(민법 제326조). 즉 유치권의 피담보채권은 채권일 뿐이므로 채권자가 유치권을 행사하고 있더라도, 그로 인하여 피담보채권의 소멸시효의 진행이 방해되지는 않는다. 따라서 목적물을 점유하고 있다고 하더라도 목적물에서 파생된 피담보채권이 있는 경우 시효진행을 막지 못하기 때문에 채권회수를 위한 권리행사를 하여야 한다.

---

74 대판 1990. 10 14, 90다1851.

75 민법 제191조 1항 동일한 물건에 대한 소유권과 다른 물권이 동일한 사람에게 귀속한 때에는 다른 물권은 소멸한다. 그러나 그 물권이 제3자의 권리의 목적이 된 때에는 소멸하지 아니한다.

76 서울고법 2007. 3. 30. 선고 2006나78956 판결.

77 부산고법 2008. 7. 15. 선고 2007나5472 판결.

78 권리를 행사함에 있어 이행기의 미도래, 정지조건부 권리에 있어서 조건 미성취와 같은 법률상의 장애가 없는 경우를 말한다.

② 특유한 소멸사유

첫째, 유치권자가 민법 제324조 제1항과 동조 2항[79] 선관의무를 위반하는 경우에 채무자의 소멸청구의 의사표시에 의하여 유치권은 소멸한다. 이 때에 채무자는 유치권의 소멸청구권을 행사할 수 있고 이 권리는 형성권이다.

둘째, 채무자는 상당한 담보를 제공하여 유치권의 소멸을 청구할 수 있다(민법 제327조). 담보의 종류에는 제한이 없으며, 물적 담보이든, 인적 담보이든 묻지 않는다. 제공되는 대담보의 종류에 대해 독일민법과 달리 우리민법은 제한을 두고 있지 않다. 독일민법은 제273조 3항 2문에 따라 보증인에 의한 담보제공은 배제된다. 그 이유는 유치권에 놓여 있는 사실상의 담보를 신뢰하기 어려운 보증인으로 교환하는 것은 채무자에게 부당하기 때문이다. 담보의 제공에는 유치권자의 승낙이 필요하므로, 결국 유치권자의 승낙 또는 이에 갈음하는 판결이 있어야만 유치권은 소멸하게 된다. 판례[80]는 담보의 상당성 여부는 그 담보의 가치가 채권의 담보로서 상당한가, 태양에 있어서 유치물의 담보력을 저하시키지는 아니한가 하는 점을 종합 판단하여야 할 것으로, 유치물의 가격이 채권액에 비하여 과다한 경우에는 채권액 상당의 가치가 있는 담보를 제공하면 족하고, 채무자나 유치물의 소유자는 상당한 담보가 제공되어 있는 이상 유치권의 소멸청구의 의사표시를 함으로써 유치권은 소멸한다고 판시하였다.

셋째, 유치권은 점유의 상실로 인하여 소멸한다(민법 제328조). 점유는 유치권의 본질적인 요소이기 때문이다. 점유를 빼앗긴 경우에는 유치권은 소멸하나, 다만 점유물반환청구권에 의하여 점유를 회복한 때에는 기존의 점유를 잃지 않은 것으로 된다(민법 제92조 제2항 단서). 따라서 유치권도 소멸하지 않았던 것이 된다. 유치권자의 점유는 직접점유이든 간접점유이든 상관없다. 점유매개관계[81]의 설정에 의해서는 소멸하지 않는다. 점유를 회복하기 위한 기간은 1년으로

---

79 민법 제324조 제1항 : 유치권자는 선량한 관리자의 주의로 유치 물 점유하여야 한다. 동조 2항 : 유치권자는 채무자의 승낙 없이 유치물의 사용, 대여, 또는 담보제공을 하지 못한다.

80 대판 2001. 12. 11, 2001다59866.

81 임차인을 대신하여 직접 점유하는 경우를 말한다.

제척기간[82]이다. 유치권자는 경매에 의한 매수인에게 직접 당사자가 아니므로 채무변제를 요구할 수 없고(판례는 인적책임을 인정하지 않고 물적 책임 설을 취하고 있다.[83]) 배당신고를 할 필요가 없으며 유치권은 매수인이 인수한다(민사집행법 제91조 제5항). 다만, 공사업자(유치권자)는 목적부동산에 대하여 저당권 설정청구를 할 수 있다(민법 제666조).

보충 :

* 공사채권 시효

민법 제163조 제3호 소정의 "도급[84]받은 자의 공사에 관한 채권"의 범위 및 소멸시효의 기산점인 '권리를 행사할 수 있는 때'의 의미:

민법 제163조 제3호는 3년의 단기소멸시효에 걸리는 채권으로서 "도급을 받은 자의 공사에 관한 채권"을 들고 있는바, 여기에서 "채권"은 도급받은 공사의 공사대금 채권 뿐만 아니라 그 공사에 부수되는 채권도 포함하는 것이다. 한편 민법 제166조 제1항은 "소멸시효는 권리를 행사할 수 있는 때로부터 진행한다."고 규정하고 있는바, 여기서 '권리를 행사할 수 있는 때'라 함은 권리를 행사함에 있어 이행기의 미도래, 정지조건부 권리에 있어서의 조건 미성취와 같은 법률상의 장애가 없는 경우를 말하는 것이다.

---

82 제척기간이란 가능하면 권리관계를 빨리 확정하기 위하여 어떤 종류의 권리에 대하여 법률이 정하고 있는 존속 기간을 말한다. 이 기간이 지나면 권리가 소멸하게 된다.

83 대법원 1996. 8. 23. 선고 95다8713 판결.
민사소송법 제728조에 의하여 담보권의 실행을 위한 경매절차에 준용되는 같은 법 제608조 제3항은 경락인은 유치권자에게 그 유치권으로 담보하는 채권을 변제할 책임이 있다고 규정하고 있는바, 여기에서 '변제할 책임이 있다'는 의미는 부동산상의 부담을 승계한다는 취지로서 인적 채무까지 인수한다는 취지는 아니므로, 유치권자는 경락인에 대하여 그 피담보채권의 변제가 있을 때까지 유치목적물인 부동산의 인도를 거절할 수 있을 뿐이고 그 피담보채권의 변제를 청구할 수는 없다.

84 도급(都給)은 어떤 일의 완성을 부탁받은 자(수급인)가 일을 하기로 약정하고, 부탁한 자(도급인)가 그 일이 완성되면 보수(報酬)를 지급할 것을 약정함으로써 성립하는 계약이다. 도급계약은 쌍무계약, 유상계약에 속한다(민법 제664조). 하도급 또는 하청이란, 수급인이 자신이 해야 할 일의 완성을 제3자로 하여금 하게 하기 위하여 다시 체결하는 수급인과 제3자와의 계약을 말한다. 여기에서의 제3자는 이행대행자만을 의미하는 것으로 이행보조자는 포함되지 않는다. 하도급은 제2단계의 도급계약으로 제1단계의 도급계약과는 별개의 독립한 계약이다. 따라서 도급인과 수급인 사이의 법률관계는 아무런 영향을 받지 않는다.

민간건설공사 표준도급계약서 (표 2-10)

1. 공사명 :
2. 공사장소 :
3. 착공년월일 :
4. 준공예정년월일 :
5. 계약금액 : 일금   원정(부가세포함)
   (노무비용 : 일금   원정)
   * 건설산업기본법 제88조 동시행령, 제84조 제1항 규정에 의하여 산출한 노임
6. 계약보증금 : 일금   원정
7. 선   금 : 일금   원정
8. 기성부문금 : (   )월, (   )일, (   )회
9. 지급자재의 품목 및 수량
10. 하자담보책임(복합공종인 경우 공종별로 구분 기재)

공종	공종별계약금액	하자보수보증금율(%)및 금액		하자담보책임기간
		( ) %	원정	
		( ) %	원정	
		( ) %	원정	

11. 지체상금률
12. 대가지급 지연 이자률
13. 기타사항

도급인과 수급인은 합의에 따라 붙임의 계약문서에 의하여 계약을 체결하고 신의에 따라 성실히 계약상의 의무를 이행할 것을 확약하며, 이 계약의 증거로서 계약문서를 2통 작성하여 각 1통씩 보관하기로 한다.

- 붙임서류 -
1. 민간건설공사 도급계약 일반조건 1부
2. 공사계약특수조건 1부
3. 설계서 및 산출내역서 1부

2018 년   월   일

도급인
주 소
성 명   (인)

수급인
주 소
성 명   (인)

⑨ 유치권 소멸의 효과

유치권자가 의무를 위반하여 유치권이 소멸하면 유치권자는 유치 물을 소유자 또는 채무자에게 반환하여야 한다. 채무자가 채권관계에 기하여 반환을 청구하거나 소유자가 소유물반환청구권을 행사할 때 종전의 유치권자는 그 물건의 인도를 거절할 권능이 없다. 유치권은 등기가 불가능하므로 목적물인 부동산인 경우에도 등기 없이 효력이 발생하기 때문에 등기말소청구의 문제가 발생하지 않고 목적물의 반환청구를 할 수 있게 된다.

⑩ 유치권신고 해결방법

① 입찰 전에는 이해관계인이 아니라 유치권 신고 내용을 열람, 또는 복사를 할 수가 없다. 낙찰이 된 후라면 법원에 사건기록 열람, 복사를 신청하여 유치권 신고서와 첨부서류가 있으면 세세히 확인을 요한다. 공사도급계약서, 시방서, 자재납품서, 세금계산서, 영수증, 수리내역 기타 관계서류 등을 확인하여 유치권의 성립요건을 확인하고 소멸사유도 같이 점검한다.

② 유치권배제특약의 유무(은행 등) 공사업자와 건축주와의 상관관계, 동업여부, 공사일지와 공사도급계약의 일자 등을 확인하고 경매개시후의 점유관계도 확인한다. 공사업자의 사업자등록증과 사업개시일 그리고 경매개시일 등을 확인하고, 또한 채무자, 신고자, 친척 기타 이해관계인들과의 재판, 소송기록도 찾아보고 탐문한다.

③ 점유를 수반하지 않는 권리(소유자, 목록상 임차인 등), 별도로 채권소멸 중단 행위를 하지 않는 경우(가압류, 가처분 등), 계약 상 원상복구 조항 등, 권리금 포기 등 기타

④ 형사고소, 명도소송, 유치권부존재확인소송 등 가장 유치권일 경우에 의외로 타협이 가능하다 (사기죄, 업무방해죄, 공사방해죄, 형법 315조 위계에 의한 입찰방해죄 등).

■ 유치권신고가 없었으나, 낙찰 후 유치권자가 있는 경우

1) 낙찰자는 낙찰 후 일주일 뒤 법원에서 낙찰허가결정을 할 때 낙찰허가에 대한 이의를 신청한다(민집 제120조).

2) 낙찰허가결정에 대해 즉시항고를 할 수 있다(민집 제106조. 제130조).

3) 낙찰허가결정 확정 후에는 낙찰대금 납부 전에 낙찰허가결정 취소신청을 하여 낙찰 포기를 한다(민집 제127조).

4) 잔금납부 후 배당실시 전까지 유치권이 확인 된 경우 채무자나 배당받은 채권자에게 담보책임을 물어 매가허가결정 취소를 신청할 수 있다.

판례연구

1. 대법원 2009.03.26. 선고 2008다34828 판결)유치권부존재 확인

계약명의신탁에 있어서 명의신탁자가 명의수탁자에 대하여 가지는 매매대금상당의 부당이득반환청구권에 기하여 유치권을 행사할 수 있는지 여부

■ 판결요지

명의신탁자와 명의수탁자가 이른바 계약명의신탁[85]약정을 맺고 명의수탁자가 당사자가 되어 명의신탁약정이 있다는 사실을 알지 못하는 소유자와 부동산에 관한 매매계약을 체결한 뒤 수탁자 명의로 소유권이전등기를 마친 경우에는, 명의신탁자와 명의수탁자 사이의 명의신탁약정은 무효이지만 그 명의수탁자는 당해 부동산의 완전한 소유권을 취득하게 되고,[86] 반면 명의신탁자는 애초부터 당해 부동산의 소유권

---

85 명의신탁에는 1)양자 간 명의신탁 2) 제3자간의 명의신탁(중간생략등기형) 3)계약명의신탁이 유형이 있다. 1)양자 간 명의신탁이란 매도인과 신탁자간에 명의신탁약정을 맺고 등기를 수탁자에게 넘기는 방법을 말한다. 2)제3자간 명의신탁(중간생략등기형)이란 신탁자와 수탁자 사이에 명의신탁약정을 하고 매도인과 신탁자로 매매계약을 체결한 후 수탁자명의로 등기를 하는 방법이다. 3)계약형 명의신탁이란 신탁자와 수탁자가 명의신탁약정을 하고 수탁자가 매매계약의 당사자가 되어 매도인과 매매계약을 체결한 후 그 등기를 수탁자 앞으로 하는 방법을 말한다.

86 실권리자명의 등기에 관한 법률 제4조(명의신탁약정의 효력)
  ① 명의신탁약정은 무효로 한다.
  ② 명의신탁약정에 따른 등기로 이루어진 부동산에 관한 물권변동은 무효로 한다. 다만, 부동산에 관한 물권을 취득하

을 취득할 수 없고 다만 그가 명의수탁자에게 제공한 부동산 매수자금이 무효의 명의신탁약정에 의한 법률상 원인 없는 것이 되는 관계로 명의수탁자에 대하여 동액 상당의 부당이득[87]반환청구권을 가질 수 있을 뿐이다. 명의신탁자의 이와 같은 부당이득반환청구권은 부동산 자체로부터 발생한 채권이 아닐 뿐만 아니라 소유권 등에 기한 부동산의 반환청구권과 동일한 법률관계나 사실관계로부터 발생한 채권이라고 보기도 어려우므로 결국 민법 제320조 제1항에서 정한 유치권 성립요건으로의 목적물과 채권 사이의 견련관계를 인정할 수 없다할 것이다.

2. 대법원 2014. 3. 20. 선고 2009다60336 전원합의체 판결(체납처분압류)

체납처분압류가 되어 있는 부동산에 대하여 경매절차가 개시되기 전에 민사유치권을 취득한 유치권자가 경매절차의 매수인에게 유치권을 행사할 수 있는지 여부(적극)

■ 판결요지

체납처분압류가 되어 있는 부동산이라고 하더라도, 그러한 사정만으로 경매절차가 개시되어 경매개시결정등기가 되기 전에 부동산에 관하여 민사유치권을 취득한 유치권자가 경매절차의 매수인에게 유치권을 행사할 수 없다고 볼 것은 아니다.

■ 판례평석

대법원은 경매개시결정등기가 된 뒤에 비로소 부동산의 점유를 이전받거나 피담보채권이 발생하여 유치권을 취득한 경우에는 경매절차의 매수인에게 유치권을 행사할 수 없다고 하나(대법원 2005. 8. 19. 선고 2005다22688 판결, 대법원 2006. 8. 25. 선고 2006다22050 판결 등 참조), 저당권이 설정되거나 가압류등기가 된 뒤라고 하더라도 경매개시결정등기가 되기 전에 민사유치권을 취득하였다면 경매절차의 매수인에게 유치권을 행사할 수 있다고 하였다(대법원 2009. 1. 15. 선고 2008다70763 판결, 대법원 2011. 11. 24. 선고

기 위한 계약에서 명의수탁자가 어느 한쪽 당사자가 되고 상대방 당사자는 명의신탁약정이 있다는 사실을 알지 못한 경우에는 그러하지 아니하다.
③ 제1항 및 제2항의 무효는 제3자에게 대항하지 못한다.
[87] 법률상의 원인 없이 타인의 재산 또는 노무에 의해 이익을 얻고, 그로 인하여 타인에게 손해를 끼치는 것

2009다19246 판결 참조).

대상판결에서는 체납처분압류 후 민사유치권이 성립하고 경매개시결정등기가 된 경우에 그 경매절차의 매수인에게 유치권을 행사할 수 있는지가 문제 되었다.

이에 관하여 다수의견은, 매각절차인 경매절차가 개시된 뒤에 유치권을 취득한 경우에 집행절차의 법적 안정성을 보장할 목적으로 그 유치권을 경매절차의 매수인에게 행사할 수 없다고 보는 것인데, 부동산에 관한 민사집행절차에서는 경매개시결정과 함께 압류를 명하므로 압류가 행하여짐과 동시에 매각절차인 경매절차가 개시되는 반면, 국세징수법에 의한 체납처분절차에서는 그와 달리 체납처분압류와 동시에 매각절차인 공매절차가 개시되는 것이 아닐 뿐만 아니라, 체납처분압류가 반드시 공매절차로 이어지는 것도 아닌 점, 체납처분절차와 민사집행절차는 서로 별개의 절차로서 공매절차와 경매절차가 별도로 진행되는 것이므로, 부동산에 관하여 체납처분압류가 되어 있다고 하여 경매절차에서 이를 그 부동산에 관하여 경매개시결정에 따른 압류가 행하여진 경우와 마찬가지로 볼 수는 없는 점 등을 이유로 체납처분압류가 되어 있는 부동산이라고 하더라도 그러한 사정만으로 경매절차가 개시되어 경매개시결정등기가 되기 전에 그 부동산에 관하여 민사유치권을 취득한 유치권자가 경매절차의 매수인에게 그 유치권을 행사할 수 없다고 볼 것은 아니라고 하였다.

이에 대하여 반대의견은, 국세징수법에 의한 체납처분절차는 압류로써 개시되고, 체납처분에 의한 부동산 압류의 효력은 민사집행절차에서 경매개시결정의 기입등기로 인한 부동산 압류의 효력과 같으므로, 조세체납자 소유의 부동산에 체납처분압류등기가 마쳐져 압류의 효력이 발생한 후에 조세체납자가 제3자에게 그 부동산의 점유를 이전하여 유치권을 취득하게 하는 행위는 체납처분압류권자가 체납처분압류에 의하여 파악한 목적물의 교환가치를 훼손한다.

3. 대판 2013.2.28., 2010다57350 상사유치권

부동산에 대한 상사유치권의 성립 당시에 이미 제3자의 저당권이 설정되어 있다면, 상사유치권자는 선행저당권자 또는 그 승계인에게 대항할 수 없다.

■ 사실관계

원고는 상가를 분양받고 상가건축주인 A회사로부터 분양받은 점포의 점유를 이전받아 사용하여 왔다. 피고은행은 A회사에게 대출을 하고 이를 피담보채권으로 하여서 상가건물에 대해서 근저당권을 설정하였다. 그 후 피고은행은 경매를 통하여 상가건물에 대한 소유권을 취득하였다.

원고는 A회사의 원고에 대한 소유권이전등기 의무가 이행불능이 됨으로써 손해배상채권을 취득하였고 이를 변제받을 때까지 상가점포를 유치할 수 있다고 주장하면서 피고은행을 상대로 유치권의 존재확인을 청구하였다.

■ 판결요지

상사유치권 성립 당시에 이미 목적물에 대하여 제3자가 권리자인 제한물권이 설정되어 있다면, 상사유치권은 그와 같이 제한된 채무자의 소유권에 기초하여 성립할 뿐이고, 기존의 제한물권이 확보하고 있는 담보가치를 사후적으로 침탈하지는 못한다. 그러므로 채무자 소유의 부동산에 관하여 이미 선행저당권이 설정되어 있는 상태에서 채권자의 상사유치권이 성립한 경우, 상사유치권자는 채무자 및 그 이후 채무자로부터 부동산을 양수하거나 제한물권을 설정 받는 자에 대해서는 대항할 수 있지만, 선행저당권자 또는 선행저당권에 기한 임의경매절차에서 부동산을 취득한 매수인에 대한 관계에서는 상사유치권으로 대항할 수 없다.

■ 판례평석

상사유치권(상법 제58조)은 상인 간의 거래에 적용되며 민사유치권(민법 제320조)의 특칙이다. 그런데 상사유치권은 유치목적물이 채무자 소유의 물건이면 충분하고, 유치목적물과 피담보채권 간에 개별적인 견련성이 요구되지 아니하여 그 적용범위가 지나치게 광범위하다는 지적이 있어왔다.

대상판결은 위와 같은 비판을 반영하여 사실상 최우선순위담보권인 상사유치권의 효력범위를 제한하고 있다. 상사유치권의 경우에는 유치목적물과 피담보채권 사이에 견련관계가 완화됨으로써 피담보채권이 유치권자와 채무자 사이에 발생하는 모든 상사채권으로 무한정 확장될 수 있고, 그로 인하여 이미 제3자가 목적물에 관하여 확보한 권리를 침해할 우려가 있어서 상사유치권으로 대항할 수 있는 범위를 제한하는 것이다. 상사유치권의 특성을 반영하여 그 성립요건과 효력범위에 대해서 구체적인 기준을 제시하고 있는 타당한 판결이라고 판단된다.

9. 임차권등기와 임차인의 권리분석

(1) 임차권등기의 소멸

임차권은 임차주택에 대하여 민사집행법에 의한 경매가 행하여진 경우에 그 임차주택의 경락에 의하여 소멸한다. 다만, 보증금이 전액 변제되지 아니한 대항력이 있는 임차권은 그러하지 아니한다(주택임대차보호법 제3조의 5). 따라서 대항력(점유, 전입신고)이 있고 임차보증금을 전액 배당 받지 못한 임차권은 매수인에게 인수된다.

(대법원 1988.4.25. 선고 87 다카 458 판결)

(대법원 1988.4.25. 선고 87 다카 2509 판결)

(대법원 2002.2.26. 선고 99다 67079 판결)

(2) 임차권등기의 내용

부동산을 사용 수익하는 임차인의 권리로 임대차기간이 종료하였음에도 불구하고 임대 보증금을 반환 받지 못한 경우에 임차인에게 임차권 등기를 하게 함으로서 임차인이 다른 곳으로 이사를 가는 경우 우선 변제권과 대항력을 유지하게 하는 권리이다.

(3) 임대차 권리분석

① 임차인이 주택 양수인에게 대항하기 위해서는 주택소유권이 양수인에게 이전되는 시점까지 대항요건을 갖추고 있어야 한다. 따라서 경매의 경우에는 매수인에게 소유권이 이전되는 시점인 매각대금 납부일 까지 계속 존속하고 있어야 한다.

② 확정일 자부 임차인이 우선변제권을 행사하기 위해서는 경매법원에 의해 공고

된 첫 경매기일 이전의 배당요구 종기일 까지만 임차권의 대항요건을 구비하면 된다.

③ 확정일자부 임차인(실체법상 우선변제권)과 소액임차인이 배당요구를 하지 않아 최우선 변제 금을 지급받지 못한 경우, 매수인에 대하여 임차보증금이나 우선변제를 요구할 권한이 없고 또 다른 배당받은 후순위 권리자를 상대로 배당이의 소나 부당이득반환청구를 할 수 없다. 참고로 구 민소법은 이러한 경우 부당이득반환청구를 인정하였지만 신민사집행법에서는 인정하지 않고 있다(대판 1998. 10. 13. 98다12379).

④ 임대차계약 체결 당시 보증금액이 많아 주택임대차보호법상 소액임차인에 해당하지 않은 경우에 그 후 임대차계약에 의하여 보증금을 감액하여 소액임차인에 해당된다면 그 임대차 계약이 통정허위표시(민법 제108조)에 의한 계약이어서 무효라는 등의 특별한 사정이 없는 한 그러한 임차인은 법적으로 보호되어야 한다(긍정설)는 것이 대법원판례 입장이다(대판 2008.5.15, 2007다23203).

⑤ 최우선변제를 받을 소액임차인이 다수인 경우에는 우선 변제받을 금액이 주택가액의 1/2을 넘지 못하고, 따라서 이들 관계는 동순위이며 임차보증금 비율에 따라 안분배당을 실시한다(참고로 상가건물임대차보호법은 가액의 1/3을 넘지 못한다. 그러나 최근 개정안은 1/2로 변경되었다)(2014. 1. 1 시행).

⑥ 등기된 임차권은 말소기준권리가 아니며, 임차권자는 경매절차에서 별도로 배당요구를 하지 않더라도 그 확정일자 순으로 매각대금으로부터 우선변제권에 따라 배당을 받는다. 하지만, 소액임차인과 확정일자 있는 임차인은 반드시 배당요구 종기 시까지 신고하여야 한다.

⑦ 채권자가 채무자 소유의 주택에 관하여 채무자와 임대차계약을 체결하고 전입신고를 마친 다음 그곳에 거주하였다 하더라도 임대차계약의 주된 목적이 주택을 사용, 수익하려는 것이 아니고, 소액임차인으로 보호받아 선순위 담보 권자에 우선하여 채권을 회수하려는 것에 주된 목적이 있었다면 그러한 임차인은 주택임대차보호법상 소액임차인으로 보호할 수 없다(대판 2008.5.15., 2007다23203).

2010년 7월 23일 신민사집행법의 개정(시행 2010년 10월 24일)으로 소액임차인의 보증금 중 우선변제권이 있는 금액은 압류금지 대상이 되었다.

(4) 소액임차인의 판단과 긍정설과 부정설

소액임차인에 해당하는지 여부의 판단시점은 압류의 효력발생 시이다(채무자에게 경매개시결정이 송달된 때 또는 경매개시결정의 기입등기가 경료 된 때 중 빠른 날을 기준 한다).

당초부터 소액임차인이었지만 후일 임대차를 재계약하면서 보증금 금액을 인상하여 주택임대차보호법의 범위를 초과하였다면 보호를 받을 수 없다. 이와 반대로 당초에는 소액임차인이 아니었으나 추후 보증금을 감액하여 주택임대차보호법 범위내로 들어온 경우 긍정하는 견해와 부정하는 견해가 있다.

① 긍정판례

계약변경이 탈법적인 의사 없이 진정하고 적법하게 이루어진 경우에는 소액임차인에 해당된다(광주지법 1987. 8.19. 선고 86가단4111 판결).

② 부정판례

경매개시결정 기입등기 후에 소유자와 합의에 의하여 보증금을 소액보증금 범위내로 변경한 경우에는 우선변제권이 인정되는 소액임차인이 아니다(서울민사지법 1993. 11.9 선고 93나31602 판결).

※ 대법원 판례는 통정허위표시의 계약에 의한 무효라는 등의 특별한 사정이 없는 한 그러한 임차인은 법적으로 보호된다. 라고 하여 긍정설의 입장에 있다(대판 2008. 5. 15. 2007다23203).

(5) 상가건물임대차보호법

① 상가임대차는 등기가 없어도 이법에서 정한 공시방법 즉 상가건물의 인도와 사업자등록을 마치면 그 익일부터 제3자에 효력을 가진다. 즉, 대항력을 취득한다(상건임법 제3조 제1항).

② 건물의 일부분을 임차한 경우에는 그 사업자등록이 제3자에 대한 유효한 공시방법이 되기 위해서는 사업자등록 신청 시 그 임대차한 부분을 표시한 도면을 첨부하여야 한다.

보충 : 임차권등기명령제

1. 도입배경

지난 1999년 3월 1일부터 주택임대차보호법 개정안이 시행됐다. 개정안중 기존 주택임대차보호 법이 갖는 문제점을 해소하기 위해 '임차권등기명령제' 를 도입해 시행에 들어갔다.

이번에는 임대차기간이 종료했음에도 불구하고 보증금을 반환받지 못한 임차인이 다른 곳으로 이사 가거나 주민등록을 전출하면 종전의 대항력과 우선변제권을 상실하게 되어 임차주택이 경매에 들어 갈 경우 보증금을 반환받는 것이 어려웠다. 따라서 이번에 개정된 주택 임대차보호법은 이런 문제를 해소하고자 임차권등기명령 제도를 도입했다

2. 신청절차 및 비용

임차권등기명령을 신청하려면 임차주택 소재지를 관할하는 지방법원 또는 지방법원지원 시·군 법원 에 접수시켜야 하는데 그 전에 관할구청과 등기소 및 동사무소에서 준비서류를 발급받아야 한다.

먼저 관할구청 세무민원창구에 비치된 신청서를 작성한 다음 등록세 및 교육세 납부고지서을 발급받아 은행에 납부한다. 이때 임대차계약서와 주민등록증을 지참하도록 한다. 영수증을 받은 후에는 등기소와 동사무소를 방문해 건물등기부등본 1통과 주민등록등본 1통을 발급받아 임차주택 소재지 관할 법원에 임차권등기명령 신청서와 힘께 준비서류들(건물등기부등본 및 임대차계약서 사본)를 제출하면 된다.

또한, 소요되는 비용은 인지세 수입인지 2,000원, 등기수입증지 1부동산당 3,000원, 송달료 1회 기준 3,550원 * 6회, 등록면허세(지방교육세 포함) 7,200원

따라서 임대인1, 임차인 1, 부동산 1일 경우 임차권등기명령 신청비용은 33,5000원이다. 송달료는 달라질 수 있다.

대리인이 신청하는 경우에는 신청서에 대리인의 서명을 기재한 후 위임장, 등기부등본 등 자격을 증명하는 서면 을 함께 첨부해야 한다.

3. 주의사항

임차권등기명령이 신청되면 법원은 먼저 서면심리방식에 의하여 임차권등기명령의 발령 여부를 심리 하여 그 신청이 이유 있다고 인정되면 임대인에게 고지한 후 임차권등기명령 을 발령한다.

이후 법원은 임차주택의 소재지를 관할하는 등기소에 재판서등본을 첨부하여 임차권등 기를 촉탁하고 등기소에서는 건물등기부에 임차권 등기를 기입하게 되는데, 임차권등기명 령을 신청한 임차인은 반드시 등기소에서 임차권등기가 되었는지 직접 확인한 후 이사를 해야 대항력을 보장 받을 수 있다. 신청 후 임차권등기가 종료되기 까지는 약 2주일정도 소 요된다(부록: 주택임차권 등기명령 신청서 양식참고). 미등기나 무허가건물 등은 임차인 이 임차권등기를 신청할 수 없다. 특임 법에서 보호를 받는 것과는 별개의 문제이다.

4. 신청서류, 비용

신청서류; 임차권등기명령신청서, 부동산등기부등본, 임대차계약서 사본, 주민등록등본
신청비용; 수입인지, 등록세, 교육세, 송달료, 등기촉탁수수료 등.

---

10. 전세권의 권리분석

선순위 전세권은 경매로 소멸되지 않는다.

(1) 전세권

전세권은 전세금을 지급하고 타인의 부동산을 용도에 따라 사용 수익하는 권리이 며 임대차기간이 만료하면 임차부동산으로부터 전세금을 우선 변제 받을 수 있다.(민 법 제303조 제1항) 전세권의 존속기간은 10년을 넘지 못한다.

(2) 전세권의 소멸

① 선순위 전세권은 소멸되지 않고 매수자가 인수하여야 한다. 그러나 근저당권보 다 선순위인 전세권도 경매 개시결정 기입등기 일자를 기준으로 남은 계약기간 이 6개월 미만 이거나 전세기간이 만료된 경우, 전세기간의 존속기간이 없는 경 우에는 소멸된다(구민소법). 신민사집행법은 잔여계약기간과 관계없이 인수하 고 배당요구하거나 경매신청하면 소멸한다(민집 제91조 제4항 단서).

② 가압류등기 이후에 전세권이 설정된 경우 경매로 소멸된다(대법원 1996. 12.23. 선고 94 다 51819판결).

③ 선순위 전세권자가 경매 신청한 경우 전세권은 소멸된다.

④ 경매절차에서 소멸되는 선순위 전세권자가 전세금 전액을 받지 못하게 된 경우 낙찰불허가 된다(대법원 1998.4.28. 선고 97 마 2935). 특히 등기부내역에 등기된 권리가 전혀 없고 오로지 전세권자들만 있는 경우엔 해당물건이 경매에 처해지게 되면 모든 전세권자들이 전액배상을 받지 못한 부분에 대하여는 전액 인수해야 함을 유의해야 할 것이다(다가구주택의 전세 세입자 전원).

⑤ 전세권에 대하여 설정된 저당권은 민사소송법 제724조 소정의 부동산 경매절차에 의하여 실행하는 것이나, 전세권의 존속기간이 만료되면 전세권의 용익물권적 권능이 소멸하기 때문에 더 이상 저당권을 실행할 수 없게 되고, 이러한 경우는 민법 제370조 제342조 및 민사소송법 제733조에 의하여 저당권의 목적물인 전세권에 갈음하여 존속하는 것으로 볼 수 있는 전세금반환채권에 대하여 추심명령 또는 전부명령을 받거나 제3자가 전세금반환채권에 대하여 실시한 강제집행절차에서 배당 요구를 하는 등의 방법으로 자신의 권리를 행사할 수 있을 뿐이다(대법원 1995.9.18. 선고 79 다1704판결) (대법원 1999.9.17. 선고 98다31301판결).

(3) 선순위전세권과 보전가등기 후 저당권

2009. 6. 10. 전세권	갑	
2010. 5. 29. 소유권 보전가등기	을	
2011. 7. 20. 근서낭권	국민은행	
2011. 8. 10. 전세권에 기한 임의경매	(1)	
2011. 9. 1. 저당권에 기한 임의경매	(2)	

1) 선순위전세권자가 경매를 신청한 경우

전세권자 '갑'이 경매신청 하였다면 그 전세권은 말소기준권리가 되고 배당절차에서 배당을 받고 소멸한다. 이때 대항할 수 없는 후순위의 보전가등기, 근저당 등은 모두 소멸한다.

2) 저당권자가 임의경매 신청한 경우

말소기준인 근저당권보다 먼저 설정된 전세권, 보전가등기는 매각으로 인하여 소멸하지 않고 매각대금과 별도로 매수인이 인수하여야 한다(법원 매각물건명세서의 '인수되는 권리'란에 표기됨). 그러나 전세권자 갑이 배당요구 하였다면 그 전세권은 배당절차에서 배당을 받고 소멸한다. 이때 전세권의 소멸이 보전가등기에 어떤 영향을 미치는지 문제가 발생할 수 있다. 을의 보전가등기는 원칙은 매수인이 인수해야 할 것이지만, 전세권자가 배당요구를 하면 갑의 전세권이 말소기준권리이기 때문에 그에 대항할 수 없는 을의 보전가등기는 소멸한다고 보아야 한다.

(4) 전세권자의 경매신청

전세권자인 채권자가 전세목적물에 대하여 경매를 신청하기 위해서는 전세권설정자에 대하여 목적물에 대한 인도의무와 전세권말소등기 의무를 이행제공을 하여 이행지체에 빠지게 하여야 한다. 경매를 신청한 전세권자는 인도의무와 이행제공을 한 사실을 증명하여 전세금을 반환하도록 지급을 명한다는 고지를 상대방에게 최고하고 그 사실을 법원에 소명하여야 한다.[88]

11. 지상권의 권리분석

선순위 지상권은 경매로 소멸되지 않는다.

(1) 지상권

지상권은 건물, 교량, 터널, 수목 등 을 소유하기 위해 타인의 토지를 사용하는 권리이다(민법 제279조 지상권). 말소기준권리보다 선순위인 지상권은 소멸되지 않는다. 또한 경매에 의하여 건물의 소유자와 토지의 소유자가 달라도 건물소유자는 법정지상권을 취득한다. 이 경우 토지 소유자는 건물 점유자에 대하여 건물 철거를 요구할 수 없다.

---

88 대법원 2002. 2. 5. 선고 2001다62091 판결

(2) 지상권의 존속기간

① 지상권의 존속기간은 자유로이 정할 수 있다.

② 지상권의 존속기간은 매수자가 대금납부를 한 후 견고한 건물이나 수목의 소유를 목적으로 한 경우 30년, 그 이외의 건물은 15년, 공작물에는 5년 이하로 할 수 없다. 최단기간의 규정이 있고 계약을 영구로 한다는 것은 유효한가는 긍정설과 부정설이 있지만 부정설이 다수이다.

③ 지상권자가 지료를 2년 이상 지급하지 않는 경우 소유자는 지상권의 소멸을 청구할 수 있다. 그러나 법정지상권에 관한 지료가 결정된 바 없다면, 법정지상권자가 지료를 지급하지 않았다고 하더라도 지료 지급을 지체한 것으로는 볼 수 없으므로 법정지상권자가 2년 이상의 지료를 지급하지 아니하였음을 이유로 하는 토지소유자의 지상권 소멸 청구는 이유가 될 수 없다[89].

(3) 구분지상권

민법 제289조의2 1항은 지하 또는 지상의 공간은 상하의 범위를 정하여 건물 기타 공작물을 소유하기 위한 지상권의 목적으로 할 수 있다. 이 경우에 설정행위로써 지상권의 행사를 위하여 토지의 사용을 제한 할 수 있다 이를 구분지상권이라 한다. 공중 또는 지하에 대한 지상권이며 건물 기타 공작물(터널, 지하철, 송전선, 고가선, 교량 등)을 소유하기 위하여만 설정할 수 있고 수목의 소유를 위해서는 설정하지 못한다.

12. 법정지상권의 권리분석

(1) 성립근거

① 토지의 이용관계를 수반하지 않고는 존립할 수 없는 건물을 가능한 한 유지하도록 함으로써 건물의 철거로 인한 사회적 손실을 막기 위함이다 (공익적인 측면).

② 법정지상권에 관련된 이해관계인의 의사와 이익에 크게 반하지 않는다는 것이다(사익적인 측면).

---

89 대법원 1994. 12. 2. 선고 93다52297판결.

민법 366조에서 "토지소유자는 건물소유자에 대하여 지상권을 설정한 것으로 본다."라고 토지소유자, 토지의 경락인에게 지상권 설정의 의사가 존재하고 있는 것으로 간주한다.

(2) 성립요건

① 저당권설정 당시 토지위에 건물이 존재할 것

② 토지와 건물의 양쪽 또는 어느 한쪽에 저당권이 설정될 것

③ 저당권설정 당시 소유자가 동일할 것

④ 저당권의 실행으로 인하여 소유자가 달라질 것(민법 제366조)

(3) 법정지상권의 유형

① 저당권과 법정지상권 (민법 제366조[90])

② 전세권과 법정지상권 (민법 제305조 제1항[91])

③ 가등기담보등에 관한 법률과 법정지상권 (가담법 제10조[92])

④ 입목법과 법정지상권 (입목에 관한 법률 제6조[93])

⑤ 관습법에 의한 법정지상권[94] (판례[95])

---

90 제366조(법정지상권) 저당물의 경매로 인하여 토지와 그 지상건물이 다른 소유자에 속한 경우에는 토지소유자는 건물소유자에 대하여 지상권을 설정한 것으로 본다. 그러나 지료는 당사자의 청구에 의하여 법원이 이를 정한다.

91 제305조 제1항(건물의 전세권과 법정지상권) 대지와 건물이 동일한 소유자에 속한 경우에 건물에 전세권을 설정한 때에는 그 대지소유권의 특별승계인은 전세권 설정 자에 대하여 지상권을 설정한 것으로 본다. 그러나 지료는 당사자의 청구에 의하여 법원이 이를 정한다.

92 제10조 (법정지상권)
토지와 그 위의 건물이 동일한 소유자에게 속하는 경우 그 토지나 건물에 대하여 제4조제2항에 따른 소유권을 취득하거나 담보가등기에 따른 본등기가 행하여진 경우에는 그 건물의 소유를 목적으로 그 토지 위에 지상권(地上權)이 설정된 것으로 본다. 이 경우 그 존속기간과 지료(地料)는 당사자의 청구에 의하여 법원이 정한다.

93 제6조 (법정지상권)
① 입목의 경매나 그 밖의 사유로 토지와 그 입목이 각각 다른 소유자에게 속하게 되는 경우에는 토지소유자는 입목소유자에 대하여 지상권을 설정한 것으로 본다.
② 제1항의 경우에 지료(地料)에 관하여는 당사자의 약정에 따른다.

94 실무상 인정되는 경우, 매매, 증여, 공매(국세징수법), 강제경매, 공유물 분할, 귀속재산불하, 교환, 시효취득 등이 있다.

95 대법원 1986. 9. 9. 선고 85다카2275 판결; 대법원 1992. 4. 10. 선고 91다45356,91다45363 판결.

(4) 법정지상권의 사례 분석

1) 현행법상 법정지상권이 성립하는 경우

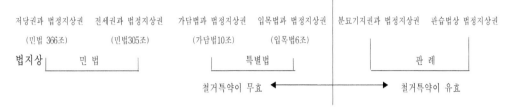

■ 판례

1. 입목법 제6조 1항에서 이 법에서 입목이라 함은 토지에 부착된 수목의 집단으로서 그 소유자가 이 법에 의하여 소유권보존의 등기를 받은 것을 말한다. 고 규정하고 있고 피고가 위 수목에 대하여 위 법률에 따른 소유권보존등기를 하지 않은 사실은 당사자 사이에 다툼이 없으므로 위 법률에 의하여 위 각 토지에 지상권을 취득한 것으로 볼 여지는 없다. 나아가 명인방법이 갖추어 졌다고 하더라도 위 법률에 의한 보존등기를 하지 않는 이상 수목의 경매 등으로 인하여 토지의 소유자와 수목의 소유자가 달라진 경우 수목의 소유자가 그 토지에 대하여 당연히 지상권을 취득한다고 볼 수 있는 근거는 없다(광주고법 2005.10.4 선고 2004나9304 판결).

2. 대지를 양도담보한 후에 채무자가 그 대지 상에 건물을 지었을 경우에는 채권자의 승낙을 얻었다 하더라도 채무자는 그 대지 상에 관습에 의한 지상권이나 또는 지상권유사의 물건을 취득한 것이라도 볼 수 없다. 양도담보의 경우에는 담보권자가 채무자로부터 담보목적물에 대한 소유권을 취득하되, 다만 담보의 목적에 의하여 채권적으로 제한을 받는데 불과하다 할 것이므로, 채무자로서는 그 담보 목적물인 대지의 소유권이 자기에게 있다고 주장할 수 없다 할 것은 물론이거니와 더욱이 이 사건에서 제 3자인 원고에게 대한 관계에서는 피고는 위의 대지가 그 양도기간 중 자기의 소유이었다고 주장할 수 없다고 보아야 할 것이다. 따라서 본건 건물을 자기 토지위에 지은 것으로 주장하지 못하고 어디까지나 황모의 토지위에 지은 것이라고 보아야 한다(대법원 1966. 5. 17.선고 66다504,505).

2) 관습법상 법정지상권

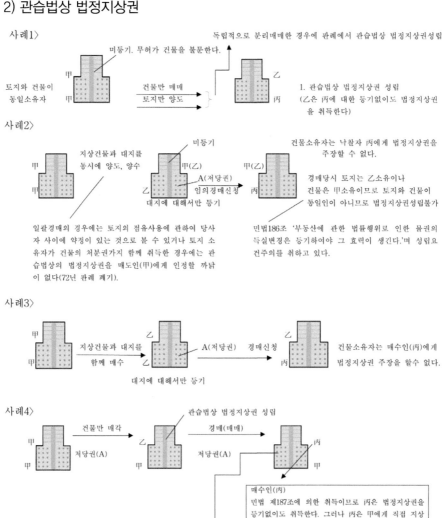

사례1〉

토지와 건물이
동일소유자

미등기. 무허가 건물을 불문한다.

건물만 매매
토지만 양도

독립적으로 분리매매한 경우에 판례에서 관습법상 법정지상권성립

1. 관습법상 법정지상권 성립
(乙은 丙에 대한 등기없이도 법정지상권
을 취득한다)

사례2〉

지상건물과 대지를
동시에 양도, 양수

미등기
甲(乙)
A(저당권)
임의경매신청
대지에 대해서만 등기

건물소유자는 낙찰자 丙에게 법정지상권을
주장할 수 없다.

경매당시 토지는 乙소유이나
건물은 甲소유이므로 토지와 건물이
동일인이 아니므로 법정지상권성립불가

민법186조 '부동산에 관한 법률행위로 인한 물권의
득실변경은 등기하여야 그 효력이 생긴다.'며 성립요
건주의를 취하고 있다.

일괄경매의 경우에는 토지의 점유사용에 관하여 당사
자 사이에 약정이 있는 것으로 볼 수 있거나 토지 소
유자가 건물의 처분권가지 함께 취득한 경우에는 관
습법상의 법정지상권을 매도인(甲)에게 인정할 까닭
이 없다(72년 판례 폐기).

사례3〉

지상건물과 대지를
함께 매수
대지에 대해서만 등기

A(저당권)   경매신청

건물소유자는 매수인(丙)에게
법정지상권 주장을 할수 없다.

사례4〉

건물만 매각
저당권(A)

관습법상 법정지상권 성립
경매(매매)
저당권(A)

매수인(丙)
민법 제187조에 의한 취득이므로 丙은 법정지상권을
등기없이도 취득한다. 그러나 丙은 甲에게 직접 지상
권등기를 청구할수 없고 乙을 대위해서 토지소유자에
대하여 건물소유자였던 최초의 지상권자에게로의 법
정지상권설정 등기절차 이행을 청구할 수 있다.

甲은 丙에 대하여 건물의 철거를 신의칙상 요구할 수 없다.
다만 이 경우 그대지의 점유사용으로 얻은 실질적 이득
은 부당이득으로서 이를 대지 소유자에게 반환할 의무가
있고, 토지소유자는 건물의 양수인에게 불법점유를 원인
으로 한 손해배상 청구할 수 없다.
그 이유는 건물 양수인의 토지에 관한 점유는 법정지상
권에 터잡은 적법한 점유이기 때문이다.

※ 입찰요령
법정지상권이 성립되는 건물만 경매에 나온
경우에 건물에서 발생되는 수익이 지료액을
상회 한다면 과감히 입찰을 할 필요가 있다.

■ 판례

1. 토지와 건물이 동일인 소유에서 매매 또는 기타 원인에 의해 소유가 다르게 된 경우 건물의 철거 합의나 특별한 사정이 없는 한 건물소유자는 토지소유자에 대하여 관습법상 법정 지상권을 취득하고 등기 없이도 지상권 취득의 효력이 발생하고 이를 취득할 당시의 토지소유자가 변경되어도 등기 없이 관습법상 법정지상권을 주장할 수 있다(대법원 1988.9.27. 선고 87다카279 판결).

2. 건물 없는 토지에 저당권이 설정된 후 저당권 설정 자가 그 위에 건물을 건축하였다가 담보권의 실행을 위한 경매절차에서 경매로 인해 토지와 소유자가 달라진 경우, 민법 제366조의 법정지상권과 관습법상의 지상권도 인정되지 아니한다(대법원 1995. 12. 11. 선고 95마1262 판결).

3. 미등기 건물을 대지와 함께 매수하여 대지만 소유권 이전등기를 하고 미등기 상태로 유지하고 있다가 경매에 의해 소유자가 달라진 경우, 법정지상권은 인정되지 않는다(대법원 1991. 8. 27. 선고 91다16730 판결).

3) 저당권설정으로 인한 법정지상권(민법 제366조)

사례 1)

※ 저당권설정당시 반드시 건물이 존재하고 토지와 건물이 동일 소유자 이어야 한다.
　1. 건물에만 저당권 설정
　2. 토지에만 저당권 설정

A(저당권)　토지경매　경락인(매수인)　법정지상권 성립 (O)

【법정지상권이 성립 가능한 경매물건에 대한 접근방법】
토지만 경매에 나온 경우 법정지상권이 성립하는 건물의 소유주가 그 건물을 계속 소유함으로써 발생되는 이익과 토지 소유자에게 지불해야할 지료를 비교해 보면 어느정도 응찰여부가 결정될 것이다. 즉 건물 소유자가 계속해서 비싼 지료를 지불해 가면서까지 건물을 소유할 이유가 없기 때문이다. 따라서 건물 소유자로서는 당연히 지상건물에 대하여, 토지를 경매받은 낙찰자에게 매도를 생각하게 된다면 일거양득일 것이다.

사례 2)

A(저당권)　A(저당권)　토지경매　경락인　법정지상권성립 될 수 없다.

사례 3)

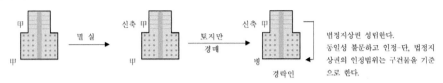

법정지상권 성립한다.
동일성 불문하고 인정=단, 법정지
상권의 인정범위는 구건물을 기준
으로 한다.

사례 4)

(2003. 12.18 판례)

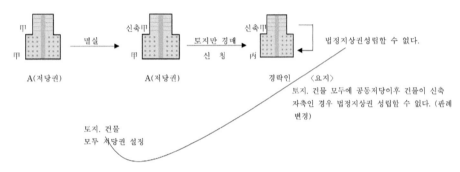

법정지상권성립할 수 없다.

〈요지〉
토지. 건물 모두에 공동저당이후 건물이 신축
자축인 경우 법정지상권 성립할 수 없다. (판례
변경)

과거에는 인정
토지. 건물 모두에 저당권을 설정하여 양쪽에 대한 교환가치를 취득하였는데 만일 신축
건물에 대하여 법정지상권을 인정한다면 건물부분 만큼의 교환가치가 훼손(감소)되는 것이므로
결국 공동저당권자가 손해를 입게 되는 것이므로 인정되지 않는다.

사례 5)

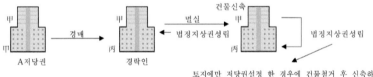

토지에만 저당권설정 한 경우에 건물철거 후 신축하는 경우에 인정하
고, 토지와 건물 저당권설정(공동서당)하고 건물철거한 후 신축한 경우
에 인정하지 않는다.

사례 6)

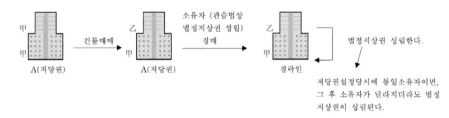

법정지상권 성립한다.

저당권설정당시에 동일소유자이면,
그 후 소유자가 달라지더라도 법정
지상권이 성립된다.

■ 판례

1. 동일인의 소유에 속하는 대지와 그 지상의 미등기건물 중 대지만이 경매되어 다른 사람의 소유에 속하게 된 경우, 미등기 건물의 소유자는 민법 제366조 소정의 법정지상권을 취득한다(대법원 2004. 6.11.선고2004다13533판결).

2. 법정지상권이 미치는 범위는 반드시 그 건물의 기지 만에 한하는 것이 아니며 지상건물이 창고인 경우에는 그 본래의 용도인 창고로서 사용하는데 일반적으로 필요한 그 둘레의 기지에 미친다.

   그 건물의 기지에만 국한하는 것이 아니라 그 건물의 구조와 크기, 사용목적과 주변의 환경 등을 종합적으로 고려한다(대법원 1977. 7. 26. 선고 77다921판결).

3. 법정지상권이 성립되고 그 지료액수가 판결에 의하여 정해진 경우에 지상권자가 그 판결확정 후 지료의 청구를 받고도 그 책임 있는 사유로 상당한 기간 동안 지료의 지급을 지체한 때에는 그 지체된 지료가 판결확정의 전후에 걸쳐 2년분 이상일 경우에도 토지소유자는 민법 제287조에 의하여 지상권의 소멸을 청구할 수 있다 할 것이고 위 판결확정일로부터 2년 이상 지료의 지급을 지체하여야만 지상권의 소멸을 청구할 수 있는 것은 아니라고 할 것이다(대법원 1993. 3. 12. 선고 92다44749 판결).

4. 법정지상권에 관한 지료가 결정된 바 없다면 법정지상권자가 지료를 지급하지 아니하였다 하더라도 지료지급을 지체한 것으로는 볼 수 없으므로 법정지상권자가 2년 이상의 지료를 지급하지 아니하였음을 이유로 하는 토지소유자의 지상권소멸청구는 그 이유가 없다(대법원 1994. 12. 2. 선고 93다52297판결).

4) 법정지상권과 임차인

사례 2-①〉

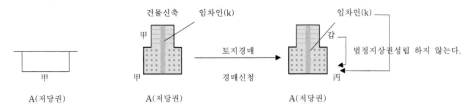

丙과 임차인 (k)은 관계가 없다.
丙 은 주택양수인이 아니고
토지 양수인이므로 丙이 甲에게
건물철거를 주장하면 임차인(k)은
대항할 권리가 없다.

사례 2-② 〉

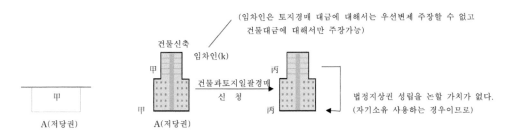

사례 3-①〉

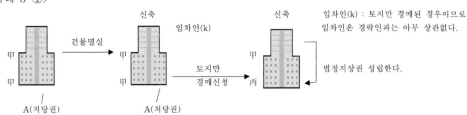

사례 4-①〉

(2003. 12.18 판례)

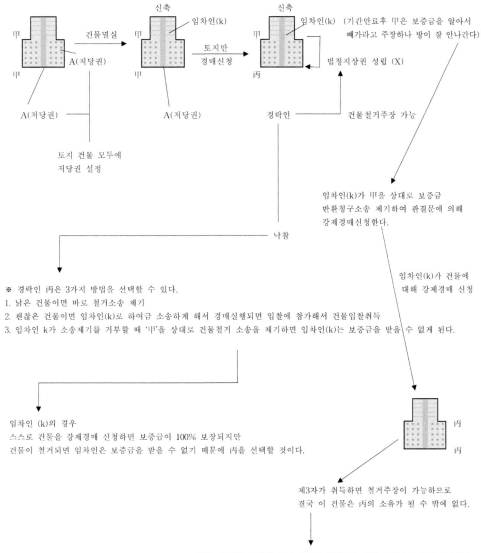

※ 경락인 丙은 3가지 방법을 선택할 수 있다.
1. 낡은 건물이면 바로 철거소송 제기
2. 괜찮은 건물이면 임차인(k)로 하여금 소송하게 해서 경매실행되면 입찰에 참가해서 건물입찰취득
3. 임차인 k가 소송제기를 거부할 때 '甲'을 상대로 건물철거 소송을 제기하면 임차인(k)는 보증금을 받을 수 없게 된다.

임차인 (k)의 경우
스스로 건물을 강제경매 신청하면 보증금이 100% 보장되지만
건물이 철거되면 임차인은 보증금을 받을 수 없기 때문에 丙을 선택할 것이다.

제3자가 취득하면 철거주장이 가능하므로
결국 이 건물은 丙의 소유가 될 수 밖에 없다.

그러나 이 건물 낙찰의 경우 선순위 임차인의 임차 보증금을 전액 인수해야
한다. 인수금액만큼 유찰이 거듭될 것이며 이런 경우 인수하여 낮은 가격에
낙찰받고, 보증금은 증액하던지 그대로 임대차 재계약을 하면 된다.

5) 임차인의 배당참가 여부

사례 1)

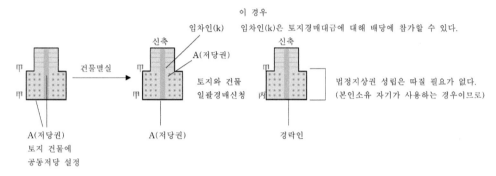

A(저당권)
토지 건물에
공동저당 설정

사례 2)

임차인(k) ⇨ 임차인이 처음부터 없는 경우이므로 토지경매대금에 대해 배당참가할 수 없다.

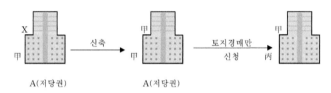

사례 3)

임차인(k) ⇨ 임차인이 처음부터 있을수 있는 경우이므로 토지경매대금에 대해 배당참가할 수 있다.

6) 일괄경매신청

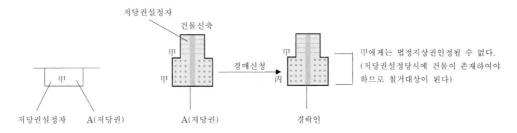

저당권설정자　건물신축

甲에게는 법정지상권인정될 수 없다.
(저당권설정당시에 건물이 존재하여야
하므로 철거대상이 된다)

저당권설정자　A(저당권)　　A(저당권)　　경락인

(이 경우 토지의 저당권은 건물에는 미치지 않음)
(건물과 토지는 부합물이 아니고 독립건물이므로)

이 경우 甲 에게도 불리하고 지당권자A에게도 불리
하므로 저당권의 효력은 토지에만 미치지만, 건물도
일괄해서 경매신청 할 수 있다.

※ 일괄경매 청구권 (성립요건)
　　저당권 설정 후 설정자가 건물을 신축하고 소유하고 있을 것

1) 토지가격만으로 충분히 변제가 가능한 경우에는 일괄경매 신청가능
2) 일괄경매 하더라도 토지가격에 대해서만 우선변제 가능
3) 일괄경매의 경우 동일인에게 경락되어야지 분리해서 경락될수 없다.

저당권자는 일괄경매 신청할 수 있고 토지만을
경매신청할수도 있다.

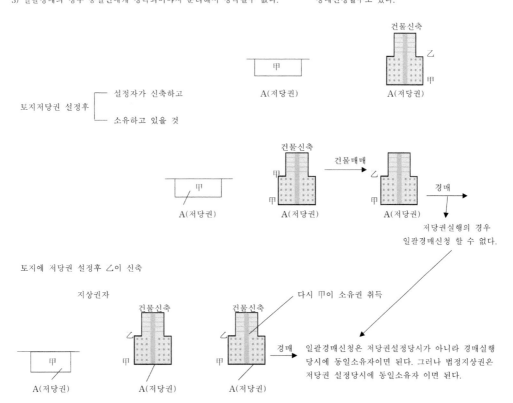

토지저당권 실정후 ┌ 설정자가 신축하고
　　　　　　　　　└ 소유하고 있을 것

건물신축

甲　A(저당권)

건물신축

乙　甲　A(저당권)

건물신축　　건물매매

甲　乙　甲

甲　A(저당권)　　甲　A(저당권)　　甲　A(저당권)

경매

저당권실행의 경우
일괄경매신청 할 수 없다.

토지에 저당권 설정후 乙이 신축

지상권자　　건물신축　　　건물신축　　다시 甲이 소유권 취득

乙　甲　A(저당권)　　乙　甲　A(저당권)　　乙　甲　A(저당권)

경매

일괄경매신청은 저당권설정당시가 아니라 경매실행
당시에 동일소유자이면 된다. 그러나 법정지상권은
저당권 설정당시에 동일소유자 이면 된다.

(5) 법정지상권 분석하기

① 토지. 건물 등기사항증명서와 폐쇄등기부등본 확인하기

② 토지대장. 건축물대장. 임야대장 등 관련서류 확인하기

③ 건축허가관련서류(착공일, 사용승인(준공일)일자. 건축주) 등 확인하기

④ 무허가건축물대장. 멸실 건축물대장. 재산세부과대장 등 확인하기

(6) 법정지상권 소멸

민법 제287조에서는 지상권자가 2년 이상의 지료[96]를 지급하지 아니한 때에는 지상권의 소멸을 청구할 수 있다. 관습상의 법정지상권도 소멸청구의 의사표시에 의하여 소멸 한다[97]

13. 지역권의 권리분석

선순위 지역권은 경매로 소멸되지 않는다.

(1) 지역권

지역권이란 어떤 토지의 이용가치를 증진시키기 위하여 타인의 토지를 통행하거나 타인의 토지로부터 인수(引受)하는 것처럼 특정 토지를 이용하는 물권이며 계약에 의하여 설정된다. 지역권은 인접해 있는 토지 사이의 이용조절을 목적으로 하는 점에서 민법의 상린관계[98] 규정(민법 제216조 이하)과 유사하다. 상린관계는 법률상 당연히 성립하는 규정이고 소유권의 한 내용을 다루고 있는 반면, 지역권은 설정계약과 등기에 의해 성립한다(통행, 인수, 관망, 조망지역권).

---

96 서울동부지방법원 05나772판결: 피고가 지급하여야 할 지료의 수액에 관하여 보건데, 이 사건 대지의 평당 가격이 000 와 같고, 이 사건 대지의 기대이율은 국공채비율 (약 연 5%), 은행장기 대출금리(연4~5%) , 일반시중금리, 정상적인 부동산거래이윤율, 국유재산법과 지방재정법 소정의 대부료율(연 1~5%)등 제반사정을 참작하여 연 4%로 봄이 상당하므로(감정인이 감정평가협회 보상평가지침을 참작하여 6%로 주장한 것에 대하여는 채택하지 않음)

97 대법원 1993. 6. 29. 선고 93다10781 판결

98 인접해 있는 토지 소유자가 각자의 소유권을 억제하는 것에 따라 양자 간에 일어나는 여러 가지의 분쟁을 해결하여 이웃 간의 토지의 이용관계를 원활하게 하려는 데 그 목적이 있다. 상린관계에 의한 소유권 제한은 법률상 당연히 인정되는 권리 이다(지역권은 당사자의 계약에 따라).

(2) 지역권의 시효취득 요건

지역권은 계속되고 표현된 것에 한하여 민법 제 245조 제1항의 규정을 준용하도록 되어 있으므로, 통행지역권은 요역지의 소유자가 승역지 위에 도로를 설치하여 사용하는 객관적 상태가 민법 제245조에 규정된 기간(20년)계속된 경우에 한하여 그 시효취득을 인정할 수 있다.

(대법원 1995. 6. 13. 선고 95다1088 판결)

(대법원 1980. 1. 29. 선고 79다1704 판결)

(3) 특수지역권

어느 지역의 주민이 집합체의 관계로 각자가 타인의 토지에서 초목, 야생물 및 토사의 채취, 방목 기타의 수익을 하는 권리가 있는 경우에는 관습에 의하는 외에 지역권의 규정을 준용한다(민법 제302조). 그리고 그 성질은 인역권이 통설이며 일반 지역권은 계약에 의한 등기부에 공시가 되지만 특수지역권의 관습에 의한 취득의 경우에는 그 등기를 요하지 않는 것이 통설이다. 개개의 주민은 주민의 지위를 취득, 상실함으로써 특수지역권도 자동적으로 취득, 상실되며 그 지위의 양도 또는 상속은 인정될 수 없다. 또한 주민의 지위와 분리하여 특수지역권만을 처분하는 것도 허용되지 않는다. 따라서 민사집행법상 매각 시 말소기준권리 선후를 구분하지 않고 소멸하지 않는 권리이기에 더욱 주의를 요한다.

14. 환매등기의 권리분석

선순위 환매등기는 경매절차에서 매수자가 인수하여야 한다.

(1) 환매등기

환매등기(환매권자, 환매금액, 환매기간)는 부동산 매매에 있어 소유권이전등기와 동시에 환매권의 유보를 등기함으로써 제3자에게 대항할 수 있는 권리이다. 환매특약을 한 경우 당사자 사이에서는 특약의 효력이 발생한다. 소유권을 채권자에게 이전시켰다가 채무변제가 완료되면 환매권리자인 전소유자에게 소유권을 다시 이전하는 권리이다.

(2) 환매권[99]을 행사할 수 있는 기간

부동산의 경우 5년 동안 (동산은 3년) 환매권을 행사하지 않으면 환매 권리자는 환매권을 행사할 수 없다. 환매기간을 정한 때에는 다시 이를 연장하지 못한다(민법 제591조2항). 환매기간이 지나면 환매권은 소멸하게 된다(대판 90다카16914). 선순위 환매권이라도 환매등기상 환매기간을 넘긴 경우라면 인수되지 않고 소멸한다. 환매금액은 매수인에게 반환된다(민법 제591조 제1항)(대법원 1994. 10.25. 선고 94다35527 판결).

(3) 등기신청방법

1) 공동신청

환매특약은 매매계약의 유효를 전제로 하므로 환매 특약부 매매로 인한 소유권이전등기와 환매특약등기는 반드시 동시에 신청하여야 한다. 이는 별개의 신청서에 의하여 접수하여야 하지만 접수번호는 동일하게 부여된다.

2) 단독신청

판결에 의한 등기신청인 경우에는 승소한 등기권리자 또는 등기의무자가 단독으로 신청할 수 있다.

3) 대리인에 의한 신청

등기신청은 반드시 신청인 본인이 하여야 하는 것은 아니고 대리인이 하여도 된다. 등기권리자 또는 등기의무자 일방이 상대방의 대리인이 되거나 쌍방이 제3자에게 위임하여 등기신청을 할 수 있다.

---

99 환매대금 등은 다른 특약이 있으면 통상 원매매의 대금과 매수인이 부담한 매매비용 등이라고 볼 수 있다. 그러나 환매대금 등에 관하여 다른 특약도 가능하다. 예컨대 매도인이 5억 원에 매도하면서 환매대금을 5억원으로 정한 후 이를 등기하는 것도 가능하며 이러한 경우에 매도인이 환매시 5억원을 지급해야만 부동산을 다시 사올 수 있는 것이다.

15. 대위변제에 의한 권리분석

(1) 대위변제의 의의

대위변제란 경매가 진행되고 있는 당해 부동산에 이해관계가 있는 제3자가 채무자를 대신해서 채무를 변제하는 것을 말한다. 그리고 채무자나 소유자에 대하여 구상 권을 행사하는 행위이다. 예를 들어 아버지가 아들의 카드연체를 대신 갚아주는 것을 대위 변제라고 생각하면 된다. 우리 민법에서 채무는 제3자가 변제할 수 있기 때문이다.

(2) 대위변제의 중요성

대위변제가 경매에서 중요한 권리분석인 이유로, 원칙적으로 말소기준 권리이후의 권리는 모두 소멸되기 때문에 낙찰자가 인수하지 않아도 된다고 판단했던 권리 (소유권 이전청구권 가등기, 가처분, 선순위 가압류 등)나 임차인들이 대위변제 결과 인수해야 하는 경우가 발생하여 낙찰자의 부담으로 남게 되어 때로는 낭패한 경매 투자로 이어질 수 있기 때문이다.

(3) 대위변제 발생 가능성

이와 같이 낙찰자에게 불리한 대위 변제 가능성은 다음과 같은 경우에 발생 가능성이 더 높다.

- 말소기준 권리가 되는 선순위 권리의 채권 액이 비교적 작은 경우(소액)이고 그 다음 순위로 확정일자 없는 주택임차인이 있거나 소유권이전청구권가등기, 처분금지가처분 등의 권리에 관한 등기가 있는 경우에는 대위변제 가능성을 검토해 봐야한다.
- 대항력 없는 즉 후순위 임차인의 임차보증금액이 많거나 임차인이 여럿인 경우 등도 마찬가지다.
- 선순위 저당권의 저당금액이 변제되었으나 등기부 등본 상에 그대로 남아있는 경우 형식상 저당권이다. 이 경우는 엄밀한 의미에서는 대위변제는 아니지만 대

위변제와 같은 맥락에서 이해하면 무리가 없다. 말소기준권리인 선순위 저당권 뒤에 있는 후순위 권리가 말소된 줄 알고 낙찰을 받았으나 이미 저당권이 변제되어 형식상 저당권에 불과하기에 후순위 임차인이 대항력을 얻게 됨에 따라 낙찰자가 임차인의 임차보증금을 인수하게 되는 경우이다. 이러한 경우를 방지하기 위해서는 입찰 당일 채권계산서와 배당요구서 등을 확인하고 근저당권을 설정한 금융기관에는 변제여부를 확인하는 절차가 필요하다. 따라서 근저당권이 포함된 권리분석은 등기부등본상의 채권최고액을 기준으로 하기보다 현재의 채권 잔액을 파악하여 그 금액이 소액이라면 대위변제 가능성이 있다고 판단하는 것이 현명한 대처방법일 것이다.

⑷ 대위변제의 가능시기

경매에서의 대위변제는 낙찰자가 잔금을 지급하기 전까지만 가능하며, 또한 경매에서 대위변제는 반드시 말소된 등기부를 법원에 제출하여야 한다. 즉 채무자를 대신해서 채무를 변제한 사람이 법원에 대해서 대위변제에 관한 아무런 조치를 취하지 않고 있다면, 그것은 경매에서 말하는 대위변제의 문제가 아닌 민법상의 대위변제로서, 배당에서 그 채권자를 대신해서 배당받을 수 있을 뿐 후순위 임차인이 선순위 임차인으로 변하는 것은 아니다.

⑸ 대위변제를 주의하는 법

낙찰자는 항상 공격적인 입장(낙찰자의 입장)에서만 생각하지 말고, 때론 방어적인 입장(임차인·소유자·채무자의 입장)에서도 사고하는 방식도 필요하다. 만약 내가 임차인·소유자·채무자라면 어떤 조치를 취해 내 보증금을 굳건히 지킬 수 있을까라는 생각을 반드시 해놓아야 한다. 말소기준권리는 변함없이 영원히 계속적인 말소기준 권리가 되라는 법은 없다. 말소기준권리는 유동적으로 변할 수 있다. 따라서 낙찰자는 방어적인 입장에서 한번쯤 생각을 해보아야 하며, 등기부등본 보는 것을 생활화하여 습관적으로 열람해 보아야 한다.

⑥ 대위변제 시 구제방안

대위변제에 의한 후순위 권리자들의 대항력 취득 등으로 입찰시 예상하지 못한 손해를 입게 된 낙찰자는 아래와 같이 적극적으로 구제책을 만들어야 한다.

① 매각기일 이후 매각결정기일 사이에 발생한 경우 – 매각불허가 신청을 한다.
② 매각결정기일 이후 대금 납부 전이면 – 매각허가 결정의 취소신청을 한다.
③ 배당 실시 전이면 – 경매에 의한 매매 계약 해제하고 납부한 매각 대금의 반환을 청구한다.
④ 배당이 끝난 후 – 채무자에 대해 계약 해제 후 채무자 또는 채권자에게 부당 이득반환 청구를 한다. 대위변제는 매수인의 매각대금 납부 전까지 하면 된다. 따라서 낙찰인은 매각대금을 납부할 때까지 긴장을 하지 않으면 안 된다. 만일 이로 인해 낙찰자에게 부담의 증가가 발생했을 때 위와 같이 구제책에 따라 소송 등 적극적인 조치를 해야 한다. 그러나 후자로 갈수록 구제 가능성은 낮아짐을 명심하여야 한다.

사례

2008. 2. 5. 근저당　우리은행　　　　2,000만원　(1)
2011. 3. 5. 전입, 인도, 임대차 (갑)　6,000만원　(2) 서울특별시 소재 기준
　　 5. 5.　저당권　국민은행　　　　5,000만원　(3)
　　 7. 5. 국민은행 임의경매

위 사례에서 국민은행이 임의경매 신청 시 최초근저당인 우리은행 근저당이 기준권리가 되고 임대차 계약자인 '갑'이 배당을 받지 못하여 1번 근저당인 우리은행의 채무를 대위변제하고 대항력을 취득했을 시, (3)번 근저당권인 국민은행이 기준권리가 되면서 낙찰자는 선순위인 임대차 금액을 부담으로 안게 된 경우에 매수인은 부동산의 부담이 현저히 증가하였음을 이유로 매각허가 결정에 대한 취소신청을 할 수 있다(대결 1998.8.24. 98마1031) (구민소법 제639조 제1항, 민사집행법 제12조 제1항).

■ 판례

강제경매의 채무자가 낙찰대금지급기일 직전에 선순위 근저당권을 소멸시켜 후순위 임차권이 대항력을 존속시키고도 이를 낙찰자에게 고지하지 아니하여 낙찰자가 대항력 있는 임차권의 존재를 알지 못한 채 낙찰대금을 지급한 경우, 채무자는 민법 제578조 제3항[100]에 따른 손해배상책임을 부담한다(대법원 2003. 4. 25. 선고 2002다 70075 판결).

16. 강제경매개시결정등기 권리분석

등기부 갑구에 강제경매개시결정등기가 있고 다른 말소기준권리가 없는 경우 이때는 강제경매개시결정 등기가 기준권리가 된다. 이 기준권리보다 앞선 선순위 임차인이나 기타 소멸하지 않는 권리는 매수인이 인수하게 된다.

17. 체납압류등기 권리분석

현 소유자의 채권자가 신청한 경매절차에서 전소유자에 대하여 행한 체납압류등기는 원칙상 전소유주의 채무이므로 매수인에게 인수되는 것이 원칙이지만 실무에서는 우선적으로 배당을 하고 말소시키고 있다.

보충 : 압류의 처분금지효의 개념

압류 이후의 처분을 금지하고 압류 이후의 처분을 무효로 본다. 다만 처분금지에 위반되는 채무자의 처분행위는 경매신청채권에 대해서만 대항할 수 없는 상대적 효력만을 갖는다. 압류 후의 채무자의 처분행위는 압류채권자가 행하는 집행절차와 관계에 있어서만 무효일 뿐 당사자 간에는 여전히 유효하다.

---

100 제578조 제3항(경매와 매도인의 담보책임)
  채무자가 물건 또는 권리의 흠결을 알고 고지하지 아니하거나 채권자가 이를 알고 경매를 청구한 때에는 경락인은 그 흠결을 안 채무자나 채권자에 대하여 손해배상을 청구할 수 있다.

18. 공유자우선매수청구권의 권리분석

(1) 정의

경매부동산 중에서는 소유자가 2명 이상인 공유지분의 일부가 경매되는 경우도 있다. 공유지분이라 함은 공유물에 대한 각 공유자의 권리, 즉 소유비율을 말한다. 공유지분은 각 공유자간의 합의에 의해 또는 법률의 규정에 의해 정해지고, 지분은 소유권의 수량적 일부분이지만 하나의 소유권과 같은 성질을 가지고 있으므로 목적물을 사용·수익·처분하는 권한을 갖게 된다.

우선매수청구권이란 경매진행 절차상 해당 부동산과 특별한 이해관계가 있는 사람에게 다른 사람에 우선해 매수할 수 있는 권리를 말하는 것으로 현행 경매절차에서 두 가지 경우에 한해서만 인정하고 있다. 첫째, 민사집행법상 공유부동산의 지분에 대해 매각절차가 진행됐을 때 공유자에게 인정하는 경우이고, 둘째, 임대주택법에 의한 임대아파트가 민사집행법상 매각절차가 진행 되었을 때 임차인에게 인정하는 경우이다.

(2) 도입배경과 취지

민법상 공동소유 형태인 공유의 공유자를 보호하고 제 3자의 개입을 배제하며 혼란을 방지하기 위하여 도입하였다. 공유제도의 우선 매수권 행사를 보호하다보니 채권자의 피해로 이어질 수 있어 논란이 있는 것도 실정이다. 즉 근저당을 설정하고, 후에 지분등기에 의한 공유형태로 바뀌었을 시 다른 공유자의 우선매수신청에 의한 가격하락을 기대하다보니 유찰을 거듭하여 결국은 채권자의 손해로 이어질 수밖에 없을 것이다. 민사집행법상 우선 매수 권은 계속 있어 왔지만 국세징수법에 의한 공매에서는 인정하지 않았다가 현재는 인정하고 있으며, 참고로 동산에 대한 경매에서 배우자의 공유지분우선매수청구권[101]도 인정한다.

---

101 민사집행법 제206조(배우자의 우선매수권)
　① 제190조의 규정에 따라 압류한 유체동산을 매각하는 경우에 배우자는 매각기일에 출석하여 우선 매수할 것을 신고할 수 있다.
　② 제1항의 우선매수신고에는 제140조 제1항 및 제2항의 규정을 준용한다.

(3) 내용

공유자우선매수청구권[102]은 공유자에게 먼저 우선적으로 매수할 권리를 주는 것이 아니고 공유자는 매각기일까지 일반매수자와 똑 같이 민사집행법 제113조에 따른 보증을 제공하고 최고매수신고가격과 같은 가격으로 채무자의 지분을 우선 매수할 수 있다는 신고를 할 수 있다. 이때 민사집행법원은 공유지분의 우선매수신청을 한 다른 공유 지분 권자에게 우선적으로 매수를 허용하는 것을 말하고 있다. 이때 최고가매수인이 된 일반매수자는 차순위 신고를 할 수 있다.

(4) 행사시기

공유자가 우선매수청구권을 행사하기 위해서는 매각기일까지 의사표시를 해야 하는데, "매각기일까지"라는 것은 매각기일 이전부터 매각기일 당일 집행관이 매각 절차를 종결하기 전 까지를 의미하는 것이다. 결국은 최고가 매수인이 정해질 때까지 신고를 하면 된다. 따라서 우선 매수권[103]의 남용문제가 대두되어 왔다. 공유자가 경매기일 이전에 우선매수 신고 한다는 뜻을 밝혀 매각물건명세서에 반영시킴으로서 매수희망자의 접근을 하지 못하게 하고 입찰종결 선언 시에 이르러 입찰보증금을 제공하지 아니하여 유찰이 되게 만든다. 이는 담보가치의 하락과 공정한 경쟁을 요구하는 법 취지에도 어긋난 부분이다. 추후 법의 개정이 필요한 사안이 아닐 수 없다.

---

102 제140조(공유자의 우선매수권)
    ① 공유자는 매각기일까지 제113조에 따른 보증을 제공하고 최고매수신고가격과 같은 가격으로 채무자의 지분을 우선매수 하겠다는 신고를 할 수 있다.
    ② 제1항의 경우에 법원은 최고가매수신고가 있더라도 그 공유자에게 매각을 허가하여야 한다.
    ③ 여러 사람의 공유자가 우선매수 하겠다는 신고를 하고 제2항의 절차를 마친 때에는 특별한 협의가 없으면 공유지분의 비율에 따라 채무자의 지분을 매수하게 한다.
    ④ 제1항의 규정에 따라 공유자가 우선매수신고를 한 경우에는 최고가매수신고인을 제114조의 차순위 매수신고인으로 본다.

103 '갑'이 남편 '을'과 부동산을 공유하던 중 '을'이 사망하여 그 재산을 상속한 후 '을'의 위 부동산의 공유지분에 설정된 근저당권 실행으로 경매가 진행되자 '갑'이 공유자로서 우선매수 신청한 사안에서 '갑'은 채무자이기 때문에 매수신청이 금지된 자(민집 제121조)이므로 매수자격이 없어 우선매수권을 행사할 수 없다.(대판 2009. 10. 5, 2009마1302)

(5) 제출서류

① 입찰 표

② 주민등록초본, 주민등록등본

③ 공유자우선매수신청서

④ 부동산등기사항증명서

(6) 공유자의 우선매수 청구권의 특징

① 낙찰의 불확실성과 경매물건에 대한 지분권자의 우선 매수 권을 행사하면 차순위 신고매수인이 될 수 있지만 지분권자가 매수를 포기할 경우에만 차순위로서 매수할 수 있기 때문이다. 실무상 그러한 상황이 발생할 수는 거의 없다.

② 경매과정의 복잡성(소송시간 1년~장기)과 변호사비용 등 제반사항이 발생할 수 있다.

③ 재산권행사의 제한이 따른다.

④ 토지가 건물보다 유리(공유물분할 청구의 소에 의한 분할 가능성)하다.

⑤ 성공시 고수익을 보장하기도 한다.

⑥ 형식적 경매에서는 우선매수청구권제도가 적용되지 않는다. 부동산상의 권리에 대하여는 인수를 조건으로 하기 때문에 우선매수청구권제도가 인정될 수 없다. 단지 지분권을 나누는 형식적인 절차이기 때문이다.

(7) 문제점

① 공유자의 권리남용의 형태로 악용되어 타 지분권자인 공유자가 가격이 하락한 후에 매수하려고 권리남용을 하는 경우가 많다.

② 민사 집행상 조기낙찰의 저지로 악용하고 있다.

③ 잔금 시 은행권과의 대출문제 등 어려움에 봉착하며 하나의 물건에 대하여 여러 사람의 소유형태[104]에 대한 권리행사 등에 대한 많은 문제점이 있어 은행에

---

104 둘 이상의 사람에 의해 공동으로 소유되는 형태를 말하며 보존, 관리, 처분행위가 있다. 보존행위는 단독으로, 처분행위는 전원의 동의로, 관리행위는 과반 수 이상으로 결정된다. 관리행위에 해당되는 임대행위에 대하여 숙지할 필요가 있

서 대출에 대한 규제가 많다.

④ 건물지분경매 시 대항력 있는 임차인 등 타 권리관계에 대하여 유의하여야
한다.

(8) 주의점

민사집행법상 입찰에 참여할 시 공유자의 정보를 철저히 조사하고 수집하여 실수
를 하지 않도록 하여야 한다. 또한 단기적으로 조급하게 생각하지 말고 장기적인 안
목으로 접근한다면 투자성으로 적합할 것이다.

다른 공유자의 지분에 근저당, 가압류, 압류 등, 과도한 채무액이 있는 경우에 주
의하여야 하며, 공유물 분할 판결에 의하여 현물분할이 되는 경우에 다른 공유자의
권리에 하자가 있는 경우, 분할된 필지에 그대로 인수되는 경우가 있다.

판례는 1/100의 지분으로 우선매수청구권 행사에 대하여 인정하지 않으며, 또한
경매기입등기 후에 지분을 매수하여 우선매수청구권 행사 역시 인정하지 않고 있다.

(9) 지분경매의 해결점

1) 공유물에 대한 분할청구소송을 하여 권리를 찾는다.
2) 타지분권자를 상대로 임료에 의한 부당이득금 반환청구소송을 통하여 권리를
획득한다.

다 예를 들면 4인이 상속으로 공유하고 있는 경우 3인이 동의해야만 임대계약이 유효하다(민법 제263조~265조).

공유자 우선매수신고서(표 2-11)

사 건2015 타경○○○호 부동산○○경매)

채 권 자○ ○ ○
채무자(소유자)○ ○ ○
공 유 자○ ○ ○

부동산의 표시

별지목록 기재와 동이

1. 위 당사자 간의 귀 원 2015 타경○○○호 부동산공유지분 강제경매사건에 관하여 매각기일이 2016 . 07. 15. 인바, 신청인(공유자)은 최고매수신고가격과 동일한 가격으로 우선매수할 것을 사전에 신고합니다.
 2. 보증의 제공 기타 매각절차에 관하여는 매각기일에 출석하여 절차를 거치겠습니다.

첨 부 서 류

1. 등기부 등본1통
2. 주민등록 등본1통

2018 .   .   .
우선매수신고인 공유자 ○ ○ ○

서울지방법원 중앙지원 귀중

제3절 공매권리분석

1. 공매의 정의

공매란 한국자산관리공사가 위탁기관을 대리하여 일반인을 대상으로 국세징수법에 근거하여 부동산을 매각하는 절차이다.

2. 공매(KAMCO)물건 (표 2-12)

구 분	유입자산 (저당권취득)	수탁재산 (매각의뢰)	국유재산	압류재산	비고
정의	법원경매 및 기업체로부터 취득한 재산	비업무용 재산 및 일시적 2세대 2주택 자와 토지소유자가 매각 의뢰한 재산	국유재산의 관리와 처분을 위임받은 재산	체납자의 재산	
소유자	한국자산관리공사	금융기관, 공기업	재경부	체납자	
매각금액 결정기준	캠코 유입가격	감정가격	매각; 감정가격 임대; 재산가액	감정가격	
명도책임	매도자(캠코)	매도자 (금융기관, 공기업)	매도자	매수자	
대금납부	일시금 또는 최장5년 기간 내에서 할부 등	위탁기관 제시조건(보증금 10%~90%)	매각-60일이내 일시불 임대-연간임대료 선납	국세징수법(보증금 10%) 7일;3,000만원미만, 30일이내 3,000만원이상	
유찰계약 (수의계약)	다음공매공고 전일까지 가능	다음공매공고 전일까지 가능	2회유찰 이후 차기공고전까지	불가	
계약체결	낙찰 후 5일 이내	낙찰 후 5일 이내	낙찰 후 5일 이내	전자입찰	
매수자명의 변경	가능	가능 (위임기관승인후)	불가	불가	
대금선납시 이자감면	기금채권 발행금리 (변동가능)	금융기관 정기예금(변동가능)	없음	없음	
권리분석	불필요	불필요	불필요	매수인	
대금완납전 점유사용	매매대금의 1/3이상 선납, 수리비가 대금의 1/3이상인 경우로서 직접수리 시	금융기관 조건에 따른 점유 사용료를 내거나 납부보장책을 제시 시	불가 (분납시 1회납부;점유가능)	불가능	
계약조건 변경	구입자가 원할 경우금액에 따라 최장 5년까지 연장가능	위임기관 협의에 따라 가능	불가	불가	

3. 경매와 공매 비교 차이점

① 경매는 민사집행법에 근거하여 실행하고, 공매는 국세징수법에 근거하여 실행한다.

② 경매는 상계가 허용되지만 공매는 상계신청이 허용되지 않는다.

③ 공유자우선매수청구권은 공·경매 양자 허용되나 공매는 2006년 10월 27일부터 시행되었다(국세징수법 제67조 제2항).

④ 공매에서 유입자산과 수탁재산의 경우에는 인수 시 권리관계를 정리하였기 때문에 소유권을 이전 시 다시 말소할 권리는 없다.

⑤ '공매물건의 하자에 대해 책임지지 않는다는 한국자산관리공사의 공매 관련은 불공정약관이 아니다'라고 판시(서울지법 2000나19020).

* 경매·공매 차이점 비교표(표 2-13)

구분	경매	공매(압류재산)
법적성질	채권. 채무 당사자 간의 합의를 전제한 공권력의 개입(민사집행법)	공법상의 행정처분(국세징수법)
개시기입등기	경매개시 결정 후	압류 후 공매(별도기입등기 무)
임대차	집행관의 임대차 현황 및 조사보고서	매수자 조사
공유자우선매수	매각 종료 시 까지 신청	보증금 선납(국세징수법 제73조의2)
처분방법	호가경매, 입찰기일, 기간입찰	2004. 10월부터 인터넷 입찰
배당요구종기일	첫 매각기일 이전	배분계산서 작성 시까지
매각예정가격 체감	통상 20~30%(월)	50%를 한도로 매주 10%체감, ~25%까지 5%(처분청과 협의 후)
대금납부기한	매각허가결정 확정일로부터 대략 1월 이내	1천만원 미만;7일 이내 1천만원 이상; 60일 이내
잔대금 불납시 입찰보증금	배당할 금액에 포함	국고, 지자체에 귀속(다른판례있음)[105]
농지취득 자격증명 제출	낙찰허가 결정 전	소유권이전등기 촉탁 신청시
대금 불 납자 매수자격제한	매수제한(입찰불가)	매수제한 규정 없음

구분	경매	공매(압류재산)
상계	상계가능(낙찰허가 전까지)	상계불허(규정 없음)
이해관계인	등기부, 부동산상 권리자	모든 후순위 가압류권자, 가등기 권자는 제외
명도책임	매수자(인도명령)	매수자(명도소송—손배청구, 임료)
소유권이전등기	낙찰자 비용	캠코서비스(서류준비 : 낙찰인)
항고권리	인정	불인정
인도명령	권원 없는 점유자	명도소송

보충 : 유입물건 개념

금융기관이 부실채권 등의 정리과정에서 대물변제 또는 매각으로 소유권을 취득한 유가증권, 부동산, 기타 재산권을 의미한다.

보충 : 세관공경매(체화공매)

세관이나 국세청, 경찰청 등 국가 기관들이 압수한 물품이나 유실물을 대상으로 실시하는 경매나 공매이다. 대상품은 향수, 손목시계, 화장품, 명품가방 등 여행자 휴대품과 수입물품 중에서 법정보관기간을 초과한 유치품(체화물품)이다. 현재 개인당 면세한도는 현재 600달러이며, 유니패스홈페이지, 한국보훈복지의료공단 유통사업단 홈페이지에서 매각하고 있다.

---

105 2009. 4. 30 선고 2007헌가8 공매대금 미납시 보증금 국고귀속은 헌법불합치; 이 사건 법률조항은 위약금약정의 성격을 가지는 매각의 법정조건으로서 민사집행법상 매수신청보증금과 본질적으로 동일한 성격을 가지는 국세징수법상 계약보증금을 절차상 달리 취급함으로써, 국세징수법상 공매절차에서의 체납자 및 담보 권자를 민사집행법상 경매절차에서의 집행채무자 및 담보권자에 비하여 그 재산적 이익의 영역에서 합리적 이유 없이 자의적으로 차별하고 있으므로 헌법상 평등원칙에 위반된다.

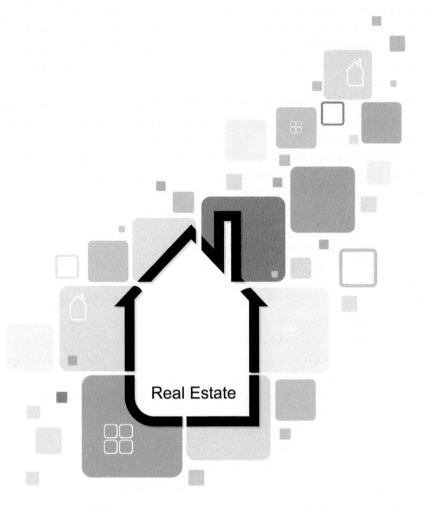

Real Estate

제 3 장
부동산 경매 말소 기준권리

제 1 절   채권
제 2 절   물권
제 3 절   물권과 채권 기타

보충:

물권 상호간의 권리순위는 성립순서에 따르고, 채권은 상호간에 성립순위에 관계없이 평등하고(채권평등의 원칙)물권과 채권이 경합하는 경우는 물권이 채권에 우선한다. 말소기준권리가 될 수 있는 권리는 가압류, 저당권, 압류, 담보가등기, 전세권, 경매기입등기, 강제경매개시등기이다.

보충: 등기사항전부증명서의 구성[표제부, 갑 구, 을 구]

선순위	인수주의	용익물권, 임차권, 가처분, 소유권보전가등기, 환매등기, 전입과 점유 있는 임차인
말소기준권리: 근저당(저당권), 가압류(압류), 담보가등기, 전세권, 경매기입등기, 강제경매개시등기		
후순위	말소주의	용익물권, 임차권, 가처분(소멸하지 않는 경우 있음), 가등기, 환매등기, 가압류, 전입과 점유 있는 임차인, 저당권
선, 후 관계없이		예고등기, 법정지상권, 분묘기지권, 특수지역권, 유치권은 기준권리 관계없고, 선후 관계없이 매수자가 인수

제1절 채권

1. 가압류[1]

(단위: 만원)

성립일자	권리종류	권리자	권리금액	권리기준(인수, 소멸)
2009. 3 .9.	가압류	김서일	3,000	권리기준
2010. 5. 9.	근저당	국민은행	5,000	소멸
2011. 5. 10.	임대차	박서순	8,000	소멸
2012. 3. 20.	압류	광진구	500	소멸
2013. 1 .10.	임의경매신청(국민은행)			

해석

국민은행 근저당에 의한 임의경매 신청이지만 먼저 권리인 '김서일'의 가압류가 기준권리에 해당된다. 따라서 가압류 후에 성립된 근저당, 임대차 등은 배당과 관계없이 모두 소멸한다.

2. 가압류(2)

(단위: 만원)

성립일자	권리종류	권리자	권리금액	권리기준(인수, 소멸)
2009. 4 .9.	가압류	김서일	5,000	권리기준
2010. 5. 10.	소유권이전	김영호	등기원인 경락	
2011. 6. 10.	근저당	우리은행	7,000	소멸
2012. 7. 20.	가압류	김다운	3,000	소멸
2013. 1. 25.	본안소송 후 강제경매신청(김서일)			

해석

가압류권자 '김서일'이 기준권리가 되며 실제 배당에서는 전소유자의 가압류권자에게 배당을 먼저하고 실시한다. 후순위
권리자는 가압류권자에게 대항할 수 없으며 소멸한다.

3. 가압류(3)

(단위: 만원)

성립일자	권리종류	권리자	권리금액	권리기준(인수, 소멸)
2009. 2 .10.	가압류	김서일	3,500	권리기준
2010. 3. 20.	근저당	신한은행	9,000	말소
2011. 7. 20.	소유권이전	김영호(등기원인:상속)		
2012. 7. 25.	저당권	김다운	4,500	소멸
2014. 1. 5.	기한이익상실로 인한 임의경매(김다운)			

해설

① 배당은 가압류 '김서일'과 신한은행 근저당을 먼저 배당하고 나머지로 권리순위에 따라 배당한다. 이때 선순위 가압류
　'김서일'과 신한은행 근저당은 채권 액에 비례하여 안분배당을 하고 소유권 이전 후인 권리순위에 따른다.
② 만약, 신한은행 근저당이 가압류권자 '김서일'보다 앞선 권리인 경우에는 물권우선원칙에 의하여 안분배당은 하지 아
　니하고 신한은행이 먼저 배당을 받는다. 이때가압류는 후순위이므로 배당을 받고 대항할 수 없으므로 소멸한다.

4. 가압류[4]

(단위: 만원)

성립일자	권리종류	권리자	권리금액	권리기준(인수, 소멸)
2009. 1. 1.	임대차(대항력)	김서일	4,500	인수 또는 소멸
2009. 5. 1.	임대차(대항, 확정일자)	김영호	5,000	인수 또는 소멸
2010. 1. 1.	가압류	서일호	3,000	기준권리
2010. 3. 1.	근저당	씨티은행	2,000	소멸
2012. 2. 1.	근저당	서일광	3,000	소멸
2014. 1. 3.	임의경매(서일광)			

해설

서일호의 가압류권리가 말소기준권리가 되고 임대차 '김서일'과 김영호는 배당요구를 하여 배당을 받으면 소멸하고 받지 못하면 이에 대하여 임대차금액을 충족할 때까지 낙찰자에게 대항력을 행사할 수 있다. 충분히 배당관계를 따져보고 입찰에 참여할 필요가 있다. 또한 후순위로 제일 늦은 권리순위인 '서일광'이 임의경매를 신청하였지만 배당금에 따라 배당이 돌아 올 가능성이 희박해 경매가 취소될 수 있을 경향이 충분하다(잉여가망이 없는 경우).

제 2 절　물권

1. 근저당[1]

(단위: 만원)

성립일자	권리종류	권리자	권리금액	권리기준(인수, 소멸)
2009. 4 .9.	가압류	김서일	3,000	인수 또는 소멸
2010. 5. 10.	소유권이전	김영호		
2011. 6. 10.	근저당	우리은행	8,000	권리기준
2012. 7. 20.	임대차(확정)	김다운	4,000	소멸
2013. 8. 25.	임의경매신청(우리은행)			

해설

근저당권자 우리은행이 기준권리가 되고 전 소유자의 가압류 '김서일'은 처분금지의 효에 따라 먼저 전액배당하고 나머지 순서로 우리은행 그리고 '김다운'이 배당한다. 이때 '김다운'이 주택임대차보호법에 해당이 된다면 최선 순위로 소액보증금을 배당하고 우리은행이 다음 배당 받는다.

2. 근저당(2)

(단위: 만원)

성립일자	권리종류	권리자	권리금액	권리기준(인수, 소멸)
2010. 8 .9.	근저당	제일은행	3,000	권리기준
2010. 9. 9.	임대차(확정)	서일우	5,000	소멸
2011. 5. 10.	가압류	박서순	3,300	소멸
2013. 6. 18.	압류	광진구	300	소멸
2014. 1 .20.	임의경매신청(제일은행)			

해설

근저당권보다 후순위인 임대차 '서일우', 가압류권자 '박서순', 압류권자 '광진구' 등은 모두 대항하지 못하고 소멸한다.

3. 근저당(예고등기)

(단위: 만원)

성립일자	권리종류	권리자	권리금액	권리기준(인수, 소멸)
2012. 8 .9.	근저당(예고등기)	제일은행	3,000	권리기준
2012. 9. 9.	임대차(확정)	서일우	5,000	소멸
2013. 5. 10.	가압류	박서순	3,300	소멸
2014. 6. 18.	압류	광진구	300	소멸
2015. 1 .20.	임의경매신청(제일은행)			

해설

근저당에 예고등기가 되어 있던 중 원인무효소송에서 제일은행이 패하는 경우 권리분석이 달라지게 된다. 기준권리는 가압류권자인 박서순이 되고 서일우는 소액보증금을 받고 받지 못하면 전액 낙찰자에게 동시이행관계에 있다. 때로 입찰 시 근저당에 예고등기가 되어 있는 경우 권리분석에 유의할 필요가 있다.

제3절 물권과 채권 기타

1. 전세권, 소유권보전가등기

(단위:만원)

성립일자	권리종류	권리자	권리금액	권리기준(인수, 소멸)
2008. 1. 1.	전세권(물권)	김서일	4,500	인수 또는 소멸
2009. 5. 5.	가등기(보전)	김영호	5,000	인수
2010. 1. 1.	가압류	서일호	3,000	기준권리
2010. 3. 1.	근저당	씨티은행	2,000	소멸
2013. 2. 1.	근저당	서일광	3,000	소멸
2014. 1. 15.	강제경매(서일호)			

해설

① 가압류권자 서일호보다 앞선 전세권(물권), 소유권보전가등기권자 김영호는 낙찰로 인해 소멸하지 않고 매수인(낙찰자)에게 인수되는 권리다. 단, 전세권자 '김서일'이 배당요구기일까지 배당요구를 하였다면 배당 후 소멸한다. 이때 전세권이 기준권리가 되고 후순위인 가등기권자 김영호도 소멸한다고 보아야 한다.

2. 전세권

(단위: 만원)

성립일자	권리종류	권리자	권리금액	권리기준(인수, 소멸)
2009. 3. 5.	전세권(물권)	서일호	7,000	말소기준
2009. 5. 5.	가처분	김영호	5,500	소멸
2010. 1. 1.	가압류	서이호	3,500	소멸
2010. 3. 1.	근저당	씨티은행	2,200	소멸
2011. 2. 1.	근저당	서일광	3,300	소멸
2013. 8. 1.	임의경매(서일호)			

해설

전세권자 서일호가 경매신청 한 경우는 전세권이 말소기준권리가 되고 이후 가처분, 가압류, 근저당 등 모든 권리는 대항할 수 없어 소멸한다. 만약 씨티은행의 근저당이 경매신청 한 경우이면 권리기준이 가압류가 되며 전세권과 가처분이 매수인에게 인수된다.

3. 가처분, 임차권(대항력)

(단위: 만원)

성립일자	권리종류	권리자	권리금액	권리기준(인수, 소멸)
2009. 3. 5.	가처분	서일대		인수
2009. 5. 5.	임대차(대항력)	김영호	6,500	소멸 또는 인수
2010. 1. 1.	근저당	한미은행	4,500	기준권리
2010. 3. 1.	근저당	씨티은행	8,200	소멸
2011. 2. 1.	근저당	서일광	6,300	소멸
2013. 8. 1.	임의경매 씨티은행			

해설

① 말소기준권리인 한미은행 근저당보다 앞선 임대차인 김영호와 가처분권자 서일대는 소멸하지 않고 매수인에게 인수되는 권리이다. 대항력을 갖춘 김영호가 배당요구를 하지 않았다면 전액 부담을 하여야 하고, 배당요구를 하여 배당을 다 받지 못한 경우에는 매수인에게 대항력을 행사할 수 있고, 가처분권자 서일대는 후일 소송에서 승소하여 소유권을 이전하면 낙찰인 매수인은 소유권을 잃게 된다. 이러한 경우는 사실상 경매절차가 정지될 가능성이 있다.

② 가처분권자 서일대와 임대차인 김영호가 순위가 바뀐 경우에는 즉 가처분권자보다 먼저 임대차가 이루어졌다면 후일 가처분권자가 승소하여 소유권을 이전하였다 하더라도 임대차인 김영호는 가처분권자에게 임대차 보증금의 반환을 청구할 수 있다.

4. 대위변제

제3자 또는 공동의 채무자 중 1인의 채무자를 대신하여 채무를 청산하고 대신 그 채무자에 대하여 구상 권을 행사하고 변제를 받은 채권자가 가지고 있는 권리를 말한다. 대위변제한 금액에 대하여는 배당하고 남은 금액이 있으면 그 금액에서 배당을 받고 잔액이 없으면 채무자(소유자)에게 전액 구상 권을 행사할 수 있다.

대위변제의 시기는 매수인이 잔금을 지급하기 전까지 가능하다. 매수인은 임차인이 매각허가 전에 대위변제 하였다면 매각불허가 신청을 하고 매각허가 후 대금납부 전에 대위변제 하였다면 매각허가결정 취소와 입찰보증금반환신청을 할 수 있다.

(단위: 만원)

성립일자	권리종류	권리자	권리금액	권리기준(인수, 소멸)
2008. 8 .9.	근저당	제일은행	2,000	권리기준(선)
2010. 9. 9.	임대차(확정)	서일우	8,000(과밀권)	소멸
2011. 5. 10.	근저당	박서일	3,300	권리기준(후)
2013. 5. 18.	압류(당해세)	종로구	700	소멸
2014. 1 .03.	임의경매신청(박서일)			

해설

임대차인 서일우가 배당을 요구하였으나 배당을 전혀 받지 못해 서일우가 제일은행 근저당을 대위변제한 경우에는 박서일의 근저당이 기준권리가 되고 임대차인 '서일우'는 소멸하지 않고 매수인에게 대항할 수 있는 대항력을 가지게 되어 보증금 8,000만원 중 대위변제금 2,000만원을 제한 6,000만원을 다 받을 때까지 동시이행관계에 있다. 이러한 경우 낙찰자인 매수인은 부동산의 부담이 현저히 증가하였음을 이유로 매각허가결정에 대한 취소신청을 할 수 있다.

5. 환매등기, 등기된 임차권 순위

(단위: 만원)

성립일자	권리종류	권리자	권리금액	권리기준(인수, 소멸)
2008. 3. 5.	환매등기	서일경		인수
1 .08. 5. 5. 등기 2. 05. 3. 3. 전입 3. 05. 3. 5. 확정	임차권등기	김영호	6,500	소멸 또는 인수
2010. 6. 1.	근저당	상호저축은행	3,500	기준권리
2010. 9. 1.	근저당	새마을금고	7,200	소멸
2011. 2. 1.	가압류	서일군	6,300	소멸
2013. 8. 1.	임의경매 새마을금고			

해설

① 상호저축은행의 근저당권이 말소기준권리에 해당한다. 따라서 환매등기 '서일경'은 소멸하지 않고 매수자가 인수되는 권리이다. 임차권은 물권과 동등하게 성립순서에 따라 배당을 받고 소멸하지만 전액 받지 못하는 경우에는 김영호의 임차권을 인수하는 경우도 있다. 이때 성립순위는 등기일을 기준으로 하는 것이 아니고, 전입신고일과 인도를 갖춘 날을 기준으로 권리분석을 하여야 한다.

② 환매등기는 매수인이 인수하여야 하는 권리이고 후일 환매권자가 환매대금을 납부하고 등기를 하면 소유권을 취득하고 매수인은 소유권을 취득하지 못하게 된다. 이때 환매대금은 매수인에게 반환되므로 환매금액이 많을 경우 등기부등본을 확인하고 입찰에 참여하는 것도 사고해 볼일이다(환매권자, 환매금액, 환매기간 등은 등기하여야 제 3자에게 대항할 수 있다).

6. 담보가등기

(단위: 만원)

성립일자	권리종류	권리자	권리금액	권리기준(인수, 소멸)
2008. 7 .10.	담보가등기	서일우	2,000	권리기준
2010. 9. 9.	근저당	서일은행	5,000	소멸
2010. 11. 10.	가압류	박서일	3,300	소멸
2011. 5. 18.	압류(당해세)	강동구	900	소멸
2013. 8 .03.	임의경매신청(서일은행)			

해설

선순위 담보가등기는 그 자체가 말소기준권리가 된다. 후순위권자의 경매신청과 관계없이 기준권리가 되며 물권순위인 저당권으로 취급되어 배당된다. 단지 주의할 점은 가등기담보권의 경우에는 반드시 배당요구 종기일 까지 채권신고를 한 경우에 배당을 받을 수 있다. 이는 등기부의 공시만으로 소유권 유보 가등기인지 담보가등기인지 피담보채권의 공시가 없어 구별할 방법이 없기 때문이다.

7. 보전가등기

(단위: 만원)

성립일자	권리종류	권리자	권리금액	권리기준(인수, 소멸)
2010. 8 .9.	보전가등기	서일대		인수
2010. 9. 9.	가압류	서일우	5,000	권리기준
2011. 5. 10.	근저당	박서순	3,300	소멸
2013. 6. 18.	압류	서초구	450	소멸
2014. 1 .20.	확정판결 후 강제경매신청(서일우)			

해설

'서일우'의 가압류권리가 기준말소권리가 되고 서일대의 보전가등기는 소멸하지 않고 매수자에게 인수되는 권리이다. 만일 매수자가 매각대금을 완납한 후 가등기권리자가 본등기를 하였다면 배당실시 전이면 집행법원에 대하여 경매에 대한 매매계약을 해제하고 매각대금 반환을 청구할 수 있고, 배당이 종료된 경우라면 별도의 소송을 제기하여 채무자 또는 배당받은 채권자를 상대로 하여 담보책임 소송을 진행 하여야 한다.

8. 강제경매신청등기(1)

(단위: 만원)

성립일자	권리종류	권리자	권리금액	권리기준(인수, 소멸)
2009. 3. 2.	임대차	김서일	5,000	인수
2010. 10. 3.	강제경매신청	서일경	3,000	기준권리
2013. 2. 2.	가압류	서일식	2,000	소멸

해설

강제경매신청기입등기가 기준권리가 되고 임대차 '김서일'은 인수되는 권리이다. 기입등기 후의 가압류는 배당요구를 하여야만 배당에 참여할 수 있다.

9. 강제경매신청등기(2)

(단위: 만원)

성립일자	권리종류	권리자	권리금액	권리기준(인수, 소멸)
2010. 3. 2.	임대차	김서일	5,000	인수
2011. 10. 5.	확정일자 채권임대차	서일경	3,000	인수
2012. 2. 2.	강제경매신청	서일식	2,000	기준권리
2012. 5. 9	근저당	서일대	3,000	소멸
2012. 6. 10	가압류	서일순	4,000	소멸

해설

서일식은 기준권리가 되며 강제경매를 신청한 서일식 이하 서일대, 서일순은 배당과 관계없이 소멸한다. 다만 김서일과 서일경은 선순위 임차인이 되어 낙찰자에게 인수됨을 주의하여야 한다.

10. 체납압류

(단위: 만원)

성립일자	권리종류	권리자	권리금액	권리기준(인수, 소멸)
2009. 3. 2.	체납압류등기	서울시청	1,000	말소기준권리
2010. 10. 3.	근저당	서일경	3,000	말소
2013. 2. 2.	임대차	서일식	2,000	소멸

해설

선순위 체납압류등기인 경우는 전소유자의 압류이면 인수이지만 현 소유자를 채무자로 하는 경매사건인 경우에는 말소기준권리가 되고 매각에 의해 소멸한다.

11. 예고등기

(단위: 만원)

성립일자	권리종류	권리자	권리금액	권리기준(인수, 소멸)
2005. 7 .10.	저당권	신협	2,000	권리기준
2006. 9. 9.	보전가등기	서일은행		소멸
2007. 11. 10.	가압류	박서일	3,300	소멸
2008. 5. 18.	예고등기	서일순		인수

해설

신협의 저당권이 말소기준권리가 되고 뒤 권리인 보전가등기도 소멸한다. 예고등기는 성립선후에 관계없이 매수자에게 인수되는 권리이다.

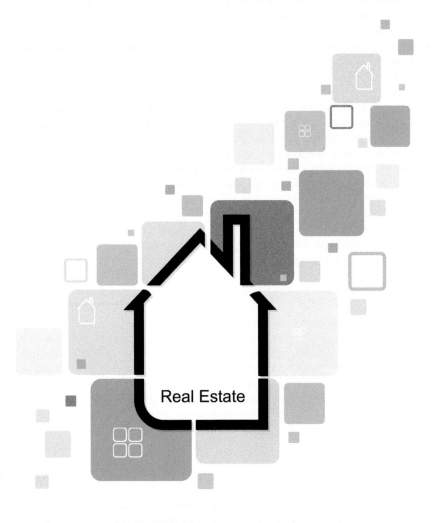

Real Estate

제 4 장
부동산 경매 배당 기준

제 1 절   배당
제 2 절   각 권리간의 배당
제 3 절   판례분석

배당순위표(표 4-1)

순위	변제방법	권리종류	내 용
1	비용변제	경매집행비용	신청채권자가 경매진행에 따라 지출한 비용 -등록세, 인지세, 서기료, 송달비용, 현황조사비용, 경매수수료 등
		경매목적부동산에 투입한 필요비, 유익 비	제3취득자(소유권자, 지상권자, 전세권자, 등기한 임차권자)가 지출한 필요비, 유익 비 - 비용 상환 시까지 유치권 행사 가능
2	최우선변제	소액임차보증금 중 일정액 (최우선변제권)	주택임대차보호법 규정에서 정한 범위 상가건물임대차보호법 규정에서 정한 법위 매각가액의 50%한도 내에서 우선순위 배당
		근로기준법에 의한 임금우선특권	최종 3개월간의 임금과 최근 3년간의 퇴직금 및 재해보상금
3	최우선변제	당해 부동산에 부과된 국세, 지방세	국세 : 상속세, 증여세, 재평가세 지방세 : 재산세, 자동차세, 종합토지세, 도시계획세, 공동시설세 등 당해세
4	시간에 따른 우선변제	덩해세 이외의 국세, 지방세	시간에 따른 선순위 순으로 우선변제(압류선착주의) -신고에 의해 확정되는 국세(부가가치세 등) : 신고일 기준 -정부가 결정하는 세금 : 고지서 발송일 기준
		전세권, 저당권, 담보가등기 등 담보된 채권	
		확정일자 있는 임차인	
5	우선변제	일반 임금 채권	최우선변제 임금을 제외한 임금채권 -저당권 설정 시 : 국세, 지방세 등 일반채권에 우선
6	우선변제	일반 조세 채권	국세, 지방세의 납기가 저당권보다 후순위이거나 저당권이 설정되어 있지 않은 경우
7	우선변제	각종 공과금 채권	의료보험료, 산업재해보상보험금, 국민연금보험료 등
8	보통변제	일반채권	비례 액에 따라 안분배당 -집행력 있는 정본을 가진 채권자 -경매개시 결정 등기 후 가압류 한 채권자 -일반 공과금이나 과태료

제1절 배당

1. 배당의 의의

(1) 채권자

집행법원이 경매입찰 후 낙찰자로부터 받은 매각대금을 경매집행에 소요된 비용을 먼저 공제하고 남은 잔액에 대하여 민법, 상법과 특별법 규정에 의한 채권자 우선순위를 정하여 배당표에 따른 매각대금을 교부하는 절차이다.

(2) 입찰자(매수인)

① 낙찰 후 부담될 수 있는 등기부상의 권리(소유권보전가등기, 전소유자의 선순위 가압류, 선순위 가처분 등) 또는 매각으로 인하여 소멸하지 않는 대항력 있는 임차인 존재여부를 입찰 전 파악하여 불측의 손해를 방지한다.
② 대항력이 없는 임차인이라 하더라도 명도의 어려움이 있을 가능성에 대한 비용 산출을 한다. 배당표작성을 통한 입찰 예정가 및 입찰시기를 판단하는 근거가 된다.

2. 배당절차

경매에서 최고가 매수인이 결정된 후 배당절차를 아래와 같이 실시한다. 매각결정기일(매각 후 1주일)에 매각허가결정이 나고, 항고(1주일)기간을 거쳐 매각허가결정이 확정되면 법원은 대금지급기한을 정하여 낙찰자(매수인)에게 통지한다.

매수인이 매각대금을 완납하면 법원은 배당기일을 정하여 이해관계인과 배당을 요구한 채권자에게 배당기일을 정하여 통지하며, 배당기일 3일 전까지 배당표를 작성하여 법원에 비치하여 이해관계인이 열람할 수 있도록 한다.

또한 배당기일에 출석한 이해관계인과 배당을 요구한 채권자를 심문하여 배당표를 확정하며 배당에 대한 이의신청이 없을 시는 배당표대로 배당을 한다.

(1) 배당에 대한 이의

배당기일에 출석한 채무자와 채권자는 배당표의 작성, 확정, 실시 시 다른 채권자의 채권의 존부, 범위, 순위에 관하여 실체상의 사유가 있는 경우에는 배당이의신청이 가능하다. 배당집행법원은 이의신청에 대하여 적법에 대한 여부의 판단을 할 뿐, 이의사유 내용에 관하여는 심사할 수 없다. 다만, 배당이의의 소로써 다투어 판단할 수 있다.

(2) 배당표에 대한 실체상의 이의의 효과

집행할 수 있는 채권에 대한 채무자의 이의는 민소법 505조, 507조, 508조의 규정에 의하여 완결하고, 채권자가 이의신청한 경우 이의가 기일에 완결되지 아니한 때에는 이의 있는 채권에 대한 배당의 실시가 일시 유보되고 이의신청채권자가 배당이의의 소를 제기하고 배당기일로부터 7일내에 그 소제기를 법원에 증명하면 그 부분의 배당 액은 공탁되나 그 증명이 없이 이 기간을 경과하면 이의에 불구하고 배당이 실시된다.

(3) 배당이의의 소제기의 증명

수소법원의 소제기증명서, 변론기일소환장등을 제출하는 방법으로 하고, 소제기 증명을 하지 아니한 경우에는 법원은 이의를 무시하고 유보되었던 배당을 실시해야 한다(민소법658조, 659조).

① 제소기간

　이의신청을 한 배당기일로부터 7일 이내로 한다.

② 관할법원

　배당법원이 관할하며 전속관할이다.

③ 소 완료후의 배당의 실시

　민소법 595조(이의의 소의 판결)의 판결이 확정된 일 또는 동조 596조(이의의 소 취하의 의제)의 규정에 따라 배당이의의 소를 취하한 것으로, 본 일의 증명이 있는 때에는 배당법원은 이에 의하여 지급 또는 다른 배당절차를 명한다(민소법 658조, 597조).

3. 배당을 받을 수 있는 채권자

⑴ 배당요구를 하지 않아도 배당을 받을 수 있는 권리자

① 경매개시결정등기 이전의 등기부상에 기재된 근저당권자

② 경매개시결정등기 이전의 등기부상에 기재된 가압류권자

　　＊ 가압류권자는 그 배당금을 공탁하고 후일 그 가압류권자가 본안소송을 통하
　　　여 확정 판결을 받아 그 공탁된 배당금을 수령할 수 있다.

③ 이중경매신청인; 선행사건의 배당요구의 종기까지 이중경매를 신청한 채권자

④ 등기된 임차권자

⑤ 전세권자(후순위권자)

⑵ 배당요구를 반드시 요구하여야 배당을 받을 수 있는 권리자

① 소액임차인

② 대항요건과 확정일자를 갖춘 임차인

③ 경매개시 결정등기 후에 가압류한 채권자

④ 민법/상법에 의거 임대차보호법의 우선변제권이 인정되는 채권자

⑤ 임금채권자

⑥ 가등기담보권자

⑦ 조세 등 기타 공과금 채권(교부 청구)

⑧ 집행력 있는 정본(판결문, 화해조서, 채무명의(집행권원) 등)을 가진 채권자

⑨ 대위변제자

⑩ 경매개시결정등기 이후에 등기된 저당권 가압류, 전세권

4. 배당요구와 권리신고

배당요구란 강제집행에서 압류채권자 이외의 채권자가 집행에 참가하여 변상을 받기 위하여 집달관의 배당을 요구하는 의사표시를 말한다.

배당요구와 대비되는 개념으로써 권리신고가 있는데 권리신고는 부동산 위의 권리자가 집행법원에 자신의 권리를 신고하고 그 권리를 증명하는 것이며 권리신고를 함

으로써 이해관계인이 되지만 배당을 받기 위해서는 별도로 배당요구를 하여야 한다.

(1) 배당요구 방법

법원에 배당요구를 할 때에는 채권의 원인과 금액을 기재하여 서면으로 제출하여야 하며 이를 증명하는 서류에는 임대차계약서, 근저당설정계약서, 차용증, 판결문, 등 원인서류 등을 제출하여야 한다.

(2) 배당요구를 한 채권자가 갖는 권리

① 법원으로부터 배당기일에 대한 통지를 받을 수 있는 권리
② 매각대금에서 순위에 따른 배당금을 받을 수 있는 권리
③ 배당기일에 법원에 출석하여 배당에 대한 의견진술과 배당이의 제기를 할 수 있는 권리

보충 :

- 배당요구 : 배당요구 채권자가 배당절차를 통해 채권의 만족을 얻고자 하는 것이다.
- 채권신고 : 배당을 받고자 하는 채권자가 채권의 범위를 밝히는 것이다.
- 채권계산서 : 배당요구, 채권신고에서 제시된 채권의 범위를 구체적으로 밝히는 것이다.
- 권리신고 : 집행절차에서 이해관계인이라는 지위를 인정받기 위한 것이다.

---

(3) 배당요구 시 첨부서류

채권의 종류	첨 부 서 류
소액우선변제 임차권자	임대차계약서(원본), 주민등록등본
가압류권자	가압류결정정본, 등기부등본
집행력 있는 정본의 채권	집행정본
담보가등기권리자	채권원인증서정본, 등기부등본
경매등기부 저당권자	등기부등본, 원인증서
주택임대차보호법 우선변제권자	임대차계약서(확정일자), 주민등록등본
근로기준법의 임금채권자	근로감독관청확인서, 세무서근로소득원천징수서류
일반 채권자	채권원인증서

(4) 배당요구 신청기간

- **구법(민사소송법)**: 경매개시결정일로부터 낙찰 기일 전까지
- **신법(민사집행법)**: 처음 매각기일 이전의 배당요구 종기 일까지

5. 배당의 실시

(1) 배당을 실시하여야 할 경우

① 이의신청이 없는 경우

배당기일에 출석하고 이의신청하지 않거나, 불출석으로 배당표에 의한 배당실시에 동의한 것으로 보게 되는 경우(민소법 591조1항)에는 법원이 작성한 배당표가 그대로 확정되고 이에 따라 배당실시 한다.

② 이의신청이 있는 경우

배당기일에 출석한 채권자에 대해서는 민사예납금등취급규칙에 따라 배당금을 지급한다. 집행력 있는 정본 또는 채권증서의 교부, 영수서의 교부, 소송완결 후의 배당실시절차 및 배당조서 작성 등에 관해서도 동산집행의 재판상 배당절차 준용된다.

(2) 추가배당의 절차

당해 채권자에게 배당할 수 없게 되어 다른 채권자에게 추가배당을 해야 할 경우, 배당법원은 공탁된 금액에 관하여 배당표를 작성하고 배당기일의 3일전에 법원에 비치하여 이를 관계채권자의 열람에 제공한 후, 배당기일에 관계채권자 및 채무자를 소환하여 배당을 실시한다.

(3) 배당 액의 지급

① 법원사무관 등은 법원 보관금 출급명령서에 소정의 사항을 기재하고 이에 배당표사본을 첨부하여 담임법관의 날인을 받아 이를 채권자에게 교부한다.

② 채권자는 교부받은 출급명령서를 출납공무원에게 제출하여 출납공무원으로부터 출급지시서를 교부받아 출납취급은행에서 출급을 한다(대부분 법원 내

은행이다).

6. 배당원칙 기준

(1) 물권은 채권에 우선한다.

어떤 물건에 물권과 채권이 성립되어 있을 때는 순위에 관계없이 물권이 우선한다. 예를 들어 어떤 부동산에 저당권과 등기되지 않은 채권이 성립되어 있다면, 경매된 후 배당시 순위에 관계없이 저당권이 우선 배당되며, 일반채권은 그 다음 배당된다.

(2) 물권과 물권의 순위는 등기 순으로 정한다.

물권과 등기된 채권(즉 물권화 된 채권)들은 일반적으로 등기된 순서로 권리를 갖는다. 등기순서를 정할 때는 동구(갑구는 갑구끼리, 을구는 을구끼리)에서 순위는 등기부상의 순위번호에 의하며 별구(갑구와 을구)에서는 등기부에 기재된 접수번호에 따라 순위를 정한다.

(3) 일반채권간에는 순위관계 없이 금액별 안분 배당한다.

즉 평등주의이다. 일반채권 간에는 성립시기와 관계없이 모든 채권은 비율에 의한 동등한 순위를 갖는다.

(4) 조세우선[1]의 원칙

국세·가산금 또는 체납처분 비는 다른 공과금 기타의 채권에 우선하여 징수한다. 고 규정(국세법 제35조 제1항)하고, 지방세법은 '지방자치단체의 징수금은 납세의무자 또는 특별징수의무자의 총재산에 대하여 따로 규정한 것을 제외하고는 공과금과 기타

---

1   일반채권에 우선하는 조세채권은 국세[소득세, 법인세, 토지초과이득세, 증여세를 포함한 상속세, 재평가세, 부당이득세, 부가가치세, 특별소비세, 주세, 전화세, 인지세, 증권거래세, 교육세] 와 관세, 임시수출입부과세 및 지방세법에 의한 각종 지방세(취득세, 등록세, 주민세, 도시계획세 등), 이들 세금에 대한 가산금 . 체납처분비등이다. 단 에외로 조세우선특권은 공시되지 않으므로 다른 채권에 비해 우선권을 주는 것은 담보물건 거래의 안전에 지장이 된다. 따라서 법은 조세우선의 원칙에 일정한 예외를 두어 담보권 있는 채권자, 공익비용의 출연자에 대하여는 어느 정도 조세채권에 우선하는 지위를 부여하고 있다.

의 채권에 우선하여 징수한다'고 규정(지방세법 제31조 제1항)하고 있다. 이는 강제징수단계에서 조세가 다른 모든 공사채권과 경합할 때 다른 채권에 앞서 징수권을 갖는다는 의미로 납세자의 총재산에 대해 선취특권 내지 특별한 담보권을 갖는 셈이 된다.

(5) 가압류가 선순위이면 금액비례에 의해 배당된다.(처분금지의 효)

물권은 채권에 우선하지만, 집행보전절차를 밟은 채권인 선순위 가압류가 설정되면 물권은 선순위 가압류에 대해 대항력이 없으며, 물권과 동등한 순위로 금액에 비례하여 공평하게 안분 배당된다. 물론 배당이 된 후에는 각 권리는 소멸된다. 소멸이 안 되는 경우에도 법원에 공탁 처리한다.

7. 필요비와 유익비(비용 상환청구권)배당

(1) 정의

필요비는 부동산의 관리, 보존 등 현상유지를 위하여 임차인, 제3취득자, 점유자 등이 지출한 비용을 말한다. 이에는 부동산을 사용 수익하는 자가 그 사용목적에 따른 현상유지만을 위하여 지출하는 통상의 필요비와 천재지변 기타 예측할 수 없는 사정으로 인하여 부동산의 멸실 훼손의 방지를 위하여 지출하는 특별한 필요비 등으로 나눈다.

유익비는 필요비와 비교되는 개념으로 부동산의 개량, 이용을 위하여 임차인, 제3취득자, 점유자 등이 지출한 비용으로서 목적부동산의 객관적 가치를 증가시킨 비용을 말한다.

(2) 행사

제3취득자가 민사집행법상 매각부동산에 관하여 필요비 또는 유익비를 지출한 경우에는 필요비의 경우에는 그 지출한 금액, 유익비의 경우에는 그 지출한 금액이나 부동산가액의 증가액을 배당요구종기일 까지 집행법원에 배당을 요구하여야 한다. 그러나 민사집행법상 매각절차에서 배당요구를 하지 않았거나 배당을 받지 못하였더라도 그 권리를 상실하는 것이 아니고 매각 받은 매수인에게 인도 명도를 거절하고 동시이행항변권을 주장하며 민법 제320조의 유치권에 의한 행사를 할 수 있을 것이다.

(3) 판례

① 주택임차인이 고장 난 기름보일러를 수리하는 대신 가스보일러로 교체 시설하여 지출한 비용을 필요비, 유익비용을 판단하여 비용 상환청구권을 인정하여 배당을 인정한 사례가 있다(서울지법 본원 1999. 4. 29).

② 주택의 임차인이 집 앞 통로의 포장비용을 지출하여 비용 상환청구권에 기한 배당요구를 하여 유익비 지출로 인정한 사례가 있다(인천지방법원 1998. 11. 24).

(4) 실무

① 임대차계약서상에 원상회복의무 약정이 있으면 비용 상환청구권을 인정하지 않는다. 대개 계약서조항에 부동의 문자로 인쇄되어 있는 경우가 많다.

② 임대인의 동의서가 없으면 배당에서 제외한다. 이후 민법 제320조에 의한 유치권행사와는 별개의 권리이다.

③ 지출한 비용이 명확하여야 한다. 예를 들어 간이계산서 등은 인정하지 않고 공증이나 세금계산서, 확정판결에 의한 지급금 등의 공신력 있는 서류이어야 한다.

제 2 절   각 권리간의 배당

1. 물권과 물권

(1) 배당할 금액이 5,000만원이고, 각 권리 순위가 다음과 같은 경우

갑 : 근저당(2011.10.10.) - 3,000만원

을 : 근저당(2013.10.14.) - 3,000만원

병 : 저당권(2014.01.15.) - 4,000만원

'을'의 저당권에 의한 임의경매

해설

'갑'이 말소기준권리가 되며 물권의 우선변제권의 원칙에 따라 성립순위에 의하여 배당한다. 성립순위 일자에 따라 '갑' 3,000 '을' 2,000 배당한다. '병'은 배당 액이 전혀 없다.

(2) 배당할 금액이 6,000만원이고, 각 권리 순위가 다음과 같은 경우

갑 : 저당권(2010.10.11.) - 2,000만원

을 : 전세권(2012.10.12.) - 3,000만원

병 : 근저당(2013.3.15.) - 4,000만원

'갑'의 저당권의 실행

해설

'갑'의 저당권이 말소기준권리가 되고 물권의 우선변제권의 성립순위에 따라 '갑' 2,000만원, '을' 3,000만원, '병' 1,000만원을 배당한다. '을'이 확정일자가 있는(대항요건) 임대차라 하더라도 배당에는 영향을 미치지 않는다.

(3) 배당할 금액이 9,500만원이고, 각 권리 순위가 다음과 같은 경우

갑 : 저당권(2011.11.11.) - 3,000만원

을 : 근저당(2012.11.15.) - 4,000만원

병 : 전세권(2013.02.13.) - 6,000만원

'을'의 임의경매 신청

해설

'갑'의 저당권이 기준권리가 되고 물권의 우선변제권의 성립순위에 따라 '갑' 3,000만원, '을' 4,000만원 '병' 2,500만원을 배당한다.

(4) 배당할 금액이 11,000만원이고, 각 권리 순위가 다음과 같은 경우

갑 : 전세권(2010.10.11.) - 5,000만원

을 : 근저당(2011.11.15.) - 4,000만원

병 : 전세권(2013.02.13.) - 6,000만원

'갑'의 전세권자가 임의경매 신청

해설

말소기준권리는 신청권자인 전세권자 '갑'이고 전액배당을 받고 소멸한다. 나머지는 물권의 우선변제권의 성립순위에 따라 '갑' 5,000 '을' 4,000 '병' 2,000만원을 배당한다.

(5) 배당할 금액이 16,000만원이고, 각 권리 순위가 다음과 같은 경우

갑 : 전세권(2010. 10. 11) - 5,000만원

을 : 근저당(2011. 11. 15) - 4,000만원

병 : 전세권(2013. 02. 13) - 6,000만원

정 : 근저당(2013. 2. 25) - 7,000만원

'정'의 근저당권자가 임의경매 신청 ('을'이 임의경매해도 다르지 않다.)

해설

말소기준권리는 '을'의 근저당권자이고

① 전세권자 '갑'이 배당요구를 한 경우 :

　'갑' 5,000만원 배당받고 소멸한다. 다음은 권리순위에 따라 '을' 4,000만원, '병' 6,000만원, '정'은 1,000만원을 배당받고 소멸한다. 만약 배당금액이 '정'에게 돌아가지 않을 시는 잉여가망이 없는 경우의 경매취소로도 이어질 수 있다.

② 전세권자 '갑'이 배당요구를 하지 않은 경우 :

　'갑'은 배당하지 않고 '을'이 4,000만원, '병'이 6,000만원, '정'이 6,000만원을 배당받고 소멸한다.

2. 채권과 채권

(1) 배당할 금액이 9,000 만원이고, 각 권리 순위가 다음과 같은 경우

갑 : 가압류 (2012.3.1.) - 3,000만원

을 : 가압류 (2013.10.3.) - 5,000만원

병 : 가압류 (2014. 1.10.) - 7,000만원

해설

채권은 성립선후에 관계없이 언제나 평등하다. 따라서 갑, 을, 병은 선후에 관계없이 금액비율에 따라 배당한다.

　'갑'은 3,000/15,000 * 9,000 = 정답

'을'은 5,000/15,000 * 9,000 = 정답

'병'은 7,000/15,000 * 9,000 = 정답

(2) 배당할 금액이 5,000 만원이고, 각 권리 순위가 다음과 같은 경우

A : 가압류 (2008. 5. 1.) - 5,000만원

B : 가압류 (2011. 8. 15.) - 5,000만원

해설

채권은 성립선후에 관계없이 언제나 평등하다. 따라서 A, B는 성립선후에 관계없이 금액비율에 따라 배당한다.

'A'은 5,000/10,000 * 5,000 = 정답

'B'은 5,000/10,000 * 5,000 = 정답

3. 물권과 채권의 혼합

(1) 배당할 금액이 5,000 만원이고, 각 권리 순위가 다음과 같은 경우

갑 : 근저당(2004.10.10.) − 4,000 만원

을 : 가압류(2005.10.14.) − 2,000 만원

'갑'이 임의경매 신청('을'이 강제 경매하여도 배당은 동일)

해설

근저당은 물권으로 채권인 가압류에 앞서고 위 예시에서도 권리순서가 물권인 근저당이 우선이므로 결국 '갑'에게 금 4,000 만원 배당, '을'에게 금 1,000 만원을 배당하게 된다.

📋 **참고**

물권은 채권에 우선하며, 등기순서가 가압류가 후 순위고 저당권이 선순위이면 저당권자에게 선 배당하고 배당 이후 나머지 금액을 가지고 후 순위 가압류에게 배당하게 된다.

---

(2) 배당할 금액이 6,000 만원이고, 각 권리 순위가 다음과 같은 경우

갑 : 가압류(2004.10.10.) − 4,000 만원

을 : 근저당(2005.10.14.) − 4,000 만원

'갑'의 강제경매 신청

해설

근저당권자 '을'은 가압류권자 '갑'이 존재한다는 사실을 알고 있는 상태에서 근저당을 설정하였기에 물권이 채권에 비하여 앞선다는 원칙이 가압류가 등기부에 공시됨으로서 처분금지의 효를 발하게 된 이후의 근저당은 동순위로 보아 채권 액에 대한 안분배당을 하게 되어 결국 '갑'에게 금 3,000 만원 배당, '을'에게 금 3,000 만원을 배당하게 된다.

📋 **참고**

위에서 배당 금액이 8,000만원이고 가압류 채권 액이 금 4,000 만원이고, 근저당이 금 6,000 만원이면 배당 액은 '갑'에게 금 3,200 만원, '을'에게 금 4,800 만원을 배당하게 된다.

---

4. 전 소유자의 가압류(1)

■ 배당할 금액이 1억 원이고 권리순위가 다음과 같은 경우

A : 전소유자 가압류 (2010. 3. 2) − 3,000만원

　　현소유자 '갑'으로 매매이전(2010. 5. 2)

B : 근저당 (2010. 5. 3) − 5,000만원 (국민은행)

C : 가압류 (2011. 3. 3) − 5,000만원

'B'의 임의경매 신청

> **해설**
> 'B'국민은행 근저당이 말소기준권리이고 전소유자에게 가압류 3,000만원을 배당하고, 물권우선원칙에 따라 B 근저당 5,000만원을 배당하고 잔액 2,000만원은 가압류권자인 C가 배당받는다. 전소유자의 저당권설정등기 전의 가압류배당은 저당권자에게 대항할 수 있으므로 매각대금으로부터 먼저 배당을 하고 나머지가 있으면 현소유주 채무를 배당 한다.

5. 전 소유자의 가압류(2)

■ 배당할 금액은 9,000만원이다. 권리금액이 아래와 같은 경우 배당 액은?

A : 전소유자 가압류 (2011. 3. 3) − 4,000만원

　　현소유자 '갑'으로 매매이전(2011. 5. 3)

B : 가압류 (2013. 8. 3) − 5,000만원

C : 근저당 (2014. 1. 3) − 3,000만원 (우리은행)

'A'의 강제경매 신청(2014. 2. 28)

> **해설**
> 전소유자 가압류권자 'A'의 강제경매 신청 시 말소기준권리는 전소유자 'A'이며 'B' 'C'는 안분비례 배당한다. 따라서 전소유자 'A'에게 4,000만원 배당하고 나머지를 가지고 배분한다. 전소유자의 저당권설정등기 전의 가압류배당은 저당권자에게 대항할 수 있으므로 매각대금으로부터 먼저 배당을 하고 나머지가 있으면 현소유주 채무를 배당 한다. 이러한 경우에 민사집행법원이 인수주의를 취할 수는 있고 그러한 경우라면 매각물건명세서에 위 가압류를 인수하는 것으로 기재하여 경매를 진행하면 될 것이다(대판 2007. 4. 13, 2005다8682).

6. 전 소유자의 가압류[3]

■ 배당할 금액이 1억 2천만 원이고 권리순위가 다음과 같은 경우

A : 전소유자 가압류 (2011. 3. 2) – 3,000만원

B : 전소유자 근저당 (2012. 7. 15) – 7,000만원

  현소유자 '갑'으로 상속이전(2011. 1. 2)

C : 근저당 (2013. 5. 3) – 5,000만원 (국민은행)

D : 가압류 (2013. 7. 3) – 5,000만원

해설

말소기준권리는 전소유자의 가압류이고 전소유자 가압류 3,000만원과 근저당권자 7,000만원은 동순위로 안분비례하여 배당을 하고 소멸한다. 나머지가 있으면 현소유자의 '갑'의 채무인 C 근저당과 가압류인 D 채무를 배당한다.

7. 임대차 확정일자와 소액임차인에 대한 최우선 배당기준[서울기준]

■ 배당할 금액이 7,000만원이고, 각 권리 순위가 다음과 같은 경우

갑 : 근저당(2004.10.10.) – 3,000만원

을 : 임대차(2005.10.14.) – 3,000만원(확정일자 :2010. 10.17.)

병 : 채권전세(2005.10.15.) – 4,000만원(확정일자 :2010. 10.16.)

해설

'을'과 '병'은 최우선 소액임차인에 해당하여 각 금 1,600만원 배당하고, '갑'은 근저당으로 금 3,000만원 배당하고, 다음으로 '을'이 금 3,000 만원에서 금 1,600 만원을 받아갔기 때문에 나머지 금 1,400 만원을 받아가야 하지만 '병'이 확정일자에 앞서기 때문에 '병'에게 금 1,600 만원 이외에 금 800 만원으로 배당하여 합계 금 2,400만원을 배당하여 결국 '갑'에게 금 3,000 만원 배당, '을'에게 금 1,600만원 배당, '병'에게 금 2,400만원을 배당하게 된다.

📋 **참고**

임차인의 보증금 일정액이 주택매각가액의 1/2을 초과하는 경우에는 주택매각가액의1/2에 해당하는 금액에 한하여 우선 변제권 인정한다(주임법제8조3항). 참고로 상가건물은 1/3에 해당하는 금액에 우선변제권을 인정한다. 2014년 1월 1일부터는 1/2로 개정되었다.

예를 들어, 배당 주택가액(배당할 총액)이 4,000 만원이라면 우선변제권으로 금 2,000만원을 배당하여야 하며, 이때 임차인이 2인이면 보증금 가액의 비율에 근거하여 최우선 배당하게 된다. 3인이면 2,000만원으로 보증금 가액의 비율에 따라 균등하게 분할한다. 상가건물임대차보호법에도 우선변제권에 대한 금액을 위와 같이 배당을 한다.

8. 대항력 있는 임대차와 근저당, 가압류에 대한 배당기준(과밀권 기준)

■ 배당금액이 1억 원이고 각 권리순위가 아래와 같다. 각각의 배당금액은?

갑 : 임대차 (2010. 7. 21 전입) – 6,500만원

을 : 근저당 (2011. 3. 2) – 5,000만원 (우리은행)

병 : 가압류 (2011. 9. 1) – 7,000만원

("갑"은 확정일자를 받지 못하였지만 대항력을 갖추고 배당요구종기일 까지 배당요구를 하였다.)

해설

먼저 최선순위 우선변제권자인 "갑"에게 2,200만원을 배당하고 권리순위에 따라 배당한다. "갑"은 6,500만원에서 2,200만원을 배당받고 나머지 못 받은 금액에 대하여는 매수인에게 대항하여 채권을 다 변제 받을 때까지 동시이행관계에 있다. "을"은 물권이 채권보다 우선원칙에 따라 5,000만원을 전액 받고, "병"은 나머지금액 2,800만원을 받고 나머지 금액 4,200만원은 받을 수가 없다. 따라서 각 배당금액은 "갑" 2,200만원, "을" 5,000만원, "병" 2,800만원이다.

9. 확정일자와 근저당권 순위다툼

① "갑" 임대차 (2011. 3. 2. 전입, 확정일자) 1억 전세

    "을" 근저당 (2011. 3. 2. 우리은행) 7,000만원

    배당금액은 8,000만원이다. 위 갑과 을의 배당금액은?

② "갑" 임대차 (2011. 3. 2. 전입, 확정일자) 2억 전세

    "을" 근저당 (2011. 3. 3. 국민은행) 2억5천만원

    배당금액은 2억1천만 원이다. 위 갑과 을의 배당금액은?

③ "갑" 임대차(2013. 2. 5. 전입, 2013. 3. 2.확정일자) 3억 전세

    "을" 근저당(2013. 3. 2. 신한은행) 3억 원

    배당금액은 3억원 이다. 위 갑과 을의 배당금액은?

보충 : 임차인의 확정일자와 저당권의 순위배당

1. 주택인도와 전입신고 및 확정일자일과 저당권 설정 등기일이 같은 날 인 경우

주택의 인도와 전입 그리고 확정일자의 경우 익일 0시부터 대항력[2] 및 우선변제권이 발생하므로 저당권자가 우선순위 배당권리자이다.

2. 주택 인도와 전입신고 및 확정일자 받은 다음날 저당권 설정 등기가 된 경우

주택의 인도와 전입 그리고 확정일자의 경우 익일 0시부터 대항력 및 우선변제권이 발생하므로 임차인이 우선순위 배당권리자이다.

(주임 3조 1항, 주임 3조2. 2항, 대법원 1999. 5. 25 선고 99다9981판결)

3. 대항력을 갖춘 후, 다음 확정일자와 저당권 설정등기일이 같은 날인 경우

동순위로 안분배당 한다.

* 서울고법 1997.4.16 96나50393

주택임차인이 대항력을 취득하고 후에 확정일자를 받은 경우에, 근저당권자의 저당권설정등기가 같은 날짜에 이루어졌을 경우 임대차와 근저당권은 동순위이다.

보충 : 확정일자

확정일자는 그 날짜에 임대차 계약서가 존재한다는 사실(권리인정)을 증명하기 위하여 계약서에 공신력 있는 기관 즉 법원 등기소, 공증인사무소, 동사무소에서 계약서(원본)에 확인 필을 해주는 것을 말한다.[전문개정 2008.3.21]

---

10. 담보가등기

■ 배당할 금액이 금15,000만원이고, 각 권리 순위가 다음과 같은 경우

A : 가압류(2007.1.10.) – 8,000 만원

B : 담보가등기(2008.1.10) – 4,000 만원

C : 근저당(2009.2.14.) – 6,000 만원

D : 가압류(2010.4.14.) – 2,000 만원

---

[2] 주임법 제3조(대항력 등)

① 임대차는 그 등기(登記)가 없는 경우에도 임차인(賃借人)이 주택의 인도(引渡)와 주민등록을 마친 때에는 그 다음 날부터 제삼자에 대하여 효력이 생긴다. 이 경우 전입신고를 한 때에 주민등록이 된 것으로 본다.

C의 근저당권자 임의경매(2011. 7. 10)신청 시 각각의 배당 액은?

가압류권자 A는 2억분(A+B+C+D)의 8천만 * 15,000만원

담보가등기 B는 2억분(A+B+C+D)의 4천만 * 15,000만원

근저당권자 C는 2억분(A+B+C+D)의 6천만 * 15,000만원

가압류권자 D는 2억분(A+B+C+D)의 2천만 * 15,000만원

해설

각각의 금액에 의한 안분계산을 하여 가압류권자는 고정하고, 담보권자 B는 물권과 동순위로 배당하고 모자란 부분은 다음 권리자에게 배당된 금액에서 흡수배당을 하고, 근저당권자 C 도 똑같은 절차로 배당을 한다. 가압류권자 D는 배당이 없다.

11. 흡수배당(1)

(1) 가압류 이후 저당권 2건이 설정되어 있던 중 1번 또는 2번 저당권자에 의하여 경매 신청이 된 경우에 3자간의 배당순위

■ 배당할 금액이 금 4,000만원이고, 각 권리 순위가 다음과 같은 경우

A : 가압류(2005.1.10.)— 1,000만원

B : 1번 근저당(2005.2.14.) — 3,000만원

C : 2번 근저당(2006.3.10.) — 6,000만원

해설

① 1단계- 안분배당

계산공식 : 배당금액(4,000만원)*(채권자 채권 액/총 채권액: 1억)

A : 가압류 : 금 4,000*(1,000/10,000)=금 4,000,000원

B : 근저당 : 금 4,000*(3,000/10,000)=금 12,000,000원

C : 근저당 : 금 4,000*(6,000/10,000)=금 24,000,000원

1차 안분배당에서 위와 같이 'A'는 금 4,000,000원 배당, 'B'는 총 금 12,000,000원을 배당하고 이에 부족한 금 18,000,000원을 아래 순위에서 흡수하여 배당하고 배당결과는 아래 표와 같다.

A : 가압류 : 금 400만원

B : 근저당 : 금 1,200만원+1,800만원= 금 3,000만원

C : 근저당 : 금 2,400만원-1,800만원= 금 600만원

결국 'A'에게 금 400만원 배당, 'B'에게 금 3,000만원 배당, 'C'에게 금 600만원을 배당한다.

⑵ 배당할 금액이 금8,000만원이고, 각 권리 순위가 아래와 같은 경우

A : 가압류(2012. 10. 1) − 2,000 만원

B : 근저당(2012. 11. 2) − 4,000 만원

C : 근저당(2013. 02. 3) − 3,000 만원

근저당권자 'C'가 임의경매신청

해설

말소기준권리는 가압류권자인 'A'가 되며 배당은 'A' 'B' 'C'는 동순위로 안분비례 하여 배당을 한 후에 물권 우선순위에 따라 후순위 채권자로부터 자신의 채권의 만족을 채울 때까지 흡수를 한다. 가압류권자인 'A'는 'B' 'C'와 동순위이므로 자기채권으로부터 더 이상 흡수할 금액이 없다.

A = 2,000/ 9,000 * 8,000 =
B = 4,000/ 9,000 * 8,000 =
C= 3,000/ 9,000 * 8,000 =

'A'는 'B' 'C'와 동순위 이므로 고정이 되고 'B'는 'C'와의 관계에서 우선하므로 안분배당에 모자란 금액에서 자기 채권이 충족될 때까지 'C'에서 가져오게 된다.

⑶ 배당할 금액이 금7,000만원이고, 각 권리 순위가 아래와 같은 경우

A : 가압류(2011. 10. 1) − 3,000 만원

B : 근저당(2011. 11. 2) − 2,000 만원

C : 가압류(2012. 02. 3) − 4,000 만원

D : 저당권(2013. 2. 25) − 3,000 만원

가압류권자 'C'가 확정판결을 받아 강제경매신청

해설

말소기준권리는 가압류권자인 'A'가 되며, 'A'는 다른 채권자 'B' 'C' 'D'와는 동순위로 안분 비례하여 배당을 한다. 'B'는 'C'와 'D'에게는 우선하고 'A'와는 동순위이며, 가압류권자 'C'는 'B'에 대하여는 후순위이나 'A'와는 동순위이고 'D'와 도 동순위이다. 이러한 경우에는 각 채권에 비례하여 안분배당을 실시하고 우선순위에 따라 흡수배당을 실시한다.

A = 3,000/12,000(A+B+C+D) * 7,000 =
B = 2,000/12,000(A+B+C+D) * 7,000 =
C = 4,000/12,000(A+B+C+D) * 7,000 =
D = 3,000/12,000(A+B+C+D) * 7,000 =

'A'는 고정, 'B'는 가압류권자 'C'와 근저당권자 'D'가 동순위로서 우열이 없으므로 안분배당액을 그 비율로 흡수한다. 결국 'B'못 다한 충족금액을 'C'와 'D'에게서 보전한다.

12. 흡수배당(2)

가압류 등기 이후 저당권이 설정되고 그 이후 가압류가 본 압류로 이전되어 강제
경매 개시결정이 된 뒤 다른 일반 채권자가 배당요구를 할 경우 배당순위

■ 배당할 금액이 금3,200만원이고, 각 권리 순위가 다음과 같은 경우

A : 가압류(2005.1.10.) – 금 1,600만원

B : 근저당(2005.2.14.) – 금 800만원

C : 배당요구 채권자 – 금 1,600만원

해설

1) C : 배당요구 채권자의 경우

배당요구 채권자 'C'는 경매신청 채권자 'A'와 달리 저당권을 배척할 수 없으므로 안분배당 받은 금액 중 저당권자
'B'의 채권변제에 충당할 부분을 공제하고 잔액이 있으면 수령이 가능하며, 잔액이 없으면 배당을 받을 수 없다.

2) 저당권자 B가 배당요구를 하지 아니한 경우

A : 가압류: 금 1,600만원 배당

C : 배당요구 채권자 : 금 800만원 배당(B에 대한 채권 금 800만원 공제)

📑 **참고**

저당권자 'B'가 배당요구를 하지 아니하면 가압류권자 2명이 되므로 우선 각 금 1,600만원씩 안분배당하
고, 'A'에게는 금 1,600만원을 배당하되 'C'에게는 'B'의 채권에 대한 배당 액을 제외하고 배당하게 된다.

---

3) 저당권자 B가 배당요구를 할 경우

① 1단계

A : 가압류 : 금 3,200*(1,600/4,000)=금 12,800,000원

B : 근저당 : 금 3,200*(800/4,000)= 금 6,400,000원

C : 배당요구 채권자 : 금 3,200*(1,600/4,000)=금 12,800,000원

② 2단계

저당권자 'B'는 배당요구권자 'C'에 의하여 우선변제권이 있으므로 'B'는 부족분 160만원을 'C'의 안분배액으
로 부터 흡수하여 아래와 같이 배당한다.

A : 가압류 : 금 12,800,000원

B : 근저당 : 금 6,400,000원+금 1,600,000원= 금 8,000,000원

C : 배당요구 채권자 : 금 12,800,000-금 1,600,000원 = 금 11,200,000원

결국 A에게 금 12,800,0000원 배당, B에게 금 8,000,000원 배당, C에게 금 11,200,000원을 배당하게 된다.

13. 2단계 배당과 흡수배당

■ 배당할 금액이 금 9,000 만원이고, 각 권리 순위가 다음과 같은 경우

A : 가압류(2009. 10. 1.) − 3,000 만원

B : 근저당(2009. 11. 2.) − 3,000 만원

C : 근저당(2010. 10. 3.) − 2,000 만원

D : 가압류(2010. 11. 4.) − 2,000 만원

E : 근저당(2011. 10. 5.) − 2,000 만원

F : 가압류(2012. 11. 6.) − 2,000 만원

G : 근저당(2013. 01. 7.) − 2,000 만원

해설

1) 1단계 - 안분배당

계산공식: 배당금액 *(채권자 채권 액/총 채권액)

A : 가압류 : 금 9,000*(3,000/16,000)= 금 16,875,000원

B : 근저당 : 금 9,000*(3,000/16,000)= 금 16,875,000원

C : 근저당 : 금 9,000*(2,000/16,000)= 금 11,250,000원

D : 가압류 : 금 9,000*(2,000/16,000)= 금 11,250,000원

E : 근저당 : 금 9,000*(2,000/16,000)= 금 11,250,000원

F : 가압류 : 금 9,000*(2,000/16,000)= 금 11,250,000원

G : 근저당 : 금 9,000*(2,000/16,000)= 금 11,250,000원

'A'의 가압류는 채권으로서 안분배당 된 금 16,875,000원으로 고정되며, 'B' 근저당으로서 아래 채권자들에게서 끌어 올려 금 3,000 만원 배당하고, 'C' 의 근저당 역시 아래 순위 채권자에게서 끌어 올려 금 2,000만원 배당한다.

결국 'A' 채권자는 일부 만족(확정). 'B', 'C'채권자는 모두 만족하고(배당 확정액: 금 66,875,000원)남아 있는 금액 23,125,000원을 가지고 후 순위 채권자들에게 배당을 실시한다.

2) 2단계- 남아있는 배당금으로 재 안분배당

공식: 배당금액(금 23,125,000원)*(각 채권자 채권 액/총 채권액 : 8,000 만원)

D : 가압류 : 금 23,125,000*(2,000 만원/8,000 만원)=금 5,781,250원

E : 근저당 : 금 23,125,000*(2,000 만원/8,000 만원)=금 5,781,250원

F : 가압류 : 금 23,125,000*(2,000 만원/8,000 만원)=금 5,781,250원

G : 근저당 : 금 23,125,000*(2,000 만원/8,000 만원)=금 5,781,250원

'D'의 가압류는 채권으로서 안분배당 된 금 5,781,250원으로 고정.

'E'는 근저당으로서 우선 금 5,781,250원을 배당하고 아래 채권자들에게 끌어 올려 총 금 2,000만원 배당을 하여야 하지만 남아있는 배당금이 11,562,500원이 남아있는 관계로 이 금액을'E'에게 배당하여 금 17,343,750원을 배당

받고, 'F" 'G'는 배당이 없게 된다.

결국 'A'에게 금 16,875,000원 배당, 'B'에게 금 3,000만원, 'C'에게 금 2,000만원 배당, 'D'에게 금 5,781,250원 배당, 'E'에게 금 17,343,750원 배당, 'F" 'G'는 배당이 없다.

참고

위 2단계에서 'E'는 근저당을 만족하고 배당금이 남을 경우 제 3단계로서 'F' 'G'는 위 2단계와 동일한 방법으로 배당을 실시한다.

---

14. 순환배당(1)

■ 배당할 금액이 금9,000만원이고, 각 권리 순위가 다음과 같은 경우

A : 가압류(2005. 1. 10.) − 8,000 만원

B : 근저당(2005. 2. 14.) − 4,000 만원

C : 압류(당해세 아님)(2006. 3. 10.) − 6,000 만원

D : 가압류(2007. 4. 14.) − 2,000 만원

해설

1) 1단계 - 안분배당

계산공식 : 배당금액(9,000 만원)*(채권자 채권 액/총 채권액 : 2억)

A : 가압류 : 금 9,000*(8,000/20,000)=금 36,000,000원

B : 근저당 : 금 9,000*(4,000/20,000)=금 18,000,000원

C : 압류 : 금 9,000*(6,000/20,000)= 금 27,000,000원

D : 가압류: 금 9,000*(2,000/20,000)= 금 9,000,000원

1차 안분배당에서 위와 같이 'A'는 금 36,000,000원 배당, 'B'는 총금 4,000 만원의 채권에서 금 18,000,000원을 배당하고 이에 부족한 금 22,000,000원을 아래 순위에서 끌어올려 배당. 'C' 'D'는 'B'에게 빼앗겨서 배당금 합계 금 36,000,000원 중 금 22,000,000원을 빼앗겨 남아 있는 배당금은 금 14,000,000원을 서로 안 분배 당한다.

2) 2단계 - 안분배당

계산공식 : 배당금액(금 14,000,000원)*(채권자 채권액/총 채권 액: 80,000,000원)

C : 압류 : 금 1,400만*(6,000/8,000)=금 10,5000,000원

D : 가압류 : 금 1,400만*(2,000/8,000)=금 3,500,000원

2차 배당결과는 아래와 같이 계산할 수 있다

A : 가압류 : 금 36,000,000원을 배당

B : 근저당 : 금 40,000,000원을 배당

C : 압류 : 금 1,400만*(6,000/8,000)=금 10,5000,000원

D : 가압류 : 금 1,400만*(2,000/8,000)=금 3,500,000원

위에서'C'의 압류는 가압류의 선후를 불문하고 언제나 우선한다. 따라서 'D'에게 배당 되었던 금액을'C'에게 다시 배당하고, 이도 부족하여'A'의 가압류 채권전액을'C'에게 배당하여 'A'에게 배당되었던 금 3,600만원,'D'에게 배당된 금 3,500,000원 합계 금 39,500,000원을'C'에게 배당하여 도합'C'는 금 5,000만원의 배당을 받게 되며 'A''D'는 배당이 발생하지 아니한다.

결국'A'에게 무배당,'B'에게 금 4,000만원을 배당,'C'에게 금 5,000만원을 배당, 'D'에게 무배당을 하게 된다.

📋 참고

위에서 'C'의 압류 채권 액이 금 2,000만원이고, 'B'의 근저당이 금 4,000만원이면 나머지 배당금은 'A'에게 금 3,000만원을 배당하게 된다.

15. 특수흡수배당

■ 배당할 금액이 금500만원이고, 각 권리 순위가 다음과 같은 경우

A : 가압류(2009.3.10.) - 400 만원

B : 근저당(2010.2.11.) - 200 만원

C : 압류(당해세 아닌 조세)(2010.3.10.) - 300 만원

D : 가압류(2012.4.14.) - 100 만원

D의 가압류권자가 확정판결을 받아서 강제경매 신청

해설

'A'의 가압류는 'B' 'D'의 가압류에 대하여 안분비례에 의한 평등한 권리이다. 그러나 'C'의 압류에 대하여는 조세채권우선의 원칙(조세는 기타 채권에 우선하여 징수한다)에 따라 순위가 후순위이다. 'C'의 입장에서는 'B'에게는 후순위이고 'A'와 'D'의 관계에서는 선순위에 해당된다. 이러한 경우에는 각 채권자의 채권 액을 기초로 하여 1차 안분배당을 실시한 후에 각 자기보다 후순위채권자에게 배당했던 금액을 자기의 배당액에 흡수시켜 배당한다(대결 1994. 11.29, 94마417).

즉, A : 가압류 - 500 * 400 /1,000만원 = 200

B : 근저당 - 500 * 200/1,000만원 = 100 (2차에서 흡수 + 100)

C : 압류(당해세 아닌 조세) - 500 * 300/1,000 만원 = 150

D : 가압류 - 500 * 100/ 1,000 만원 = 50

1차 안분배당한 후에 'C'와 'D'에 배당된 금액을 선순위 'B'에게 청구금액의 한도 내까지 흡수 배당하고(이때 흡수당하는 순서는 'C'는 'D'보다 우선하므로 열세인 'D'의 안분배당금을 흡수하고 모자라는 경우에는 'C'의 안분배당금에서 흡수한다. 따라서 'D' 50만원과 'C' 50만원이 각각 'B'에게 흡수당한다. 2차로 'C'는 'A'와 'D'보다는 조세우선의 원칙에 따라 우위에 있기 때문에 'A'와 'D'의 안분배당액으로부터 자기의 채권을 충족할 때까지 흡수한다. 단, 흡수할 수 있는 한도는 1차 안분배당에서 배당되지 않은 부분이므로 'C'는 150만원(채권 300만원 중에서 1차 안분배당금 150만원을 공제한 나머지)까지만 흡수할 수 있다. 결국은 'A' 50만원(200만원-150만원), 'B' 200만원(100+50+50만원), 'C' 250만원 (150-50+150만원), 'D' 0 (50-50만원).

16. 순환흡수배당(가압류와 당해세 아닌 조세)

■ 배당할 금액이 금6,000만원이고, 각 권리 순위가 다음과 같은 경우

A : 가압류(2009.3.10.) − 4,000 만원

B : 근저당(2010.2.11.) − 2,000 만원

C : 압류(당해세 아닌 조세)(2010.3.10.) − 3,000 만원

D : 가압류(2012.4.14.) − 1,000 만원

D의 가압류권자가 확정판결을 받아서 강제경매 신청

해설

말소기준권리는 'A'의 가압류가 되며 이러한 경우, A의 가압류는 B의 저당권과 D의 가압류에 대하여 평등하고 C의 조세에 대하여는 후순위이다. B의 근저당권은 C와 D의 권리보다 우선하지만 A의 가압류권자와는 동등한 순위이다. 이러한 관계에서 서로 상호순위가 모순되는 관계에 있는 경우에는 순환이 되풀이되어 순환흡수배당을 하게 된다.

■ 안분배당

A 가압류권자 1억원 분의 4,000만 * 6,000만원 = 2,400만원

B 근저당권자 1억원 분의 2,000만 * 6,000만원 = 1,200만원

C 조세권자 1억원 분의 3,000만 * 6,000만원 = 1,800만원

D 가압류권자 1억원 분의 1,000만 * 6,000만원 = 600만원

■ 순환흡수배당

① 최선순위 근저당권부터 설정된 시간 순으로 흡수를 시작한다. 그리고 흡수를 할 때뿐만이 아니라 흡수를 당할 때에도 흡수당하는 채권자들 중에서 가장 열악한 채권자의 안분액부터 흡수를 당하게 된다.

② 저당권자 B는 조세권자 C와 가압류권자 D로부터 흡수를 시작한다. 안분에서

1,200만원을 배당받았고 나머지 800만원을 D에게서 600만원을 빼앗고 나머지 200만원을 C의 조세 권자에게서 빼앗는다(안분배당 1,200만원, D 600만원, C 200만원). C의 조세권자는 안분배당액 1,800만원 중에서 200만원을 빼앗겨 1,600만원이 남았고, D의 가압류권자는 안분배당 받았던 600만원을 근저당권자 B에게 빼앗겨 배당이 전혀 없다.

③ 조세권자 C는 A의 가압류권자와 D의 가압류권자에 대하여 우선하는 권리이므로 이들로부터 흡수를 할 수 있다. D는 근저당권자 B에게 빼앗겼기 때문에 배당이 없어서 위 가압류권자 A에게 1,200만원을 흡수한다. 이때 중요한 사실은 C가 A에게 흡수할 수 있는 금액은 원래의 안분액이다. 즉 당초 안분액이 자신의 청구채권액에 미치지 못하는 금액(3,000만원 중 안분배당 1,800만원을 제한 1,200만원)을 흡수할 수 있을 뿐이고 자신의 안분배당금중 저당권자 B에게 빼앗긴 200만원까지 흡수할 수 있는 것은 아니다. 가압류권자 A와 D는 동순위이나 흡수할 수 있는 금액이 없다. 또한 순환은 모든 채권자에 대하여 1회 발생하고 1회 순환이 끝나면 흡수과정도 종료한다.

결국 배당금액은 A는 1,200만원, B는 2,000만원 C는 2,800만원, D는 배당이 없다.

17. 순환흡수배당(가압류와 당해세 아닌 조세)

■ 배당할 금액이 금6,000만원이고, 각 권리 순위가 다음과 같은 경우

A : 가압류(2009.3.10.) - 4,000 만원

B : 근저당(2010.2.11.) - 2,000 만원

C : 압류(당해세 아닌 조세)(2010.3.10.) - 3,000 만원

D : 가압류(2012.4.14.) - 1,000 만원

D의 가압류권자가 확정판결을 받아서 강제경매 신청

해설

말소기준권리는 'A'의 가압류가 되며 이러한 경우, A의 가압류는 B의 저당권과 D의 가압류에 대하여 평등하고 C의 조세에 대하여는 후순위이다. B의 근저당권은 C와 D의 권리보다 우선하지만 A의 가압류권자와는 동등한 순위이다. 이러한 관계에서 서로 상호순위가 모순되는 관계에 있는 경우에는 순환이 되풀이되어 순환흡수배당을 하게 된다.

■ 안분배당

A 가압류권자 1억원 분의 4,000만 * 6,000만원 = 2,400만원

B 근저당권자 1억원 분의 2,000만 * 6,000만원 = 1,200만원

C 조세권자　1억원 분의 3,000만 * 6,000만원 = 1,800만원

D 가압류권자 1억원 분의 1,000만 * 6,000만원 = 　600만원

■ 순환흡수배당

① 최선순위 근저당권부터 설정된 시간 순으로 흡수를 시작한다. 그리고 흡수를 할 때뿐만이 아니라 흡수를 당할 때에도 흡수당하는 채권자들 중에서 가장 열악한 채권자의 안분액부터 흡수를 당하게 된다.

② 저당권자 B는 조세권자 C와 가압류권자 D로부터 흡수를 시작한다. 안분에서 1,200만원을 배당받았고 나머지 800만원을 D에게서 600만원을 빼앗고 나머지 200만원을 C의 조세권자에게서 빼앗는다(안분배당 1,200만원, D 600만원, C 200만원). C의 조세권자는 안분배당액 1,800만원 중에서 200만원을 빼앗겨 1,600만원이 남았고, D의 가압류권자는 안분배당 받았던 600만원을 근저당권자 B에게 빼앗겨 배당이 전혀 없다.

③ 조세권자 C는 A의 가압류권자와 D의 가압류권자에 대하여 우선하는 권리이므로 이들로부터 흡수를 할 수 있다. D는 근저당권자 B에게 빼앗겼기 때문에 배당이 없어서 위 가압류권자 A에게 1,200만원을 흡수한다. 이때 중요한 사실은 C가 A에게 흡수할 수 있는 금액은 원래의 안분액이다. 즉 당초 안분액이 자신의 청구채권액에 미치지 못하는 금액(3,000만원 중 안분배당 1,800만원을 제한 1,200만원)을 흡수할 수 있을 뿐이고 자신의 안분배당금중 저당권자 B에게 빼앗긴 200만원까지 흡수할 수 있는 것은 아니다. 가압류권자 A와 D는 동순위이나 흡수할 수 있는 금액이 없다. 또한 순환은 모든 채권자에 대하여 1회 발생하고 1회 순환이 끝나면 흡수과정도 종료한다.

결국 배당금액은 A는 1,200만원, B는 2,000만원 C는 2,800만원, D는 배당이 없다.

18. 조세(체납처분[3])

📋 **참고**

* 경매는 가장 빠른 압류 하나를 먼저 배당하고, 나머지 참가압류와 교부 청구한 조세는 안분배당을 실시한다. 공매는 압류순서에 의하여 배당하고, 나머지 교부 청구는 안분 배당한다.

1순위 당해세, 2순위 납세담보(세금납부를 담보하기 위하여 근저당을 설정하는 것(근저당권자는 해당기관장)), 3순위 압류선착주의, 4순위 참가압류조세[4], 교부청구조세

---

(1) 가압류와 조세 (배당금액 3,000만원)

A : 가압류 (2012. 12. 10.) – 3,000 만원

B : 조세 (2013. 2. 11.) – 500 만원

'A' 강제경매 신청

해설

조세채권자 'B'법정기일과 관계없이 늦더라도 일반채권자인 가압류권자 'A'보다 우선한다. 따라서 'B'를 먼저 배당하고 나머지가 있으면 가압류권자'A'에게 배당한다. 결국 조세권자 'B'는 500만원, 나머지 'A'에게 2,500만원을 배당하고 종료한다.

(2) 근저당과 조세 (배당금액 3,000만원)

A : 조세(법정기일) (2013. 1. 10.) – 2,000 만원

B : 근저당 (2013. 2. 11.) – 3,500 만원

'B' 임의경매 신청

해설

말소기준권리는 'B'의 근저당권이며 조세와 근저당권 사이의 우선순위는 조세의법정기일과 설정등기일의 선후에 의하여 정한다. 이러한 경우에 조세채권자 'A'가 근저당권자 B'보다 빠르므로 먼저 2,000만원을 배당하고 다음'B'의 근저당권자에게1,000만원을 배당한다. 만일 확정일자 있는 임대차인 경우에도 법정기일과의 순위다툼에 의한다.

---

3 납세자가 임의로 조세채무를 이행하지 아니하는 경우, 즉 조세채권의 이행지체에 빠져있는 경우 원칙적으로 독촉의 절차를 거친 후에 납세자의 재산으로 부터 조세채권을 강제적으로 실현하려는 목적에서 행하는 일련의 행정절차를 의미한다.

4 과세관청이 압류하고자 하는 재산이 이미 다른 기관에 압류 되었을 때 송달함으로서 참가하는 절차를 말한다.

(3) 근저당과 조세 (배당금액 3,500만원)

A : 조세(법정기일) (2012.11.10.) − 3,000 만원

B : 근저당 (2012.11.10.) − 3,500 만원

'B' 임의경매 신청

해설

근저당권 설정일과 조세의 법정기일이 같은 날의 경우에는 국세기본법 제35조 제1항 제3호(지방세법 제31조 제2항 제3호 동일)가 법정기일 전에 설정된 저당권 등을 조세우선의 예외로서 인정하는 형식으로 규정하고 있으므로 문리해석상 조세채권의 우선에 따라 조세채권이 우선한다고 하여 결국은 'A' 3,000 만원, 'B'는 500만원을 배당한다.

(4) 조세와 가압류와 조세(압류) (배당금액 5,500만원)

A : 조세(법정기일) (2011.08.10.) − 3,000 만원

B : 가압류 (2011.11.10.) − 3,500 만원

C : 조세 (압류)(2011.12.10.) − 2,500만원

'B' 강제경매 신청(확정판결)

해설

'B'가 말소기준권리에 해당되며, 부동산에 체납처분에 의한 압류가 행하여졌을 때는 그 압류에 관계되는 조세는 국세나 지방세를 막론하고 교부 청구 한 다른 조세보다 우선한다(압류선착주의 원칙). 조세채권자 'A'가 법정기일이 'C'의 법정기일보다 우선하지만 조세채권자들 사이에서는 법정기일이 아니라 압류여부가 우열의 기준이 되므로 압류를 먼저 한 'C'가 우선 배당되고 그 후 'A'에게 배당되고 나머지가 있으면 'B'에게 배당한다. 결국'C'2,500만원,'A'3,000만원, 'B'는 배당이 없다.

(5) 조세(당해세[5])와 가압류와 조세(당해세, 압류) (배당금액 4,500만원)

A : 조세(당해세, 법정기일) (2011.08.10.) − 1,500 만원

B : 가압류 (2011.11.10.) − 2,500 만원

C : 조세 (당해세, 압류)(2012.12.10.) − 2,500만원

'B' 강제경매 신청(확정판결)

해설

일반 조세채권자의 경우 당해세와의 사이에서 압류를 먼저 하여도 압류선착주의가 적용되지 않고 당해세가 우선하지만 당해세 사이에서는 압류선착주의[6]가 적용되어서 압류를 먼저 한 당해세 채권자가 우선한다. 결국 'C'가 2,500만원,

---

5 당해세는 집행목적물에 대하여 직접 부과되는 국세. 지방세이다 당해세의 종류로는 국세로 증여세 상속세 재평가세 토지초과이득세 등이며, 지방세로는 재산세 자동차세 종합토지세 도시계획세 및 공동시설세 등이다.

'A'가 1,500만원, 'B'가 500만원으로 배당한다.

(6) 조세와 조세(당해세)와 근저당 (배당금액 4,500만원)

A : 조세(법정기일) (2010.08.11.) − 1,300 만원

B : 조세 (당해세, 압류)(2012.12.10.) − 1,500만원

C : 근저당(2013. 1.3.) − 3,000만원

'C' 임의경매 신청

> **해설**
>
> 말소기준권리는 'C'의 근저당이며 당해세 'B'가 먼저 1,500만원을 배당하고, 법정기일이 앞선 'A'가 1,300만원을 배당받고, 'C'는 나머지인 1,700만원을 배당한다.

참고

재산세(당해세) 개정법의 시행일인 1996. 1. 1. 이후에 납세의무가 성립하는 당해세, 즉 1996년도 분부터 신법에 의하여 당해세우선의 원칙이 적용된다고 해석된다.

---

(7) 근저당과 임차인과 조세(당해세) (배당금액 8,500만원)

A : 근저당 (2009. 01. 20.) − 2,500 만원

B : 임차인(2011.12.10.) − 5,500만원(광역시 소재)

C : 조세(당해세)(2013. 1.3.) − 3,000만원

'A' 임의경매 신청

> **해설**
>
> 임차인 'B'는 'A'의 근저당에 대하여 소액임차인이 아니다. 따라서 'C'의 조세가 3,000만원을 배당받고, 근저당권자 'A'가 2,500만원 배당받고, 나머지 'B'는 3,000만원을 배당받는다.

---

6   압류선착수의란 조세는 원칙적으로 동순위라 조세간은 안분배당을 하는 것이 원칙이나, 부동산 체납처분을 위해 압류가 실행됐을 때 법정기일에 따라 배당받은 금액을 그 압류에 관계되는 조세는 국세, 지방세를 막론하고 교부 청구한 다른 조세보다 우선하여 흡수한다.
   * 국세기본법 제36조(압류에 의한 우선)
   ① 국세 체납처분에 의하여 납세자의 재산을 압류한 경우에 다른 국세·가산금·체납처분비 또는 지방세의 교부 청구가 있으면 압류에 관계되는 국세·가산금 또는 체납처분비는 교부청구된 다른 국세·가산금·체납처분비와 지방세에 우선하여 징수한다.

⑻ 근저당과 임차권과 조세(당해세) (배당금액 9,500만원)

A : 임차권 (대항력, 확정일자)(2008.01.20.) - 3,500 만원(과밀억제권역)

B : 조세(당해세, 법정기일)(2008. 3.3.) - 2,000만원

C : 근저당 (2008. 5. 10) - 5,000만원

'C'의 임의경매 신청

해설

'A'의 임차권은 소액임차인에 해당하므로 먼저 최우선 변제 금으로 1,600만원을 배당하고 확정일자부 임차권'A'와 조세채권자인'B'의 사이에서는 법정기일의 순서에 따라 순위가 정해지지만 당해세인 경우에는 이 원칙을 무시하고 당해세가 우선하므로'B'에게 2,000만원을 배정한다. 그리고 'A'와'C'의 관계에서'A'가 앞서므로 부족분 1,900만원을 배당하고, 나머지는 근저당권자인'C'에게 배당한다.

⑼ 당해세, 당해세 아닌 조세

■ 배당할 금액이 금8,000만원이고, 각 권리 순위가 다음과 같은 경우

A : 근저당 (2007.3.10.) - 3,000 만원

B : 조세(당해세)(2008.2.11.) - 500 만원

C : 압류(당해세 아닌 조세)(2009.9.10.) - 2,000 만원

D : 근저당 (2011.7.14.) - 4,000 만원

D의 근저당권에 의한 임의 경매 2011. 8. 15

해설

말소기준권리는 A의 근저당권이고 조세 중 당해세는 법정기일에 관계없이 근저당권 및 가압류, 조세에 우선한다. 배당은 당해세인 B에게 먼저 500만원을 배당하고 A에게 3,000만원 C에게 2,000만원 그리고 D에게 배당한다.

압류선착주의의 원칙은 경매대상 부동산 자체에 대하여 부과된 조세와 가산금(당해세)에 대하여는 적용하지 않는다. 즉 당해세가 아닌 조세채권에 기하여 선행압류가 행하여졌더라도 그 후에 조세채권자가 당해세에 기하여 교부 청구를 하면 후행당해세인 조세채권자가 우선한다(당해세는 압류선착에 관계없이 다른 조세에 대하여 우선한다).

19. 동시배당[7]과 이시배당[8]

(1) 동시배당

공동저당 부동산	매각(경매)대금	1 순위	2 순위	3 순위
A	4,000만원	갑(근저당)4,000만원	을(가압류)1,000만원	근저당
B	2,000만원	갑(근저당)4,000만원	병(근저당)2,000만원	가압류
C	1,000만원	갑(근저당)4,000만원	정(전세권)2,000만원	근저당

해설

'갑'이 A, B, C 부동산을 동시에 경매하여 배당을 받는 경우에는 각 경매(매각)대가에 비례하여 채권 액을 분담하게 된다(민법 제368조1항).

◙ A부동산 4,000만원

'갑은' 4,000/7,000 * 4,000 =2,285만원(천원단위 절삭)

'을' 은 4,000-2,285 =1,715만원 3순위인 근저당과 안분비례 후 결산 배당한다.

◙ B부동산 2,000만원

'갑'은 2,000/7,000 * 4,000 =1,142만원

'병'은 2,000 - 1,142 = 858만원(3순위인 채권보다 앞서서 물권우선의 원칙으로 나머지 전액을 배당하고 3순위 가압류채권은 배당이 없다.)

◙ C부동산 1,000만원

'갑'은 1,000/7,000 * 4,000 = 571만원

'정'은 1,000 - 571만원 = 429만원을 배당받고, 3순위인 근저당권자는 배당이 없다.

위와 같은 방법으로 동시배당을 하는 이유는 후순위 채권자들을 보호하여야 할 필요가 있기 때문이다.

7　공동저당권이 설정되어 있는 여러 개의 부동산을 일시에 경매하여 동시에 배당하는 경우는 각 부동산의 경매가액에 비례하여 그 채권의 부담액을 정한다(민법 제368조 제1항).

8　저당 부동산 중 일부가 먼저 받고 다른 일부는 나중에 배당되는 경우에 먼저 배당되는 대가에서 그 채권의 전부를 변제받을 수 있다(민법 제368조 제2항).

(2) 이시배당

공동저당권의 목적물중 일부만이 경매되어 그 대가를 먼저 배당하는 때에는 공동저당권자는 그 대가에서 채권전액을 변제받을 수 있다. 이 경우 그 경매한 부동산의 후순위권리자는 선순위의 공동저당권자가 만약 동시에 경매하여 배당하였더라면 다른 부동산의 경매대가에서 변제 받을 수 있었던 금액의 한도에서 선순위공동저당권자를 대위하여 저당권을 행사할 수 있다(민법 제368조 제2항).

20. 대위변제에 의한 배당

■ 각 권리가 아래와 같다. 각각의 배당 액은?

```
배당은행 5,000만원
2008. 2. 5.  근저당   우리은행                1,000만원  (1)
2011. 3. 5.  전입, 인도, 임대차 (갑)          6,000만원  (2) 서울기준
      5. 5.  저당권   국민은행                5,000만원  (3)
      7. 5.  국민은행 임의경매
```

해설

① 국민은행이 임의경매 신청 시 최초근저당인 우리은행 근저당이 기준권리가 되고, 임차인 '갑'은 소액임차보증금의 최우선변제에도 해당되지 않고, 또한 확정일자도 없어 물권과 성립순위도 다투지 못해 6,000만원 중 한 푼도 받지 못한다. 따라서 우리은행 1,000만원, 국민은행 4,000만원으로 배당절차가 완료된다.

② 이러한 때에, 임차인 '갑'은 앞 선순위인 우리은행 근저당 1,000만원을 임대인을 대신하여 대위변제하고 낙찰자(매수인)에게 대항할 수 있는 최선순위 임차인으로 전환한다. 이때는 (3)번 국민은행이 기준권리가 되고 임차인 '갑'은 낙찰자와 임대보증금 사이에 동시이행관계에 있기 때문에 보증금 전액을 낙찰자에게 받을 수가 있다.

③ 임차인'갑'이 임대인을 대신하여 우리은행에 지불한 1,000만원은 임차인 '갑'이 임대인에게 임대보증금 반환청구를 할 수 있다.

④ 낙찰자인 매수인은 부동산의 부담이 현저히 증가하였음을 이유로 법원에 매각허가결정에 대한 취소신청을 할 수 있다(민집 127조 제1항).

21. 다수의 권리배당 배당금액 : 2억원

서울특별시(단위; 만원)

성립일자	금 액	권리종류	권리자명	비 고
2005. 03. 5	5,000만원	임대차	A	소멸. 인수
2006. 05. 8	6,000만원	임대차	B	소멸. 인수
2007. 8. 25	5,000만원	근저당	국민은행	기준권리
2008. 9. 25	4,000만원	근저당	우리은행	소멸
2009. 10. 5	5,000만원	임대차(확정일자)	C	소멸
2010. 2. 8	5,000만원	전세권(물권)	D	소멸
2011. 3. 9	6,000만원	근저당	농협	소멸
2012. 8. 20	9,600만원	임대차(확정일자)	E	소멸
2013. 7. 30	9,700만원	임대차(확정일자)	F	소멸
2013. 8. 1	1,000만원	가압류(1)	G	소멸
2013. 9. 1	2,000만원	가압류(2)	H	소멸
2014. 1.10	3,000만원	근저당	신한	소멸

배당금액은 2억 원이라 가정하고 주택임차인의 최우선변제금은 경락가격에서 1/2 범위 내이다. 따라서 1억 원을 초과할 수 없다.

해설

① 먼저 국민은행 근저당권이 기준권리가 되며 이에 해당하는 소액임차인이 없어서 국민은행에게 먼저 배당을 한다.

② 그리고 우리은행의 근저당권자를 기준으로 하면 권리자인 A, B, C가 소액임차인에 해당되어 최우선 변제 금으로 각각 2,000만원을 배당한다. 여기에서 C는 나머지를 우리은행에게 배당을 한 후 확정일자에 의한 배당을 받는다.

③ 다음으로 우리은행 근저당권자에게 배당을 한다.

④ 그리고 물권우선순위에 따라 확정일자를 포함하여 우선변제를 실시한다(전세권, 확정일자. 근저당권 등).

⑤ 가압류권자는 잔여금액이 있으면 다음 근저당권자인 신한은행과 안분비례에 의한 비율로 배당을 실시한다.

⑥ 임차권자 A와 B는 배당을 받지 못한 부분이 발생하면 기준권리보다 앞서있기 때문에 대항력을 가지고 낙찰인 에게 대항할 수 있는 권한이 발생한다.

제3절 판례 분석(배당이의)

1. 대법원 2011. 12. 8.선고 2011다65396 판결. 배당이의

■ 판시사항

담보권 실행을 위한 경매절차에서 신청채권자가 피담보채권 일부만을 청구금액으로 하여 경매를 신청한 경우(원칙적 소극) 및 신청채권자가 경매신청서에 경매청구채권으로 이자 등 부대채권을 표시한 경우, 나중에 채권계산서에 부대채권을 증액하는 방법으로 청구금액을 확장할 수 있는지 여부(적극)

담보권실행을 위한 경매절차에서 신청채권자가 경매신청서에 피담보채권의 일부만을 청구금액으로 하여 경매를 신청하였을 경우에는 다른 특별한 사정이 없는 한 신청채권자의 청구금액은 그 기재된 채권 액을 한도로 확정되고 그 후 신청채권자가 채권계산서에 청구금액을 확장하여 제출하는 등 방법에 의하여 청구금액을 확장할 수 없으나, 이러한 법리는 신청채권자가 경매신청서에 경매청구채권으로 이자 등 부대채권을 표시한 경우에 나중에 채권계산서에 의하여 부대채권을 증액하는 방법으로 청구금액을 확장하는 것까지 금지하는 취지는 아니라고 할 것이다.

2. 대법원 2007. 5. 11. 선고, 2007다14933 판결. 배당이의

■ 판시사항

신청채권자가 경매신청서에 청구채권으로 채권 원금 외에 지연손해금 등의 부대채권을 개괄적으로나마 표시하였다가 나중에 채권계산서에 의하여 그 부대채권의 구체적인 금액을 특정 하는 것이 청구금액의 확장에 해당하여 허용되지 않는지 여부(소극)

민사집행법 제268조에 의하여 담보권의 실행을 위한 경매절차에 준용되는 같은 법 제80조 제3호, 민사집행규칙 제192조 제2호 및 제4호의 각 규정의 취지는 경매신청의 단계에서 신청채권자에게 경매신청의 원인이 되는 피담보채권을 특정 시키기 위한 것일 뿐만 아니라, 신청채권자의 청구채권 액을 그 신청서에 표시된 금액을 한도로 하여 확정시키기 위한 것이므로 신청채권자가 경매신청서에 피담보채권의 일부만을 청구금액으로 하여 경매를 신청하였을 경우에는 다른 특별한 사정이 없는 한 신청채권자의 청구금액은 그 기재된 채권액을 한도로 확정되고 그 후 신청채권자가 채권계산서에 청구금액을 확장하여 제출하는 등의 방법에 의하여 청구금액을 확장할 수 없지만 신청채권자가 경매신청서에 청구채권으로 채권 원금 이외에 지연손해금 등의 부대채권을 개괄적으로나마 표시하였다가 나중에 채권계산서에 의하여 그 부대채권의 구체적인 금액을 특정 하는 것은 경매신청서에 개괄적으로 기재하였던 청구금액의 산출근거와 범위를 밝히는 것에 지나지 아니하여 허용된다고 할 것이고, 이를 청구금액의 확장에 해당하여 허용되지 아니하는 것으로 볼 것은 아니다.

3. 대법원 2005. 8. 25. 선고 2005다14595 판결. 배당이의

[1] 배당요구가 필요한 배당요구채권자가 적법한 배당요구를 하지 아니한 경우, 배당에서 제외되는지 여부(적극) 및 채권의 일부 금액만을 배당 요구한 경우, 배당요구종기일 이후에 배당요구하지 아니한 채권을 추가하거나 확장할 수 있는지 여부(소극)

[2] 배당요구가 필요한 배당요구채권자가 배당요구종기일 이후에 배당요구하지 아니한 채권을 추가 또는 확장하여 배당요구를 하였으나 그 부분이 배당에서 제외된 경우, 배당받은 후순위 채권자를 상대로 부당이득의 반환을 청구할 수 있는지 여부(소극)

[3] 사해행위의 수익자 소유의 부동산에 대한 경매절차에서 취소채권자가 수익자에 대한 가액배상판결에 기하여 배당을 요구하여 배당을 받은 경우, 취소채권자가 그 배당 액에 대하여 우선권을 가지는지 여부(소극)

■ 평석

[1] 민법·상법 기타 법률에 의하여 우선변제청구권이 있는 채권자, 집행력 있는 정본을 가진 채권자 및 경매신청의 등기 후에 가압류를 한 채권자는 배당요구

종기일 까지 배당요구를 할 수 있고(제605조 제1항), 배당요구가 필요한 배당요구 채권자는 배당요구종기일 까지 배당요구를 한 경우에 한하여 비로소 배당을 받을 수 있고, 적법한 배당요구를 하지 아니한 경우에는 실체법상 우선변제청구권이 있는 채권자라 하더라도 그 매각대금으로부터 배당을 받을 수는 없으며, 또한 배당요구종기일 까지 배당요구한 채권자라 할지라도 채권의 일부 금액만을 배당 요구한 경우에 배당요구종기일 이후에는 배당요구하지 아니한 채권을 추가하거나 확장할 수 없다.

[2] 배당요구를 하여야만 배당절차에 참여할 수 있는 채권자가 배당요구종기일 까지 배당요구를 하지 아니한 채권 액에 대하여 배당요구종기일 이후에 추가 또는 확장하여 배당요구를 하였으나 그 부분을 배당에서 배제하는 것으로 배당표가 작성·확정되고 그 확정된 배당표에 따라 배당이 실시되었다면, 그가 적법한 배당요구를 한 경우에 배당받을 수 있었던 금액 상당의 금원이 후순위 채권자에게 배당되었다고 하여 이를 법률상 원인이 없는 것이라고 할 수 없다.

[3] 사해행위취소란 채권의 보전을 위하여 일반 채권자들의 공동담보에 제공되고 있는 채무자의 재산이 그의 처분행위로 감소되는 경우, 채권자의 청구에 의해 이를 취소하고, 일탈된 재산을 채무자의 책임재산으로 환원시키는 제도로서, 사해행위의 취소와 원상회복은 모든 채권자의 이익을 위하여 효력이 있으므로(민법 제407조), 취소채권자가 자신이 회복해 온 재산에 대하여 우선권을 가지는 것은 아니라고 할 것이므로, 사해행위의 수익자 소유의 부동산에 대한 경매절차에서 취소채권자가 수익자에 대한 가액배상판결에 기하여 배당을 요구하여 배당을 받은 경우, 그 배당 액은 배당요구를 한 취소채권자에게 그대로 귀속되는 것이 아니라 채무자의 책임재산으로 회복되는 것이며, 이에 대하여 채무자에 대한 채권자들은 채권만족에 관한 일반원칙에 따라 채권 내용을 실현할 수 있는 것이다.

■ 배당사례

지방법원   **배 당 표**

2017 타경   ○○호 부동산임의경매

배당할 금액		금 1,966,646,916			
명세	매각대금	금 1,966,500,000			
	지연이자	금 0			
	전낙찰인의 경매보증금	금			
	항고보증금	금 0			
	보증금이자	금 146,916			
집행비용		금 8,137,406			
매각 부동산		별지기재와 같음			
채권자		김 0 0	에프에스(주)	임대차	이 0 0
채권 금액	원금	307,000,000	800,000,000		
	이자	0	70,779,885		
	비용	0	0		
	계	307,000,000	870,779,885		
배당순위		1	1	2	3
이유		전세권자	근저당권자	가압류권자	저당권자
채권최고액		307,000,000	960,000,000		
배당 액		236,380,271	870,779,885		
잔여액		1,722,129,239	851,349,354		
배당비율		77%	100%		
공탁번호 (공탁일)		년금제 호 (. . .)	년금제 호 (. . .)	년금제 호 (. . .)	년금제 호 (. . .)

년 월 일

판사   (인)

■ 전세권사례평석

1. 최선순위 용익물권인 전세권은 배당요구를 한 경우에는 말소기준권리가 될 수도 있으며, 배당요구를 하지 않은 경우에는 채권전부를 변제받을 때까지 매수인에게 동시이행관계를 주장할 수 있다.

2. 본 물건은 1순위인 전세권자가 배당요구를 하지 않았기 때문에 배당을 하지 말아야 함에도 불구하고, 담당 경매 계에서 배당을 하여 후순위채권자나 소유자 등인 채무자에게 해를 끼친 결과를 초래한 사안이다.

3. 이와 관련된 이해관계인(채무자, 후순위채권자 등)은 즉시 배당이의신청의 의사표시를 하여 배당을 정지시켜야 함에도 불구하고 이의신청을 하지 않아 그대로 배당표가 확정되어 버렸다. 만약 배당이의신청을 하고 1주일 이내에 배당이의소를 제기하여 소제기증명을 담당 경매 계에 제출하면 재배당을 실시하여 구제받을 수 있는 사안이었다. 이를 간과하고 배당표가 확정되어 부당이득의 소로써 다투어야 하고 설사 승소하더라도 채권변제를 받기에는 한계가 있을 수 밖에 없다.

4. 이로 인하여 낙찰자인 매수인은, 선순위전세권을 인수한다는 권리분석을 하고 매수를 하여 배당한 만큼(2억3천6백여만원 정도)의 금액을 뺀 나머지를 인수하던지 아니면 그 나머지부분에 대하여도 전세권말소의 소로써 다투어볼 필요가 있다.

※ 해결방법

용익물권성질과 담보권의 성질을 가진 전세권은 최초 근저당(가압류 등)의 말소기준권리보다 앞선 경우에는 매수인이 인수하는 권리이다. 단 배당요구를 하여 배당을 충족한 경우에는 소멸한다. 이러한 사항을 알아보기 위해 배당요구종기까지 배당요구를 하였는지 반드시 확인하고, 또한 채권자와 채무자 등 이해관계인에게 보여주기 위해 배당기일 3일 전 배당표 원안을 작성하여 법원에 비치한 것을 참고로 하여 배당표를 미리 검토하는 것도 권리를 지키는 방법이다(민사집행법 제149조 제1항).

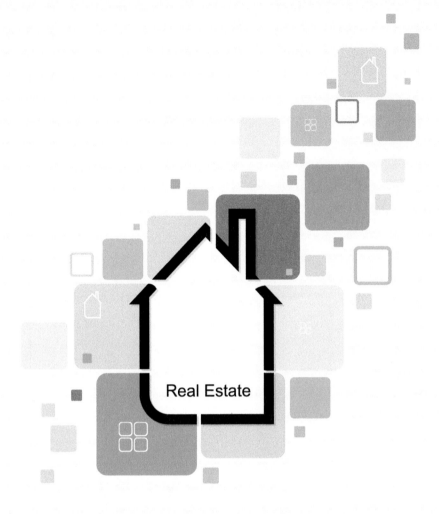

제 5 장
부동산 임대차(주택, 상가건물)

제1절   주택임대차보호법

제2절   상가건물임대차보호법

제3절   2013년 08월 13일에 시행되는 주택(상가건물) 임대차보호법의 주 내용

제4절   2014년 1월 1일에 시행되는 주택(상가건물) 임대차보호법의 주 내용

제5절   권리금보호법(2015년 5월 13일 시행)

제6절   2018년 1월 26일에 시행되는 상가건물 임대차보호법의 주 내용

제7절   2018년 10월 16일에 시행되는 상가건물 임대차보호법의 주 내용

주택 임대차보호법과 상가건물 임대차보호법의 비교표 표 (5-1)

구 분	주택 임대차보호법	상가건물 임대차보호법	
목 적	국민(서민)의 주거생활의 안정 (1981.03.05제정)	국민(영세상인)의 경제생활의 안정(2002. 11. 1. 시행)	
적용 대상자	보증금무관 +주택인도+전입신고 (확정일자무관)	보증금 일정 범위내+건물인도+사업자등록+확정일자	
적용 범위	주거용 건물 (주택의 전부 또는 일부),일시사용(3개월 이하. 판례) 등 제외(여관 등)	1.서울시: 9억원 2.과밀억제권역(부산. 인천제외) 6억9천만원	3.광역시: 5억4천만원 4.그 밖: 3억7천만원
	월차임 보증금과 합산 안함	월차임은 보증금에 합산: 월차임x100 적용 예: 보증금1억원+월 150만원x100=2억5천만원 적용보증금 초과 시, 민법적용	
대상 임차인	개인/법인은 안 됨 중소기업법인 직원용 인정(2014.1.1.시행).	개인+법인	
대항력 요건	주택인도+전입신고	건물인도+사업자등록	
우선 변제요건	주택인도+전입신고+확정일자	건물인도+사업자등록+확정일자	
확정일자 부여처	동사무소/등기소/공증사무실	세무서	
임차권등 기명령	소재지 법원(시,군법원 포함) 가능	소재지 법원(시,군법원 포함) 가능	
임대차 기간	최소 2년 보장	1년(최대 10년),개정(2019.4.2.) 모든 상가에게 갱신요구권 인정	
기간 만료 따른 갱신 및 해지	임대인은 6개월~1개월 전 갱신 거절 통지가능 임차인은 1개월 전 계약해지 통지 가능(갱신청구권은 없음)	임대인은 6개월~1개월 전 갱신 거절 통지가능 임차인은 1개월 전 계약해지 통지가능 (민법 636조. 확립된 판례無) 임차인은 6개월~1개월 전 갱신 청구권 (최대 10년)	
갱신배제 요건	2기 차임액 연체 사실/전대(임대인의 동의 없이)	3기 차임액 연체 사실 /전대(임대인의 동의 없이) 등	
묵시적 갱신 및 해지	임대차기간 : 2년(2009.5.8 개정) 임차인이 해지 통지후 3개월 경과하면 효력 (임대인은 권리無) 또는 위 기간만료에 따른 갱신 및 해지 기준적용	임대차기간 : 1년 임차인이 해지 통지후 3개월 경과하면 효력 (임대인은 권리無) 또는 위 기간만료에 따른 갱신 및 해지 기준적용	

구 분	주택 임대차보호법			상가건물 임대차보호법		
월차임 전환시 산정률	14% (2002. 6. 30.부터 시행), 10%로 개정(2014. 1. 1일 시행)			15%에서 12%로 개정(2014.1.1. 시행).		
임대료 인상 상한	5%(주임법 제2조1항). 임대차계약, 약정한 차임 등의 증액후 1년 이내는 증액청구 불가(주임법 제2조1,2항)감액청구에 대한 제한은 없음.			5/100 (5%) (2018. 10. 16.개정) 증액 후 1년 이내 제한, 월차임전환시 산정률의 제한(연 12%와 한국은행공시 기준금리4.5배수 중 낮은 비율)		
법4조 우선 변제를 받을 임차인의 범위	적용보증금 (21.05..4.개정)	우선변제금		적용보증금(19.4.2개정)	임차인의 범위	우선변제금
	1.서울시: 1억5천만 2.과밀권:1억3천만 3.광역시(세종시, 안산시,용인시,김포시, 광주시): 7,000만원 4.그 밖: 6,000만원	5,000만 4,300만 2,300만 2,000만		1.서울시: 9억원 2.과밀권.부산:6억9천만원 3.광역시(부산.인천제외) 5억4천만원 4.그 밖: 3억7천만원	6,500만원 5,500만원 3,800만원 2,500만원	2,200만원 1,900만원 1,300만원 1,000만원
	주택가액 1/2범위에서 (토지가액 포함)			건물가액 1/2범위에서 (토지가액 포함), 2013.12.31.개정		

※ 편 면적 강행규정, 미등기 전세권 준용, 보증금 반환청구소송 시 소액사건 심판법(금액무관)의 적용
※ 일반 임대차 (주택 및 상가건물 임대차보호법 미적용 시)
1. 적용법령 : 민법 (제7편 임대차 618조~654조)
2. 계약갱신배제요건 : 2기 차임액(주택), 3기(상가) 연체시 불가
3. 묵시적 갱신 및 해지:
  1) 임대차기간 : 존속기간이 없는 것으로 봄
  2) 임차인은 해지 통지후 1개월 경과, 임대인은 해지 통지후 6개월 경과하면 해지효력
* 월차임 전환에서 금리가 현행2.5%보다 낮아질 겨우 상한선이 주택은 기준금리의 4배, 상가의 경우 기준금리의 4.5배를 넘길 수 없다.

* 경매신청 – 주임, 상임 공히 확정판결 후 물건인도를 하지 않아도 경매신청 할 수 있다. 단 배당금 수령 시는 물건을 인도하여야 한다.

제1절 주택 임대차 보호법

1. 주택 임대차 보호법의 목적

☰ 주택 임대차 보호법은 어떠한 법인가 ?

⊟ 1) 주택소유자에 비하여 상대적으로 사회적 약자의 지위에 있는 주택임차인을 보호하여 국민주거생활의
  안정[1]을 도모한다는 사회 정책적 목적을 달성하기 위하여 1981. 3. 5. 제정된 특별법으로서 주택임대
  차에 관하여 민법에 대한 여러 가지 특례를 규정하고 있다.

  2) 주택임대차보호법의 성질
  ① 특별법적 성질: 민법의 특별법으로 일반법인 민법에 비해 우선적용 한다.
  ② 사회보장법적 성질 : 임차인의 주거 생활의 안정을 위한 법으로 사회보장법 성질이 있다.
  ③ 강행법규의 성질 : 임차인에게 불리한 조항은 효력이 없다. 임차인을 위주로 해석하라는 편 면적 강
    행규정이다.

2. 주택 임대차 보호법의 주요 내용

☰ 주택 임대차 보호법의 주택 임차인 보호를 위한 여러 규정 중 가장 중요한 내용은 무엇인가?

⊟ 중요한 내용은 다음과 같다.
  1) 대항요건을 갖춘 임차인의 대항력선순위 저당권 등이 없는 임차주택에 주택임차인이 입주하고 주민등
  록전입신고를 마치면(이를 대항요건이라고 한다) 그 다음날부터 임차주택이 다른 사람에게 양도되거나
  경락되더라도 새로운 집주인(양수인·경락인)에게 임차권을 주장하여 임대기간이 끝날 때까지 거주할
  수 있고 또 임대기간이 만료되더라도 임대보증금 전액을 반환받을 때까지는 집을 비워 주지 않을 수 있
  다. 다만 대항력이 있어도 확정일자를 갖추지 않거나 소액임차인에 해당하지 않는 경우에는 경매절차에
  참가하여 보증금을 우선 배당받을 수 없다.

  2) 대항요건과 주택임대차계약서상에 확정일자를 갖춘 임차인의 우선변제권대항요건과 주택임대차계약
  서상에 확정일자를 갖춘 임차인(이하 '확정일 자부 임차인'이라고 함)은 임차주택이 경매·공매되는 경
  우에 임차주택(대지 포함)의 환가대금에서 후순위담보권자나 기타 일반채권자에 우선하여 보증금을 변
  제받을 수 있다.

  3) 소액임차인의 최우선변제권임대보증금이 소액인 경우 임차주택이 경매되더라도 임차주택(대지 포함)
  가액의 ½ 범위 안에서 일정 금액 까지는 후순위 담보권자 및 일반채권자 뿐만 아니라 선순위 담보권자
  보다도 우선하여 변제받을 수 있다. 다만 이러한 보호를 받기 위해서는 임차주택에 대하여 경매신청기입
  등기가 경료되기 전에 입주 및 주민등록전입신고를 마쳐야 한다(대항력).

---

1 주택임대차보호법 제 1조

3. 임차인이 법인인 경우

📋 임차인이 사원용 주택의 마련을 위하여 주택을 임차하고 사원을 입주시킨 후 입주한 사원 명의로 주민 등록을 마쳤다. 이러한 경우 법인도 주택임대차보호법상 주택임차인으로서 보호받을 수 있는지?

> 📄 보호받을 수 없다. 주택임대차보호법은 자연인인 무주택자의 주거 안정을 입법목적으로 하고 있고, 법인은 애당초 대항요건의 하나인 주민등록을 자신의 명의로 할 수 없을 뿐만 아니라 그 직원 명의로 주민등록을 마 쳤다고 하더라도 이를 법인의 주민등록으로 볼 수 없기 때문에 동법에 의한 보호를 받을 수가 없다(대법원 1997. 7. 11. 선고. 96다7236판결; 대법원 2003. 7. 25. 선고. 2003다2918 판결). 다만 일정한 경우에 는 그 대항력을 인정한다(대항력이 인정되는 법인 : 한국토지주택공사, 지방공사).
> 그러나 이번에 의결된(2014. 1. 1. 시행) '주택임대차보호법' 일부개정안은, 중소기업인 법인이 직원용 주 택을 임차하는 경우에도 주택임대차 보호법상 임차인 보호 규정을 적용받도록 개선하고, 임차인이 보다 낮 은 이율로 보증금반환채권을 담보로 전세자금 등을 대출받을 수 있도록 보증금반환채권의 담보권자 등에게 도 우선변제권이 인정되도록 하였다.

4. 임차인이 외국인인 경우

📋 프랑스 국적의 외국인으로 주택을 임차하여 입주하였으나 주민등록법상의 전입신고를 할 수 없기 때문 에 주택소재지를 신체류지로 하는 전입신고를 하였다. 이러한 경우 주민등록을 갖추지 못하였는데 주 택임대차보호법상 주택임차인으로서 보호받을 수 있는지?

> 📄 보호받을 수 있다. 출입국관리법 제31조 및 제36조는 90일을 초과하여 국내에 체류하는 외국인은 외국인 등록을 하여야 하고, 등록 외국인이 체류 지를 변경한 때에는 신 체류지에 전입신고를 하여야 한다고 규정하 고 있으며, 주민등록법 시행령 제6조는 외국인은 주민등록에 관한 신고 대신에 출입국관리법에 의한 외국인 등록을 하면 된다는 내용을 규정하고 있으므로 귀하의 경우에는 대항요건인 주민등록을 갖추었다고 볼 수 있기 때문이다.
> * 출입국관리법 제88조의2(외국인등록증 등의 주민등록증 등과의 관계) ① 법령에 규정된 각종 절차와 거 래관계 등에 있어서 주민등록증 또는 주민등록증 초본을 요하는 경우에는 외국인등록증 또는 외국인등록 사실증명으로 이에 갈음한다. ② 이 법에 의한 외국인등록 및 체류지 변경신고는 주민등록 및 전입신고에 갈음한다.

5. 공부상 용도는 공장이나 현재 주거로 사용하는 경우

📋 건축물관리대장상의 용도는 공장으로 되어 있지만 현재 내부구조를 변경하여 주거로 사용하고 있는 건 물을 임차하여 입주와 전입신고를 마쳤다. 이러한 건물도 주택임대차보호법의 적용을 받을 수 있는지?

> 📄 적용을 받을 수 있다. 어떤 건물이 주택임대차보호법의 적용의 대상이 되는 주거용건물인지 여부는 등기부, 건축물관리대장 등 공부상 표시만을 기준으로 할 것이 아니라 사실상 주거로 사용하는지 여부를 기준으로 결정한다. 따라서 공부상 용도가 상가, 공장으로 되어 있어도 이미 건물의 내부구조 및 형태가 주거용으로 용 도 변경된 건물을 귀하가 임차하여 그곳에서 일상생활을 영위하면서 사실상 주거로 사용하고 있다면 주택임

대차보호법이 적용된다. 최근 다가구용단독주택에서 옥상의 옥탑을 주거용으로 용도 변경하는 경우를 종종 볼 수 있는데 이러한 경우도 임차하여 실제로 주거용으로 사용하고 있으면 주택임대차보호법의 적용을 받을 수 있다.

6. 주택의 일부를 점포로 개조한 경우

현재 주택의 일부를 야채가게로 개조한 건물을 임차하여 입주와 동시에 전입신고를 마치고 그곳에서 거주하면서 야채가게를 경영하고 있다. 이러한 건물도 주택임대차보호법의 적용을 받을 수 있는지?

적용을 받을 수 있다. 주택임대차보호법 제2조 단서는 임차주택의 일부를 주거 이외의 목적으로 사용되는 경우에도 같은 법이 적용된다고 규정하고 있기 때문이다. 그러나 귀하의 주장과는 달리 건물 중 주택과 점포의 구조와 점유면적, 건물의 주된 용도 등을 참작할 때 오히려 비주거용건물의 일부를 주거로 사용하고 있는 경우라고 판단된다면 주택임대차보호법이 적용되지 않을 수도 있다.

판례에 의하면 주거용 건물에 해당하는지 여부는 임대차 목적물의 공부상의 표시만을 기준으로 할 것이 아니고 그 실지 사용하는 주 용도에 따라서 정하여야 하고 건물의 일부가 임대차의 목적이 되어 주거용과 비주거용으로 겸용되는 경우에는 구체적인 경우에 따라 그 임대차의 목적, 전체건물과 임대차목적물의 구조와 형태 및 임차인의 임대차 목적물에 이용관계, 그리고 임차인이 그곳에서 일상생활을 하는 지 등 여부를 종합적으로 고려하여 합목적으로 결정하여야 한다(대법원 1996. 3. 12. 선고. 95다51953판결).

7. 비주거용건물의 일부를 주거로 사용하는 경우

현재 방 2개와 주방이 있는 다방 150평방미터를 임차하여 그곳에서 살면서 커피숍을 경영하고 있는데 전체 면적 중 커피숍 영업을 위한 부분이 120평방미터 정도이고, 방과 부엌을 합한 주거 면적이 30평방미터 정도이다. 이러한 경우에도 주택임대차보호법의 적용을 받을 수 있는지?

적용을 받을 수 없다. 비주거용건물 중 일부인 방과 주방을 어디까지나 커피숍 영업에 부수하여 주거목적으로 사용하는 것에 불과하기 때문이다.

8. 임대기간 중에 비주거용건물을 주거용으로 개조한 경우

점포용 건물을 임차하여 장사를 하다가 영업이 잘 되지 아니하여 현재는 주거용으로 내부를 개조하여 거주하고 있다. 이러한 경우에도 주택임대차보호법의 적용을 받을 수 있는지?

원칙적으로 적용을 받을 수 없다. 주택임대차보호법이 적용되기 위해서는 임대차계약 당시에 이미 임대건물이 주거용도로 사용할 수 있어야 한다. 따라서 계약 당시에 점포용 건물이었다면 그 후 임차인이 임의로 주거용으로 개조하더라도 주택임대차보호법의 적용을 받을 수 없다. 다만 귀하가 임대인의 승낙을 얻어 주거용으로 개조한 경우에는 개조한 때부터 주택임대차보호법의 적용을 받을 수 있다.

9. 임차주택이 미등기건물 또는 무허가건물인 경우

현재 임차하고자 하는 주택이 미등기 또는 무허가 건물인데 이러한 건물에도 주택임대차보호법이 적용되어 임대차계약서에 확정일자를 받아 두면 우선변제권을 행사할 수 있는지?

미등기건물 또는 무허가건물이라도 주택인 이상 주택임대차보호법의 적용을 받는다. 따라서 임대차계약서에 확정일자를 받아 두면 앞으로 위 주택에 보존등기가 경료 되고 저당권이 설정되어 경매되더라도 저당권자에 우선하여 임대보증금을 변제받을 수 있다. 다만 임대차계약을 체결하기 전에 임대하는 사람이 실제소유자(건축물관리대장에 의하여 건물소유자로 확인된 신 축자)이거나 그로부터 임대권한을 부여받은 사람인지 여부를 확인하여 보아야 한다. 다만 임차권등기명령제도(동법 제3조의3)는 등기를 전제로 하는 것이므로 이용할 수는 없다.

10. 임차인이 점유보조자를 통하여 점유하는 경우

시골 출신 대학 2학년생인데 현재 방 1칸을 임차하여 전입신고를 하고 입주하여 자취를 하고 있다. 그런데 아직 미성년자이기 때문에 시골에 거주하는 부친이 임대차계약을 체결하였다. 이러한 경우에도 주택임대차보호법의 보호를 받을 수 있는지?

보호를 받을 수 있다. 임차인인 부친이 귀하를 통하여 점유하는 것으로 되기 때문에(이러한 경우 귀하는 부친의 점유보조자가 되는 것이다) 귀하가 점유와 주민등록이라는 대항요건을 갖춘 이상 임차인인 부친이 대항력을 취득하는 것으로 되기 때문이다.

11. 전입신고를 잘못한 경우

주민등록전입신고를 하면서 착오로 임차주택의 소재지 지번을 잘못 기재하여 주민등록부에 다른 지번이 기재되고 말았다. 이러한 경우에도 주택임대차보호법의 보호를 받을 수 있는지?

현재 상태로는 보호를 받을 수 없다. 임차인이 착오로 전입신고를 잘못하여 다른 지번에 주민등록이 되어 버린 경우에는 주민등록이 실제 지번과 일치하지 아니하여 주택임대차보호법상의 유효한 공시방법을 갖추었다고 볼 수 없기 때문이다. 따라서 제3자가 임차주택을 양수받거나 저당권, 가압류, 압류의 등기가 되기 전에 실제지번에 맞도록 주민등록을 신속하게 정정하여야만 그 때부터 비로소 보호를 받을 수 있다.

12. 동거가족만 전입신고를 한 경우

주택을 임차하여 가족과 함께 입주하여 거주하고 있으나 사정이 있어서 처와 자녀만 주민등록 전입신고를 하고 임차인인 저는 전입신고를 하지 못하고 있다. 이러한 경우에도 대항요건을 갖추었다고 할 수 있는지?

할 수 있다. 임차인의 처나 자녀와 같이 임차인 본인과 공동생활을 영위하는 가족만이 주민등록 전입신고를 하여도 주택임대차보호법상의 대항요건인 주민등록을 마친 것으로 볼 수 있는 세대합가로 볼 수 있기 때문이다. 경매 상에서 주의해야 할 일이다. 세대주가 늦게 주민등록 전입을 하여도 먼저 전입한 가족들의 전입일로 순위가 상승하기 때문이다.

13. 공무원의 실수로 주민등록부가 잘못 작성된 경우

임차인으로서 임차건물 소재지 지번으로 전입신고를 올바르게 하였는데, 담당공무원의 착오로 주민등록부에 지번이 다소 틀리게 등재되고 말았다. 이러한 경우에도 주택임대차보호법상의 보호를 받을 수 있는지?

보호를 받을 수 있다(대법원 91.8.13.선고, 91다18118판결).

14. 건물의 실제 동표시가 공부와 다른 경우

실제 동표시가 '라동'인 신축 다세대주택 103호를 임차하여 사전 입주하면서 주민등록전입신고도 '라동 103호'로 마쳤다. 그런데 준공검사 후 건축물관리대장이 작성되면서 'D동'으로 등재되고 그에 따라 등기부도 'D동 103호'로 보존등기 됨으로써 주민등록이 공부상의 동표 시와 불일치하게 되었다. 이러한 경우에도 주택임대차보호법의 보호를 받을 수 있는지?

보호를 받을 수 없다. '주민등록이 공부상의 동 표시와 일치하지 않는 경우에는 주택임대차보호법이 요구하는 유효한 공시방법인 주민등록에 해당하지 않기 때문이다. 따라서 주민등록을 D동 103호로 정정하여야 그때부터 비로소 주택임대차보호법의 보호를 받을 수 있게 된다.

15. 주민등록상 동 호수 표시가 기재되지 않은 경우

다세대주택(여러 가구가 거주할 수 있는 건물 중 아파트처럼 각 호실마다 구분등기를 할 수 있는 주택)을 임차하여 거주하고 있는데 주민등록상에 주택소재지의 지번만 기재되어 있고 동 호수 표시는 기재되어 있지 않았다. 이러한 경우에도 주택임대차보호법의 보호를 받을 수 있는지?

보호를 받을 수 없다. 주민등록법 시행령 제5조 제5항은 다세대주택과 같은 공동주택의 경우에는 지번 다음에 공동주택의 명칭과 동·호수를 기재하도록 규정하고 있고 (예 00빌라 00동 0호), 주민등록에 동호수를 기재하지 않으면 제3자의 입장에서 임차인이 그 다세대주택의 몇 동, 몇 호에 주소를 가지고 있는지 여부를 알 수 없기 때문이다. 다만 공동주택이 아닌 다가구용 단독주택(1동의 주택에 출입문을 별도로 설치하는 등 2가구이상이 독립된 생활을 할 수 있도록 건축되었으나 아파트처럼 각 호실마다 구분등기를 할 수 없는 단독주택)의 층·호수는 편의상 구분하여 놓은데 불과하고 주민등록법 시행령에 기재하도록 규정되어 있지 않기 때문에 임차인이 전입신고를 하면서 주택소재지의 지번만 기재하여도 주택임대차보호법의 보호를 받을 수 있다.

16. 두 필지 위에 축조된 다가구용 단독주택의 전입신고

신축된 다가구용 단독주택 중 1실을 임차하여 입주한 후 등기부를 열람하여 보니 위 주택이 00동 103의 5, 3의 2 두 필지 위에 축조되어 있는 사실을 발견하게 되었다. 이러한 경우에 주민등록표에 주택소재지의 위 양 지번 중 하나인 103의 5만 기재되어 있어도 주택임대차보호법의 보호를 받을 수 있는지?

보호를 받을 수 있다. 건축법 제2조 제1항 제1호, 같은 시행령 제3조 제1항은 한 채의 건물이 2필지 이상에 걸쳐 건축된 경우에는 이를 하나의 대지로 보도록 규정하고 있고, 행정관서에서도 위와 같은 경우에 주민등록상에 한 필지의 지번만을 기재하고 있으므로 주택의 대지인 여러 필지 지번 중 하나만 기재한 주민등록도 유효한 공시방법이라고 할 수 있기 때문이다.

17. 일시적으로 주민등록을 이전한 경우

주택을 임차하여 주민등록전입신고까지 마치고 거주하던 중 사정이 생겨서 가족 전원의 주민등록만을 다른 곳으로 일시이전을 하였다가 다시 전입을 하였다. 그런데 그 사이에 저당권이 설정되고 그에 따른 경매가 실시되어 현재 경락인이 저에게 집을 비워 줄 것을 요구하고 있다. 임대보증금의 반환을 받지 못한 채 무조건 비워 주어야 하는 것인지?

매수인(경락인)에게 대항할 수 없으며 집을 비워 주어야 한다. 임대기간 중에 주민등록을 옮기면 비록 그 집에서 가족과 함께 계속 거주하고 있었다고 하여도 대항력을 상실하고 그 후 다시 전입신고를 하더라도 그 때부터 새로운 대항력이 다시 발생하므로 그 사이에 저당권이 설정되면 그에 기한 경매절차에서의 경락인에 대하여 임차권을 주장할 수 없기 때문이다. 다만 가족의 주민등록은 그대로 둔 채 본인의 주민등록만을 일시적으로 옮겼다면 대항력을 상실하지 않기 때문에 매수인에게 임대보증금의 반환을 요구할 수 있다.

18. 일시적으로(잠시 동안) 임차한 경우 주민등록을 이전한 경우

잠시 동안 사용하기 위하여 고시원을 임차한 경우에도 주택임대차보호법의 보호를 받을 수 있나요?

주택임대차보호법 제11조는 '일시사용하기 위한 임대차임이 명백한 경우에는 적용하지 아니한다고 규정하고 있다. 이와 관련하여 판례는 여관과 체결한 숙박계약은 일시사용을 위한 임대차라는 취지로 판시'하고 있다(대법원 1994. 1. 28. 선고. 93다43590 판결). 그러나 고시원도 건축법의 분류상 준 주택으로 구분하고 있기 때문에 일시적이 아닌 경우에는 보호받을 수 있다고 할 수 있다.

19. 임차주택에 입주한 후 전입신고 전에 저당권이 설정된 경우

주택을 임차하여 입주한 후 사정이 생겨 며칠이 경과한 후에 주민등록전입신고를 마쳤다. 그런데 그 후 등기부를 열람하여 보니 제가 임차주택에 입주한 후 전입신고를 하기 전에 임대인이 은행에서 돈을 차용하면서 저당권을 설정한 사실을 알게 되었다. 임대인은 이 주택 이외에는 특별한 재산 없이 사업을 하는 사람인데 만일 저당권실행을 위한 경매절차가 실시된다면 제가 임차주택을 매수 받은 사람에게 대항할 수 있는지?

대항할 수 없다. 저당권설정등기 전에 주택의 인도 및 주민등록을 모두 갖추어야만 주택임차인이 경락인에 대하여 대항력을 취득하는데, 귀하의 경우는 저당권이 설정된 후에 전입신고를 하였기 때문이다.

20. 가압류등기가 된 주택을 임차한 경우

가압류등기가 된 집을 임차하여 입주한 후 주민등록을 마쳤다. 그런데 그 후 가압류채권자가 본안소송에서 승소판결을 받아 임차주택에 관한 강제경매신청을 하였다. 제가 그 강제경매절차에서 임차주택을 경락받은 사람에게 대항할 수 있는지?

대항할 수 없다. 가압류등기시보다 나중에 대항요건을 모두 갖춘 이상 경락인에게 대항할 수 없기 때문이다. 다만 확정일자를 갖추었다면 선순위 가압류채권자보다 우선변제를 받을 수는 없지만 채권 액에 비례하여 평등배당을 받게 된다. 예컨대 주택의 경락대금이 8,000만원, 선순위 가압류채권권자의 채권액이 6,000만원, 귀하의 임차보증금이 4,000만원인 경우 가압류채권자가 4,800만원(8,000 × 6/10), 귀하가 3,200만원(8,000 × 4/10)을 각 배당받게 된다.

21. 소유권이전등기청구권 보전을 위한 가등기나 처분금지가처분이 된 주택을 임차하여 대항요건을 갖춘 경우

주택을 임차하여 입주 및 전입신고를 마쳤는데, 그 당시에 이미 임차주택에 다른 사람 명의로 소유권이전청구권 보전의 가등기가 되어 있었다. 그런데 그 후 가등기권자가 가등기에 기한 소유권이전의 본등기를 마친 후 저에게 인도를 요구하고 있다. 임대보증금의 반환을 받지 못한 채 무조건 비워 주어야 하는 것 인지?

가등기에 기한 소유권이전 가등기를 경료한 자에게 대항을 할 수가 없어 무조건 집을 비워 주어야 하고 임대보증금은 종전 소유자인 임대인으로부터 반환 받을 수밖에 없다. 왜냐하면 귀하가 가등기경료시보다 나중에 대항요건을 갖춘 이상 설사 가등기에 기한 소유권이전의 본등기시 보다는 앞선다 하더라도 본등기를 경료한 자에 대하여 대항할 수 없기 때문이다. 이것은 처분금지 가처분 자가 본안소송에서 승소확정판결을 받아 소유권이전등기를 경료한 경우에도 마찬가지이다. 그러나 반대로 만일 임차인이 대항요건을 구비한 후에 가등기가 경료 된 경우에는 본등기를 경료한 자에 대하여 대항할 수 있다.

22. 후순위 저당권자가 경매를 신청하였지만 선순위 저당권이 존재하여 대항력이 없는 임차인의 보호방법

2013년 12월 주택을 보증금 8,000만원에 임차하여 입주 및 전입신고를 마쳤는데, 그 당시에 이미 임차주택에 A은행 명의로 채권최고액 3,200만원의 근저당권등기가 되어 있었고, 그 후 2014년 1월 집주인이 B은행으로부터 다시 대출을 받으면서 B은행 명의로 채권최고액 5,000만원의 근저당권설정등기를 하였다. 그런데 현재 임차주택에 관하여 B은행이 경매를 신청하여 절차가 진행 중에 있다. 저는 어떠한 방법으로 보호받을 수 있는지?

1순위저당권과 2순위저당권 사이에 주택임차인의 대항요건이 구비된 경우에 경락인의 지위는 1순위저당권을 기준으로 정하여지기 때문에 경락인에게 대항할 수 없다. 다만 귀하가 경락되기 전에 선순위인 A은행의 근저당채무 3,200만원을 대위변제하여 그 근저당권설정등기를 말소하면 경락인에 대하여 대항력을 행사할 수 있게 되어(대법원 1996. 2. 9. 선고 95다49523 판결) 임대보증금 8,000만원을 회수할 수 있으므로 1순위 근저당채무가 임대보증금보다 소액인 경우에는 위와 같이 대위변제하는 방법도 고려하여 볼 만하다. 또 귀하가 대항요건 이외에 계약서에 확정일자를 갖추었다면 경매절차에서 배당요구를 하여 경락대금 중 1순위 저당권자의 변제에 충당하고 남은 금액에서 2순위 저당권자보다 우선하여 임대보증금의 변제를 받을 수 있다.

23. 대항요건 구비 후 임차주택이 다른 사람에게 양도된 경우

주택을 임차하여 입주 후 주민등록을 마쳤는데 임대인이 임차주택을 다른 사람에게 양도하였다. 제가 임차주택의 양수인에게 임차권을 주장할 수 있는지? 만일 임대기간이 끝난 후 임대보증금을 반환받지 못하고 있는 사이에 주택이 양도되면 어떻게 되는지?

귀하는 양수인에게 임차권을 주장할 수 있다. 주택임차인이 대항요건을 갖춘 후 주택이 양도되면 양수인은 임대인의 지위를 당연히 승계하는 것으로 되기 때문이다. 따라서 귀하는 양수인과 다시 임대차계약을 체결할 필요 없이 나머지 임대기간 동안 계속 거주하다가 임대기간이 끝나면 양수인으로부터 보증금을 반환받을 수 있다. 그리고 임대기간이 끝난 경우에도 귀하가 임대보증금을 반환받을 때까지는 임대차관계는 계속하는 것으로 보게 되고, 그 상태에서 임차주택을 양수한 자는 임대인의 지위를 승계하게 되므로 설사 양수인이 인도를 청구하는 경우에도 보증금을 반환받을 때까지는 임차주택을 비워 줄 의무가 없다.

24. 임차권의 양도와 대항력

주택소유자인 임대인의 동의를 받아 대항력 있는 임차인으로부터 임차권을 양도받았다. 그런데 원래의 임차인이 대항력을 취득한 후 제가 임차권을 양도받기 전에 임차주택에 관하여 저당권이 설정되고 그 저당권에 기한 경매절차가 현재 진행 중에 있다. 저는 경락인에 대하여 임대보증금을 반환받을 때까지 임차주택을 비워주지 않아도 되는지?

▤ 귀하처럼 임대인의 동의를 얻어 대항력을 갖춘 임차인으로부터 적법하게 임차권을 양도받은 경우 임차인의 주민등록 퇴거일 부터 주민등록법상의 전입신고기간인 14일 이내에 전입신고를 마치고 주택에 입주하였다면 원래의 임차인이 갖고 있던 대항력을 주장할 수 있다. 따라서 위 요건을 갖추었다면 임차권을 양도받기 전에 저당권이 설정되었어도 그 실행을 위한 경매절차에서 경락받은 자에 대하여 임대보증금을 반환받을 때까지 임차주택을 비워주지 않아도 된다.

25. 대항력이 없는 주택임차인의 임대보증금 회수

▤ 주택을 금1억 원에 임차하여 입주하고 주민등록전입신고를 마쳤다. 그런데 그 후 등기부를 열람하여 보니 제가 임차하기 전에 이미 임대인이 은행에서 돈을 차용하면서 저당권을 설정한 사실을 알게 되었다. 만일 앞으로 위 임차주택에 대한 저당권실행을 위한 경매절차가 개시된다면 저는 어떠한 방법으로 임대보증금을 회수할 수 있는지?

▤ 주택인도 및 주민등록을 갖추기 전에 이미 저당권이 설정되어 있었기 때문에 경락인에게 대항을 행사할 수 없다. 그러나 계약서에 확정일자를 받아두면 앞으로 경매절차에서 배당요구를 하여 선순위 근저당권자의 채무 변제에 충당하고 남은 배당대금이 있는 경우 후순위 저당권자와 기타 일반채권자에 우선하여 보증금을 변제받을 수 있으므로 임차주택의 담보가치가 충분하다면 지금이라도 계약서에 확정일자를 받아두는 것이 좋다.

26. 가압류된 주택을 양수한 사람(제3취득자)과 임대차계약을 체결한 경우

▤ 가압류된 주택을 양수한 사람으로부터 가압류가 해제될 것이라는 말을 믿고 주택을 임차하여 입주 후 주민등록을 마치고 확정일자까지 갖추었다. 그런데 그 후 가압류채권자가 본안소송에서 승소판결을 얻어 위 주택에 대한 강제경매를 신청하였다. 저는 어떠한 방법으로 보호를 받을 수 있는지?

▤ 매수인에게 대항할 수 없고, 확정일자를 갖추거나 소액임차인이라도 배당요구를 할 수 없다. 다만 배당을 실시한 결과 잉여 액이 있는 경우에는 제3취득자에게 교부될 잉여금교부 청구권을 가압류한 후 압류 및 추심명령 또는 전부명령을 받아 임대보증금 중 일부를 회수할 수도 있다.

27. 확정일자 부여방법

▤ 확정일자란 무엇이고 임대차계약서에 어떠한 방법으로 부여받는지?

▤ 임대차계약서상의 확정일자란 그 날짜 현재 그 문서가 존재하고 있었다는 사실을 증명하기 위하여 임대차계약서의 여백에 기부(   )번호를 기입하고 확정일자인을 찍어 주는 것을 말한다.

확정일자는 첫째 임대차계약서에 위 공증기관에서 확정일자인을 찍어 주는 방법, 둘째 임대차계약서에 법원·등기소의 공무원과 셋째 읍·면·동사무소의 공무원이 확정일자인을 찍어 주는 방법의 세 가지 유형에 의하여 부여받을 수 있다.

그런데 현재 일반 국민들이 주로 이용하는 방법은 세 번째 방법인데 그 중에서도 특히 인근 읍·면·동사무소를 이용하면 주민등록전입신고를 하면서 동시에 확정일자를 부여받을 수 있으므로 시간과 노력을 절약할 수 있다.

그리고 임대차계약서의 확정일자는 임대인의 동의 없이 임차인 또는 계약서 소지인이 언제든지 계약서 원본을 제시하고 구두로 청구하면 받을 수 있고 수수료는 1건당 600원(공증기관은 1000원임)이다. 그리고 공증인사무소, 법무법인 또는 공증인가 합동사무소 등 공증기관에서 임대차계약서를 공정증서로 작성하여도 확정일자를 받은 것과 동일한 효력이 있다.

확정일자를 받지 않으면 선순위 담보권자 등이 있는 경우 경락으로 임차권이 소멸하여 경락인에게 대항하지 못하고 소액임차인이 아닌 한 배당을 받을 수 없으나, 확정일자를 받아두면 후순위 담보권자나 일반채권자에 우선하여 배당받을 수 있다. 따라서 확정일자는 임차인에게 우선변제권을 인정하는 반면 그 절차가 간단하고 비용도 거의 들지 않기 때문에 받아두면 편리하다.

28. 경매신청기입등기 후 확정일자를 부여받은 경우

임차주택에 관하여 경매신청기입등기가 경료 된 후에도 임대차계약서에 확정일자를 부여받을 수 있는지, 또 부여받은 경우 그 효력은 어떻게 되는지?

확정일 자부 임차인으로서 우선변제를 받기 위해서는 반드시 경매신청기입등기 이전에 확정일자를 갖출 필요가 없다. 따라서 경매신청기입등기가 경료된 이후에 확정일자를 받은 경우에도 별도의 채무명의 없이 배당요구를 할 수 있고, 선순위 담보권자나 압류·가압류채권자에게 우선할 수 없지만 후순위 담보권자나 기타 일반채권자보다는 우선하여 배당받을 수 있다.

29. 확정일 자부 계약서 분실 시 구제방법

주택임대차계약서에 확정일자를 받아 보관하던 중 부주의로 분실하고 말았다. 만일 현재 거주하고 있는 임차주택에 관한 경매절차가 개시되는 경우 배당요구를 하려면 계약서가 필요하다고 하는데 어떠한 구제방법이 있는지?

임대인의 동의하에 임대차계약서를 다시 작성하더라도 소급하여 최초 계약서에 받은 확정일자인과 같은 날짜의 확정일자를 받을 수 없다. 현재 확정일자부여기관의 확정일자 부여업무처리를 보면 주택임대차계약서에 확정일자를 찍고 보증금액수 등 그 계약서의 내용을 확인한 후 그에 관한 자료를 남겨두고 있다. 이전에는 단순하게 동사무소 업무처리지침에 따라 확정일자만 찍어 임차인이 계약서를 분실함에 따라 입증을 하지 못하면 배당에서 제외되어 구제를 받을 수 없었다. 따라서 현재 시점에서 선택할 수 있는 최선의 방법은 계약서를 다시 작성하여 현재의 시점에서 새로 확정일자를 부여받고 또한 중개사사무소에서 계약을 한 경우에 중개사사무소에 계약서 보관이 되어 있다면 사실관계를 확인하여 보호를 받을 수도 있다(참고로 계약서를 5년간 보관하는 규정 있음).

30. 확정일 자부 임차인이 일시적으로 주민등록을 이전한 경우

주택을 임차하여 입주 및 주민등록을 마치고 계약서에 확정일자를 받았으나 임대기간 중에 개인사정으로 일시 다른 곳으로 주민등록을 이전하였다가 최근에 다시 전입신고를 하였다. 계약서에 확정일자를 다시 부여받아야 하는지?

확정일자를 다시 부여받을 필요는 없다. 그러나 주민등록을 전출한 시점에 우선변제권을 상실하였다가 재전입신고를 한 때에 다시 우선변제권을 취득하게 된다. 따라서 주민등록을 다시 전입한 때를 기준으로 후순위 담보 권자에 대하여는 우선하지만 귀하가 일시 주민등록을 이전한 사이에 설정된 저당권자 등 다른 담보권자에 대하여는 후순위로 된다.

31. 대항요건과 확정일자를 구비한 후 저당권이 설정된 경우

주택을 임차하고 입주하여 주민등록을 마치고 계약서에 확정일자도 받았는데, 집주인이 그 후 은행에서 사업자금을 빌리면서 임차주택에 저당권을 설정하였고 대출금을 변제하지 아니하여 현재 경매절차가 진행 중에 있다. 저는 주택임대차보호법상 어떠한 보호를 받을 수 있는지?

근저당권보다 대항요건과 우선변제권 취득요건을 모두 갖추었으므로, 첫째 경락인에게 대항하여 나머지 임대기간 동안 그리고 기간만료 후에는 보증금의 반환을 받을 때까지 임차주택의 반환을 거부할 수 있고, 둘째 경매절차에서 배당요구를 하여 보증금의 우선변제를 받을 수도 있다. 위 두 가지 권리 중 어느 것을 행사할 것인지 여부는 당사자가 자유롭게 결정할 수 있고, 우선변제권을 행사한 경우 만일 보증금 전액을 배당받지 못하더라도 나머지 보증금을 반환받을 때까지 경락인에게 임차주택을 비워주지 않아도 된다. 다만 저당권설정등기 후에 임대인과 계약을 갱신하면서 보증금을 인상한 경우에는 인상전 보증금액에 한하여 경락인에게 대항할 수 있고, 보증금 중 인상된 부분에 대하여는 대항력이나 우선변제를 주장할 수 없다.

32. 확정일자일과 저당권설정등기일이 같은 날짜인 경우

주택임대차계약을 체결하고 먼저 입주 및 주민등록을 모두 갖춘 익일에 계약서에 확정일자도 받았다. 그런데 우연히 확정일자를 받은 날에 저당권설정등기가 경료 되었다. 저와 저당권자 중 누가 우선하는지?

같은 순위이다. 임차인과 저당권자 사이의 우선순위는 임차인이 대항요건과 확정일자를 모두 갖춘 최종 시점과 저당권설정등기를 마친 시점의 전후에 의하여 결정되기 때문이다. 따라서 저당권자와 같은 순위에서 채권 액에 비례하여 평등배당을 받는다.

33. 전입신고일과 저당권설정등기일이 같은 날짜인 경우

주택임대차계약을 체결하고 입주를 한 후 계약서에 확정일자도 받았으나 개인 사정으로 주민등록 전입신고를 그보다 늦게 하였다. 그런데 나중에 등기부를 열람해 보니 전입신고를 한 날에 저당권설정등기가 된 사실을 발견하게 되었다. 저와 저당권자 중 누가 우선하는지?

저당권자가 우선한다. 우선변제권은 확정일자를 입주 및 주민등록일과 같은 날 또는 그보다 먼저 갖춘 경우에는 대항력과 마찬가지로 인도와 주민등록을 마친 다음날에 발생하므로 귀하의 우선변제권도 전입신고를 한 다음날(즉 저당권설정등기일 다음날)에 발생하기 때문에 저당 자가 우선하게 된다.

34. 확정일자와 같은 날짜에 수 개의 저당권이 설정된 경우

주택임대차계약을 체결하고 입주와 주민등록을 모두 갖춘 익일에 계약서에 확정일자도 받았다. 그런데 우연히 확정일자를 받은 날에 순위 1, 2, 3 의 저당권이 설정되었다. 저와 저당권자들 사이의 우선순위는 어떻게 되는지?

먼저 임차인의 임대보증금액과 각 저당권자의 피담보채권 액에 비례하여 평등배당을 하고, 저당권자 상호간에는 선순위 저당권자가 그 채권 액을 만족 받을 때까지 후순위 저당권자의 배당액을 다 가져간다. 예컨대 경락대금이 8,000만원이고, 임차인의 보증금액이 4,000만원, 저당권자들의 채권 액이 각 2,000만원이라면 임차인은 3,200만원(8,000×4/10)을 배당받고, 저당권자들의 배당액은 각 1,600만원(8,000×2/10)이 되지만 실제로는 1, 2 순위 저당권자가 각 2,000만원(1,600+400)을 배당받고, 3순위 근저당권자는 800만원(1,600-400-400)만을 배당받게 된다. 그 이유는 저당권자 상호간에는 우선순위가 분명히 정해지나 임차인이 대항요건과 확정일자를 모두 갖춘 최종시점과 저당권설정등기를 경료한 시점의 선후를 정하는 것은 사실상 불가능하기 때문이다.

35. 저당권자에 우선하는 확정일 자부 임차인이 여러 명 있는 경우

임차하여 거주하는 주택에는 임차인이 여러 명 있고 각 임차인은 모두 입주와 전입신고를 마친 후 확정일자도 갖추었는데 대항요건 및 확정일자를 갖춘 최종 시점이 모두 저당권자보다 우선한다. 임차인간의 우선순위는 어떻게 되는지?

임차인별로 저당권자에 대한 우선변제권을 인정하되 그들 상호간에는 대항요건 및 확정일자를 최종적으로 갖춘 순서대로 우선순위가 결정된다.

36. 상환이행판결[2]을 받은 확정일 자부 임차인이 경매신청을 하는 경우 우선변제권의 존부

주택을 임차하여 입주와 전입신고를 모두 마친 후 확정일자도 받고 거주하다가 임대기간이 끝나자 임대인을 상대로 보증금반환 청구소송을 제기하였으나 임대인이 임차주택의 명도와 상환으로 변제하겠다는 동시이행의 항변을 하여 상환이행의 일부승소확정판결을 받았다. 이제 이 판결을 집행권원으로 강제경매신청을 하려고 하는데 그 경매절차에서도 제가 우선변제권을 행사할 수 있는지?

행사할 수 있다. 이유는 종전과 달리 임차인인 임차주택에 대하여 보증금반환청구소송의 확정판결 그 밖의 이에 준하는 집행권원에 기한 경매를 신청하는 경우에는 반대의무의 이행 또는 이행의 제공을 증명하는 서면을 제출할 필요가 없다(주임법 제3조의2 제1항, 상가건물임대차보호법 제5조 제1항).따라서 상환이행판결에 의한 명도와 동시이행으로 보증금지급을 명하였다 하더라도 이행제공 여부를 따질 것 없이 경매개시결정을 할 수 있다. 이때 임차인이 배당금을 수령할 때는 명도확인서를 제출하여야 한다.

37. 소액임차인에 대한 규정의 개정 경과

소액임차인의 범위와 보증금 중 우선변제액에 관한 주택임대차보호법의 관련 규정이 언제 어떤 내용으로 개정되었는지?

다음과 같이 화폐가치, 부동산 가격의 변동 등 사회경제적 여건의 변화에 따라 여러 차례 개정되었다.

---

2 쌍무 계약의 당사자인 원고의 청구에 대하여 피고로부터 동시 이행의 항변(抗辯)이 있을 때, 원고와 피고가 서로 채무를 이행하도록 명하는 판결. 상환급부판결이라고도 한다. 예를 들면, 주택임차인이 임대기간 만료 후에 임차보증금을 받지 못하여 주택임차금반환청구의 소를 제기하였을 때 재판관은 일부승소 판결을 한다. 즉 임차보증금을 반환하고 주택인도를 명하는 상환이행판결을 한다는 것이다. 예전에는 상환이행판결을 받았더라도 집을 명도하지 않고서는 경매를 신청할 수 없었지만 주택임대차보호법 제3조의2 제1항에 '임차인이 임차주택에 대하여 보증금 반환청구 소송의 확정판결 기타 이에 준하는 채무명의에 기한 경매를 신청하는 경우에는 민사소송법 제491조2의 규정에 불구하고 반대의 이행 또는 이행의 제공을 집행개시의 요건으로 하지 아니한다.라고 규정하고 있다.(1999. 1. 21 신설)

*** 주택임대차 보호법상의 일정액의 우선 (표 5-1)

최초근저당 설정일	주택임대차(최우선변제금)	단위=만원	
	지역	보증금범위	최우선변제
1995.10.19~2001.9.14	특별, 광역시	3000이하	1200
	기타 시, 군	2000이하	800
2001.9.15~2008.8.20	과밀억제권	4000이하	1600
	광역시(군, 인천광역시제외)	3500이하	1400
	기타 시, 군	3000이하	1200
2008.8.21~2010.7.25	과밀억제권	6000이하	2000
	광역시(군, 인천광역시제외)	5000이하	1700
	기타 시, 군	4000이하	1400
2010.7.26.~2013.12.31	서울특별시	7500이하	2500
	과밀억제권(서울시제외)	6500이하	2200
	광역시(안산, 용인, 김포, 광주)	5500이하	1900
	그 밖의 지역	4000이하	1400
2014. 1. 1 ~ 2016.3.31	서울특별시	9,500이하	3,200
	수도권과밀억제권역	8,000이하	2,700
	광역시(안산, 용인, 김포, 광주)	6,000이하	2,000
	그 밖의 지역	4,500이하	1,500
2016.3.31. ~ 2018.09.18	서울특별시	1억이하	3,400
	수도권중 과밀억제권역	8,000이하	2,700
	광역시(안산, 용인, 김포, 광주)	6,000이하	2,000
	세종시	6,000이하	2,000
	그 외지역	5,000이하	1,700
2018.9.18.~ 2021.05.21	서울시	1억1천만원 이하	3,700
	과밀억제권역(세종,용인,화성)	1억원 이하	3,400
	광역시(군지역 제외)		
	안산.김포.광주.파주		
	그 밖의 지역		
2021.05.21.~ 2023.02.21	서울시	1억5천 만원 이하	5,000
	과밀억제권역(세종,용인,화성)	1억원 이하	4,300
	광역시(군지역 제외)	7,000만원	2,300
	안산.김포.광주.파주	6,000만원	2,000
	그 밖의 지역		
2023. 02. 21 ~	서울시	1억6500만원 이하	5,500만원 한도
	과밀억제권역 (세종, 용인, 화성, 김포)	1억4천5백만원 이하	4,800만원 한도
	광역시 등 (안산, 광주, 파주. 이천, 평택)	8,500만원 이하	2,800만원 한도
	기타지역(광역시의 군지역)	7,500만원 이하	2,500만원 한도

그러나 위 일자 이전에 담보물권을 취득한 자에 대하여는 종전 규정이 적용된다. 따라서 현재는 소액임차인에 해당하더라도 구법 하에서는 소액임차인에 해당하지 않는 경우 구법 하에서 설정된 저당권자에 대하여는 소액임차인의 우선변제권을 주장할 수 없다(예컨대, 1995. 10.1. 저당권이 설정된 서울 소재 주택을 1996.1.3. 보증금 3,000만원에 임차한 경우 임차인은 현행법에 의하면 소액임차인이더라도 구법 하에서는 소액임차인이 아니고 저당권은 구법 하에서 설정된 것이므로 소액임차인에서 제외된다. 만일 이 사안에서 임차보증금이 2,000만원이었다면 구법 하에서도 소액임차인에 해당하므로 구법에 따라 700만원까지는 저당권자보다도 우선하여 변제받을 수 있다).

38. 소액임차인의 우선변제권 행사요건

📋 소액임차인으로서 우선변제권을 행사하기 위해서는 어떠한 요건을 갖추어야 하는지?

📑 임대보증금액에 관한 요건 이외에 다음 두 가지 요건을 갖추어야 한다. 첫째 주택의 인도 및 주민등록(대항요건)을 경매신청기입등기 전까지 갖추고 이를 배당요구 종기 일까지 유지하여야 한다. 그러나 실제상 배당기일까지 유지하는 것이 답이다. 예를 들어 중도에 경매가 취하된다거나 했을 경우 분쟁의 소지가 있기 때문이다. 둘째 임차주택이 경매 또는 공매에 의하여 매각되어야 한다. 따라서 낙찰기일 이전에 임차주택에서 다른 곳으로 이사 가거나 주민등록을 전출함으로써 대항요건을 상실하거나, 임차주택이 매매 등 법률행위에 의하여 양도된 경우에는 대항력의 유무만 문제되고 우선변제권은 인정될 여지가 없다.

39. 한 채의 주택에 소액임차인이 여러 명 있는 경우

📋 2016. 9. 1. 서울특별시 소재 기준하여 소액임차인(보증금 6,000만원)으로서 한 채의 주택에서 다른 2인의 소액임차인(보증금 각 3,000만원, 4,000만원)과 함께 거주하고 있다. 위 주택에 관하여 경매절차가 개시되어 1억원에 경락되었는데, 저와 다른 소액임차인들은 모두 경매신청기입등기 전에 대항요건을 구비하였다. 저는 어느 정도의 금액을 배당받을 수 있는지?

📑 하나의 주택에 소액임차인이 수인이고 각 보증금액이 3,200만 원 이상이며(서울특별시) 3,200만원에 임차인수를 곱한 금액이 주택(대지 포함, 이하 같다)가액의 ½을 초과하는 경우에는 각 임대차계약의 선후나 보증금액수와는 관계없이 주택가액의 ½에 해당하는 금액(5,000만원)을 보증금 가액에 대하여 평등하게 분할하여 배당을 받게 된다(주택임대차보호법 시행령 제3조 제3항).(2009.08.09.시행)

40. 처와 남편 명의로 소액임대차계약서가 별도 작성된 경우

📋 본인과 처 명의로 각각 별도의 소액보증금 주택임대차계약서를 작성하였으나 실제로는 하나의 주택에 함께 살고 있다. 이러한 경우에도 저와 처가 각각 소액임차인으로 보호받을 수 있는지?

📑 1인의 임차인으로 보아야 하므로 소액임차인으로 각각 보호를 받을 수 없다. 왜냐하면 하나의 주택에 임차인이 2인 이상인데 이들이 그 주택에서 가정공동생활을 하는 경우에는 1인의 임차인으로 보아 각 보증금을 합산한 금액을 기준으로 소액보증금에 해당하는지 여부를 판단하여야하기 때문이다.

41. 배당요구종기일 까지 배당요구를 하지 않은 경우

소액임차인이라도 배당요구종기일 까지 배당요구를 하지 않으면 우선변제를 받을 수 없는지? 만일 우선변제를 받을 수 없다면 어떠한 구제방법이 있는지?

우선변제를 받을 수 없다. 왜냐하면 소액임차인이라도 경매법원에 배당요구종기일 까지 배당요구를 하여야만 우선변제를 받을 수 있기 때문이다. 따라서 매수인이 명도를 청구하는 경우에는 무조건 집을 비워 주어야 한다. 다만 배당요구를 하지 아니하여 배당을 받지 못하더라도 최선순위 담보물권 등이 등기되기 전에 임차주택에 입주하고 전입신고를 하여 대항력이 있는 경우에는 매수인으로부터 보증금을 반환받을 때까지 임차주택을 비워 주지 않아도 된다. 민사집행법이 시행되기 전 구 민사소송법의 강제집행편에 의한 구법에 의한 경우에서는 부당이득 반환 금으로 구제를 받기도 하였지만 신법(민사집행법)에서는 보호를 받을 수 있는 제도가 존재하지 않는다.

42. 보증금을 소액으로 감액한 경우

2011. 12월 처음 주택임대차계약 체결 당시에는 임대보증금액이 1억 원이었는데 2013. 12월 임대계약을 갱신하면서 임대인과 합의하여 보증금액을 6,000만원으로 감액하였다. 이러한 경우에도 소액임차인으로 보호를 받을 수 있는지?

보증금액수를 위와 같이 감액할 당시에 임차주택에 관하여 경매신청기입등기가 경료 되지 아니하였다면, 앞으로 경매절차가 개시되더라도 귀하는 소액임차인으로 우선변제권을 행사할 수 있다.

43. 확정일 자부 소액임차인

2014. 1. 1. 서울특별시 소재 주택의 임대보증금액수가 5,000만원인 소액임차인데 우선변제를 받을 수 있는 보증금 중 일정액(3,200만원)의 범위를 넘은 1,800만원에 대하여 우선변제를 받으려면 어떻게 하면 되는지?

임대차계약서상에 확정일자를 받아 두면 보증금 중 우선변제를 받지 못하는 금 1,800만원에 대하여 후순위 담보권자, 기타 일반채권자에 우선하여 변제를 받을 수 있다.

44. 임차인으로부터 주택을 전차한 경우

2014. 1. 1. 과밀권역 주택의 임대보증금이 9,000만원인 임차인으로부터 임대인(집주인)의 동의하에 방1칸을 보증금 3,500만원에 다시 빌려(전차하여) 입주한 후 주민등록까지 마쳤다. 소액전차인으로 보호받을 수 있는지?

보호받을 수 없다. 전차인에게 방1칸을 빌려준 임차인(전대인)이 소액임차인에 해당하여야만 그로부터 임차한 전차인도 소액전차인으로 보호받을 수 있기 때문이다.

45. 우선변제권 행사절차

問 확정일 자부 임차인이나 소액임차인이 경매절차에서 우선변제를 받으려면 어떠한 요건을 갖추어야 하는지?

答 1) 배당요구신청 임대차계약서(확정일 자부 임차인의 경우에는 임대차계약서가 공정증서로 작성되거나 임대차계약서에 확정일자가 찍혀 있어야 한다) 사본, 주민등록표등본(임차인 본인의 전입일자 및 임차인의 동거 가족이 표시된 것이어야 한다) 및 연체된 차임 등이 있을 때에는 이를 공제한 보증금 잔액에 관한 계산서를 첨부하여 경매법원에 배당요구 신청서를 제출하여야 한다. 배당요구는 2002년 6월 30일 이전에 접수된 경매사건의 경우 반드시 경락기일까지 하여야 하며 2002년 7월 1일 이후에 접수된 경매사건은 배당요구종기까지 배당요구를 하여야 한다. 배당요구 신청서 양식(본 교재 7장 서식 '권리신고 겸 배당요구 신청서양식' 참조)은 법원과 대법원 홈페이지에서 도움 받을 수 있다.

2) 임대차종료 임대기간이 끝나지 아니한 경우 우선변제권 있는 주택임차인이 경매절차에 참가하여 우선변제를 받으려면 임대차가 종료되어야 하지만(주택임대차보호법 제3조의1 제1항 단서, 제8조 제2항), 주택임차인은 임대인에게 별도의 해지 의사표시를 할 필요는 없다. 왜냐하면 주택임차인이 배당요구를 하면 집행법원이 민사소송법 제606조 제1항에 의하여 임대인에 대하여 그 배당요구사실을 통지함으로써 임차인의 해지의사표시가 집행법원을 통하여 임대인에게 전달되기 때문이다.

3) 임차주택의 인도 우선변제권 있는 주택임차인이 경매법원으로부터 자신에게 우선 배당된 배당금을 실제로 수령하기 위해서는 임차주택을 인도받았다는 경락인의 인도확인서를 경매법원에 제출하여야 한다. 다만 귀하가 대항력도 있는데 보증금 중 일부만 배당받은 경우에는 나머지 보증금을 반환받을 때까지 경락인에게 임차주택을 비워주지 않아도 된다.

46. 대항력 있는 확정일자부 임차인이 낙찰기일 이후에 배당요구를 한 경우

問 1995.2.1. 전세보증금 5,000만원, 전세기간을 1995.2.20.부터 2년간으로 하는 주택임대차계약을 체결하고 입주한 후 1995.4.8. 전입신고를 마치고 1995.12.1.7. 확정일자도 받았다. 그런데 위 주택에 1997.1.3. 채권최고액 1억 원의 근저당권이 설정되었고, 그 근저당권에 따른 경매절차가 개시되어 1997.6.19. 경락되었다. 그런데 1997.2.19. 경락기일이 경과한 후인 1997.7.7.에야 비로소 배당요구를 하였다. 배당기일에 임대보증금 우선변제 받을 수 있는지?

答 이 경우는 2002년 6월 30일 이전에 접수된 경매사건이기 때문에 배당요구는 경락기일까지 하여야 하므로 귀하는 우선변제를 받을 수 없다. 다만 귀하는 저당권설정 등기 전에 대항요건을 구비하여 경락인에게 임차권을 대항할 수 있기 때문에 경락인으로부터 보증금을 반환받을 때까지 임차주택을 비워 주지 않아도 된다.

47. 확정일 자부 임차인이 배당요구 후 경락기일 전에 주민등록을 이전한 경우

圖 주택을 임차하여 입주 및 주민등록을 마치고 계약서에 확정일자까지 받았다. 그런데 그 후 임차주택에 대한 경매가 개시되자 저는 배당요구를 한 후 경락기일 이전에 자녀들의 진학 편의를 위하여 다른 곳으로 주민등록을 옮겼다. 저와 같은 경우에 주민등록을 전출하였기 때문에 확정일 자부 임차인이라도 우선변제를 받을 수 없다고 하는데 사실인지?

　　圄 경락기일 이전에 주민등록을 다른 곳으로 이전한 경우에는 우선변제를 받을 수 없다. 그 이유는 확정일 자부 임차인으로서 경매절차상 배당요구를 하였더라도 우선변제를 받기 위해서는 주택의 점유와 주민등록을 경락기일까지 계속 갖추고 있어야 하기 때문이다. 이것은 소액임차인의 경우에도 마찬가지이다.

48. 임대기간 2년 미만의 임대차계약이 가능한지 여부

圖 내년도에 국외이민을 갈 예정이기 때문에 임대기간을 1년으로 하는 임대차계약을 체결하고 싶은데 기간의 정함이 없거나 기간을 2년 미만으로 정한 임대차는 그 기간을 2년으로 본다는 주택임대차보호법 제4조 제1항의 규정 때문에 임대기간을 2년 미만으로 정할 수 없다는 이야기를 들었다. 과연 그러한지?

　　圄 그렇지 않다. 위법이 임대기간을 최소한 2년으로 규정한 취지는 임차인의 주거 안정을 도모하기 위한 것이므로 임차인이 원하는 경우에는 임대기간을 2년 미만으로 정하는 것이 얼마든지 가능하기 때문이다. 따라서 2년 미만으로 정한 임대기간이 끝난 후에 스스로 임대기간의 만료를 이유로 임대인에게 임대보증금의 반환을 청구할 수 있다.

49. 임대기간 만료와 계약의 갱신

圖 전세 입주자인데 집주인으로부터 임대기간이 끝나기 불과 몇 일전에 임대보증금을 인상하여 주거나 그것이 불가능하면 기간 만료와 동시에 집을 비워 달라는 통고를 받았다. 임대기간이 끝나면 반드시 집을 비워 주어야 하는지?

　　圄 임차주택을 비워 줄 의무가 없다. 그 이유는 임대인이 계약이 묵시적으로 갱신되는 것을 막기 위해서는 임차인인 귀하에게 임대기간 만료시의 명도 또는 계약갱신거절의 통지를 임대 기간 만료 전 6월부터 1월까지 사이에 하여야 하는데 이를 하지 않았기 때문이다. 따라서 귀하의 경우에는 계약이 종전과 동일한 조건으로 묵시적으로 갱신되었기 때문에 앞으로 2년간 임차인으로 계속 점유를 할 수 있다. 다만 임대기간이 끝날 당시에 차임의 지급을 2번 이상 연체하거나 임차주택에서 마약 제조를 하는 등 주거 이외의 목적으로 사용하는 등 임차인으로서의 의무를 현저하게 위반한 경우에는 보호받을 수 없다.

50. 계약을 갱신하면서 임대보증금을 인상하는 경우의 대항력 및 우선변제권

📋 갑과 2012. 5. 20. 전세보증금 1억5천만원, 전세기간 2년의 전세계약을 체결하고, 2012. 6. 20. 입주와 전입신고를 마침과 동시에 계약서상에도 확정일자를 받았다. 그 후 2012. 7. 20. 을 앞으로 임차주택에 저당권이 설정되었는데, 2012. 8. 20. 위 계약을 갱신하면서 보증금액수를 2억 원으로 인상하였다. 앞으로 만일 위 저당권실행을 위한 경매가 개시되는 경우 저는 위 인상된 보증금 5천만원을 더한 2억원을 받을 때까지 경락인에게 주택을 비워 주지 않아도 되는지? 또 경매절차에서 위 저당권자에 우선하여 위 인상된 보증금 5천만원의 배당을 받을 수 있는지?

📋 임대인과 임차인이 임대차계약을 갱신하면서 임대보증금을 인상하기로 합의한 경우, 인상된 금액은 인상되기 전에 설정된 저당권에 기한 경매절차의 경락인에 대하여 대항할 수 없을 뿐만 아니라 위 저당권자에 우선하여 배당을 받을 수도 없다. 왜냐하면 위 저당권자는 인상전의 임대보증금을 전제로 저당권을 취득하는 것이고 장래 임대보증금이 얼마 인상될 지도 예상할 수도 없기 때문에 인상된 보증금 전액에 대하여 대항력과 우선변제권을 인정한다면 저당권자의 이익을 너무 침해하는 것이 되기 때문이다. 따라서 저당권 설정전의 보증금액이 1억 5천만 원에 한하여 경락인에게 대항력을 행사할 수 있고 배당절차에 참가하더라도 위 1억 5천만원에 한하여 저당권자에 우선하여 변제받을 수 있다. 다만 위 인상된 보증금 5,000만원에 대하여 재계약서를 작성하고 이에 대하여 확정일자를 받았다면 이보다 후순위인 담보권자나 일반채권자에 대하여 우선변제권을 주장할 수 있다.

51. 인상된 보증금영수증에 확정일자를 받은 경우와 우선변제권

📋 만일 전항의 경우에 계약 갱신과 더불어 인상된 전세보증금에 관하여 재계약서를 작성하지 않고 임대인에게 인상된 보증금을 지급한 후 그 영수증에 확정일자를 받은 경우에도 우선변제권이 있는지?

📋 없다. 주택임대차보호법 제3조의2 제1항은 우선변제권이 인정되기 위해서는 임대차계약서에 확정일자를 갖출 것이 요구되기 때문이다.

52. 주택의 명의신탁자와 임대차계약을 체결한 경우

📋 임대차계약상의 임대인은 반드시 주택의 등기부상 소유자라야 하는지?

📋 그렇지 않다. 임대차는 임대인이 반드시 주택의 등기부상 소유자이어야 하는 것이 아니므로, 등기부상 소유자는 아니지만 임대차계약을 체결할 수 있는 권한을 가진 자와도 임대차계약을 체결할 수 있다. 따라서 예컨대 임대인이 주택의 등기부상 소유자가 아니라고 하더라도 주택의 실제 소유자로서 사실상 이를 제3자에게 임대할 권한을 가지는 이상 임차인은 등기부상 소유명의자에 대하여도 임차권을 주장할 수 있다고 본다(대법원 1995.10.12.선고 95다22283판결).

53. 공유자 중 일부와 주택임대차계약을 체결한 경우

갑, 을, 병 3인이 각 각의 지분비율로 공유하고 있는 주택을 갑, 을 2인으로부터 임차하여 현재 거주하고 있다. 그런데 주변에서 공유주택에 관한 임대차계약은 공유자 전원과 체결하여야 유효하다고 하여 불안하다. 병에 대하여 임차권을 주장할 수 없는지?

그렇지 않다. 공유에는 처분행위 관리행위 보존행위가 있는데 민법 제265조 본문에서 공유물의 관리에 관한 사항은 지분의 과반수로써 결정하도록 규정하고 있고 공유주택의 임대행위는 위 관리행위에 해당하는데, 귀하의 경우 과반수의 공유지분을 보유한 갑, 을과 사이에 임대차계약을 체결하였기 때문에 비록 병이 임대인에서 제외되었다고 하여도 병에 대하여 유효한 임차권을 가지고 대항할 수 있다.

54. 임대인의 동의 없이 전대차계약을 체결한 경우

임대차계약 체결시 임차주택에 살고 있던 갑을 소유자로 알고 계약을 체결하고 입주하여 주민등록을 마쳤다. 그런데 나중에 소유자는 따로 있고 갑은 임차인으로서 저에게 소유자의 동의 없이 전대를 한 것을 알게 되었다. 현재 주택소유자가 저에게 임차주택을 비워달라고 요구하고 있는데 임대보증금을 반환받을 때까지 이를 거부할 수 있는지?

거부할 수 없다. 왜냐하면 임차인이 임대기간 중에 임차주택을 다른 사람에게 전대하였더라도 임대인의 동의가 없으면 전차인은 임대인에게 자신의 전차 권을 주장할 수 없기 때문이다. 따라서 귀하는 비록 대항요건을 갖추었더라도 소유자에 대하여 임차인 갑과 사이에 체결한 임대차계약관계를 주장하여 명도를 거부할 수 없고 임대보증금도 임차인 갑에 대하여만 그 반환을 청구할 수 있을 뿐이다.

55. 대지에만 저당권이 설정된 후 그 지상에 신축된 주택을 임차한 경우

대지에만 근저당권이 설정된 후 그 지상에 신축된 주택을 임차하여 입주한 후 주민등록까지 마쳤는데 대지의 근저당권자가 대지 외에 건물도 경매신청 하였다. 경락인에게 대항하여 계속 거주할 수 있는지?

건물을 건축하기 이전에 대지에 저당권이 설정되었고 그 후 건물이 건축된 경우에 대지의 저당권자는 대지 뿐만 아니라 건물에 대하여도 일괄경매를 청구할 수 있다(민법 제365조). 그러나 저당권은 대지상에만 설정된 것이고 건물에 대해 설정된 것은 아니기 때문에 일괄경매 되더라도 건물에 대해 저당권의 효력을 주장할 수는 없다. 따라서 건물에 아무런 저당권이 설정되지 않은 상태에서 입주 및 주민등록의 대항요건을 마친 건물임차인은 건물경락인에 대해 대항력을 가지므로 나머지 임대기간 동안 계속 거주하다가 임대기간이 끝나면 경락인으로부터 보증금을 반환받을 때까지 임차주택을 비워 주지 않아도 된다.

56. 주택임차인에 대한 인도명령

2013년 주택 중 방 2칸을 임차하여 입주하고 주민등록전입신고를 마쳤다. 그런데 입주 후 5개월 만에 임차주택에 대한 경매절차가 개시되어 등기부를 열람하여 보니 제가 임차하기 전에 이미 임대인이 저당권을 설정한 사실을 알게 되었고 그 후 6개월 만에 다른 사람이 경락을 받았다. 그런데 경락인이 대금납부 후 경매법원으로부터 인도명령을 받아 소유자가 거주하던 방 등을 인도받은 후 저에게도 인도명령을 받아 집행하겠다고 한다. 저도 인도명령의 상대방이 되는지?

부동산인도명령이란 경락대금 납부 후 6월 이내에 경락인의 신청이 있는 때에 법원이 채무자, 소유자 또는 압류의 효력이 있은 후에 점유를 시작한 점유자에 대하여 부동산을 경락인에게 인도할 것을 명하는 제도이다(구, 민사소송법 제647조 제1항, 민사집행법 제136조). 그런데 귀하는 위 주택이 압류되기 5개월 전에 임차하여 점유를 시작하여 인도명령의 상대방이 되지는 않지만 신 민사집행법은 그 범위를 확대하여 말소기준권리등기를 기준으로 후순위인자에게 인도명령을 인정하고 있다. 또한 인도명령의 대상인 임차인으로서는 항고로 이의신청을 할 수 있지만 항고보증금에 의한 부분들이 부담으로 작용한다. 결국 임차인으로서는 저당권 설정 후에 대항요건을 구비하여 대항력이 없으므로 경락인이 별도의 주택인도소송을 제기하면 패소할 수밖에 없다.

57. 임대보증금의 감액청구

2013. 12. 임대기간을 2년으로 하는 주택임대차계약을 체결하였는데 그 후 얼마 안 되어 주택가격 및 임대보증금이 큰 폭으로 하락하였다. 임대인에게 임대기간만료 전에는 임대보증금의 감액을 청구할 수 없는지?

주택임대차보호법 제7조는 약정한 차임 또는 보증금이 임차주택에 관한 조세·공과금 기타 부담의 증감이나 경제사정의 변동으로 인하여 상당하지 아니하게 된 때에는 당사자는 장래에 대하여 그 증감을 청구할 수 있다고 규정하고 있다. 따라서 임차인은 경제상황의 변화로 주택가격과 임대보증금이 급락함에 따라 당초 약정한 임대보증금이 인근 주택의 임대보증금과 비교할 때 부당하게 과다한 때에는 임대인에게 장래를 향하여 객관적으로 적정한 임대보증금으로 감액하여 줄 것을 청구할 수는 있으나 아직 법원에 이에 관한 선례가 없고, 임대인과의 재계약 등 불리한 입장에 처한 임차인으로서는 감액청구를 요구하기는 어려울 수밖에 없다고 판단된다.

58. 소액임차인 해당여부의 판단시점

소액임차인의 판단시점은 언제인가?

소액임차인에 해당되느냐의 여부의 판단시점은 경매개시결정 기입등기일이다.

참고

2010년 7월 23일 민사집행법의 개정(2010. 10. 24일 시행)에서 소액임차인의 보증금 중에서 우선변제권이 있는 금액은 압류금지 대상이 된다.

---

59. 임대기간 중에 비주거용을 주거용으로 변경한 경우

임대인 '갑'과 임차인 '을'은 임대차 계약을 체결할 당시 비주거용 건물이었다. 후일 임대차 기간 중에 주거용 건물로 용도를 변경한 경우 보호를 받을 수 있나?

> 임대기간 중에 비주거용 건물을 주거용 건물로 개조한 경우에는 임대차계약 당시에 이미 임대건물이 주거용도로 사용할 수 있어야 한다. 따라서 주택임대차보호법의 적용을 받을 수 없다.

60. 임차주택의 양수인 범위

임차주택의 대지만을 경락받은 자가 주택임대차보호법 제3조 제2항 소정의 '임차주택의 양수인'에 해당하는지 여부

> "주택임대차보호법 제3조 제2항에서 말하는 임대인의 지위를 승계한 것으로 보는 임차주택의 양수인이라 함은 같은 법 제1조 및 제2조의 규정내용에 비추어 보면 임대차의 목적이 된 주거용 건물의 양수인을 의미하고 같은 법 제3조의2 제1항이 같은 법에서 정한 대항요건을 갖춘 임차인에게 경매 또는 공매에 의한 임차주택의 대지의 환가대금에서 후순위권리자들보다 보증금을 우선 변제받을 권리를 인정하였다 하여도 그 대지를 경락받은 자를 위에서 말하는 임차주택의 양수인 이라고 할 수는 없다"라고 판시(대법원 1998. 4. 10. 선고 98다3276판결)하고 있다.

61. 대출기관에 무상임차라고 거짓말한 임차인에 대한 손해배상책임

금융기관이 담보물에 대한 감정평가를 할 때 집주인의 부탁을 받은 임차인이 '무상임차'하고 거짓말을 했다면 임차인은 금융기관의 채권회수 손해를 배상할 책임이 있는지 여부?

> 서울지법 민사19부는 00보험이 '임차인 0씨가 감정평가인에게 무상임차하고 있다고 거짓말을 하여 채권을 전부회수하지 못했다며 손해배상을 청구한 사건에 대하여 임차인에게 손해배상책임이 있다고 판시한 사항, 더욱이 임차인은 경매절차에서 대항력 있는 임차인이라고 하여 싼값에 낙찰되도록 하여 대출금회수에 차질을 빚게도 하였다고 하여 결국은 임차인에게 손해배상책임을 인정한 사례이다.

62. 도로명 상세주소 시행과 확정일자

2013년 1월 1일부터 시행되는 도로명 상세주소 부여제도에 따라 상세주소를 부여받아 기존 확정일자가 부여된 주택임대차계약서상 주소와 불일치하게 된 경우 확정일자를 다시 받아야 하는지?

2013. 1. 1.부터 도로명 상세주소 부여제도가 시행되고 있다(행안부). 상세주소를 부여받기 전 계약을 체결, 확정일자를 부여받은 뒤 상세주소가 부여되면 주민등록상 주소지와 주택임대차 계약증서상 주소지가 달라지게 되지만 이는 공적인 상세주소 부여에 의한 변경으로 상대적으로 쉽게 전후 주소 사이의 동일성을 인정할 수 있어 새로운 계약서를 작성하여 확정일자를 부여 받을 필요는 없다.

63. 임차권 등기에 소요되는 비용

임대차 만료기간이 지나고 임대인이 임차보증금을 반환해주지 않고 있다. 지방으로 전근과 함께 이사를 가야 하는데 임차권등기를 하려고 한다. 비용은 구체적으로 얼마인지?

등록세, 교육세, 수입인지, 등기촉탁수수료, 송달료 등을 합하여 약 1만 5천 원 정도의 비용이 발생하고 등기소요기간은 약 2주일이다. 미등기건물이거나 무허가건물 등의 임차인은 임차권등기를 할 수 없다. 임대차계약이 종료된 후 임차부동산의 소재지를 관할하는 지방법원 또는 지원, 시, 군법원에 신청한다.
신청서류는 임차권등기명신청서, 부동산등기부등본, 임대차계약서 사본, 주민등록등본이고 신청비용은 소요되는 비용은 인지세 수입인지 2,000원, 등기수입증지 1부동산당 3,000원, 송달료 1회 기준 3,550원 * 6회, 등록면허세(지방교육세 포함) 7,200원
따라서 임대인1, 임차인 1, 부동산 1일 경우 임차권등기명령 신청비용은 33,5000원이다.

64. 대항력의 존속기간

계약기간의 만료와 함께 민사집행법상의 매각절차가 진행되고 있다. 법에서 정한 대항력을 구비하고 배당요구 종기일 까지 배당요구를 신청한 상태이다. 이사를 가고 싶은데 언제까지 대항력을 존속하여야만 하는지?

신민사집행법에서는 배당요구일과 매각결정기일을 분리하고 있고 배당요구종기 일까지 대항력 요건을 갖추고 있으면 된다. 임차인은 매각결과와 관계없이 배당요구종기일 이후에는 거주이전을 하여도 권리관계에는 이상이 없다. 그러나 될 수 있으면 대금지급기일에 대금납부를 확인한 후에 거주이전을 하는 것이 안전한 방법이라 할 수 있다. 배당요구종기일 이후에 목적부동산이 매각된 후 매각허가결정의 취소 또는 매수인의 미납으로 인한 재매각등의 변수가 있을 수 있기 때문이다.

65. 허위 임차인 구별방법

📋 허위 임차인을 구별하는 방법은?

> 답 ① 가족관계증명서와 부모의 제적등본을 발급받아 확인한다.
>
> ② 공인중개사 등 중개업소를 이용하지 않고 당사자 끼리 합의하여 계약서를 쓴 경우에 임대차계약서를 면밀히 검토한다. 중개업자가 있다면 계약서 작성경위 등 작성당시 종합상황, 대금지급사항 등을 확인한다. 또한 대금지급 중 온라인 영수증, 은행입출금사본 등에 대한사항을 법원에 제출하여 입증할 수 있도록 한다.
>
> ③ 미성년자인 경우에도 자금출처에 대한 확인도 필요하고, 임대차계약 당시 시세와 비교검토 한다. 또한 경매개시직전에 전입한 경우에도 의심할 사항이다. 참고로 서울중앙법원 실무에서는 경매개시결정등기 3개월 전까지 전입한 임차인은 배당을 해주고 있다.

66. 민사집행법상 관련된 경매판례

① 금전을 빌려주고 채권을 받지 못하자 임대차보증금을 내지 않고 임차해 살고 있었던 임차인에게는 주택임대차보호법의 우선변제를 해줄 필요가 없다 (서울지법99나98485). 따라서 채무변제용 임대차는 주택임대차보호법의 보호대상 아니다.

② 기존채권을 보증금으로 전환해 임대차계약을 체결한 경우에 거주시는 대항력이 있다. 채권자가 기존 채권을 전세보증금으로 전환해 채무자와 임대차계약을 체결하여 거주한 경우에도 임차인으로서의 대항력을 가진다(대법원 2001다47535).

③ 집주인이 근저당을 설정하면서 임차인 몰래 임차인이 퇴거했다는 전입신고를 했다가 근저당권설정등기가 완료되자 다시 전입신고를 한 경우에도 임차인의 대항력이 인정받을 수 있다(서울지법 99나96700). 따라서 민사집행법상 경매에 참여할 때 외관상 드러나는 것만 가지고 파악하는 데는 문제가 있다. 더욱 세심한 판단이 요구된다.

④ 경매업무를 담당하고 있는 법원공무원이 배당표를 실체적 권리관계와 다르게 작성하여 이해관계인에게 손해를 끼친 경우에 경매담당 판사에게 '위법' 또는 '부당한 목적'이 없다면 국가는 손해배상책임이 없다(대법원 2000다16114)고 판시. 이 내용은 즉 임의경매절차에서 배당표를 작성하고 확정하는 것은 경매법원

판사의 재판작용에 속하는 사항이기 때문에 판사의 보조자에 불과한 법원공무원의 잘못이 인정된다 하더라도 곧바로 국가에 배상책임을 인정할 수 없다라는 해석으로 보인다.

제 2 절   상가건물 임대차보호법

상가건물 임대차보호법 (2002년 11월 1일 시행) 문답

1. 목적

상가 건물임대차보호법이란 무엇인가? 상가건물 임대차의 공정한 거래질서를 확립하고 영세 상인들이 안정적으로 생업에 종사할 수 있도록 과도한 임대료 인상 방지와 세입자의 권리를 보장하기 위해 입법으로 제정하였고, 2001. 12. 29. 공포되어 2002. 11. 1. 부터 시행된 법률이다. 이 법의 규정에 위반한 약정으로서 임차인에게 불리한 것은 편면적 강행규정으로 효력이 없다(법 제15조).

2. 임차인의 권리는?

① 임대차 존속기간 보장 : 최대 10년(개정)간의 계약갱신요구권을 보장한다.

② 대항력 발생 : 임차인이 건물을 인도받고 사업자등록을 신청하면 이후 건물소유주가 바뀌어도 새로운 소유주에 대해 임차권을 주장할 수 있다.

③ 우선변제권 보장 : 대항력 취득하고 확정일자를 받은 경우 전세권등기와 같은 효력을 인정하여 경매·공매시 후순위 채권자보다 우선 변제권을 획득한다.

④ 임대료 인상상한선 설정 : 연 9%(2018.1.25. 법 개정으로 5%로 조정)의 범위 내 협의인상 가능하다.

3. 이 법의 효력발생 시기는 언제부터인가?

① 이 법은 2002. 11. 1. 부터 효력을 발생한다. 다만, 법 시행일인 2002년 11

월 1일 현재 존속중인 임대차에 대하여는 법적요건을 갖춘 경우 대항력, 우선변제권이 발생하나, 계약갱신요구권 및 기타 사항은 2002년 11월 1일 이후 새로 체결되거나 갱신되는 임대차부터 적용된다.

② 이 법은 최초 권리기준인 저당권 설정 일을 기준으로 한다. 법원경매 시 말소기준권리가 되는 저당권 등이 이법 시행일인 2002년 11월 1일 이후에 설정된 상가건물에 대해서만 이법이 규정하고 있다.

이 법 시행일 이전인 2002년 11월 1일 이전에 저당권 등이 경료 된 상가건물에 대해서 당초부터 이 법 보호 대상이 아니어서 이 건물에 세든 상가임차인은 보호대상이 되지 못한다.

가령, 상가임차인 서일대는 강남구 역삼동 소재 甲소유인 건물(A)을 이법 시행일 이전인 2000년 3월 1일자로 보증금 4천500만원에 임차하여 물건을 점유하고 사업자등록 후 현재까지 슈퍼마켓을 운영하고 있던 중 이 법이 시행되자 2002년 12월 1일에 이 법이 요구하고 있는 조건을 갖추어 세무서에 신고하고 계속 영업을 하던 중 당해부동산이 민사집행법에 의한 경매에 붙여져 낙찰로 인한 소유권 변화가 있었다고 할 때 서일대는 보호대상이 되는가(1순위 기준권리 저당설정일 2001년1월11일)?

또한, 다른 상가임차인 이서일은 경기도 성남시 소재 乙소유인 건물(B)을 이법 시행일 이전인 2001년 3월 1일자로 보증금 3천900만원에 임차하여 식당을 개업하면 개업과 동시에 이법이 요구하고 있는 조건(점유와 사업자등록증)을 갖추어 2003년 3월 3일자로 관할 세무서에 구비서류를 완비하여 상가임차인 신고하고 영업을 하던 중 당해부동산이 민사집행법에 의한 경매에 붙여져 매각으로 인한 소유권 변화가 있었다고 이서일은 보호대상이 되는가(1순위 기준권리 저당권설정일 2000년3월11일)?

결론은, 서일대, 이서일은 모두 이법(상가건물임대차보호법)과 시행령에 의한 보호대상이 아니다. 먼저 위 두 건물 모두 말소기준권리가 되는 담보물권(근저당권 설정일) 등의 설정일이 언제인가를 먼저 확인하여야 한다. 즉 해당부동산에 저당권 등이 이법 시행일 이전에 설정되었다면 임차인이 아무리 법의 규정에 따라 대항력 등을 갖추었다 해도 보호대상에 포함되지 않는다. 대부분은 시행일을 기준으로 오인하여 판단하여 큰 낭패를 보는 경우가 많다.

③ 보호범위의 포함여부는 임차인의 사업개시일이 아니라 당해부동산의 저당권 설정일 등이 그 기준이 되는 것이다. 즉 A건물의 저당권이 예를 들어 이법 시행 이전인 2000년1월10일에 경료 되었다면 이 건물의 상가임차인(서일대)은 언제부터 영업을 개시하던지 당초부터 이법의 보호대상에서 제외된다. 왜냐하면 이법 부칙 제2항에 의하면 "이 법은 이 법 시행 후 체결되거나 갱신된 임대차부터 적용한다. 다만, 제3조·제5조 및 제14조의 규정은 이 법 시행당시 존속중인 임대차에 대하여도 이를 적용하되, 이 법 시행 전에 물권을 취득한 제3자에 대하여는 그 효력이 없다"라고 규정하고 있어 이 법 시행 전의 물권자 즉, 저당권 등의 담보권자의 권리를 해하지 못하도록 하고 있기 때문이다.

따라서 이 경우 서일대와 이 서일이 임차한 상가건물은 임차할 당시에 이미 저당권자가 존재하였고, 또한 이 법이 시행되기 전이었으므로, 홍길동과 김길동은 임차건물의 경매절차에서 최우선변제권을 인정받을 수 없다.

4. 이 법의 적용범위와 적용건물

(1) 모든 상가용 건물에 적용되나?

사업자등록의 대상이 되는 영업용 건물만 해당되며 동창회사무실 등 비영리 단체의 건물임대차에는 이 법이 적용되지 않는다. 일시적인 임대차인 경우에는 동 법을 적용하지 않는다(법 제16조).

(2) 법인도 적용되나?

주택임대차보호법에서는 원칙은 법인을 적용을 하지 않지만(예외규정있음) 상가건물임대차보호법에서는 법인도 사업자등록을 할 수 있으므로 이법의 적용을 받는다.

⑶ 모든 상가건물임차인은 이 법의 보호를 받을 수 있는가?

상가건물임차인 중에서 보증금이 일정금액이하인 영세상인만이 이 법의 적용을 받는다.

⑷ 보호대상 보증금액은?

보호대상 금액은 당해 지역의 경제여건 및 상가 규모를 고려하여 본법 시행령에서 구체적으로 정하고 있으며, 환산보증금이 아래에 해당하는 상가건물의 임차인은 이 법의 적용을 받는다(2014. 1. 1.시행). 2018. 1. 26.일 법 개정으로 금액이 대폭 상향 조정 되었다. 후장에서 다루기로 한다.

* 서울특별시 : 4억원 이하
* 수도권정비계획법에 의한 과밀억제권역(시울시 제외) : 3억원 이하
* 광역시(과밀억제권역과 군 지역 제외), 안산시, 용인시, 김포시, 광주시 : 2억4천만원
* 기타 지역 : 1억8천만원 이하

환산보증금이란 보증금과 월세환산액(월세를 연 12%의 금리[3]를 적용하여 보증금 으로 환산 : 월세 x 100)을 합한 금액을 말한다.

⑸ 상가 권리금도 보호를 받을 수 있나?

권리금은 관행상 기존 임차인과 새로운 임차인 사이에 주고받는 것으로 2015. 5. 13.일 상가건물임대차보호법의 개정(상건법 제10조)으로 보호된다. 자세한 사항은 권리 금보호법에서 서술하기로 한다.

⑹ 보호대상 보증금액은 어떻게 계산하나?

보호대상 보증금액은 보증금과 월세환산액(연 12%)의 금리를 적용해 보증금으로 환산한 액수)를 더한 금액이다. 월세를 보증금으로 환산할 때는 100을 곱하면 된다.

---

3   한국은행 기준금리(현재 연2.5%)의 4.5배 중 낮은 비율을 곱한 월 차임을 초과할 수 없다.

예) 보증금 1,000만원에 월세 100만원으로 상가를 임차한 경우

　　보호대상보증금 = 1,000만원(보증금) + 100만원(월세) × 100 = 1억1,000만원

(7) 이 법의 강행규정과 준용규정은?

① 이 법에 규정에 위반된 약정으로서 임차인에게 불리한 것은 효력이 없다(법 제15조).

② 임차인이 임대인에 대하여 제기하는 보증금반환청구소송에 관해서는 소액 사건 심판법 제 6,7,10,11조의 2규정을 준용한다(법 제18조).

③ 이 법에 의해 임대차의 목적이 된 건물이 매매 또는 경매의 목적물이 된 경우에 담보책임에 관한 민법 제575조 제1항, 제3항, 제578조의 규정을 준용하는 것은 주택임대차보호법과 동일하다(법 제3조 제3항).

(8) 임차인이 지급하는 부가가치세가 상가건물임대차보호법상의 적용범위 월차임 액에 포함되는지?

① 현재 국세청 및 유권해석기관(법무부 법무심의관실 유권해석 2008.4.14)에 의하면 "부가가치세는 월차임에 포함된다."고 해석하고 있다. 임차인이 임대인에게 부가가치세 명목으로 제공하는 금원은 차임으로 해석되므로 월차임 액을 계산 할 때는 차임과 별도로 지급하는 부가가치세 상당액을 포함하여야 한다. 이와 같은 방법으로 결정된 월차임 액에　대통령령이 정하는 비율인 1분의100을 곱한 환산금액과 보증금(부가세 포함)을 합한 금액이 동법의 적용 대상 보증금액을 초과하는 경우에는 동법의 적용범위에 해당하지 않으므로 동법의 보호를 받지 못한다.

② 최근 나온 판례(수원지법 2009. 4. 29 선고, 2008나27056 판결)에 의하면 임차인이 부담하기로 한 부가가치세액이 상가건물 임대차보호법 제2조 제2항에 정한 '차임'에 포함되는지 여부에 관하여 보건데, 부가가치세법 제2조, 제13조, 제15조에 의하면 임차인에게 상가건물을 임대함으로써 임대용역을 공급하고 차임을 지급받는 임대사업자는 과세관청을 대신하여 임차인으로부터 부가가치세를 징수하여 이를 국가에 납부할 의무가 있는바, 임대차 계약의 당사자들이 정하면서 "부가세별도"라는 약정을 하였다면 특별한 사정이 없는 한 임

대용역에 관한 부가가치세의 납세의무자가 임차인이라는 점, 약정한 차임에 위 부가가치세액이 포함된 것은 아니라는 점, 나아가 임대인이 임차인으로 부터 위 부가가치세액을 별도로 징수할 것이라는 점 등을 확인하는 의미로 해석함이 상당하고 임대인과 임차인이 이러한 약정을 하였다고 정한 "차임"에 포함시킬 이유는 없다고 하여 임대차 보호법의 입법취지인 임차인 보호 에 적극적으로 접근하고 있다. 이 판결은 대법원에 상고를 하지 않아 2심에서 확정이 되었고 결국은 기존판례를 존중하여 상가임대차보호법의 부가가치세는 차임에 포함하지 않는 것을 해석된다. 다만 대법원판례가 아직 정립되지 않아서 추후 어떠한 판결이 나올지 주목된다.

③ 한편, 임차인이 부담하는 공동관리비[4]도 부가가치세와 같이 차임에 포함할 것인가 역시 문제가 된다. 현재까지 관계기관은 포함되는 것으로 해석하고 있기 때문에 주의를 기울일 필요가 있다.

5. 계약갱신요구권

(1) 이 법 시행일 이전 계약한 경우에도 임차인은 5년간 임대차 기간이 보장되는가?

보장되지 않는다. 계약갱신요구권은 2002. 11. 1. 이후 임대차 계약을 한 경우에 적용된다.

　예) 2002. 10. 25일자 1년 계약 체결은 이 법이 적용될 수 없고, 2003. 10. 25. 새로 체결된 계약부터 5년간 임대차존속기간이 보장된다. 그리고 2013년 8월 13일의 상가건물임대차보호법의 개정안에 의하면 계약갱신요구권은 일정한 보증금 이하인 경우에만 해당되었지만 모든 상가임차인에게 해당되었다.

(2) 임대차계약기간은 5년 단위로 하여야 하나?

아니다. 계약기간은 자유로이 정할 수 있다. 다만, 1년 미만으로 정한 임대차는 그 기간을 1년으로 보게 되나, 이때에도 임차인은 1년 미만으로 정한 기간이 유효함을

4　(예) 공유부분 청소, 정화조, 전기, 수도 등

주장할 수 있다(임차인이 유리할 경우는 인정).

임차인은 최초의 임대차 기간을 포함한 전체 임대차 기간이 5년을 초과하지 않는 범위 내에서 계약갱신을 요구할 수 있다.

(3) 임차인이 재계약을 원할 경우 해야 할 사항은?

임차인은 재계약을 원하면 임대차기간 만료 전 6월부터 1월까지 사이에 계약갱신 요구(후일 구두에 의한 입증분쟁 시 적극적인 내용증명, 문자 등 발송)를 최고[5]하여 야 한다.

임대인은 임차인이 임대료를 3회 이상 연체, 임대인의 동의 없이 건물을 전대하는 경우 등 8가지 요건에 해당되는 경우 재계약을 거부할 수 있다.

(4) 건물주도 계약갱신을 거절할 수 있는가?

임차인이 임대료 3회 연체(주임법 2회), 허위 또는 기타 부정한 방법으로 임차, 임 대건물주의 동의 없이 전대한 경우 등 다음 8가지 사유의 하나에 해당하는 경우에는 건물주가 계약 갱신을 거절할 수 있다.

① 임차인이 3기의 차임 액에 달하도록 차임을 연체한 사실이 있는 경우
② 임차인이 거짓 그 밖의 부정한 방법으로 임차한 경우
③ 쌍방의 합의하에 임대인이 임차인에게 상당한 보상을 제공한 경우
④ 임차인이 임대인의 동의 없이 목적 건물의 전부 또는 일부를 전대한 경우
⑤ 임차인이 임차한 건물의 전부 또는 일부를 고의 또는 중대한 과실로 파손한 경우
⑥ 임차한 건물의 전부 또는 일부가 멸실되어 임대차의 목적을 달성하지 못할 경우
⑦ 임대인이 목적 건물의 전부 또는 대부분을 철거하거나 재건축하기 위해 목적 건물의 점유 회복이 필요한 경우

---

5 의무자에게 의무이행을 최고하는 경우와, 권리자에게 권리의 행사 또는 신고를 최고하는 경우로 나눌 수 있다. 전자에는 채 무자에게 채무의 이행을 독촉함으로써 이행지체의 책임을 지우게 하는 최고(민법 제395조), 권리가 시효로 인해 소멸되는 것을 막기 위한 소멸시효중단을 위한 최고(제174조), 채무불이행의 경우 계약해제권을 발생시키기 위한 최고(민법 제 544조) 등이 있다.

⑧ 그 밖에 임차인이 임차인으로서의 의무를 현저히 위반하거나 임대차를 존속하기 어려운 중대한 사유가 있는 경우

⑸ 임대인과 임차인 사이에 계약 시 특약사항으로 '임차인은 점포가 매매가 되면 아무 조건 없이 목적물을 인도 한다'라고 명시한 경우

상가건물임대차보호법상 임차인의 계약갱신요구권은 최초의 임대차기간을 포함하여 5년(2018.10.16.개정법은 10년)을 초과하지 않는 범위에서 보장되어 있다. 따라서 위에서 정하고 있는 동법 제10조의 규정에 의한 계약갱신요구권을 행사할 수 없는 8가지의 사유만 해당되지 않는다면 임차인은 계약갱신요구권을 행사할 수 있다. 이 법은 편면적인 강행규정으로 임차인에게 불리한 조항이라면 효력이 없다. 즉 특약은 효력이 없으므로 무효로 해석된다.

6. 대항력

⑴ 대항력이란 무엇이며 어떤 요건을 갖추어야 하는가?

대항력은 임차인이 대항요건 취득 이후에 매매 등으로 임차건물의 소유권을 취득하는 제3자에 대하여 대항할 수 있는 권리를 말한다. 따라서 임차인은 임대차계약기간동안은 건물주가 바뀌더라도 임차권자로서의 지위를 유지하여, 임대차계약기간동안 거주할 수 있음은 물론 임대차기간이 끝나더라도 보증금을 반환받을 때까지 계속 거주할 수 있다.

임차인은 임대인으로부터 건물을 인도받고, 세무서에 사업자등록을 신청한 경우 신청일의 다음 날부터 대항력이 발생한다.

임대차계약서상 내용이 사업자등록사항과 일치하고, 임대차계약서상 임대차 목적물이 등기부등본 등 공부와 일치하여야 대항력이 보장되므로 이를 일치시키도록 하여야 한다. 또한 사업자등록정정신고 사유에 임대차계약의 내용이 변경되는 경우를 포함시켰으므로 계약변경 시 반드시 사업자등록정정신고를 하여야 한다.

⑵ 사업자등록을 하지 않은 임차인은 어떻게 해야 하나?

현재 상가를 임차하여 사업을 하고 있으나 사업자등록을 하지 않은 임차인의 경우

이 법의 보호를 받으려면 반드시 사업자등록신청을 하여야 한다. 확정일자는 사업자 등록신청과 동시에 받을 수 있다.

(3) 임차인에게 대항력과 우선변제권이 발생하는 시점은 언제부터인가?

대항력은 건물의 인도(입주) 및 사업자등록의 두 가지 요건을 모두 갖추어야 하고, 두 가지 요건 중 가장 늦은 날을 기준으로 대항력이 생긴다. 확정일자 순위에 따른 우선변제권은 건물의 인도(입주), 사업자 등록, 확정일자라는 세 가지 요건을 모두 갖추어야 하고, 3가지 요건 중 가장 늦은 날을 기준으로 순위가 결정된다.

7. 우선변제권

(1) 우선변제권이란 무엇을 말하며 어떠한 경우 발생하는가?

경매 또는 공매 시 임차건물의 환가대금에서 후순위권리자나 그 밖의 채권자에 우선하여 보증금을 변제받는 권리를 말한다.

임차인이 건물의 인도와 사업자등록 신청으로 대항력 요건을 갖추고 관할 세무서 장으로부터 임대차계약서상 확정일자를 받은 경우 확정일과 다른 담보물권 설정 일을 비교하여 우선순위를 가리게 된다. 결국 이 법은 확정일자를 등기와 대등한 효력을 갖도록 한 것이다.

(2) 이 법 시행 전에 금융기관 등이 상가건물에 저당권을 설정했다면 우선변제권은 어떻게 되나?

이 법 시행 전에 설정한 저당권 등 우선채권이 있는 경우에는 임차인이 우선변제권을 요구할 수 없다.

8. 최우선변제권

(1) 최우선변제권이란 무엇인가?

임차건물이 경매 또는 공매에 의하여 소유권이 이전되는 경우에도 경매절차에서 보증금중 일정액을 모든 권리자보다 최우선하여 배당을 받을 수 있는 권리를 말한다. 최우선변제권은 임차인이 대항력을 갖추면(건물을 인도받고 사업자등록 신청)

생기는 것으로 확정일자와는 상관이 없다. 확정일자 없이도 대항력을 갖추면 당연히 우선변제권이 생긴다.

(2) 최우선변제권의 보호 범위 및 액수는?

임차인이 보증금 중 일정액을 다른 담보물권자보다 우선하여 변제받을 수 있는 보증금의 범위 및 액수는 표를 참고하시면 된다. 최우선변제권을 주장하려면 건물에 대한 경매신청의 등기 전에 대항력을 갖추어야 한다.

(3) 이 법 시행 이전에 계약체결한 자의 최우선변제권은?

건물 인도·사업자등록으로 대항력을 갖추면 최우선변제권이 생긴다. 다만, 법 시행일인 2002. 11. 1. 이전에 물권을 취득한 제3자에 대하여는 효력이 없다.

(4) 경매에 의한 소액임차인의 최우선변제금의 한도는?

건물가액의 3/1 이었지만 2014년 1월 1일부터는 건물가액의 2/1로 개정되었다.

(5) 이 법에서 정한 소액임차인으로서 대항력만 갖추면 일정액의 우선변제를 받을 수 있는가?

최우선 변제권은 상기의 요건 외에 배당요구종기일 전까지 반드시 배당신청을 하여야 한다.

9. 임대료 증감 요구권

(1) 임대료는 얼마나 인상할 수 있는가?

임대료는 계약당사자간에 자유롭게 정할 수 있으나 2018.1.26.일 법 개정으로 당사자 협의 5%로 이내 (개정 전은 9%) 한도로 인상할 수 있다. 다만, 감액의 경우 제한이 없다.

10. 전대차관계에 대한 적용

(1) 전차인의 경우에도 이법의 보호를 받을 수 있는지?

전차인은 전대인에게 계약갱신요구권, 차임 등의 증감청구권 및 월차임시 산정율

제한 등의 권리가 적용된다. 하지만 전대인에 대하여 권리를 행사할 수 있을 뿐이며 임대인에게는 그 권리를 주장할 수 없다. 다만 임대인의 동의를 받고 전차한 경우에는 임차인의 계약갱신 요구권 기간 내에서 임차인을 대위하여 계약갱신권을 주장할 수 있다.

(2) 전차인도 확정일자를 받을 수 있는가?

확정일자의 부여대상이 아니다. 전차인은 제3자에 대한 대항력 및 우선변제권 등의 권리가 상가건물임대차보호법에 규정되어 있지 않다. 다만 전차인은 전대인이 임차인으로서 사업자등록 및 확정일자를 받아 우선변제권을 득한 경우 임차인의 임대보증금에 대하여 민법 규정의 채권자대위권을 행사하여 적극적으로 채권(임차보증금)을 변제 받을 수 있다.

  * 업무처리 과정에서 전차인과 임차인을 구별할 수 없어 확정일자를 부여 한 경우에도
    전차인은 대항력이 발생하지 않으므로 우선변제권을 얻을 수 없다.

11. 확정일자

(1) 이 법의 적용을 받으려면 어떻게 해야 하나?

건물을 인도받고 사업자등록신청을 하고 임대차계약서상 확정일자를 받아야 한다. 본법 시행령 공포일 현재 사업자등록이 되어 있는 임차사업자는 관할세무서에 사업자등록정정신고서 및 임대차계약서 원본을 지참하고 관할세무서에서 확정일자를 받으면 된다(확정일자의 효력은 2002. 11. 1.부터 발생).

(2) 상가건물임대차보호법 시행일인 2002. 11. 1. 이전에 임차인이 받은 확정일자는 언제부터 효력이 있나?

이 법 시행일인 2002. 11. 1. 이전이라도 시행령이 공포되는 날(2002. 10. 14. 예상)부터 기존 임차인을 대상으로 세무서에서 확정일자를 부여한다. 그러나 확정일자의 효력은 이 법 시행일인 2002. 11. 1.부터 발생하며 그 이전에 금융기관의 저당권 등이 설정되었다면 후순위로 변제받게 된다.

⑶ 임차사업장이 넓어 여러 임대인과 각각 계약한 경우 확정일자를 별도로 받아야 하는가?

각자의 계약서를 별도로 확정일자 신청을 하여야 하며 각자의 계약서에 별도의 확정일자를 부여받아야 한다.

⑷ 계약연장 시 원 계약서의 보증금만 증가하는 경우에 연장된 기간과 증가된 보증금의 증액부분만 별도의 계약서를 작성하였다면 이 별도의 계약서에만 확정일자를 받아야 되나?

계약 연장기간과 추가 증액된 부분만 표기된 별도의 계약서에 확정일자를 받아도 된다.

⑸ 동일 건물 내 1층에서 사업을 하다가 2층으로 이전하였다. 임대인이 동일인인 경우 이 법상 기존에 취득한 권리가 그대로 유지되는가?

1층과 2층은 별개의 목적물로 인식되며, 2층으로 이전 시 1층의 보호받을 권리는 상실되며 2층의 권리가 이전시점(점유와 사업자등록정정신고 다음날)에 새롭게 발생하게 된다. 따라서 임차인은 사업자등록정정신고 및 새로운 임대차계약서상에 확정일자를 받아야 한다.

⑹ 임차인이 건물소재지 관할세무서장에게 확정일자 신청 시 구비할 서류는?

① 사업자등록을 한 임차인의 경우 : 임대차계약서 원본, 사업자등록정정신고서(확정일자 신청겸용서식), 사업자등록증 원본, 임대차의 목적이 건물의 일부인 경우에는 해당부분의 도면 1부.
② 신규사업자로 등록하는 임차인의 경우 : 임대차계약서 원본, 사업자등록신청서(확정일자 신청겸용서식), 임대차 목적물이 건물의 일부인 경우에는 해당부분의 도면 1부.

위의 구비서류를 준비하여 세무서를 방문할 때에는 본인 여부를 확인 가능한 신분증 (주민등록증, 운전면허증 등)과, 대리인인 경우에는 위임장과 인감증명을 첨부하여 신분증을 제시하여야 한다.

12. 임대차계약 시 화해조서의 효력

상가건물임대차계약서를 작성할 시 임대인은 임차인에게 '월세를 3회 이상 연체하면 별도의 인도소송을 제기함이 없이 강제집행을 할 수 있다'라고 화해조서를 작성하였다. 이에 대한 효력은?

화해는 채권법에서 규정하고 있는 화해계약이 있으며 재판상 화해와 제소 전 화해가 있다. 임대인이 의도하는 화해는 제소 전 화해 조서로 판단된다. 제소 전 화해조서는 민사 분쟁이 소송으로 발전하는 것을 방지하는 기능으로 법원의 판사 앞에서 화해신청에 대한 조서를 작성하여 후일 다툼이 있을 시, 이 화해조서를 근거로 강제집행을 하기 위한 절차이다. 법원에 화해신청을 하면 법원은 기일을 지정하여 당사자들을 불러 간단하게 신문하고 그 의사가 확인되면 화해조서를 작성하게 된다. 이는 판결과 같은 효력을 가지며 동일사안에 대하여 다툴 수 없으며 즉시 강제집행을 실시할 수 있다. 공증에 의한 화해조서를 작성하는 경우도 있는데 이는 곧 바로 강제집행을 할 수 없고 법원에 판단을 구해서 강제집행을 할 수 있다.

13. 임대차 관련 등록사항 등

(1) 등록사항 등의 열람은 누구에게 해야 하는 지?

건물의 임대차에 이해관계가 있는 자는 건물의 소재지 관할 세무서장에게 아래와 같은 사항 에 대하여 열람 또는 제공을 요청할 수 있다. 이때에 관할 세무서장은 정당한 사유 없이 이를 거부할 수 없다(법 제4조).

(2) 열람할 수 있는 등록사항 등의 내용은 무엇인지?

① 임대인, 임차인의 성명, 주소 주민번호(법인인 경우는 법인명, 단체명, 법인등록번호, 본점, 사업장소재지)

② 건물의 소재지, 임대차 목적물 및 면적

③ 사업자 등록 신청일

④ 사업자등록 신청일 당시의 보증금 및 차임, 임대차기간

⑤ 임대차계약서상의 확정일자를 받은 날

⑥ 임대차계약이 변경 또는 갱신 된 경우에는 변경된 일자, 보증금 및 차임 임대
　차기간, 새로운 확정일자를 받은 날

⑦ 그밖에 대통령령이 정하는 사항

13. 상가건물임대차보호법의 보호기준

상가건물 최우선변제권 보호범위 (표 5-2)

담보물권 설정일	지 역	보증금적용대상	보증금의 범위	최우선변제금액
2002.11.01~ 2008.08.20	• 서울특별시 • 과밀억제권역 　(서울특별시제외) • 광역시(군 지역 및 인 　천광역시 제외) • 기타지역	2억4천만원이하 1억9천만원이하 1억5천만원이하 1억4천만원이하	4,500만원 이하 3,900만원 이하 3,000만원 이하 2,500만 이하	1,350만원까지 1,170만원까지 900만원까지 750만원까지
2008.08.21~ 2010.07.25	• 서울특별시 • 과밀억제권역 　(서울특별시제외) • 광역시(군 지역 및 인 　천광역시 제외) • 기타지역	2억6천만원이하 2억1천만원이하 1억6천만원이하 1억5천만원이하	4,500만 이하 3,900만원 이하 3,000만원 이하 2,500만원 이하	1,350만원까지 1,170만원까지 900만원까지 750만원까지
2010.07.26~ 2013.12.31	• 서울특별시 • 과밀억제권역 　(서울특별시제외) • 광역시(군 지역 및 인 　천광역시 제외) • 기타지역	3억 이하 2억5천만원이하 1억8천만원이하 1억5천만원이하	5,000만 이하 4,500만원 이하 3,000만원 이하 2,500만원 이하	1,500만원까지 1,350만원까지 900만원까지 750만원까지
2014.01.01~ 2018.1.26	• 서울특별시 • 과밀억제권역 　(서울특별시제외) • 광역시(군지역 및 인 　천광역시 제외) • 기타지역	4억원 이하 3억원이하 2억4천만원이하 1억8천만원이하	6,000만원 이하 5,500만원 이하 3,800만원이하 3,000만원이하	2,200만원까지 1,900만원까지 1,300만원까지 1,000만원까지
2018.1.26~ 2019.04.01.	서울특별시 과밀억제권(부산포함) 광역시.세종시.파주. 화성.안산.용인.김포. 광주. 그 외지역	61,000만원이하 50,000만원이하 39,000만원이하 27,000만원이하	6,500만원 이하 5,500만원 이하 3,800만원 이하 3,000만원 이하	2,200만원까지 1,900만원까지 1,300만원까지 1,000만원까지
2019.04.02.~ 현재	9억, 6억9천만, 5억4천, 3억7천만원			

■ 과밀억제권역

수도권의 인구와 산업을 적정하게 배치하기 위해 구분한 권역의 하나로 인구와 산업이 지나치게 집중되었거나 집중될 우려가 있어 이전하거나 정비할 필요가 있는 지역을 말한다. 과밀억제권역은 학교, 공공청사, 연구시설, 그 밖의 인구집중 유발시설의 신설 또는 증설, 공업지역의 지정 허가, 인가, 승인 등을 제한한다. 다만 국민경제의 발전과 공공복리의 증진을 위하여 필요할 때는 대통령령으로 정하는 학교 또는 공공 청사의 신설 또는 증설이나 서울특별시·광역시·도 별 기존 공업지역의 총면적을 증가시키지 않는 범위에서 공업지역을 지정할 수 있다.

이 권역의 지역에서 건축이나 용도변경을 하려면 건축비의 10%를 과밀부담금을 내야 한다. 징수한 부담금은 광역·지역발전특별회계에 50%, 징수한 건축물이 있는 시도에 50% 귀속시킨다.

① 서울특별시

② 인천광역시(강화군, 옹진군, 중구, 운남동, 운북동, 운서동, 중산동, 남복동, 덕교동, 을왕동, 무의동, 서구 대곡동, 불노동, 마전동, 금곡동, 오류동, 왕길동, 당하동, 원당동, 연수구 송도매립지[(인천광역시장이 송도시가지 조성을 위해 1990. 11. 12. 송도 앞 공유수면공사면허를 받은 지역), 남동유치지역 제외]

③ 안양시

④ 수원시

⑤ 성남시

⑥ 고양시

⑦ 부천시

⑧ 과천시

⑨ 광명시

⑩ 의왕시

⑪ 시흥시(반월특수지역 제외)

⑫ 군포시

⑬ 구리시

⑭ 의정부시

⑮ 하남시

⑯ 남양주시(호평동, 평내동, 금곡동, 일패동, 이패동, 삼패동, 가운동, 수석동, 지금동 및 도농동에 한한다)

제3절 2013년 08월 13일에 시행되는 주택(상가건물) 임대차보호법의 주 내용

1. 우선변제권의 승계대상 확대(주택·상가건물)

임차인에 한정하였지만 개정안에서는 보증금반환채권 양수 받은 금융기관까지 확대한다. 적용 시기는 2013. 8. 13일 존속 중인 계약도 인정하되, 8월13일 이후 최초 보증금 반환채권을 양수한 경우부터 적용한다.

2. 상가임대차 갱신요구권의 확대

일정한 보증금 이하의 상가임차인에게 인정하였지만 2014. 1. 1. 개정안에서는 모든 상가임차인으로 확대하였다. 단, 재계약시 상가건물임대차보호법에 적용되는 일정금액 이하는 차임증액이 연9%(2018.1.26.일 개정으로 5%로 조정)이나 일정금액 초과하는 상가임대차는 월세증액 상한선이 없다. 적용 시기는 2013. 8. 31 이후 최초 체결 또는 갱신되는 임대차계약이다.

3. 철거·재건축을 사유로 한 임대인이 갱신거절 가능한 경우(상가)

1) 계약체결 때부터 철거·재건축 사전고지
2) 노후 훼손 일부멸실 등으로 안전사고 우려
3) 다른 법령[6]에 따른 철거·재건축

적용 시기는 2013. 8. 31 이후 최초 체결 또는 갱신되는 임대차계약이다.

---

6 공법, 도시계획법, 도시환경정비법, 도시재개발법 등.

제 4 절   2014년 1월 1일에 시행되는 주택(상가건물)임대차보호법의 주 내용

1. 주택임대차보호법의 적용범위의 확대

개인과 주택기금을 재원으로 임대주택을 지원하는 법인 → 직원용 주택을 임차하는 중소기업까지 확대하여 보호범위를 확대하였다.

2. 차임 등 정보제공 요청권 신설(주택)

임대차계약을 체결 하려는 자 등이 확정일자 부여기관에서 임차주택에 대한 선순위 확정일자 부여, 현황, 차임 및 보증금 등의 정보 요청 권과 관련된 근거규정을 마련하였다.

■ 판례

A씨는 총 13세대가 입주할 수 있는 다가구주택에 임대차계약을 체결하면서 채권최고액 합계 2억3천만 원의 근저당권만 확인하고, 선순위 임대차관계를 확인하지 않아 경매절차에서 근저당권자, 선순위 임차인들만이 배당받았을 뿐 이들보다 후순위에 있는 A씨는 배당받지 못했다(대판 2011다63857사건). 이에 따라 개정안에서는 법률에서 위임한 확정일 자부 기재사항, 정보제공의 범위 등을 명확히 규정하여 임차를 하려는 사람이 미리 임대차 정보를 제공받아 가격 결정에 대한 교섭력을 증대하고, 예상치 못한 선순위 확정일자로 인한 피해를 예방할 수 있도록 하였다.

3. 법무부 법무심의관실

1) 질의의 요지

공인중개사가 개정 주택임대차보호법 시행령 제5조의 이해관계인에 해당하는지 여부

2) 검토의견

* 주택임대차보호법 시행령

제5조(주택의 임대차에 이해관계가 있는 자의 범위) 법 제3조의6제3항에 따라 정보제공을 요청할 수 있는 주택의 임대차에 이해관계가 있는 자(이하 "이해관계인"이라 한다)는 다음 각 호의 어느 하나에 해당하는 자로 한다.

① 해당 주택의 임대인·임차인

② 해당 주택의 소유자

③ 해당 주택 또는 그 대지의 등기기록에 기록된 권리자 중 법무부령으로 정하는 자

④ 법 제3조의2제7항에 따라 우선변제권을 승계한 금융기관

⑤ 제1호부터 제4호까지에 준하는 지위 또는 권리를 가지는 자로서 법무부령으로 정하는 자.

따라서 주택임대차보호법 시행령 제5조에 따르면 공인중개사는 동조 각 호의 이해관계인에 해당하지 아니하며, 다만 공인중개사는 위 시행령 제5조에서 규정하는 이해관계인으로부터 위임을 받아 위 이해관계인의 대리인으로서 주택임대차보호법 시행령에 근거한 정보제공요청을 할 수 있다.[7]

4. 보증금 월세 전환율 하향조정

① 주택 14% → 10%, 상가 15% → 12%

② 한국은행 기준금리(현재 연 2.5%)의 4.5배 중 낮은 비율을 곱한 월차임을 초과할 수 없다.

---

[7] 정보제공을 하지 않아 공인중개사에게 책임을 묻는 판례들이 있다. 이는 공인중개사에게 직접 손해배상책임을 물으면서 이해관계인으로서 범주에 들지 않기 때문에 사전에 아니면 사후에라도 정보열람을 할 수가 없다. 결국은 계약을 성사시키기 전에 쌍방을 위임하여 정보열람을 할 수밖에 없다.
이는 계약이 필히 이루어진다는 확신도 갖지 못하고 상대방에게 위임을 받는다는 것은 쌍방 분쟁의 씨앗만 될 수 있다. 추후에 법의 개정을 서둘러야 하리라고 사료된다.

5. 최우선 변제금의 한도 조정

상가건물임대차보호법 소액임차인의 최우선 변제금의 한도는 건물가액의 3/1 →
건물가액의 1/2로 개정하였다. 단, 2013년 12월 31일 이전 물권 취득한 제3자에게
는 효력이 없다.

제 5 절 권리금보호법(2015년 5월 13일 시행)

입법 취지인 상가 권리금 법제화의 핵심은 임차인의 권리금 회수 기회를 보장하여
영업권을 인정하고 또한 영업권이 재산권의 일환으로 보호된다는 점이다. 하지만 입
법 원인이 된 '용산 참사사건'의 재발을 막기 위하여 재개발, 재건축 과정에서의 권리
금도 보호 받을 수 있어야 하며, 전통시장, 대규모시장, 전대차계약 등이 배제되었지
만 추후에 서둘러 입법이 마련되어야 할 것이다. 이 법은 부진정소급입법[8]으로 법률
제정 당시 계약이 정당하게 진행되고 있는 사건에 적용할 수 있다고 판단된다.

1. 권리금의 정의

권리금이란 "임대차 목적물인 상가건물에서 영업을 하는 자 또는 영업을 하려는
자가 영업시설[9], 비품, 거래처, 신용, 영업상의 노하우[10], 상가건물의 위치에 따른
영업상의 이점 등 유형, 무형의 재산적 가치의 양도 또는 이용대가로서 임대인, 임
차인에게 보증금과 차임 이외에 지급하는 금전 등의 대가"를 말한다(상임법 제10조의3
제1항).

---

8 부진정소급입법은 현재 진행 중인 사실관계 또는 법률관계'에 적용하는 것을 말하며, 진정소급입법의 경우는 이미 종료된
   사실관계 또는 법률관계'에 적용하는 것을 의미한다.
9 시설에 대한 권리금은 보통 1년 단위로 30%씩 비용을 삭감하는 것이 관례이며, 3년이 지난 시설물이나 집기에 대해서는
   권리금을 적용하기 어렵다.
10 보유 거래처의 고객 수 등 규모에 따라 권리금이 정해지며 통상 6개월 ~ 1년간의 수입을 산정해서 정해진다.

2. 권리금 회수 기회의 보호

개정상임법은 임차인의 권리금 회수 기회를 보장하기 위하여, "임대인은 임대차 기간이 끝나기 3개월[11] 전부터 임대차 종료 시까지 권리금계약[12]에 따라 임차인이 주선한 신규임차인이 되려는 자로부터 권리금을 지급받는 것을 방해해서는 안 된다(상임법 제10조의4 제1항)"고 규정하고 있다. 최근 개정된 법은 2018.10.16. 당시 존속 중인 임차인 권리금 회수기간을 임대차 종료 6개월 전부터 임대차 종료 시까지로 연장하였으며, 또한 계약갱신요구권도 기존 5년에서 10년으로 연장하였다.

■ 방해 행위란

1) 임차인이 주선한 신규임차인이 되려는 자에게 권리금을 요구하거나 임차인이 주선한 신규임차인이 되려는 자로부터 권리금을 수수하는 행위

2) 임차인이 주선한 신규임차인이 되려는 자로 하여금 임차인에게 권리금을 지급하지 못하게 하는 행위

3) 임차인이 주선한 신규임차인이 되려는 자에게 상가건물에 관한 조세, 공과금, 주변 상가건물의 차임 및 보증금 그 밖의 부담에 따른 금액에 비추어 현저히 고액의 차임과 보증금을 요구하는 행위

4) 그 밖에 정당한 사유[13] 없이 임대인이 임차인이 주선한 신규임차인이 되려는 자와 임대차계약의 체결을 거절하는 행위

---

11 2013.5.13. 당시에 존속 중인 상가계약에 인정한다. 입증책임은 임차인이 부담한다.

12 권리금 계약이란 신규 임차인이 되려는 자가 임차인에게 권리금을 지급하기로 하는 계약을 말하는 것이다(상임법 제10조의3 제2항).

13 ① 임차인이 주선한 신규임차인이 되려는 자가 보증금 또는 차임을 지급할 자력이 없는 경우, ② 임차인이 주선한 신규임차인이 되려는 자가 임차인으로서의 의무를 위반할 우려가 있거나 그 밖에 임대차를 유지하기 어려운 상당한 사유가 있는 경우, ③ 임대차 목적물인 상가건물을 1년 6개월 이상 영리목적으로 사용하지 아니한 경우, ④ 임대인이 선택한 신규 임차인이 임차인과 권리금 계약을 그 권리금을 지급한 경우(상임법 제10조의4 제2항).

3. 권리금 회수의 보호가 인정되지 않는 경우

개정 상임 법은 보호할 가치가 없는 임차인인 경우에는 임대인에게 권리금회수 방해금지의무는 적용되지 않는 것으로 하고 있으므로, 임차인에게 계약갱신을 거절할 만한 사유[14]가 있는 경우에는 임대인은 권리금회수 방해금지의무를 부담하지 않는 것으로 규정하고 있다.

4. 임대인의 손해배상의무

개정 상임 법은 "임대인이 권리금회수 방해금지의무를 위반하여 임차인에게 손해를 발생하게 한 때에는 그 손해를 배상할 책임이 있다. 이 경우 그 손해배상액은 신규임차인이 임차인에게 지급하기로 한 권리금과 임대차 종료 당시의 권리금 중 낮은 금액을 넘지 못한다."고 규정하여(상임법 제10조의4 제3항), 임대인의 방해 행위로 인하여 임차인에게 발생한 경우에 임차인이 손해배상청구[15]를 할 수 있도록 하고 있다.

5. 임차인의 정보제공의무

개정 상임법은 임대인에게 방해 행위 금지의무를 규정하고 있는 반면, "임차인은 임대인에게 임차인이 주선한 신규임차인이 되려는 자의 보증금 및 차임을 지급할 자

---

14 계약갱신을 거절할 만한 사유(상임법 제10조 제1항 각호)
  1. 임차인이 3기의 차임 액에 해당하는 금액에 이르도록 차임을 연체한 사실이 있는 경우
  2. 임차인이 거짓이나 그 밖의 부정한 방법으로 임차한 경우
  3. 서로 합의하여 임대인이 임차인에게 상당한 보상을 제공한 경우
  4. 임차인이 임대인의 동의 없이 목적 건물의 전부 또는 일부를 전대(轉貸)한 경우
  5. 임차인이 임차한 건물의 전부 또는 일부를 고의나 중대한 과실로 파손한 경우
  6. 임차한 건물의 전부 또는 일부가 멸실되어 임대차의 목적을 달성하지 못할 경우
  7. 임대인이 다음 각 목의 어느 하나에 해당하는 사유로 목적 건물의 전부 또는 대부분을 철거하거나 재건축하기 위하여 목적 건물의 점유를 회복할 필요가 있는 경우
    가. 임대차계약 체결 당시 공사시기 및 소요기간 등을 포함한 철거 또는 재건축 계획을 임차인에게 구체적으로 고지하고 그 계획에 따르는 경우
    나. 건물이 노후·훼손 또는 일부 멸실되는 등 안전사고의 우려가 있는 경우
    다. 다른 법령에 따라 철거 또는 재건축이 이루어지는 경우
  8. 그 밖에 임차인이 임차인으로서의 의무를 현저히 위반하거나 임대차를 계속하기 어려운 중대한 사유가 있는 경우
15 임차인의 손해배상청구권에 대하여 "임차인은 임대인에게 임대차가 종료한 날부터 3년 이내에 손해배상청구권을 행사하지 아니하면 시효로 소멸한다."고 규정하고 있다(상임법 제10조의4 제4항).

력 또는 그 밖에 임차인으로서의 의무를 이행할 의사 및 능력에 관하여 자신이 알고 있는 정보를 제공하여야 한다."고 규정(상임법 제10조의4 제5항)함으로써, 임차인의 정보 제공의무를 규정해놓고 있다.

6. 권리금 적용 제외

개정 상임법 제10조의5에서는 임대차 목적물인 상가건물이 '유통산업발전법'[16] 제2조에 따른 대규모점포 또는 준대규모점포[17]의 일부인 경우이거나, 임대차 목적물인 상가건물이 '국유재산법'에 따른 국유재산[18] 또는 '공유재산 및 물품 관리법'에 따른 공유재산[19]인 경우에는 위와 같은 임대인의 권리금회수 방해금지의무가 적용되지 않는다. 단, 대규모점포전통시장은 권리금적용 제외 대상이었으나, 2018.10.16. 최근 개정된 법은 적용하는 것으로 변경되었다.

7. 권리금을 확보하기 위한 임차인의 의무

(1) 신규 임차인과 권리금 계약서 작성

임차인은 임대인과의 계약만료일 전까지 세세의 품목 등 정한 권리금계약서를 새로운 임차인과 작성한다.

(2) 임대인에게 신규 임차인과의 계약 사실을 통보

임차인은 임대인에게 새로운 임차인과의 권리금계약에 대한 내용을 통지하고 후일 분쟁의 소지를 발생하지 않도록 권리금계약서와 함께 내용증명으로 발송한다.

---

16 "대규모점포"란 하나 또는 대통령령으로 정하는 둘 이상의 연접되어 있는 건물 안에 하나 또는 여러 개로 나누어 설치되는 매장으로서 상시 운영되고 매장면적의 합계가 3천m² 이상인 점포를 말한다(유통산업발전법 제2조). 3천m² 이상의 대형마트, 의류, 가전 전문 매장, 백화점, 쇼핑센터, 복합 쇼핑몰, 전통시장 등이 해당된다.

17 "준대규모점포"란 대규모점포를 경영하는 회사 또는 공정거래법상의 그 계열회사가 직영하는 점포, 공정거래법상 상호출자 제한기업집단(삼성, 현대차, LG, SK, 롯데, 한화 등)의 계열회사가 직영하는 점포 등 위와 같은 회사 또는 계열회사가 직영점형 체인사업 또는 프랜차이즈형 체인사업의 형태로 운영하는 점포를 말한다.

18 "국유재산"이란 국가가 직무수행을 위하여 직접 사무용·사업용 또는 공무원의 주거용으로 사용하는 재산 등을 말한다.

19 "공유재산"이란 지방자치단체가 직접 사무용·사업용 또는 공무원의 거주용으로 사용하는 재산 등을 말한다.

⑶ 신규임차인과의 권리금계약서 작성시한

임차인은 임대인에 대한 계약사실 통지 등은 계약만료일 3개월 전부터 계약종료일 사이에 하여야 권리금을 보장받을 수 있다.

판례연구

★ 대법원 2013.12.26. 선고 2013다63257 판결[추심금] ─긍정

A. 보증금 2억 원의 전대차계약에 부수하여 3억 3천만 원의 권리금계약을 체결한 경우, 권리금은 그 성질상 전대인에게 귀속될 것이므로, 권리금이 아직 교부되지 않은 상태에서 장차 전차인의 귀책으로 전대차계약이 해지되는 경우 보증금 2억 원을 위약벌로 몰취한다는 약정이 유효하다고 본 사례

1. 원심이 인정한 사실

원심은 채택 증거에 의하여 다음과 같은 사실을 인정하였다.

1) 피고는 2011. 3. 15. 소외인과 사이에, 소외인이 피고로부터 유흥주점인 이 사건 점포의 임차권을 보증금 2억 원, 권리금 및 시설대금 3억 3,000만 원(이하 '이 사건 권리금'이라고 한다) 등 합계 5억 3,000만 원에 양수하되, 보증금에 상당하는 2억 원은 계약금으로 계약 당일 지급하고, 이 사건 권리금에 상당하는 3억 3,000만 원은 2012. 3. 31.까지 지급하며, 피고는 소외인에게 계약금 수령과 동시에 이 사건 점포를 인도한 뒤 잔대금 수령과 동시에 임대인에 대한 이 사건 점포 임대차보증금 2억 원의 반환채권을 양도하기로 정하면서, 다만 이 사건 점포 인도일부터 잔대금 지급기인 2012. 3. 31.까지는 이 사건 점포에 대한 전대차계약이 체결된 것으로 보아 소외인이 피고에게 차임으로 매월 1,350만 원씩 지급하고, 계약상의 권리·의무를 제3자에게 양도 또는 전대할 수 없으며, 소외인이 월차임을 3회 이상 체납하거나 권리의 양도 또는 전대 금

지 규정을 위반하면 피고는 최고 없이 계약을 해지할 수 있고, 그러한 경우에는 피고가 위약 벌로서 계약금 명목으로 수령한 2억 원을 몰취할 수 있다는 내용의 이 사건 위약벌 조항을 정하여 이 사건 임차권 양도 및 전대차계약을 체결하였다.

2) 소외인은 계약 당일 피고에게 임차권 양도의 계약금이자 전대차계약의 보증금에 해당하는 2억 원을 지급하고, 이 사건 점포를 인도받아 유흥주점을 운영하여 오던 중 2011. 8. 15.부터 월차임을 4회 이상 지급하지 아니하고, 2011. 11. 7.에는 임차권을 무단 양도 내지 전전대하기까지 하였다. 이에 피고는 소외인의 의무 위반을 사유로 이 사건 임차권 양도 및 전대차계약을 해지한다는 의사를 표시하여 그 의사표시가 2011. 12. 14. 소외인에게 도달하였다.

3) 한편 피고와 소외인 사이에 2011. 8. 29. '소외인이 피고에게 2012. 4. 1. 이 사건 점포를 인도하고, 2012. 3. 31.까지 3억 3,000만 원을 지급하지 아니하거나 이 사건 점포에 대한 전차 권을 제3자에게 양도 내지 전전대하거나 월 차임을 3회 이상 연체할 때에는 즉시 이 사건 점포를 인도한다' 는 내용의 제소전 화해가 성립되었다. 피고는 위와 같은 해지 의사표시 이후인 2011. 12. 29. 위 제소전 화해조서에 기하여 소외인으로부터 이 사건 점포를 인도받음과 아울러 제3자와 사이에 이 사건 점포에 대한 전대차계약을 다시 체결하였다…

2. 대법원의 판단

이 사건 임차권 양도 및 전대차계약에서 소외인이 피고에게 지급하기로 약정한 이 사건 권리금 3억 3,000만 원이 위와 같은 성질을 가진 권리금에 해당한다면, 원심의 인정과 같이 임차권의 재 양도나 전전대의 금지가 약정되고, 양수인 겸 전차인인 소외인의 귀책사유로 이 사건 임차권 양도 및 전대차계약이 해지된 이상, 이 사건 권리금은 본래 그 전액이 양도인 겸 전대인인 피고에게 귀속되어야 한다고 볼 여지가 크다.

그렇다면 이 사건 권리금 3억 3,000만 원이 아직 지급되지 아니한 상태에서 소외인의 귀책사유로 계약이 해지되는 경우 장차 이 사건 권리금의 부지 급으로 말미암아 피고가 입게 되는 손해[20]를 전보하기 위하여 그보다 훨씬 적은 보증금 상당의 2억원을 위약벌[21]로 몰취하기로 약정한 것을 두고(피고는 이 사건 위약 벌 조항이 통상의 위약벌과는 달리 2억 원을 몰취하는 외에 별도의 책임을 묻지 않겠다는 취지로 약정된 것이라고 자인하고 있다), 피고가 얻는 이익에 비하여 약정된 벌이 지나치게 무겁다고 보기는 어렵다.

제 6 절

2018년 1월 26일에 개정 시행되는 상가건물 임대차 보호법의 주 내용

1. 시행령 개정안 제안 이유

"상가건물 임대차보호법"의 적용범위를 정하는 환산보증금을 지역에 따라 상향하여 적용범위를 확대하고, 임대료 인상률 상한을 경제변화 등에 맞추어 차임 또는 보증금의 증액 청구 한도를 조정하여 소상공인·자영업자의 안정적 영업권 보장을 도모하기 위함이다.

아울러 개정된 "상가건물임대차보호법" 시행령 중 적용범위에 관한 적용은 시행 후 체결되거나 갱신되는 상가건물임대차 계약부터 적용되며 차임 등 증액청구의 기준에 관한 적용은 현재 시행 당시 존속중인 상가건물임대차 계약에도 적용된다.

---

20 민법 제565조 (해약금)
  ① 매매의 당사자일방이 계약당시에 금전 기타 물건을 계약금, 보증금등의 명목으로 상대방에게 교부한 때에는 당사자 간에 다른 약정이 없는 한 당사자의 일방이 이행에 착수할 때까지 교부자는 이를 포기하고 수령자는 그 배액을 상환하여 매매계약을 해제할 수 있다

21 손해배상의 예정과 위약 벌의 차이는 손해배상액의 예정이라면 부당하게 과다하다고 인정되는 경우에 법원이 민법 제398조 제2항에 근거하여 적당히 감액할 수 있지만 위약 벌로 볼 경우 약정한 금액이 과다하더라도 법원이 이를 감액할 수 없다. 대법원은 공사도급계약에 있어서의 지체상금 약정은 대부분 이를 손해배상액의 예정으로 보고 있다(대법원 1999. 3. 26. 선고 98다26590판결). 민법 제398조 제4항이 위약금의 약정을 손해배상액으로 추정하고 있으므로 지체상금의 약정이 위약 벌로 해석되기 위하여는 위약벌로 주장하는 자가 이를 주장 입증하여야 한다(대법원 2002. 1. 25. 선고 99다57126판결).

2. 주요 내용

가. 상가건물 임대차 보호법 적용범위 확대(제2조 제1항)

상가건물임대차보호법의 적용대상[22]이 되는 상가건물 임대차의 보증금액은 서울특별시는 6억 1천만원 이하로, 과밀억제권역은 5억원 이하로, 광역시.세종특별자치시 등은 3억9천만원 이하로, 그 밖의 지역은 2억7천만원 이하로 각각 증액하여 그 적용범위를 확대하였다

이번 법 개정으로 환산보증금이 대폭 상향 조정되어 지역별 주요상권 상가 임차인 대다수 이상이 보호를 받을 수 있다고 본다.

나. 차임 또는 보증금의 증액 청구 한도 인하(제4조)

차임 또는 보증금의 증액청구 한도를 청구 당시 차임 또는 보증금의 10분의 9이하에서 100분의 5이하로 인하한다.

2013. 2015.3. 2018.1월 등 몇 차례의 법 개정으로 보증금 액수와 관계없이 상가 임차인은 대항력, 계약갱신요구권, 권리금보호를 주장할 수 있게 되었고, 이 법 시행일부터 계약이 체결되거나 갱신되는 경우와, 당시 존속중인 경우에도 즉시 적용한다.

상가건물 임대차보호법 시행령 일부개정령안

상가건물 임대차보호법 시행령 일부를 다음과 같이 개정한다.

---

22 상가건물 임대차보호법 적용 범위에 포함되는 임차인들은 △임대료 인상률 상한 제한 △우선변제권 △월차임 전환 시 산정률 제한 등 규정의 적용을 받을 수 있게 된다.

제2조제1항 제1호 "4억원"을 "6억1천만원"으로 하고, 같은 항 제2호 중 과밀억제권역(서울시는 제외한다). "3억원"을 과밀억제권역(서울시 제외) 및 부산광역시 5억원으로 하며 같은 항 제3호 중 "안산시"를 "세종특별자치시, 파주시, 화성시, 안산시"로, "2억4천만원"을 "3억9천만원"으로 하고, 같은 항 제4호 중 "1억8천만원"을 "2억7천만원"으로 한다.

제4조 중 "100분의 9"를 "100분의 5"로 한다.

부칙

제1조(시행일) 이 영은 공포한 날부터 시행한다.

제2조(적용범위에 관한 적용례) 제2조의 개정규정은 이 영 시행 후 체결되거나 갱신되는 상가건물 임대차계약부터 적용한다.

제3조(차임 등 증액청구의 기준에 관한 적용례) 제4조의 개정규정은 이 영 시행 당시 존속 중인 상가건물 임대차계약에 대해서도 적용한다.

제 7 절

2018년 10월 16일에 개정 시행되는 상가건물 임대차 보호법의 주 내용

첫째, 임차인의 계약갱신요구권 최대 행사기간이 종전 5년에서 10년으로 확대 되었고,

둘째, 권리금 회수기회 보호기간이 종전 임대차기간 만료 3개월 전에서 6개월 전으로 확대 되었으며,

셋째, 전통시장의 경우에도 권리금 관련 규정이 적용되게 되었다. (상임법 제10조의 4 제1항)

"제10조의 4 제1항의 개정규정은 이 법 시행 당시 존속 중인 임대차에 대하여도 적용한다."고 하여, 소급적용을 명시하고 있다.

2018.10.16.에 법이 개정되어, 위 '임대차기간이 끝나기 3개월 전부터 임대차 종료 시까지' 부분이 '임대차기간이 종료되기 6개월 전부터 임대차 종료 시까지'로 변경되어(상임법 제10조의 4 제1항), 임차인의 권리금 회수기회 보호 기간이 늘어났다. 또한, 부칙에서 "제10조의 4 제1항의 개정규정은 이 법 시행 당시 존속 중인 임대차에 대하여도 적용한다."고 하여, 소급적용을 명시하였으므로, 권리금 회수 보호 관련하여 기존 임차인의 권리가 확대 보장되었다.

부칙

제1조(시행일) 이 법은 공포한 날부터 시행한다.

다만, 제20조부터 제22조까지의 개정규정은 공포 후 6개월이 경과한 날부터 시행한다.

제2조(계약갱신요구 기간의 적용례) 제10조제2항의 개정규정은 이 법 시행 후 최초로 체결되거나 갱신되는 임대차부터 적용한다.

제3조(권리금 회수기회 보호 등에 관한 적용례) 제10조의4제1항의 개정규정은 이 법 시행 당시 존속 중인 임대차에 대하여도 적용한다.

제4조(권리금 적용 제외에 관한 적용례) 제10조의5제1호의 개정규정은 이 법 시행 당시 존속 중인 임대차에 대하여도 적용한다.

법에 따라 임차인 권리를 보호받을 수 있는 상가가 크게 늘어난다. 서울 지역은 환산보증금이 9억 원 이하면 보호 대상이 된다. 이에 대해 일각에서는 임차인 간 권리금 분쟁이 더 심화될 수 있다고 우려하고 있다.

법무부는 보호 대상 상가의 환산보증금 기준 액을 상향하는 내용의 상가건물 임대차보호법 시행령 개정안을 입법예고 했다. 개정안은 서울 지역 환산보증금 기준 액을 현재 6억1,000만 원에서 9억원으로, 부산과 과밀억제권역은 5억원에서 6억9,000만 원으로 올렸다. 다른 광역시와 세종시는 3억 9,000만원에서 5억4,000만 원으로 상향했다. 그 밖의 지역은 환산보증금이 3억7,000만 원 이하인 상가까지 보호받을 수 있다. 환산보증금은 보증금에 월세 환산액(월세×100)을 더한 금액으로 상가임대차보호법 적용 대상을 정하는 기준이 된다.

임대차보호법 적용 범위에 포함되는 임차인들은 ◆임대료 인상률 상한 제한 ◆ 우선변제권 ◆ 월차임 전환(보증금 전부나 일부를 월 단위 임대료로 전환) 때 산정률 제한 등 보호를 받는다. 법무부는 환산보증금 기준액 상향에 따라 주요 상권 상가임차인의 95% 이상이 임대차보호법 적용대상이 될 것으로 추산했다.

■ 적용사례예시

(ㄱ) 임대기간 2년의 임대차 계약을 체결하여 임대기간이 진행 중인 임차인은 계약갱신요구를 통하여 개정된 법률을 적용 가능하다.

(ㄴ) 최초 임대기간 2년의 임대차 계약을 체결한 후에 1회 갱신하여 4년째 임대기간이 진행 중인 임차인도 개정된 법률을 적용 가능하다.

(ㄷ) 최초 임대기간 2년의 임대차 계약을 체결한 후에 2회 갱신하여 6년째 임대기간이 진행 중인 임차인은, 임대인과 임차인의 합의로 계약갱신을 하지 않는 한 개정된 법률을 적용할 수 없다.

(ㄹ) 임대기간 5년의 임대차 계약을 체결하여 임대기간이 진행 중인 임차인은 개정된 법률을 적용할 수 없다.

(ㅁ) 존속중인 임대차계약이 5년 미만으로 정했고 만료일을 앞두고 있다면 임차인이 계약갱신을 요구하는 경우 개정된 법률을 적용할 수 있다.

■ 판례연구

• 대법원 2019. 5. 16. 선고 2017다225312, 225329 판결

[손해배상(기)·건물인도 등] 〈임차인이 임대인을 상대로 권리금 회수 방해로 인한 손해배상을 구하는 사건〉

■ 판시사항

[1] 구 상가건물 임대차보호법 제10조 제2항에 따라 최초의 임대차기간을 포함한 전체 임대차기간이 5년을 초과하여 임차인이 계약갱신요구권을 행사할 수 없는 경우에도 임대인이 같은 법 제10조의4 제1항에 따른 권리금 회수기회 보호 의무를 부담하는지 여부(적극)

[2] 갑이 을과 상가 임대차계약을 체결한 다음 상가를 인도받아 음식점을 운영하면서 2회에 걸쳐 계약을 갱신하였고, 최종 임대차기간이 만료되기 전 병과 권리금 계약을 체결한 후 을에게 병과 새로운 임대차계약을 체결하여 줄 것을 요청하였으나, 을이 노후화된 건물을 재건축하거나 대수선할 계획을 가지고 있다는 등의 이유로 병과의 임대차계약 체결에 응하지 아니한 사안에서, 갑이 병과 권리금 계약을 체결할 당시 더 이상 임대차계약의 갱신을 요구할 수 없었던 상황이었으므로 을이 권리금 회수기회 보호 의무를 부담하지 않는다고 본 원심판단에 법리오해의 잘못이 있다고 한 사례

■ 판결요지

[1] 구 상가건물 임대차보호법(2018. 10. 16. 법률 제15791호로 개정되기 전의 것, 이하 '구 상가임대차법'이라 한다) 제10조의4의 문언과 내용, 입법 취지에 비추어 보면, 구 상가임대차법 제10조 제2항에 따라 최초의 임대차기간을 포함한 전체 임대차기간이 5년을 초과하여 임차인이 계약갱신요구권을 행사할 수 없는 경우에도 임대인은 같은 법 제10조의4 제1항에 따른 권리금 회수기회 보호 의무를 부담한다고 보아야 한다.

[2] 갑이 을과 상가 임대차계약을 체결한 다음 상가를 인도받아 음식점을 운영하면서 2회에 걸쳐 계약을 갱신하였고, 최종 임대차기간이 만료되기 전 병과 권리금 계약을 체결한 후 을에게 병과 새로운 임대차계약을 체결하여 줄 것을 요청하였으나, 을이 노후화된 건물을 재건축하거나 대수선할 계획을 가지고 있다는 등의 이유로 병과의 임대차계약 체결에 응하지 아니한 사안에서, 갑이

구 상가건물 임대차보호법(2018. 10. 16. 법률 제15791호로 개정되기 전의 것) 제10조의4 제1항에 따라 임대차기간이 끝나기 3개월 전부터 임대차 종료 시까지 신규임차인을 주선하였으므로, 을은 정당한 사유 없이 신규임차인과 임대차계약 체결을 거절해서는 안 되고, 이는 갑과 을 사이의 전체 임대차기 간이 5년을 지난 경우에도 마찬가지인데도, 갑이 병과 권리금 계약을 체결할 당시 더 이상 임대차계약의 갱신을 요구할 수 없었던 상황이었으므로 을이 권 리금 회수기회 보호 의무를 부담하지 않는다고 본 원심판단에 법리오해의 잘 못이 있다고 한 사례.

• 대법원 2019. 7. 4. 선고 2018다284226 판결

[손해배상(기)] 〈상가임대차법상 권리금 회수 방해를 이유로 한 손해배상청구 사건〉

■ 판시사항

[1] 임차인이 임대인에게 권리금 회수 방해로 인한 손해배상을 구하기 위해서는 임 차인이 신규임차인이 되려는 자를 주선하였어야 하는지 여부(원칙적 적극) / 임대인이 정당한 사유 없이 임차인이 주선할 신규임차인이 되려는 자와 임대 차계약을 체결할 의사가 없음을 확정적으로 표시한 경우, 임차인이 실제로 신 규임차인을 주선하지 않았더라도 임대인에게 권리금 회수 방해로 인한 손해 배상을 청구할 수 있는지 여부(적극) 및 임대인이 위와 같은 의사를 표시하였 는지 판단하는 기준

[2] 상가 임차인인 갑이 임대차기간 만료 전 임대인인 을에게 갑이 주선하는 신규 임차인과 임대차계약을 체결하여 줄 것을 요청하였으나, 을이 상가를 인도받 은 후 직접 사용할 계획이라고 답변하였고, 이에 갑이 신규임차인 물색을 중 단하고 임대차기간 만료일에 을에게 상가를 인도한 후 을을 상대로 권리금 회 수 방해로 인한 손해배상을 구한 사안에서, 을이 갑의 신규임차인 주선을 거 절하는 의사를 명백히 표시하였으므로 갑은 실제로 신규임차인을 주선하지

않았더라도 임대인의 권리금 회수기회 보호의무 위반을 이유로 을에게 손해배상을 청구할 수 있다고 보아야 하는데도, 이와 달리 본 원심판단에 법리오해의 잘못이 있다고 한 사례

■ 판결요지

[1] 구 상가건물 임대차보호법(2018. 10. 16. 법률 제15791호로 개정되기 전의 것, 이하 '상가임대차법'이라 한다) 제10조의3 내지 제10조의7의 내용과 입법 취지에 비추어 보면, 임차인이 임대인에게 권리금 회수 방해로 인한 손해배상을 구하기 위해서는 원칙적으로 임차인이 신규임차인이 되려는 자를 주선하였어야 한다. 그러나 임대인이 정당한 사유 없이 임차인이 신규임차인이 되려는 자를 주선하더라도 그와 임대차계약을 체결하지 않겠다는 의사를 확정적으로 표시하였다면 이러한 경우에까지 임차인에게 신규임차인을 주선하도록 요구하는 것은 불필요한 행위를 강요하는 결과가 되어 부당하다. 이와 같은 특별한 사정이 있다면 임차인이 실제로 신규임차인을 주선하지 않았더라도 임대인의 위와 같은 거절행위는 상가임대차법 제10조의4 제1항 제4호에서 정한 거절행위에 해당한다고 보아야 한다. 따라서 임차인은 같은 조 제3항에 따라 임대인에게 권리금 회수 방해로 인한 손해배상을 청구할 수 있다.

임대인이 위와 같이 정당한 사유 없이 임차인이 주선할 신규임차인이 되려는 자와 임대차계약을 체결할 의사가 없음을 확정적으로 표시하였는지 여부는 임대차계약이 종료될 무렵 신규임차인의 주선과 관련해서 임대인과 임차인이 보인 언행과 태도, 이를 둘러싼 구체적인 사정 등을 종합적으로 살펴서 판단하여야 한다.

[2] 상가 임차인인 갑이 임대차기간 만료 전 임대인인 을에게 갑이 주선하는 신규임차인과 임대차계약을 체결하여 줄 것을 요청하였으나, 을이 상가를 인도받은 후 직접 사용할 계획이라고 답변하였고, 이에 갑이 신규임차인 물색을 중단하고 임대차기간 만료일에 을에게 상가를 인도한 후 을을 상대로 권리금 회

수 방해로 인한 손해배상을 구한 사안에서, 을이 갑에게 임대차 종료 후에는 신규임차인과 임대차계약을 체결하지 않고 자신이 상가를 직접 이용할 계획이라고 밝힘으로써 갑의 신규임차인 주선을 거절하는 의사를 명백히 표시하였고, 이러한 경우 갑에게 신규임차인을 주선하도록 요구하는 것은 부당하다고 보이므로 특별한 사정이 없는 한 갑은 실제로 신규임차인을 주선하지 않았더라도 임대인의 권리금 회수기회 보호의무 위반을 이유로 을에게 손해배상을 청구할 수 있다고 보아야 하는데도, 이와 달리 본 원심판단에 법리오해의 잘못이 있다고 한 사례.

대법원은 최초의 임대차기간을 포함한 전체 임대차기간이 5년(2018년 10월 16일 개정된 상임 법부터는 10년)을 초과하여 임차인이 더 이상 '계약갱신요구권'을 행사할 수 없는 경우에도 임차인은 임대인에 대하여 상임법 제10조의 규정에 따라 '권리금 회수 방해로 인한 손해배상 청구권'을 가진다.

그 이유로,

(ㄱ) 상임법 상 '권리금 회수 방해로 인한 손해배상 청구권'규정을 살펴보건대 임차인의 '계약갱신요구권' 행사기간이 만료되었다고 하여 '권리금 회수 방해로 인한 손해배상 청구권'을 행사할 수 없다는 법적 근거는 존재하지 않는다는 점

(ㄴ) 신설된 '권리금 회수 방해로 인한 손해배상 청구권' 규정이 '계약갱신요구권'을 제한하기 위한 것은 아니라는 점

(ㄷ) 두 조항은 서로 입법취지 자체가 다르다는 점 등을 언급하였다.

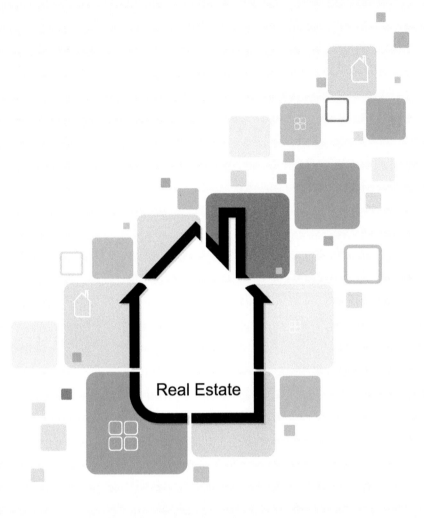

Real Estate

제 6 장
NPL(부실채권)·
농지취득자격

제 1 절 　NPL(부실채권)
제 2 절 　농지취득자격증

제1절 NPL(부실채권)

1. 의의

원리금상환이 3개월 이상 연체된 무수익 여신을 말하며, 부실에 빠진 채권을 시장에 매각하는 것이다. 즉 금융권에서 개인이나 법인 등에게 대하여 부동산 등에 대한 담보 또는 신용대출을 해준 후 채무자자 이를 갚지 못한 경우에 원리금에 손해배상 이자까지 청구하는 채권을 말한다.

2. 종류

1) **담보부 부실채권**: 채무자의 담보물에 저당권을 설정하고 채무불이행으로 인하여 발생된 채권을 말한다.
2) **무담보부 부실채권** : 담보제공 없이 신용적인 부분, PF[23] 등에 의하여 채권이 발생한 것을 말한다.

3. 부실채권이 시장에 나오는 이유

금융권이 채무의 불이행 시 담보권을 실행하여 자기 채권의 충족을 채울 수도 있지만 시간과 비용, 자기자본비율(BIS)[24] 등이 낮아지는 것에 대한 부담으로 채권을 시장에 내어놓는 것이다.

---

23 PF(Project Financing) 금융기관이 사업자금을 빌려 줄때에 자금조달의 기초를 프로젝트를 추진하려는 사업주의 신용이나 물적 담보에 두지 않고 프로젝트 자체의 경제성에 두는 금융기법을 말한다.

24 금융기관 등이 국제자기자본비율(Bank for International Settlements)을 일정 유지하여야만 신용등급이 상승한다. BIS는 각국의 은행들에게 부실채권이나 대출금 등의 위험자산에 대하여 안전한 자산인 자기자본을 일정수준으로 유지할 것을 요구하고 있다. BIS 비율이 높을수록 안정된 은행과 외국 등 대형기관으로부터 자본을 차입 시 이율 등 혜택을 보기 때문에 자기자본비율을 최소한 8% 이상을 유지하여야만 한다.

4. 흐름도

금융권 (생산자) → 한국자산관리공사 → 외국계자본, 대형AMC → 중형 AMC → 소형 AMC → 최종소비자(일반투자자)

일반투자자(저당권매입)는 부실채권인 저당권을 매입하여 재테크 수단으로 경매입찰에 참여하여 소유권을 취득하거나 배당에 참가하여 배당으로 수익을 발생시킨다.

일반적으로 금융회사에서는 다량의 부실채권(NPL)을 도매상 격인 AMC에 판매할 때 대체로 근저당 설정액의 70% 정도에서 매도하고, 부실채권을 매입한 AMC(중간도매상)는 10~15%의 이익을 남기고 최종소비자에게 매각하므로 일반투자자는 근저당 설정금액의 약80% 정도에 매수하게 된다.

5. 접근방법

중간상인 AMC로부터 입찰매수 또는 수의계약을 할 수 있고, 펀드매니저 등과 공동투자사업도 있으나 이는 위험성이 많이 내재되어 있으며, 저당권자와의 직접매입도 생각해 볼 수 있다.

6. 수익창출방법

위와 같은 방법으로 부실채권(저당권)을 인수하여 법원입찰에 참여하여 낙찰을 받아 소유권을 취득할 수 있고, 재매각하여 수익을 얻는 방법이 있으며, 배당에 참여하여 수익을 얻는 방법 등이 있다.

사례) 예를 들어, 서울에 있는 00아파트를 입찰에 참여한다. 감정가 4억, 채권 액 3억2천, 부실채권 매입가 2억5천이다.

감정가에서 2번 유찰을 하여 60%대로 하락하였다. 일반매수자는75%인 2억5천대에 입찰에 참여하였고, 부실채권매입자는 최고액인 3억2천에 입찰하였다면 경쟁이 될 수 없다. 소유권등기까지 할 경우 부실채권 최고 액 만큼 상계 처리할 수 있기 때문에 자금부담에 대하여도 신경 쓸 필요가 없다. 또한 일반매수자와 같이 근접하여 입찰가를 정해서 참여하였다가 떨어진 경우 그 이상 금액에 대하여는 배당으로 수익을 창출하면 된다.

제 2 절 농지취득 자격증명

1. 정의

농지를 매수하고자 할 때 매수인의 소유자격, 경작 여부 등을 적극적으로 심사하여 실질적으로 자경[25]하고자 하는 농업인[26]에게만 농지[27]의 매입을 허용함으로써 투기적인 농지매입을 규제하고 경자유전의 원칙이 달성될 수 있도록 만든 제도이다(헌법 제121조 제1항).

2. 대상

1) 농업인 또는 농업인이 되려고 하는 자
2) 농업법인, 영농법인(일반법인은 농지를 취득할 수 없다)

3. 신청지역

농지의 소재지를 관할하는 시장, 구청장, 읍장, 면장

4. 제출서류

1) 농지취득자격신청증명서

---

[25] 자경이란 농업인이 그 소유 농지에서 농작물 경작 또는 다년생식물 재배에 상시 종사하거나 농작업(농작업)의 2분의1 이상을 자기의 노동력으로 경작 또는 재배하는 것과 농업법인이 그 소유 농지에서 농작물을 경작하거나 다년생식물을 재배하는 것을 말한다.

[26] 농지법 제3조 (농업인의 범위)
  1. 1천 제곱미터 이상의 농지에서 농작물 또는 다년성 식물을 경작 또는 재배하거나 1년 중 90일 이상 농업에 종사하는 자
  2. 농지에 330제곱 미터이상의 고정식온실·버섯재배사·비닐하우스 기타 농림부령이 정하는 농업생산에 필요한 시설을 설치하여 농작물 또는 다년성 식물을 경작 또는 재배하는 자
  3. 대가축 2두, 중가축 10두, 소가축 100두, 가금 1천수 또는 꿀벌 10군 이상을 사육하거나 1년 중 120일 이상 축산업에 종사하는 자
  4. 농업경영을 통한 농산물의 연간 판매액이 100만원 이상인 자

[27] "농지"란 다음 각 목의 어느 하나에 해당하는 토지를 말한다.
  가. 전·답, 과수원, 그 밖에 법적 지목(지목)을 불문하고 실제로 농작물 경작지 또는 다년생식물 재배지로 이용되는 토지. 다만,「초지법」에 따라 조성된 초지 등 대통령령으로 정하는 토지는 제외한다.
  나. 가목의 토지의 개량시설과 가목의 토지에 설치하는 농축산물 생산시설로서 대통령령으로 정하는 시설의 부지

2) 농업경영계획서

3) 주민등록등본(농지의 소재지와 거주지가 다른 경우)

4) 취득원인서류(법원낙찰서류, 매매계약서 등)

5. 발급절차

신청서작성 - 접수(시. 구. 읍. 면) - 확인. 조사 - 검 토 - 증명서 발급 또는 신청서반려 - 농지취득 자격증명 발급교부

6. 처리기간

대상 토지가 1,000평방미터 이상이면(농지취득자격증명신청서와 농업경영계획서) 7일정도 소요되며, 대상 토지가 1,000평방미터 미만(농지취득자격증명신청서)인 경우에는 2일 소요가 된다.

7. 농지취득자격증명서 반려사유(농림부 예규)

1) 신청대상 토지가 농지에 해당하지 않는 경우

2) 농지취득 자격증명 없이 취득할 수 있는 농지인 경우

3) 신청인의 농지취득원인이 자격증명을 발급받지 않고 취득할 수 있는 경우

8. 농지취득자격증명을 발급 받지 않아도 되는 경우

1) 상속, 유증에 의하여 농지취득

2) 주거, 상업, 공업지역내의 농지취득

3) 녹지지역, 개발제한구역내의 농지가 개발행위허가 또는 토지형질변경 허가취득

4) 도시계획시설 예정지내의 농지취득

5) 공유 지분 농지의 분할 또는 취득시효 완성에 의한 농지취득

신청대상농지가 농지법을 위반하여 불법으로 형질이 변경된 경우에는 농지취득자격증명을 발급받을 수 없고, 민사집행법상 경매로 농지를 취득한 경우에 농지취득자

격증명이 발급이 되지 않으면 낙찰불허가처분이 되며 보증금은 몰수가 된다. 따라서 입찰물건에 대하여 사전에 발급이 가능한지 미리 확인하는 것이 필요하다(거주지, 경작가능거리(20킬로미터)등 제한은 없어짐). 그리고 관계기관(시. 군. 구. 읍. 면)에 원상복구를 조건으로 '농업영농계획서'를 제출하면 농지취득자격증명이 발급이 가능할 수 있다.또한 '국토계획 및 이용에 관한 법률'에 의한 '토지거래허가구역 내'에서는 관계기관의 허가 없이 농지를 취득할 수 있다.

판례연구

1. 대법원 2006.2.24 선고 2005도8802 농지법위반 (나) 대법원파기환송

－부동산매매회사 등이 매입한 자경의사 없이 농지취득자격증명을 발급받은 경우 사위의 방법으로 발급받은 것이어서 농지법위반의 범의가 인정된다고 한 사례이다－

■ 사실관계

피고인들이 소위 텔레마케팅 방법으로 투기대상 농지 등을 전매하는 부동산매매회사의 전화상담원으로부터 권유를 받고 일정 지분을 매수하여 그 회사의 직원을 통하여 이전등기를 경료 한 사안에서, 피고인들은 영농경험이 전혀 없는 자들로서 이 사건 농지를 매입하기 이전부터 현재까지 서울에서 가족과 함께 거주하면서 직장생활을 하여 왔던 점 등에 비추어 자경의사가 인정되지 아니하고, 나아가 사위의 방법으로 농지취득자격증명을 발급받는다는 점에 대한 고의가 인정된다고 보아 이를 부정한 원심을 파기한 사례이다.

■ 판결

헌법 제121조의 경자유전의 원칙에 따라 비농업인의 농지 소유를 제한하여 온 규제 연혁 등에 비추어 볼 때, 실제로 농사를 짓지 않는 사람이 농지를 취득하는 데에 법령상 제한이 있다는 사실은 상식에 속하는 사항이라 할 것이고, 피고인들은 이 사건 농지를 자경할 의사 없이 매수 하였음에도 불구하고 그 취득에 필요한 농업경영 계획서 제출이나 농지취득 자격증명 발급에 관한 일체의 사무를 위 회사의 직원에게 일임한 것으로 보아야 할 것인바, 이는 결국 법령에 위반된 방법으로 농지취득 자격 증명을 발급받게 될 것이라는 사정을 잘 알면서도 이를 용인 내지 묵인한 것으로 볼 수밖에 없다 할 것이고, 이에 있어 피고인들에게 농지법 위반에 대한 고의가 없었다 고 볼 수도 없다고 할 것이다.

2. 대법원 1997. 12. 23. 선고 97다42991 판결 (토지소유권 말소등기)

■ 판시사항

토지의 지목이 답이라도 상당 기간 타 용도로 전용되어 사용되었고 농지가 아니라 는 이유로 농지취득 자격증명 발급신청이 반려되었으며 낙찰 후 현황대로 농지전용 허가가 이루어진 경우, 그 토지는 농지에 해당되지 않으므로 낙찰시 농지취득 자격 증명이 필요 없다고 한 사례

■ 판결요지

지적공부상 토지의 지목이 답으로 되어 있기는 하나 그 토지에 대한 낙찰허가결정 훨씬 전에 인근 토지보다 약 1~2m나 성토되어 그 지상에 컨테이너 박스와 창고가 설치되는 등 이미 타 용도로 전용되어 상당 기간 동안 건축자재 하치장으로 사용되 어 왔기 때문에 농지로서의 기능을 완전히 상실하였고, 또한 낙찰 인이 낙찰허가결 정 이전에 농지취득 자격증명의 발급을 신청하였음에도 해당 관서에서 농지로 볼 수 없다는 이유로 신청 자체가 반려된 점이나 낙찰인이 낙찰을 받은 직후에 적법한 절 차를 거쳐 현황대로 농지전용허가가 이루어짐으로써 향후 원상회복명령이 발하여질 가능성이 소멸된 점을 고려하여 볼 때, 낙찰허가결정 당시 그 토지는 이미 농지법 제 2조 소정의 농지에 해당한다고 볼 수 없으므로, 낙찰 인이 임의경매절차에서 최고가 입찰자로서 그 토지를 낙찰 받음에 있어서 농지법 제8조 소정의 농지취득 자격증명 을 발급받을 필요는 없다고 한 사례이다.

농지취득자격증명신청서(표 6-1)

농지취득자격증명신청서		처리기간		접수 *	· · · 제 호
		4일 (농업경영계획서를 작성하지 아니하는 경우에는 2일)		처 리 *	· · · 제 호

<table>
<tr><td rowspan="3">농 지
취득자
(신청인)</td><td>①성명
(명칭)</td><td colspan="2">②주민등록번호
(법인등록번호)</td><td colspan="4">⑥취득자의 구분</td></tr>
<tr><td rowspan="1">③주소</td><td colspan="2">시 구 동
도 시·군 읍·면 리 번지</td><td>농업인</td><td>신규
영농</td><td>법인
등</td><td>주말
체험
영농</td></tr>
<tr><td>④연락처</td><td>⑤전화번호</td><td></td><td></td><td></td><td></td><td></td></tr>
</table>

<table>
<tr><td rowspan="3">취 득
농지의
표 시</td><td colspan="5">⑦소 재 지</td><td colspan="3">⑪농지구분</td></tr>
<tr><td>시·군</td><td>구·읍·
면</td><td>리·동</td><td>⑧지번</td><td>⑨
지
목</td><td>⑩면적
(㎡)</td><td>진흥
구역</td><td>보호
구역</td><td>진흥
지역 밖</td></tr>
<tr><td></td><td></td><td></td><td></td><td></td><td></td><td></td><td></td><td></td></tr>
</table>

⑫취득원인					
⑬취득목적	농업 경영		농지 전용	시험·연구 ·실습용 등	주말체험 영농

「농지법」 제8조제2항 및 같은 법 시행령 제7조제1항에 따라 위와 같이 농지취득자격증명의 발급을 신청합니다.

년 월 일

농지취득자(신청인) (서명 또는 인)
남종면 면장 귀하

<table>
<tr><td rowspan="6">구
비
서
류</td><td>신청인(대표자) 제출서류</td><td>담당 공무원 확인사항
(부동의하는 경우 신청인이 직
접 제출하여야 하는 서류</td><td>수수료</td></tr>
<tr><td>1. 별지 제2호서식의 농지취득인정서(법 제6조제2
항 제2호에 해당하는 경우에 한합니다)
2. 별지 제4호서식의 농업경영계획서(농지를 농업
경영 목적으로 취득하는 경우에 한합니다)
3. 농지임대차계약서 또는 농지사용대차계약서(농
업경영을 하지 아니하는 자가 취득하려는 농지의
면적이 영 제7조제2항 제5호 각 목의 어느 하나에
해당하지 아니하는 경우에 한합니다)
4. 농지전용허가(다른 법률에 따라 농지전용허가가
의제되는 인가 또는 승인 등을 포함합니다)를 받
거나 농지전용신고를 한 사실을 입증하는 서류(농
지를 전용목적으로 취득하는 경우에 한합니다)</td><td>법인등기부등본</td><td>「농지법
시행령」
제74조에 따름</td></tr>
</table>

본인은 이 건 업무처리와 관련하여 「전자정부법」 제21조제1항에 따른 행정정보의 공동이용을 통하여 담당 직원이 위의 담당 직원 확인사항을 확인하는 것에 동의합니다.
신청인(대표자) (서명 또는 인)

농업경영계획서(표6-2)

농 업 경 영 계 획 서									
취득 대상 농지에 관한 사항	①소재지			② 지번	③ 지목	④면적 (㎡)	⑤ 영농거 리	⑥주재배 예정 작목	⑦영농 착수 시기
	시·군	구·읍·면	리·동						
	계								

농업 경영 노동력의 확보 방안	⑧취득자 및 세대원의 농업경영능력					
	취득자와 관계	성별	연령	직업	영농경력(년)	향후 영농여부
	⑨취득농지의 농업경영에 필요한 노동력확보방안					
	자기노동력		일부고용	일부위탁		전부위탁(임대)

농업 기계·장비 의 확보 방안	⑩농업기계·장비의 보유현황					
	기계·장비명	규격	보유현황	기계·장비명	규격	보유현황
	⑪농업기계장비의 보유 계획					
	기계·장비명	규격	보유계획	기계·장비명	규격	보유계획

⑫연고자에 관한 사항	연고자성명		관계	

「농지법」 제8조제2항에 따라 위와 같이 본인이 취득하려는 농지에 대한 농업경영계획서를
작성·제출합니다.

년   월   일

제출자   (서명 또는 인)

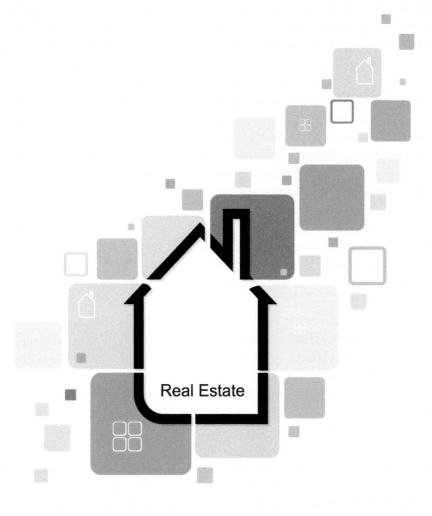

Real Estate

제 7 장
낙찰 후 사후 절차

제 1 절   인도명령
제 2 절   인도소송
제 3 절   경매와 세금

제1절 인도명령

1. 인도명령[1] 의의

인도명령이란 매수인이 매각대금을 지급하고 유효한 소유권을 취득했음에도 불구하고 채무자나 점유자가 해당 부동산을 계속 점유하고 있어 부동산에 대한 인도를 요구하였으나 인도를 거부하는 경우에 인도소송의 절차를 거치지 않고 법원의 결정에 의하여 부동산의 인도 집행을 할 수 있도록 법원에 신청하여 권원 없는 자로부터 그 부동산을 회복하는 것을 말한다. 그러나 대항력을 갖춘 임차인 등의 경우처럼 점유자가 매수인에게 대항할 수 있는 권원에 의해 점유하고 있는 것으로 인정되는 경우에는 인도명령을 신청 할 수 없다.

2. 인도명령 신청의 당사자

(1) 인도명령신청인

① 낙찰자(매수인)
② 차순위 매수신고에 의해 결정된 낙찰자
③ 낙찰자의 상속자
④ 법인인 낙찰자

(2) 인도명령의 상대방

채무자, 소유자, 대항력 없는 점유자 또는 경매신청등기 이후에 점유를 시작한 점유자와 채무자, 소유자의 일반승계인, 말소기준권리를 기준으로 후순위인 권리자이다.

---

1 민사집행법 제136조 (부동산의 인도명령 등) ① 법원은 매수인이 대금을 낸 뒤 6월 이내에 신청하면 채무자·소유자 또는 부동산 점유자에 대하여 부동산을 매수인에게 인도하도록 명할 수 있다. 다만, 점유자가 매수인에게 대항할 수 있는 권원에 의하여 점유하고 있는 것으로 인정되는 경우에는 그러하지 아니하다 명령, 결정은 소송절차에 부수적 사항으로서 변론 없이 강제집행사항, 비송사건에 대하여 명령은 법관이, 결정은 법원이 하는 것이다.

(3) 인도명령이 허용되지 않는 경우

① 낙찰자가 인도 명령의 대상이 되는 소유자·채무자에게 소유권을 양도한 경우

② 재침입한 임차인과 낙찰자가 (임의 인도, 인도 집행에 의한 인도 등) 부동산의 점유를 인도받은 후에는 제3자가 불법으로 점유해도 인도 명령 신청이 안 된다. 단 강제 집행으로 퇴거한 자가 재 침입했을 경우에는 형법 제140조의 2호(부동산 강제 집행 효용 침해)에 의해 5년 이하의 징역 또는 700만 원 이하의 벌금에 처하게 된다. 그 밖에 주거 침입, 퇴거 불응죄 등이 추가로 적용될 수 있다.

③ 대항력과 우선변제권을 겸용한 임차인이 배당 요구를 해 전액 배당을 받을 경우에는 그 배당금을 실제로 지급받을 수 있는 때(배당표 확정 때)까지는 낙찰자에게 주택의 명도를 거절할 수 있다.

④ 압류의 효력 발생 전후에 관계없이 유치권자는 인도 소송 대상이다.

⑤ 법정 지상권이 성립하는 건물의 임차인

⑥ 낙찰자로부터 새로 임차한 자

⑦ 낙찰자로부터 부동산을 매수한 자

⑧ 채무자이며 대항력 있는 임차인

3. 인도명령 신청기간

매각대금 납부 후 6개월 이내에 부동산 인도명령을 신청하여야 한다. 만약 6개월이 도과하면 인도명령대상자 일지라도 인도소송을 제기하여 판결을 받아 강제집행을 하여야 한다. 시간과 비용이 많이 소요될 수 있다(민사집행법 제136조). 비용은 1,000원의 인지대와 16,200원의 송달료가 소요된다.

4. 인도명령 진행절차

* 부동산인도명령신청 ⇨ 심리 및 심문 ⇨ 인도명령결정 ⇨ 결정문송달 ⇨ 강제집행신청 ⇨ 강제집행

(1) 인도명령 신청

인도명령신청서에는 채권자, 채무자, 임차인, 낙찰 인을 기재하고 낙찰 받아 소유권을 취득하여 인도를 요구했으나 불응하여 인도명령을 구한다는 취지를 기재한다. 인도명령 대상이 채무자, 소유자 또는 현황조사보고서 등 기록상 명백한 점유자일 때는 신청 시 증빙서류의 첨부가 불필요하다. 그러나 채무자·소유자의 일반승계인을 상대방으로 하는 경우에는 호적등본 또는 법인등기부등본을 첨부하여야 하고, 입찰기록 서류에 기록이 없는 점유자를 상대방으로 하는 경우에는 주민등록표등본 또는 집행 불능조서를 첨부하여야 한다.

(2) 심리 및 심문

소유자나 채무자는 심문하지 않고 인도명령을 내리지만, 임차인이 점유하고 있는 경우에는 심문 후에 인도명령을 결정 할 수도 있다.

(3) 인도명령 결정

인도명령 신청 후 빠르면 2~3일 늦어도 2주 내에 인도명령에 대한 결정이 나는 것이 일반적이다.

(4) 결정문 송달

인도명령 결정문은 신청인과 피신 청인에게 송달이 되어야 집행을 할 수 있다.

(5) 강제집행의 준비

인도명령 결정문에서 정본과 인도명령 대상자에게 보내진 송달증명원을 첨부하여 부동산 소재지를 관할하는 집행관 사무소에 강제집행 위임 신청을 한다. 비용은 통상 평당 5만~10만원 정도 소요된다.

5. 인도명령의 인도범위

인도하여야 할 부동산의 범위는 매각으로 인하여 취득한 부동산의 범위로 매각허가결정에 기재된 부동산과 동일성이 인정되는 범위 내에서 그 소유권의 효력이 미치는 범위이다. 따라서 매각부동산의 구성부분인 부합물, 종물도 포함한다(민법 제100조 등).

(1) 부합물

부합이란 손궤하거나 과도한 비용을 지출하지 않고서는 분리할 수 없는 경우에 이를 원상회복 시키지 않고 한 개의 물건으로 어느 특정인의 소유로 귀속시키는 것을 말한다.

주 건물에 부합하느냐의 판단기준은 물리적 구조, 용도, 기능면 등 다양한 측도에서 기존 건물과 독립한 경제적 효용을 가지고 거래상 별개의 소유권의 객체가 될 수 있는 것 또는 증축한 소유자 의사 등을 종합적으로 판단하여야 한다.

1) 토지의 부합물

정원수, 정원석, 수목 등이 있다. 수목은 '입목에 관한 법률'에 따라 등기된 입목과 명인방법을 갖춘 수목을 제외하고는 부합 물로 취급한다. 그러나 농작물은 토지에 부합하지 않고 언제나 경작자의 소유이다(판례가 인정). 과수원은 농작물이 아니므로 수목으로 취급한다.

2) 건물의 부합물 (증, 개축 부문)

매각부동산의 부합 물은 독립성을 갖추고 타인의 권원에 의하여 부속된 경우에는 매각대상에서 제외된다. 따라서 감정평가에 포함이 되었든, 되지 아니 하였든 낙찰자는 부합물의 소유권을 취득한다(제시 외 건물 등).

3) 종물

종물도 제3자의 소유자가 아닌 한 매각대상에 포함된다. 민법 제100조의 내용에 따라 종물은 주물의 처분에 따른다. 어떠한 건물이 주된 건물의 종물이기 위해서는 주물의 상용에 이바지하는 관계에 있어야 하고 주물 그 자체의 경제적 효용을 다하게 하는 것을 말한다.

6. 인도명령의 불복

부동산 인도명령이 확정된 경우에 인도명령 대상자는 집행정지신청과 함께 청구이의의 소(민사집행법 제44조)를 제기하여 구제 받을 수 있다. 인도명령의 집행종료 전까지는 즉시항고 기간이 지났거나 즉시항고를 제기하였으나 기각으로 인하여 인도명령이 확정된 이후에도 불복의 의사표시를 할 수 있다.(민집 제136조1항~3항) 실체상의 이유를 들어 그 집행력을 배제하게 하기 위한 청구이의의 소로 제기할 수 있다. 낙찰에 의해 인도명령 대상자가 된 점유자는 인도명령에 대하여 즉시항고로써 불복의 의사를 표시할 수 있다. 제3자, 즉 인도를 해주지 않아도 되는 정한 권리자는 인도명령에 대한 불복의 의사표시로서 제3자이의의 소[2]를 제기할 수 있다. 경매낙찰 자체에 대한 하자로서 인도명령 불복사유가 되지 않는다.

> ■ 인도명령에 대한 불복사유
>
> ① 인도명령의 신청에 하자가 있는 경우
> ② 서면심리 및 소환에 의한 심사 과정에 하자가 있는 경우
> ③ 인도대상 부동산이나 인도대상자가 특정되지 않은 경우
> ④ 인도명령 대상자에 하자가 있는 경우
> ⑤ 신청기한에 하자가 있는 경우

7. 인도명령의 집행

(1) 인도 집행 시 부재중이거나 문을 열어주지 않는 경우

① 2회 집행으로 인하여 집행이 불능인 경우에는 공무원 또는 경찰관 1인이나 성인 2인의 입회하에 강제로 문을 개폐할 수 있고, 내부의 물건도 밖으로 옮길 수 있다.

② 사람도 없고, 물건도 없으면 관리실 입회하에 문을 열고 입주한다. 후일 분쟁을 방지하기 위해서라도 사진 등 기타 관련사항을 증거로 보관하는 것도 좋은 사고이다.

---

2 강제집행시 집행관은 그 목적물이 채무자에게 실제로 속하는지를 심사할 의무가 없으므로 채무자의 점유에 있는 제3자 소유의 물건에 대해서도 강제집행 할 수 있는 데, 이 때 그 제3자가 채권자에 대해 그 목적물에 대한 강제집행이 부적합함을 선고해 달라고 제기하는 소를 말한다(민사집행법 제48조). 소제기는 일반적인 방식에 의하며, 강제집행에 의해 목적물이 경매된 때에도 그 권리는 매수인(경락인)에게 이전되지 않는 것이 원칙이다.

(2) 인도 집행 시 물건에 대한 물건목록을 작성한다.

① 점유자가 없으면 입회자 입회하에 물건의 목록을 작성하여 매수자가 비용을
부담하여 창고에 맡긴다.

② 후일 채무자(소유자)가 맡긴 물건에 대하여 창고비용을 지불하지 않는 경우에
는 법원에서 집행권원(채무명의)를 받아 유체동산에 대한 강제집행을 하고 그
환가된 금액으로 처리한다(대부분 낙찰자가 경매를 진행하고 낙찰자가 매수하
여 진행함).보관창고비용을 매수자인 경락인이 지불하고 유체동산을 압류하여
매각 환가하여 보전한다.

③ 물건을 밖으로 내는 경우에 점유자가 있을 시는 집 밖 적당한 장소에 처리한다.

(3) 인도 집행 시 그 물건에 대하여 압류, 가처분 등 권리가 있는 경우

① 권리당사자 들과의 협의에 의해 처리하거나 , 주소 등 행방불명인 경우에는 집
행관이 명하는 제3의 장소에 물건을 보관하고, 권리자 등에게 손해배상취지 등
최고 장을 발송한다.

② 낙찰자는 보관임대료 등에 의한 채권을 산정하고 소송을 통하여 판결을 얻어
그 물건에 대하여 강제경매를 실시한다.

보충 :

* 인도명령신청서류
  1. 부동산 인도명령 신청서
  2. 도 장
  3. 인감증명서(대리인 위임시)
  4. 위임장(대리인 위임시)

* 인도명령집행 시 신청서류
  1. 부동산 인도명령 결정문
  송달증명원
  3. 도 장
  4. 강제집행예납금
  5. 위임- 인감증명서 및 위임장

---

8. 인도명령의 집행비용

개략적으로 아파트 국민주택규모(85평방미터)를 기준하여 본다.

① 집행비용 접수 45,000원

② 인부예납금 100,000원 * 15명

③ 집행계고[3]비용 15,000원

④ 곤돌라 등 150,000원

⑤ 기타 소모성 비용 200,000원

⑥ 물류차량 1대 110만원

인도명령신청표식도(표 7-1)

1. 인도명령신청 (대금납부 후 6개월 이내)
⬇
2. 서면심리 및 소환에 의한 심문(민사집행법 제136조4항)
⬇
3. 인도명령결정(신청 후 2주이내, 통상 1주이내 결정)
⬇
4. 인도명령결정문송달
⬇
5. 송달증명원 발급
⬇
6. 강제집행신청서(인도명령결정문 , 송달증명원)
⬇
7. 집행사무실 접수
⬇
8. 집행을 위한 현장조사
⬇
9.집행비용 예납
⬇
강제집행기일통지(약 2주)
⬇
강제(인도)집행 실시

---

3 강제집행을 진행하기 이전 매수인의 인도요구에 당사자가 응하지 않은 경우 집행관이 3~10일 사이에 강제집행을 개시한 다는 의사표시이다.

인도명령 신청서 (표 7-2)

사건번호

     채권자 ○ ○ ○

     주 소

     채무자 ○ ○ ○

     소유자 ○ ○ ○

     경락자 ○ ○ ○

  위 당사자 간 귀원에서 심사하는 부동산 사건번호 타경 호에 관하여 낙찰인은 수차례에 걸쳐 소유자인 ○○ 에게 인도하여 줄 것을 요구하였으나 이에 거부하고 있으므로 귀원집달관으로 하여금 소유자의 점유를 해지하고 낙찰인 에게 인도하라는 명령을 하여 줄 것을 신청합니다.

2014 . . .

위 신청인(낙찰인) ○ ○ ○ (인)

주 소 :

수원지방법원 성남지원 경매 0계 귀중

제 2 절   인도소송

1. 인도소송의 개념

  인도소송이란 경매개시결정등기 이전에 점유한 대항력 없는 세입자등 인도명령 대상이 아닌 경우와 인도명령 대상자에 해당되나 낙찰대금 납부 후 6개월을 넘긴 경우의 점유자가 자진하여 건물을 인도해 주지 않는 경우에 인도소송 제기 후 승소를 통해 강제집행을 실행하는 방법이다.

2. 인도소송의 신청자

① 낙찰자
② 차순위 매수신고에 의해 결정된 낙찰자
③ 잉여 가망이 없는 경우의 경매 물건에 대한 매수를 신청한 채권자인 낙찰자
④ 낙찰자의 상속자
⑤ 법인의 낙찰자(일반 낙찰승계자)

3. 인도소송의 대상

① 확정일자를 갖춘 임대차이지만 선순위 권리가 설정되어 있고 자신의 과실로 인하여 법원에 배당요구 신청을 하지 못하여 배당 절차에 참여하지 못한 임차인.
② 확정일자를 갖춘 임대차이면서 법원에 배당요구 신청을 하였으나 선순위 채권액이 너무 많아 배당 절차에서 배당을 받지 못한 자.
③ 경매 개시 등기일 이전에 전입한 임대차이나 이미 임대차의 전입일 전에 타 채권자에 의한 가압류 혹은 근저당 등의 채권 액이 낙찰대금보다 과다하게 설정되어 있고 소액 임대차 에도 해당되지 않아 배당 절차에서 배당 받지 못한 임차인.
④ 상가건물의 세입자로서 전세권을 설정해 놓고도 선순위 채권이 과다 하여 배당을 받지 못 한 자.
⑤ 상가건물의 세입자로서 경매 개시 결정등기일 이전에 주민등록을 전입한 자.
⑥ 기타 정당한 사유 없이 점유를 계속하고 있는 자.

4. 인도소송의 절차

1) 점유이전금지 가처분신청 →가처분결정/실행 → 인도소장접수 → 사건번호 및 담당판사배정 → 심리(변론)
  → 선고 → 승소판결 → 인도소송불복 →승소판결→ 강제집행신청
(준비기일)   ↓
                                            항소

2) 인도소장접수+점유이전금지 가처분신청 →가처분결정/실행 → 인도소장접수 → 사건번호 및 담당판사배정
  → 심리 → 선고 → 승소판결 → 강제집행신청

3) 인도소송 접수 시 필요서류

① 소장

② 낙찰 허가 결정 정본

③ 부동산 등기부등본

④ 별지 목록(건물 도면)

⑤ 낙찰 대금 납부서

⑥ 권리 신고 및 부동산 현황조사서 사본

⑦ 제출된 피고 주민등록등본

5. 인도 집행 절차

(1) 점유이전금지가처분

인도소송 중에 점유자가 점유를 변경하면 승소 후에 집행을 하려고 해도 집행을 할 수 없어 다시 새로운 점유자를 상대로 인도소송을 하여야 하는 데 이러한 점을 방지하려 점유자의 점유변경을 금지하는 효력으로 점유이전금지가처분을 하는 것이다.

가처분결정이 나면 14일 이내에 가처분집행을 실시하여야 하며 14일이 지나면 다시 절차를 밟아야 한다. 점유이전금지가처분신청은 부동산이 소재하는 지방법원에 소송을 제기하고, 소송 및 신청서에는 계약서, 개별공시지가확인서, 재산관계공부, 명도대상 건물도면 등의 입증서류를 첨부하여야 한다. 공탁금은 약 감정가의 5%정도이며 통상적으로 보증보험증권으로 대신하게 된다.

(2) 인도소송 소요기간

인도소송은 대략 4~6개월 정도 소요된다. 그러나 일반적으로 승소가 명백하므로 인도소송은 본인이 직접 원고로서 재판에 참가해도 되며 그러할 경우 소송비용이 적게 든다.

인도라 함은 토지나 건물 또는 선박을 점유하고 있는 자가 그 점유를 타인의 지배 하에 옮기는 것을 말하는데, 만일 점유자가 임대차 기간 등이 만료되었음에도 소유자에게 토지 등을 인도하지 않을 경우에는 소유자는 점유자를 상대로 인도소송을 제기 할 수 있다. 인도 집행 시 통상 이사비용은 건물은 5~7만원, 대지는 2~3만원 정도 소요되고 주택 내에 점유자가 있으면 물건은 집밖으로 적당한 곳에 들어내도 되며 부재중인 경우에는 경찰관, 공무원 중 1인이 입회가능하고 아니면 성인 2인 이상 참석하여 문 개폐가 가능하다.

이삿짐 물류 센터 보관비는 20피트 기준하여 월 15만원 정도 내외이고 통상 3개월 정도 보관하며 유체동산을 경매에 붙여 그 보관비용을 충당하거나 보관부담에서 해방된다.

소유자가 인도소송을 제기한 후에 점유자가 변경된 경우에는 소유자가 승소판결을 받는다 하더라도 그 판결의 효력은 소장 상에 명시된 점유자에게만 미치게 되어 판결의 효력이 상실될 가능성이 있다. 소송전이나 소송중이라도 점유이전금지가처분신청을 하는 것이 현명하다.

(3) 인도소송 집행 시 접수서류

① 집행력 있는 정본(승소 판결 채무명의 정본 + 집행문 부여)
② 송달증명원
③ 도장
④ 강제집행 예납금
⑤ 인감증명서(위임을 할 경우)
⑥ 위임장(위임을 할 경우)

(4) 인도소송실무

① 인도가 난해한 부동산 : 대항력 있는 임차인, 유치권자, 기타 점유자 등 점유자가 다수인 물건(예: 집합상가, 대규모 쇼핑몰 등), 이해관계가 첨예한 물건(종교 등)
② 인도가 쉬운 부동산 : 채무자나 소유자가 점유한 물건, 전액 배당을 받고 소멸하는 임차인, 점유자가 소수인 물건 (아파트 등)

6. 송달방법실무

(1) 특별송달

우편에 의한 송달이 불능이 되면 민사집행법상 법원의 집행관을 통하여 실시하는 송달방법을 말한다. 신청방법은 법원에 특별송달신청서를 작성하여 송달이 가능한 시간을 첨부하여 주간특별송달, 야간 및 공휴일 송달 중에서 선택하여 신청한다.

(2) 공시송달

소송상의 송달을 받아야 할 사람의 주소가 불분명하거나 또는 통상의 방법으로는 송달을 할 수 없는 경우에 법원에서 일정한 기간 동안 게시판, 관보, 공보, 신문에 그 사항을 기재하여 알리는 방법으로서 송달효력을 부여하는 것이다. 효력발생 시기는 게시한 날로부터 2주일 후에 발생한다. 단 외국 경우에는 최초공시송달 일로부터 2개월 후 에 효력이 발생한다.

공시송달을 위해서는 상대방이 거주하는 주소, 거소, 근무지 등 송달할 장소가 어디인지 알 수 없다는 소명자료(우편에 의한 반송 등)와 송달신청서를 제출하여야 한다. 주민등록이 말소된 경우에는 주민등록등본과 불 거주 확인서를 제출하면 된다.

1) 수취인부재, 폐문부재 시

재송달신청 또는 집행관이 직접 송달할 수 있는 특별송달신청을 하여 공휴일, 휴일과 야간에 송달을 시킨다.

2) 주소불명 또는 이사불명 시

주소가 다를 시 정확하게 파악한 후에 주소보정을 하여 신청하고 이후 소명자료를 첨부하여 공시송달을 신청한다.

3) 수취인 불명 시

보정 서에 주소나 이름을 기재한 후 제출한다.

특별송달신청절차

송달료 산정(집행관사무실)
송달료 납부(증지)
딤딩 경매계 확인
접수
특별송달신청서 작성(인지첨부)
인도명령 결정문

[3] 송달사례

📖 소유자 및 임대인은 건물소유주이며 본 건물에 전세(임대차)들어있는 임차권자이다. 임차 금을 반환받기위해 민사집행법원에 경매신청을 했는데 소유주가 법원 송달서류를 고의로 수령을 기피하고 있어 집행관 특별송달을 신청 중에 있다. 만약 고의로 소유주가 송달서류를 계속해서 수취거부가 일어날 때는 어떻게 해야 하는지 알고 싶다. 현재 주민등록상 주소에서 소유주 거주 중에 있음이 확인되었고 고의로 수취거부 중으로 판단된다. 이러한 경우 송달방법에 대하여 어떻게 되는지?

📋 경매에 있어서 소유자에 대한 경매개시결정문 송달은 집행의 요건이며 만약 집행법원이 이를 간과하고 경매를 진행했을 경우 차후 경매절차의 하자로 치유가 되는 경우가 있지만 무효가 되는 경우가 있다. 따라서 집행법원이 간과할 수 없는 것이 소유자 및 채무자에 대한 송달이다. 우리 민법은 도달주의 원칙을 취하고 있고 송달원인에 따라 공시송달을 할 수 있는지 결정할 수 있으며 단순히 폐문부재 등으로 인한 송달불능을 가지고 공시송달을 신청할 수는 없다. 원칙적으로 이사불명이나 수취인불명인 경우에 공시송달신청이 가능하다. 다만 필요적 첨부서류로서 집행법원에서는 소유자의 불 거주 확인서나 주민등록말소등본을 요구하고 있는 실정이다. 따라서 소유자가 현 주소지에 거주하고 있다면 특별송달 등(공휴일, 야간)을 통해 송달을 시도해 보고 아울러 소유자가 현주소지에 살고 있지 않다는 불거주 확인서와 동사무소에 주민등록말소신청을 하는 것도 해결방안의 하나일 것이다.

7. 체납관리비

(1) 관리비 구분

체납관리비의 승계는 전유부분과 공용부분 중에서 공용부분에 대한 것으로 제한한다.

① 전유부분에 해당하는 관리비 : 수도료, 전기료, 도시가스, 전화사용료, TV수신료, 난방비, 급탕비 등.

② 공용부분에 해당하는 관리비 : 소화설치비, 공용난방비, 오물수거비, 청소비, 소득
　　비, 승강기관리비, 건물수선유지비, 일반관리비(관리인의 급여 등).

보충 : 전용, 공용부분(면적) 개념

전용면적은 아파트 현관문을 열고 들어가 만나는 전용 생활공간으로 가족이 쓸 수 있는 공
간이다. 방, 거실, 주방, 화장실 이다. 주거공용면적은 1층 현관이나 계단, 복도 등 아파트
건물 내에서 다른 가구와 공동으로 사용하는 공간이며, 전용면적과 주거공용면적을 합한
것을 공급면적 이라고 한다. 계약면적은 공급면적(전용+주거공용)에 기타공용면적을 더
한 것이다. 아파트 전체단지가 공동으로 사용하는 관리사무소, 노인정, 기계실 기타 등이
공용면적에 모두 포함된다. 2006년 1월 16일 이후 사업승인을 받은 아파트는 발코니 평균
폭이 1.5m를 초과 하면 초과면적이 전용면적에 포함 된다.

---

(2) 관련판례

◆ 대법원 2001.9.20선고 2001다8677 판결

아파트의 특별승계인은 전 입주자의 체납관리비 중 공용부분에 관하여는 이를 승
계하여야 한다고 봄이 타당하다. 라고 판결

◆ 서울지법 2000.2.17.선고 99나94209 판결

아파트소유권을 취득한 사람에게 전 소유자의 체납관리비 채무를 승계하도록 규
정한 공동주택관리 규약의 효력은 무효라 하였고 입주자의 지위를 승계한 자에 대해
서도 그 효력이 있다는 규정에 대해서도 승계인의 지위를 과도하게 침해하는 위헌적
규정이라 판결.

◆ 대법원 1992. 12.24. 선고 92다16669 판결

한국전력공사의 전기공급규정에 신수용가가 구수용가의 체납전기요금을 승계하
도록 규정되어 있다 하더라도 이는 공사내부의 업무처리지침을 정한 데 불과할 뿐
국민에 대하여 일반적 구속력을 갖는 법규로서의 효력은 없고 수용가가 위 규정에
동의하여 계약의 내용으로 된 경우에만 효력이 생긴다.

◈ 창원지법 1997.7.25선고 97나3501 판결

경락으로 인하여 소유권을 취득한 자는 승계취득이 아니고 원시취득이기 때문에 승계인이라 말할 수 없으므로 그 소유권 취득 이전의 체납관리비에 대하여는 납부의무가 없다.

◈ 대법원판례

① 미분양아파트는 관리 단이 구성될 수 없기 때문에 체납관리비를 부담할 필요가 없다(대판).

② 3년 지난 관리비는 소멸시효 완성(민법 제163조 제1항)으로 낙찰자가 부담할 수 없다(대판). 단, 관리비명목으로 '가압류'를 하여 둔 경우에는 민법 제167조에 의한 시효중단 효력이 있으므로 주의할 필요가 있다.

③ 연체료[4] 또한 공용부분의 관리비에 포함하지 않는다(대판).

(3) 입주 시 대응방법

명도 후 입주 시 관리사무소에서 전체관리비를 부담시키려 하며 입주를 방해한다면 업무방해죄 및 공갈죄의 형법이 적용되고, 민법상 관리사무소를 피고로 하여 채무부존재의 청구의 소, 부당이득금 반환청구소송 또는 지급명령신청으로 납부한 전유부분의 체납관리비를 반환받을 수가 있다. 체납관리비는 대개 60% ~ 70%이고 공유부분이 30% ~ 40% 정도이다. 세대수가 300세대 미만인 경우에는 인건비 등이 중과되므로 공용부분의 부담이 60% ~ 70%로 늘어날 수도 있음을 주의할 필요가 있다.

---

4 대법원 2006. 6. 29. 선고2004다3598 : 관리비납부를 연체할 경우 부과되는 연체료는 위약 벌의 일종이다.

*인도소장양식 참고(표 7-3)

소　장

원고 : 김 서 일

　　서울 중랑구 면목동 234

피고 : 김 일 서

　　경기 성남시 분당구 서현동 456

건물인 도등 청구의 소

청 구 취 지

1.피고는 원고에게 별지기재부동산중 별지도면 ㄱ, ㄴ, ㅁ, ㅂ, ㅇ, ㅈ, ㄴ의 각 점을 순차 연결한 "가" 부분 57평방미터를 명도하고, 2018. 3. 10 부터 인도일까지 월금 1,000,000원의 비율에 의한 금원을 지급하라.

2.소송비용은 피고의 부담으로 한다.

3.위 제1항은 가집행할 수 있다.

　라는 판결을 구함

청 구 원 인

1.원고는 별지기재 부동산에 대하여 수원지방법원 성남지원으로부터 2017. 10. 29 낙찰허가결정을 얻고 (2017타경32081호 부동산임의경매) 2018. 03. 21. 경락대금전부를 완납한 소유자입니다.

2.피고는 별지기재부동산의 별지기재도면 "가" 부분 식당 57평방미터에 대하여 소외 ○○○(전소유자)와 2011. 11. 1 임대차계약을 체결한 점유자입니다.

3.원고는 별지기재부동산의 정당한 소유자로써 피고에게 건물의 인도를 요구하였으나 피고는 임차보증금 및 권리금을 주장하며 건물인도를 거부하고 있습니다.

4.살피건대, 위 부동산은 최초의 근저당설정등기는 2012. 10. 28 필하였고 본 근저당권설정으로 인하여 2013. 6. 5 귀원 경매개시결정으로 담보권을 실행한 물건으로 피고는 2011. 11. 1소외 ○○○와 임대차계약을 체결하였고 임대기간도 2013. 10. 31로 종료되었으므로 원고에 대하여 아무런 대항력도 없는데도 불구하고 임차보증금반환 및 권리금을 주장한 채 건물인도를 거부하고 있습니다.

5.따라서 원고는 피고에 대하여 피고가 점유하고 있는 별지기재부동산의 별지도면표시 "가" 부분에 대한 건물 명도를 구하고 피고가 주장한 임차보증금 금30,000,000원에 대하여 차임 월금 350,000원에 대하여 차임으로 산정하여 금 30,000,000원에 대하여 월2할의 비율 금 600,000원과 피고가 매월 소외 ○○○에게 지급한 금 350,000원 위 합계950,000원의 임대료 상당의 손해배상금의 청구를 위하여 본 소에 이른 것입니다.

입증방법 및 첨부서류

1.부동산등기부등본   2통

1.임대차계약서사본   1통

1.임대차관계조사서 사본1통

1.건축물관리대장   1통

1.토지대장   1통

1.위임장

2015. 3. 10.

위 원고 : 김 서 일 (인)

수원지방법원 성남지원 민사과 귀중

제 3 절 경매와 세금

법원에서 부동산을 경매로 낙찰 받은 경우 잔금을 내고 소유권등기를 진행할 시 우선 먼저 납부해야 하는 세금으로는 취득세, 등록세, 농어촌특별세, 교육세 등이 있으며, 그 취득한 부동산을 매도하는 경우 납부해야 하는 세금으로서는 양도소득세 등이 있다. 특히 양도세의 경우 기준시가에 의한 계산방법과 실지거래가액에 의한 세액의 차이는 일반적으로 2배 이상의 차이가 나기도 한다. 원칙은 실지거래가액이 기준이 된다. 따라서 주택을 양도하는 경우 실지거래가액에 의하여 양도소득세를 계산하는 경우에는 취득가액 및 취득에 소요된 비용 그리고 건물의 수선, 개축, 신축 또는 각종의 시설공사비용 등 일체의 관련서류를 증빙서류로 첨부하여 이를 실지거래가 에서 공제 받은 후 양도세를 산정하도록 한다.

1. 매수(경락)시 관련된 세금

(1) 취득세

취득세란 부동산을 매수(취득)(낙찰 받은 경우)한 경우에 시·군·구청 등에 납부해야 하는 세금이다. 그 과세기준은 낙찰가를 기준으로 산정하는 것이 원칙이다. 다만, 대항력 있는 임차보증금이나 전세금 등을 인수하는 경우에는 산정하는 것이 원칙이다. 다만, 대항력 있는 임차보증금이나 전세금 등을 인수하는 경우에는 합산하여 과세기준으로 한다. 그러나 임차인의 보증금은 등기부에 공시되지 않으므로 낙찰가액만을 과세표준액으로 삼는 것이 현실이다. 그러나 후일 사실관계가 확인되면 20%의 가산금이 부과 징수된다. 취득세는 주택의 경우에는 낙찰가액의 1%정도이고 주택 이외의 토지, 상가 등의 경우에는 통상적으로 2%이다. 취득세는 부동산의 취득일로부터 30일 이내에 자진 납부하지 않을 경우 납부할 세액의 20%에 해당하는 가산세가 부과된다.

⑵ 등록세

등록세란 취득한 부동산을 등기부에 기재(등록)하려고 할 때 납부해야 하는 세금으로 부동산 취득에 따른 자진신고로 취득세 고지서를 발급받는 경우 등록세 고지서도 함께 발부해 주는데 등록세는 관할관청이 지정하는 은행 등에 납부하면 된다. 등록세를 납부하면 납부영수증과 영수필 확인서 1통, 통지서 1통을 받게 되는데 영수필 확인서와 통지서는 부동산등기 신청 시 첨부해야 한다. 통상적으로 취득일로부터 60일 이내에 납부해야 하며(부동산등기특별조치법)지연기간에 따라 등록세액의 5%~30%(1년 이상)까지 가산금이 부과된다.

⑶ 농어촌특별세

농어촌특별세는 부동산의 취득 시에 납부해야 하는 취득세의 10%에 해당하는 금액을 납부해야 한다. 그러나 실 평수가 85제곱미터(25.7평)이하인 국민주택 규모의 주택인 경우에는 부과되지 않지만 아파트 및 주택 등 주택규모 이상인 경우에는 취득세의 30%에 해당하는 금액을 납부해야 하고 토지, 상가, 농지 등의 경우에는 취득세의 20%에 해당하는 금액을 납부해야 한다.

⑷ 교육세

등록세에 대하여 20%의 세율을 적용한다.

(5) 취·등록세가 비과세되는 경우

① 국가·지방자치단체로부터 취득한 부동산 또는 기부채납한 부동산을 취득한
경우

② 토지수용법 등에 의해 소유 부동산이 매수 또는 수용되거나 철거되어 받은 보
상금으로 다른 부동산을 취득한 경우(2년 이내)

③ 제사·종교·자선·학술 등 공익사업을 목적으로 하는 비영리 사업자의 부동산
을 취득한 경우

④ 재개발 사업 등의 시행으로 종전의 토지 대신 다른 토지로 환지(대체)받는 경우

⑤ 임시용 건축물(1년 이내)을 취득한 경우

⑥ 법인의 합병, 공유물 분할, 신탁재산, 환매권의 행사 등으로 인한 소유권의 변
동이 있는 경우

(6) 취·등록세가 감면되는 경우

① 건축주가 5세대 이상의 공동주택을 신축하는 경우에 전용면적 59.4제곱미터
이하의 주택에 대해서는 취, 등록세의 100%를 감면한다.

② 공동주택을 분양받아 잔금지급일 현재 무주택 세대주인 경우로서 전용주택
39.6제곱미터 이하인 경우 100%감면 전용주택39.6제곱미터 초과~59.4제
곱미터이하 50%를 감면한다.

③ 임대주택사업자가 임대를 목적으로 전용면적59.4제곱미터 이하의 신축 공동
주택을 취득한 경우100%를 감면한다.

2. 매도 시 경매와 관련된 세금

(1) 양도소득세

부동산을 양도함으로써 차익이 발생되었을 때 그 차익에 대하여 국가가 과세하는
것을 말한다.

양도세계산절차 (표 7-4)

양도가액	실거래가액
취득가액	실거래가액
필요경비	양도비 등 실제적 경비
양도차익	
장기보유특별공제	
양도소득가액	
양도소득기본공제	연 250만원(미등기양도제외)
양도소득과세표준	
세율	
산출세액	
감면세액	
자진 납부할 세액	

3. 양도세를 줄이는 방법

매각 부동산을 취득 시와 양도 시에 소요된 비용에 대하여 공제를 받는다.

(1) 부동산을 매수 시(경락)

1) 취득 시 소요된 비용

해당 부동산의 매입가액(낙찰가액), 취득세, 등록세, 건물의 신축, 중개 수수료, 국민주택채권매입영수증, 인지대 등 취득세나 등록세는 영수증 없이도 공제가 가능하다. 특히 건물을 신축하는 경우에 세금계산서를 첨부하는 경우 간이세금영수증은 효력이 없어 공제를 받을 수 없다.

(2) 부동산을 매수 후

1) 부동산을 취득 후에 지출한 비용

당해 부동산을 취득한 후 방 구조를 변경 한다든지 아파트 베란다 시설을 교체하는 경우 등 각종시설 및 인테리어 등 부동산의 가치를 증가시키거나 또한 편의를 위해 지출한 비용 등에 대하여 소요된 비용으로 공제 받을 수 있다.

① 증·개축에 따른 부대비용

② 전기, 수도(가스) 등의 시설에 필요한 공사비용

③ 승강기 또는 냉·난방시설 장치 등에 소요된 비용

④ 도로의 확장, 신설, 장애물 철거 등의 비용

⑤ 기타 개량, 증설 등의 비용

⑥ 건물 등의 재해시설, 피난설비 등의 설치비용

⑦ 건물의 대수선 및 변경하기 위하여 소요된 비용

2) 양도비용

① 계약서 작성 시에 소요된 비용

② 광고료

③ 부동산 중개수수료(세금계산서, 현금영수증 등 첨부)

④ 공증비용

⑤ 인지대 등

* 관리비는 공제대상이 아니다.

보충 : 재개발. 재건축 절차

1. 정비구역지정

2. 추진위원회 구성

3. 조합설립인가

4. 사업시행인가

5. 분양신청

6. 관리처분인가

7. 철거, 착공, 준공, 입주

부동산 취득세율						
부동산 취득의 종류	구 분	취득세	농특세	교육세	합 계	적용시기
주택 (유상 취득)	6억 이하 / 85㎡이하	1.0%	–	0.1%	1.1%	2014.1.1 시행 2013.8.29. 소급적용
	6억 이하 / 85㎡초과	1.0%	0.2%	0.1%	1.3%	
	6억 초과 9억 이하 / 85㎡이하	2.0%	–	0.2%	2.2%	
	9억 이하 / 85㎡초과	2.0%	0.2%	0.2%	2.4%	
	9억 초과 / 85㎡이하	3.0%	–	0.3%	3.3%	
	9억 초과 / 85㎡초과	3.0%	0.2%	0.3%	3.5%	
주택 외 유상취득	–	4.0%	0.2%	0.4%	4.6%	2011.1.1 시행
농지의 유상취득	–	3.0%	0.2%	0.2%	3.4%	
원시취득(신축)	–	2.8%	0.2%	0.16%	3.16%	
상속으로 인한 취득	농지	2.3%	0.2%	0.06%	2.56%	
	농지 외	2.8%	0.2%	0.16%	3.16%	
증여에 의한 취득	–	3.5%	0.2%	0.3%	4.0%	

* 과밀권역/별장, 골프장, 오락장(일반세율+0.2%X2배~4배)

증여추정 배제기준					
구분	연령	주택	기타	채무상환	총액한도
세대주	30/40세	2억~4억	5천만~1억	5천만원	2.5억~5억원
비세대주	30/40세	1억~2억	5천만~1억	5천만원	1.5억~3억
30세미만		5천만원	5천만원	5천만원	1억
증여재산공제		배우자 6억원, 직계비속성년자 5천만원 직계비속미성년자 2천만원 직계존속 5천만원 기타 친족 1천만원 *합산기간 10년			

양도소득세율			
부동산권리	보유	2년 이상	6~38%(누진율)
		1~2년	40%(입주권,주택은 누진율)
		1년 미만	50%(입주권, 주택은 40%)
	미등기 양도		70%

1세대1주택 비과세 규정	㈎양도일 현재 2년 이상 보유(거주요건 없음) ㈏양도가액이 9억원 이상은 초과분 과세 ㈐ 부득이한 사유(취학, 근무, 질병 등)는 1년 이상만 보유
일시적 2주택(대체취득)	기존 A주택을 보유하고 1년 지난 후 B주택을 취득하고, B주택 취득 3년 내에 A주택(2년 보유) 양도 시
상속으로 인한 2주택	기존주택 양도 시 비과세(상속주택은 과세)
해외이주	출국일로부터 2년 이내 양도
혼인, 직계봉양 2주택	5년 이내 먼저 양도분 비과세

*양도세 장기보유 공제: 3~4년-24%에서 10년 이상 80%까지

* 장기보유특별공제

보유기간	일반양도	1세대 1주택	비고
3년~4년 미만	6%	24%	
4년~5년 미만	8%	32%	
5년~6년 미만	10%	40%	
6년~7년 미만	12%	48%	
7년~8년 미만	14%	56%	
8년~9년 미만	16%	64%	
9년~10년 미만	18%	72%	
10년~11년 미만	20%	80%	
11년~12년 미만	22%		
12년~13년 미만	24%		
13년~14년 미만	26%		
14년~15년 미만	28%		
15년 이상	30%		

종합소득세율

과세표준	세율	누진공제
1,200만원 이하	6%	–
4,600만원 이하	15%	108만원
8,800만원 이하	24%	522만원
1억 5천만원 이하	35%	1,490만원
3억원 이하	38%	1,940만원
5억원 이하	40%	2,540만원
5억원 초과	42%	3,540만원

세금납부기간

세목	과세기간 및 사유	신고 및 납부기간
부가가치세	1기:1.1~6.30	7.1~7.25
	2기:7.1~12.31	다음연도 1.1~1.25 *간이과세 1.25
종합소득세	1.1~12.31	다음연도5.1~5.31
양도소득세	예정신고	양도월말일~2개월
	확정 신고	다음연도5.1~5.31
법인세	법인이 정하는 사업년도	사업종료월말일~3월
증여세	사전	증여일말일~3개월
상속세	사후	상속일말일~3개월
종합부동산세	매년 6월 1일 현재보유	매년12.1~12.15
재산세	매년 6월 1일 현재보유	건물 7.16~7.31
		토지9.16~9.30

■ 경매 12계명

① 권리분석은 철저하게 하여야 한다.

권리분석은 경매의 기본이다. 최소한 말소기준권리와 대항력 요건 등을 초보들도 반드시 본인 스스로 권리분석을 할 줄 알아야 한다. 무조건 전문가에게 맡겨도 되지만 본인이 무슨 하자가 있는 물건인지 모른다면 책임소재에 대한 부분이 애매해진다. 등기부상의 권리관계, 임차인의 대항력 여부를 분석해서 낙찰(매수) 이후에 말소 되지 않고 인수해야 할 권리가 없는지 파악해야 한다. 유찰이 잦은 물건이 싸다는 생각으로 덥석 낙찰 받으면 낭패에 빠지기도 한다. 철저한 권리분석이 수반되지 않으면 낙찰을 받고도 소유권 이전에 문제가 생기거나 임차인의 보증금을 낙찰자가 물어줘야 하는 상황이 발생한다.

② 감정가를 절대적으로 믿지 마라

경매 물건은 전문 감정평가사가 평가한 금액인 감정가격을 기준으로 진행된다. 많은 사람들은 감정가를 너무 믿는 나머지 감정가격이 곧 시세라고 믿는다. 하지만 절대 믿어서는 안 된다. 법원감정가는 특별한 경우를 제외하고는 대부분 시세보다 높다. 아파트를 제외하고는 정형화된 부동산이 없다는 점을 간과하여서는 안 된다. 또한 감정시점이 입찰시점과 차이가 최저 6개월부터 최대 1년 이상 나는 경우도 있다. 시점에 따라 들쑥 날 쑥인 부동산 가격을 잘 살펴보지 않으면 오히려 웃돈을 주고 경매 물건을 살 수 있다는 뜻이다. 감정가는 참고만 하고 시세조사를 철저히 해서 시세를 기준으로 적정 낙찰가를 산출해야 한다.

③ 현장답사는 많이 할수록 좋다.

현장조사는 필수다. 발품을 많이 팔수록 수익률이 높다. 부동산은 현장답사를 하지 않고 진정한 가치를 판단할 수 없다. 시세보다 저렴하게 살 수 있다 하더라도, 수천만 원에서 수억 원이 왔다 갔다 하는 경제 활동이 경매다. 힘들여 모은 돈을 가지고 저평가 고가치 물건을 사려고 왔으면서 직접 물건을 보지 않는다는 것은 어불성설이다. 온라인 시세나 정보를 참고하고 반드시 현장답사를 해야 한다.

④ 법정 현장 분위기에 휩쓸리지 말고 냉정 하라.

입찰 장에 가기 전에 미리 입찰 금액을 정해야 한다. 막연하게 입찰 장에 들어서면 분위기에 휩쓸리기 마련이다. 요즘 같은 불경기에는 물건은 샘물 솟듯 끊임없이 나온다. 충동 입찰하지 말고, 조바심 내지 말며, 수익률을 고려한 소신투자가 정답이다. 입찰법정은 항상 투자자들이 넘쳐나지만 그 모든 사람들이 매수할 투자자가 아님을 명심해야 한다.

⑤ 시간을 충분히 가지고 참여하라.

경매는 항상 가변적이다. 경매물건은 취하, 변경, 연기 등 가변적인 요인이 다분하다. 낙찰 후 입주 혹은 임대 등의 계획을 철저하게 세우는 것은 좋은 투자자세이지만 계획대로 되지 않을 경우의 수를 늘 염두에 두어야 한다. 특히 이사 날짜 받아두고 경매로 집을 알아본다면 거리에 나 앉는 불상사가 일어날 수 있으니 투자자들은 반드시 피해야한다. 최소 6개월에서 10개월은 시간을 가지자.

⑥ 현재와 미래의 가변성을 동시에 사고하라(시장의 흐름).

입찰에 참여 하기 전에 먼저 시장 흐름을 파악해야 한다. 입찰가격을 산정할 때 부동산 규제는 무엇인지, 금리는 어떻게 변동할 것인지, 세금 정책은 어떠한지 등을 종합적으로 고려해야 한다. 부동산 시세가 오르는 추세라면 미래가치에 비중을 늘리고 하락세라면 현재가치에 비중을 둬서 입찰가를 산출한다. 시장의 흐름을 분석해 규제가 몰린 부분은 피하고 규제가 완화되는 쪽을 선점하는 방식의 유연한 자세도 필요하다.

⑦ 명도, 인도를 잘 해야 전문가 소리를 듣는다.

경매 시작 시 '권리분석'이 난관이지만 결말 부분에는 '명도'가 문제다. 토지경매 외에는 기존 점유자를 내보내야 하는 명도과정은 겪어야 할 과정이다. 과거에 비해 제도적으로 쉬워졌으나, 여전히 부담스러움은 남아 있다. 명도의 원칙은 대화와 타협이다. 강제집행 시에도 비용이 들어가고 마찰로 인한 후유증이 생길 수 있다. 이에 적절한 범위 내에서 대화로 풀어가는 것이 상책이다. 대화와 인내하는 방법을 터득하자.

⑧ 사소한 실수를 조심하라.

경매에 입문하는 초보자들이 늘어나면서 어처구니없는 실수로 낭패를 보는 사례도 종종 발생한다. 입찰가에 '0' 하나를 더 붙여 10배에 달하는 금액을 쓰는 경우가 있는가 하면, 보증금을 쓰는 부분과 입찰가를 쓰는 곳을 바꿔 쓰는 사람도 있다. 특히 금액수정을 해서 낭패를 보는 이도 종종 있다.

눈앞에서 낙찰 받을 물건이 날아가는 것은 물론이거니와 심한 경우 보증금으로 냈던 것을 몰수당할 수 있어 실제적인 금전적 피해가 발생할 수 있다.

⑨ 자금 계획은 구체적으로 세워야 한다.

경매는 계약금, 중도금, 잔금 등과 같은 일반적인 거래와 다르다. 낙찰시 10%~20%가량을 보증금으로 내고 낙찰 후 약 45일(허가, 항고 등 포함) 이내에 잔금을 완불해야 한다. 낙찰을 받고 빠른 시일 내에 자금이 동원해야 한다. 경락잔금대출을 잘 활용하고 낙찰 후 부대비용을 감안해 자금 계획을 여유롭게 세워야 한다.

최근 금융사들은 유동성 확보를 위해 대출 심사를 까다롭게 해서 대출이 거부될 수도 있다. 낙찰 받고 시일 내에 잔금 납부를 하지 못하면 보증금을 몰수당할 수 있으니 사전에 자금 마련 계획을 충분히 세운 후 입찰하도록 한다.

⑩ 특수물건은 특히 주의하라.

통상 보증금은 감정가의 10%이나 20%(특별매각조건)를 준비하여야 하는 물건이 있다. 낙찰이 됐으나 잔금을 납부하지 않거나 포기해 재 매각되는 물건이다. 잔금 계획에서 문제가 발생하거나, 예상치 권리의 하자 등 변수가 발생한 경우다. 법정지상권, 유치권, 예고등기, 선순위 임차인, 소유권 가등기 등 특수 물건에 투자할 경우 잘되면 수익이 높지만 그만큼 위험도 크다는 사실을 잊지 말아야 한다. 이러한 물건은 충분한 실력이 쌓아졌을 때 참여하는 것이 올바른 방법이다.

⑪ 특별 매각 조건을 확인하라.

농지취득 자격증명, 보증금 20%, 대지권 없음, 토지별도등기 있음, 법정지상권 성립여지 있음, 유치권신고 등 부가되는 조건을 꼼꼼히 살펴보라.

낙찰 받아 놓고도 매각조건을 지키지 못해 불허가를 받거나 더 나아가 보증금을 날릴 수도 있다. 특히 매각물건 명세서 란에 비고란을 유념하라.

⑫ 변경, 연기 등이 많은 물건은 주의하라.

이러한 물건들은 채무자나 소유자가 채무를 정리하려고 노력을 하고 있는 경우이다. 열심히 수익분석을 하고 현장 확인을 하고 자금계획을 세워 입찰에 참여하려고 했으나, 어느 상황에 경매(입찰)가 취소되는 경우가 많다. 이러한 물건 등은 주의하여 판단하라.

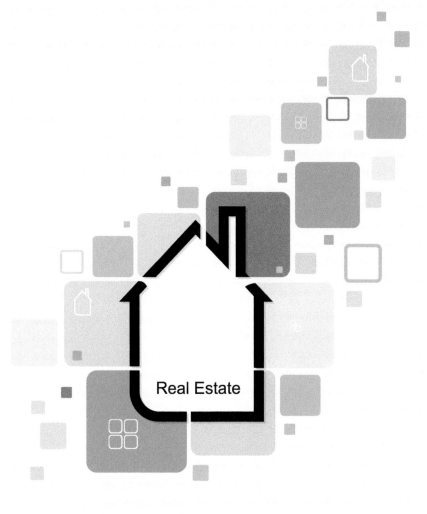

Real Estate

제 8 장

부동산 경매 용어와 서식

제 1 절   부동산경매용어해설
제 2 절   부동산경매서식 총정리

제1절 부동산경매 용어해설

■ 가등기

가등기와 예고등기인 예비등기의 일종으로 종국등기를 할 수 있을 만한 실체법적, 절차법적, 요건을 구비하지 못한 경우 권리의 설정, 이전, 변경, 소멸의 청구권을 보전하려고 할 때와 그 청구권이 시한부, 조건부이거나 장래에 있어서 확정할 것인 본등기를 위하여 미리 그 순위를 보존하게 되는 효력을 가진 등기이다(단지 순위보전적 효력).

[효력]

① 그 자체로 완전한 등기의 효력이 없으나 후에 요건을 갖추어 본등기를 하게 되면 순위는 가등기의 순위로 되므로 결국 가등기를 한 때를 기준으로 본등기의 순위가 확정되면 본등기순위보전의 효력이 있다.

② 본등기 이전에 가등기가 불법하게 말소된 경우 가등기명의인은 그 회복을 청구할 수 있는 가등기자체의 효력(청구권보존의 효력)이 있다.

■ 각하

국가기관에 대한 행정상 또는 사법상의 신청을 배척하는 처분, 특히 소송상 법원이 당사자 그 밖의 관계인의 소송에 관한 신청을 배척하는 재판을 말한다. 다만, 민사소송법상 기각과 구별하여 사용하는 경우 소송요건 또는 상소의 요건을 갖추지 않은 까닭으로 부적법인 것으로서 사건의 일체를 심리함이 없이 배척하는 재판을 말한다.

■ 감정인

특별한 지시 경험에 속하는 법칙이나 이를 구체적 사실에 적용하여 얻은 판단을 법원이나 법관에 보고하는 자. 감정인은 일정한 경우 감정 전에 반드시 선서하여야 하는데 선서하지 않은 감정은 증거능력이 없고 허위감정처벌을 받는다.

■ 감정평가액

집행법원은 감정인으로 하여금 부동산을 평가하게 하고 그 평가액을 참작하여 최저매각가격을 정한다. 감정인의 평가액을 그대로 최저매각가격으로 정하여야 하는 것은 아니지만 실무에서는 대부분 감정인의 평가액을 그대로 최저매각가격으로 정하고 있다. 감정평가서에는 최소한 감정가격의 결정을 뒷받침하고 응찰자의 이해를 도울 수 있도록 감정가격을 산출한 근거를 밝히고 평가요항, 위치도, 지적도, 사진 등을 첨부하여야 한다. 그리고 이러한 감정평가서는 매각기일 1주일 전부터 매각물건명세서에 첨부하여 일반인의 열람이 가능하도록 비치하게 되어 있다.

■ 강제경매

채무자 소유의 부동산을 압류, 환가하여 그 매각대금을 가지고 채권자의 금전채권의 만족을 얻음을 목적으로 하는 강제집행 절차 중의 하나이다.

■ 강제집행

채권자의 신청에 의하여 국가의 집행기관이 채권자를 위하여 채무명의에 표시된 사법상의 이행청구권을 국가공권력에 기하여 강제적으로 실현하는 법적절차이다.

■ 개별경매(분할경매)

수개의 부동산에 관하여 동시에 경매신청이 있는 경우 각 부동산 별로 최저경매가격을 정하여 경매하여야 한다는 원칙이다. 법에 명문규정은 없으나 이 원칙은 1개의 부동산의 매각대금으로 각 채권자의 채권 및 집행비용의 변제에 충분한 때에는 다른 부동산에 대한 경락을 허가하지 아니하며 이 경우 채무자는 경락할 부동산을 지정할 수 있다는 규정과 일괄경매에 관한 특칙이 있음에 비추어 명백하고, 다만 법원은 수개의 부동산의 위치, 형태, 이용관계 등을 고려하여 이를 동일인에게 일괄매수시킴이 상당하다고 인정한 때 자유재량에 의하여 일괄경매를 정할 수 있다.

■ 경락기일

집행법원은 경매기일의 종결 후 미리 지정된 기일에 경락기일을 열어 경락의 허부에 관하여 이해관계인의 진술을 듣고 직권으로 법정의 이의사유가 있는지 여부를 조사한 다음 경락의허가 또는 불허가를 선고하는 날이다.

(신)매각결정기일

■ 경매개시결정

경매신청의 요건이 구비되었다고 판단되면, 집행법원은 경매절차를 개시한다는 결정을 한다. 이것이 경매개시결정이다 이때 집행법원은 직권 또는 이해관계인의 신청에 따라, 부동산에 대한 침해행위를 방지하기 위하여 필요한 조치를 할 수 있다. 이와 동시에 집행법원은 그 부동산의 압류를 명하고, 직권으로 그 사유를 등기부에 기입할 것을 등기관에게 촉탁한다. 경매개시결정이 채무자에게 송달된 때 또는 경매신청의 기입등기 가된 때 압류의 효력이 발생하며, 이때부터 그 부동산을 타에 양도하거나 담보권 또는 용익권을 설정하는 등의 처분행위를 할 수 없다.

■ 경매기일공고

경매기일 및 경락기일을 지정한 때 법원은 이를 공고. 공고는 공고사항을 기재한 서면을 법원의 게시판에 게시하는 방법으로 최초 경매기일에 관한 공고는 그 요지를 신문에 게재하여야 하며 법원이 필요하다고 인정할 때에는 그 외의 경매기일에 관하여도 신문에 게재할 수 있으며, 대법원 홈페이지(www.scourt.go.kr)법원공고 란에도 게제 한다.

(신)매각기일 및 매각결정기일의 공고

■ 경매기일지정

집행법원은 공과주관 공무소에 대한 통지, 현황조사, 최저경매가격결정 등의 절차가 끝나고 경매절차를 취소할 사유가 없는 경우 직권으로 경매할 기일을 지정하게 된다.

(신)매각기일의 지정

■ 경매기일통지

법원이 경매기일과 경락기일을 지정하면 이를 이해관계인에게 통지하는 절차를 말하는데, 위 통지는 집행기록에 표시된 이해관계인의 주소에 등기우편으로 발송

할 수 있다. (신)매각기일 및 매각결정기일 통지

■ 경매물건명세서

법원은 부동산의 표시, 부동산의 점유자와 점유의 권원, 점유할 수 기간, 차임 또는 보증금에 관한 관계인의 진술, 등기된 부동산에 관한 권리 또는 가처분으로 경락에 의하여 그 효력이 소멸되지 아니하는 것. 경락에 의하여 설정된 것으로 보게 되는 지상권의 개요 등을 기재한 경매물건명세서를 작성하고 이를 경매기일의 1주일 전까지 법원에 비치하여 일반인이 열람할 수 있도록 작성해 놓은 것이다. (신)매각물건명세서

■ 경정등기

어떠한 등기를 하였는데 처음부터 그 절차에 착오나 누락이 있어서 원시적으로 등기와 실체관계 사이에 불일치가 생긴 경우 이를 바로잡기 위하여 행하여지는 등기를 말한다.

■ 경매신청취하

경매부동산에 대하여 경매 신청 후 경매 기일에서 적법한 매수의 신고가 있기까지의 사이에 경매신청인은 임으로 경매신청을 취하할 수 있으나, 매수의 신고가 있은 후 경매신청을 취하함에는 최고가매수신고인과 차순위 매수신고인의 동의를 필요로 한다.

■ 공과주관 공무소에 대한 최고

법원은 경매개시결정 후 조세 기타 공과를 주관하는 공무소에 대하여 목적부동산에 관한 채권의 유무와 한도를 일정한 기간 내에 통지할 것을 최고하는데 이는 우선 채권인 조세채권의 유무, 금액을 통지 받아 잉여의 가망이 있는지 여부를 확인함과 동시에 주관 공무소로 하여금 조세 등에 대한 교부 청구의 기회를 주는 것이다.

■ 공동경매

수인의 채권자가 동시에 경매신청을 하거나 아직 경매개시결정을 하지 아니한 동안 동일 부동산에 대하여 다른 채권자로부터 경매신청이 있으면 수개의 경매신청

을 병합하여 1개의 경매개시결정을 하여야 하며, 그 수인은 공동의 압류채권자가 되고, 그 집행절차는 단독으로 경매신청을 한 경우에 준하여 실시되는 절차이다.

■ 공매

공매 금융기관이나 기업체가 가진 비업무용 재산과 국세·지방세의 체납으로 인한 압류재산을 처분하는 것으로 자산관리공사가 시행한다. 공매물건 가운데 가장 많은 비중을 차지하는 것은 금융기관이 기업체나 개인에 대출해 주고 약정한 기간에 돈을 회수하지 못해 매각 의뢰한 담보물이다. 공법상의 권리의 실현을 위하여 세금체납에 의한 국세징수법(61조)에 따라 행하여지는 것을 말한다.

■ 공탁

변제자가 변제의 목적물을 채권자를 위하여 공탁소에 임치하여 채권자의 협력이 없는 경우에도 채무를 면하는 제도이다. 즉, 채무자를 보호하기 위한 제도로 그 성질을 제3자를 위한 임치계약으로 본다. 판례는 공법관계(행정처분)로 본다. 공탁의 성립요건으로는 채권자가 변제를 받지 않거나 받을 수 없어야 하는바, 변제자의 과실 없이 채권자를 알 수 없는 경우도 이에 해당한다. 공탁의 목적물은 채무의 내용에 적합한 것이어야 하고 일부공탁은 원칙적으로 무효이다. 대체로 ① 채권소멸을 위한 공탁, 즉 채무자가 채권자의 협력 없이 채무를 면하는 수단으로 하는 변제공탁. ② 채권담보를 위한 공탁, 즉 상대방의 생길 손해의 배상을 담보하기 위한 수단으로 하는 담보공탁. ③ 단순히 보관하는 의미로 하는 보관공탁과 기타 특수한 목적으로 하는 특수공탁이 있다.

■ 과잉매각

한 채무자의 여러 개의 부동산을 매각하는 경우 일부 부동산의 매각대금으로 모든 채권자의 채권액과 집행비용을 변제하기에 충분한 경우가 있을 수 있다. 이런 경우 과잉매각이라고 하는데 이에 해당하면 집행법원은 다른 부동산의 매각을 허가하여서는 아니 된다. 다만, 일괄매각의 경우 그러하지 아니한다. 과잉매각일 경우 채무자는 그 부동산 가운데 매각할 것을 지정할 수 있다.

■ 교부 청구

국세 징수법상 국제, 지방세, 징수금 등 채무자가 강제집행이나 또는 파산선고를 받은 때 (법인이 해산한 때)강제매각개시 절차에 의하여 채무자의 재산을 압류하지 아니하고도 강제 매각기관에 체납관계 세금의 배당을 요구하는 제도를 말하며, 교부 청구를 하면 조세의 소멸시효가 중단된다.

■ 구거

하천보다 아주 작은 형태의 개천이나 도랑 등으로 용수나 배수 목적의 인공적인 시설과 그 부속시설 및 토지를 말한다.

■ 구분지상권

지상권의 일종으로 일정한 토지의 지하 또는 지상의 공간에 입체적으로 범위를 구분하여 설정하는 지상권이다. 구분지상권은 수목을 소유하기 위하여 설정할 수 없으며 지하와 지상의 공간의 상하의 범위를 정하여 건물 기타 공작물의 소유를 목적으로 지상권을 설정할 수 있다. 지중과 공중으로 나뉜다.

■ 구분평가

1개의 대상물건이라도 가치를 달리하는 부분은 이를 구분하여 평가할 수 있다. 이 경우 감정평가서에 그 내용을 기재하여야 한다.

■ 권리관계

권리관계라 함은 사람과 사람 간에 있어서 법률상의 의무를 강제 할 수 있는 관계를 말한다.

■ 권리능력

권리나 의무를 가질 수 있는 자격 내지 지위를 말한다. 자연인은 모체로부터 전부 노출했을 때 권리능력을 가지는 것이 원칙이나 손해배상, 호주승계, 재산상속, 유증 등의 경우 이미 태어난 것으로 하여 권리능력을 가지는 것으로 하고 있다. (구분: 행위능력)

■ 금전 집행

금전(돈)채권의 만족을 얻기 위하여 채무자 소유의 부동산에 대하여 하는 강제집행이다.

■ 기각

민사소송법상 신청의 내용(원고의 소에 의한 청구, 상소인의 상소에 의한 불복신청)을 종국재판에서 이유가 없다고 하여 배척하는 것을 말한다. 기각의 재판은 본안판결이며 소송·형식재판인 각하와 구별된다.

■ 기간입찰

입찰기간은 1주일 이상 1월 이하의 범위 안에서 정하고 매각(개찰)기일은 입찰기간이 끝난 후 1주 안의 날로 정한다. 입찰의 방법은 입찰 표에 기재사항을 기재한 후 매수신청의 보증으로 관할법원의 예금계좌에 매수신청보증금을 입금한 후 받은 법원보관금영수필 통지서를 입금증명서의 양식에 첨부하거나 경매보증보험증권을 입찰봉투에 넣어 봉함한 후 매각(개찰)기일을 기재하여 집행관 에게 제출 또는 등기우편으로 부치는 방법이다.

■ 기일입찰

부동산의 매각은 ① 매각기일에 하는 호가경매 ② 매각기일에 입찰 및 개찰하게 하는 기일입찰 ③ 입찰기간 내에 입찰하게 하여 매각기일에 개찰하는 기간입찰의 세 가지 방법으로 한다. 현재 법원에서는 입찰 표에 입찰가격을 적어 제출하는 기일입찰의 방법을 시행하고 있다. (구) 입찰

■ 기입등기

새로운 등기원인이 발생한 경우 그 등기원인에 입각하여 새로운 사항을 등기부에 기재하는 등기이다. 건물을 신축하고 그것을 등기부에 기재하는 소유권보존등기나 매매, 증여 등에 의하여 부동산의 소유주가 변경한 경우 행하는 소유권이전등기, 토지건물을 담보로 제공한 경우 담보권을 설정하는 저당권설정등기 등 새로운 사실의 발생에 입각하여 새로운 사항을 기재하는 등기가 이에 해당된다.

■ **나대지**

지목이 대지인 토지로 영구적인 건축물이 지어져 있지 않은 토지. 건축물이 지어
져 있는 토지라도 무허가 건물이 지어져 있는 토지. 건축물의 부속 토지가 너무 넓
어 일정 기준을 초과하는 토지 등을 말한다.

■ **낙찰기일**

입찰을 한 법정에서 최고가 입찰자에 대하여 낙찰허가 여부를 결정하는 날로 입찰
법정에서 선고한 후 법원게시판에 공고만 할 뿐 낙찰자, 채권자, 채무자, 기타 이
해관계인에게 개별적으로 통보하지 않는다.(입찰기일로부터 통상 7일 이내)
(신)매각결정기일

■ **낙찰허가결정**

낙찰허가결정이 선고된 후 1주일 내에 이해관계인이(낙찰자, 채무자, 소유자, 임차
인, 근저당권자 등)항고하지 않으면 낙찰허가결정이 확정된다. 낙찰자는 법원이 통
지하는 대금납부기일에 낙찰대금(보증금을 공제한 잔액)을 납부하여야 한다. 대금
납부기일은 통상 낙찰허가결정이 확정된 날로부터 1개월 이내로 지정한다.
(신)매각허가결정

■ **녹지지역**

보건위생, 공해방지, 경관, 수림 및 녹지를 보전하기 위한 지역
① 보전녹지지역 : 도시의 자연환경, 경관, 수림 및 녹지를 보전하기 위한 지역
② 생산녹지지역 : 주로 농업적 생산을 위하여 개발을 유보할 필요가 있는 지역
③ 자연녹지지역 : 녹지공간의 보전을 해하지 아니하는 범위 안에서 제한적 개발
   이 불가피한 지역

■ **농림지역**

농업 진흥 및 보전임지 등으로 농림업의 진흥과 산림의 보전을 위한 지역을 말한다.

■ 농지법

1996.1.1일 부터 농지를 취득하기 위해 종전에 받았던 농지매매증명 대신에 개정
된 농지법 제8조의 규정에 의한 농지취득자격증명을 발급받아야 농지를 취득할
수 있다. 개정된 농지법에 따르면 작목별 주요농작업의 1/3이상을 자기 또는 세대
원의 노동력에 종사하거나 자신이 직접 1년 중 30일 이상 영농에 종사하면 농지취
득 자격증명 발급이 가능하여 농지를 취득할 수 있다.

■ 농지취득 자격증명

농지법 제 8조에 의해서 농지를 취득하고자 하는 자는 농지(전, 답, 과수원)소재지
를 관할하는 시, 구, 읍 면장으로 부터 발급을 받는 서류. 영농의 영세화를 방지하
고 농업인이 아닌 자에게 취득되는 것을 가급적 방지하려는 취지이다.

■ 다가구형 단독주택

단독주택 내에 여러 가구가 거주할 수 있는 구조로 된 주택으로 각 가구별로 별도
의 방과 부엌, 화장실, 출입구를 갖추고 연면적은 660m² (200평)이하, 4층 이하
로 2~19 가구까지 건축할 수 있다.

■ 다세대주택

연면적이 660m² 이하, 4층 이하로 2세대 이상인 주택이며 각 세대별로 방, 부엌,
화장실, 현관을 갖추어야 각각 독립된 주거생활을 영위할 수 있고 각 세대별 구분
소유와 분양이 가능한 공동주택을 말한다.

■ 단기시효

일반채권의 소멸시효기간인 10년보다 기간이 짧은 소멸시효 민법에서는 3년의
단기시효와 1년의 단기시효가 규정되어 있다(민법 162조. 163조). 상사채권은 5년의
시효이다.

■ 단기임대차

관리권한은 있어도 처분권한이 없는 자가 한 임대차를 말한다.(권한을 정하지 않는 대리, 부재자재산관리인, 후견인, 상속재산관리인 등) 식목 채염 또는 석조 석회조 연와조 및 유사건축을 목적으로 하는 토지임대차는 10년, 기타 토지의 임대차는 5년, 건물 기타 공작물의 임대차는 3년, 동산의 임대차는 6월을 넘지 못한다.

■ 담보가등기

금전을 차용하고 언제까지 안 갚을 때는 내 소유의 주택을 주겠다는 식의 대물변제(물건으로 갚는 것)의 예약을 하고 설정하는 경우의 가등기를 말한다. 약속대로 채무자가 돈을 갚지 않는 경우 그의 예약완결권을 행사함으로써 발생 하게 되는 장래의 소유권이전 청구권을 보전하기 위한 것이다. 소유권이전청구가등기와 담보가등기가 있다.

■ 담보물권

채권담보를 위해 물건이 가지는 교환가치의 지배를 목적으로 하는 제한물권을 말한다. 민법상 유치권, 질권, 저당권 등이 있다. 그 밖의 민법은 전세권 자에게 우선변제권을 인정함으로써 전세권을 용익물권인 동시에 일종의 담보물권으로 구성하고 있다. 담보물권중 유치권은 일정한 요건이 갖추어진 경우(민법 제320조) 민법의 규정에 의한 법정담보물권이고, 질 권과 저당권은 원칙적으로 당사자의 설정행위에 의하여 성립하는 약정담보물권이다.

■ 담합입찰

종전의 경매입찰제도의 구두로 호가하는 방식에서 나타난 비리로 사전에 경매 브로커들이 모여서 미리 입찰가격을 상의, 협정해서 입찰하던 것이다.

■ 답

물을 직접 이용하여 벼, 연미나리, 왕골 등의 식물을 주로 재배하는 토지를 말한다.

■ 당해세

당해 재산의 소유 그 자체에 담세력을 인정하여 부관하는 재산세를 말한다.

① 국세 : 상속세, 증여세와 재평가세

② 지방세 : 취득세, 등록세, 재산세, 자동차세, 종합토지세, 도시계획세 및 공동시설세.

■ 대금지급(납부)기일

최고가 매수신고인에 대하여 경락허가결정이 확정되면 법원은 지체 없이 직권으로 대급지급기일을 지정하는 날이다.

■ 대금지급기한

민사집행법이 적용되는 사건에 대하여 매각허가결정이 확정되면 법원은 대금의 지급기한을 정하고, 이를 매수인과 차순위매수 신고인에게 통지하여야 하며, 매수인은 이 대금지급 기한까지 매각대금을 지급하여야 한다.

■ 대리입찰

경매에 있어서 입찰행위는 소송상의 행위하고 말할 수 없으므로 대리인은 변호사가 아니라고 하더라도 상관없으며 대리행위에 대하여 법원의 허가를 받지 않아도 된다. 대리인은 민법상의 임의대리가 갖추어야 할 대리권을 증명할 수 있는 서면(위임장+인감증명서)를 집행관 에게 제출하고 대리입찰을 하면 된다.

■ 대위변제

제3자 또는 공동채무자의 한 사람이 채무자를 위하여 변제할 때 구상 권을 취득하는 것이 보통이나 그 구상권의 범위 내에서 종래 채권자가 가지고 있었던 채권에 관한 권리가 법률상 당연히 변제자 에게 이전하는 것을 가리켜 변제자 대위 또는 대위변제라 한다. 변제에 이해관계가 있는 자가 다수인 경우 그 중의 1인이 먼저 변제를 하고 채권자를 대위하게 되면 혼란상태가 야기되므로 민법은 각각 관계인에 대하여 변제자 대위의 행사방법을 합리적으로 규정하고 있다.

■ 대집행

행정상 강제집행의 원칙적인 방법, 행정상 의무자가 그 의무를 이행하지 않은 경우 행정청이 스스로 그 의무자로부터 징수하는 방법이다. 집행에 소요된 비용은 의무자에게 부담시킨다.

■ 대항력

주택임차인이 임차주택을 인도받고 주민등록까지 마치면 그 다음날부터 그 주택의 소유자가 제3자로 변경되더라도 그 제3자에 대하여 임차권을 가지고서 대항 할 수 있게 된다. 이와 같이 대항할 수 있는 힘을 주택임차인의 대항력이라 한다. 임차보증금 전액을 반환 받을 때까지 주택임차인이 새로운 매수인에 대하여 집을 비워 줄 필요가 없다는 것을 의미한다. 다만 대항요건(주택인도, 주민등록)을 갖추기 전에 등기부상 선순위의 권리(근저당권, 가압류, 압류 등)가 있었다면 주택이 매각된 경우 그 매수인 에게 대항할 수 없다.

■ 도달주의

의사표시가 상대방에게 도달한 때 그 의사표시의 효력이 생긴다고 하는 입법주의, 수신주의 또는 수령주의라고 한다.

■ 도로

일반 공중의 교통운수를 목적으로 보행, 차량운행에 필요한 일정한 설비 또는 형태를 갖추어 이용되는 토지와 관계법령에 의하여 도로로 개설된 토지, 2 필지 이상의 대에 진입하는 통로로 이용되는 토지이다.

■ 도시계획구역

도시계획이 실시될 구역으로 도시계획법이 적용 받는 지역적 범위

■ 도시계획확인원

도시계획시설(저축)여부, 용도지역지구 확인 개발제한구역여부, 군사시설 보호구역 여부 등을 확인할 수 있으며 축소된 지적도가 그려져 있어 토지의 형태를 파악, 효용가치 여부를 결정하는데 활용. 발급은 부동산 소재지 시, 군 구청에서 받을 수 있다.

- **도시설계지구**

  도시의 기능 및 미관의 증진을 위하여 필요한 때 지정한 지구

- **동산의 평가**

  상품, 원재료, 반제품, 재고품, 제품, 생산품 및 기타동산의 평가가 작정하지 아니한 경우 복성식 평가 법에 의하되 본래의 용도로서 효용가치가 없는 동산은 해체처분가격으로 평가할 수 있다.

- **동시배당**

  채권자가 여러 개의(A, B, C, D) 부동산에 근저당권 등을 설정하고 변제기가 도래시 여러 개의 부동산을 동시에 경매하여 그 대가를 배당받는 경우에 각 경매대가에 비례하여 채권 액을 분담하게 된다.

- **등기권리자, 등기의무자**

  등기법상 공동신청이 요구되는 경우 일반적으로 등기를 함으로써 등기부상 권리를 취득하거나, 그 권리가 증대되는 자를 등기권리자라 하고 이와 반대로 등기로 불이익을 받게 되는 자를 등기의무자라 한다.

- **등기지연서 과태료**

  등록세는 등기를 하기 전에 납부하면 된다. 일정기간 내에 납부하지 않았다고 해서 적용되는 가산세는 없다. 낙찰자가 소유권이전등기 신청기간을 지나서 등기신청을 할 경우는 과태료를 내야 한다. 소유권이전등기 신청기간은 대금납부 후 60일 이내이다.

- **등본**

  원본의 내용을 증명하기 위해 문서의 원본 내용을 동일한 문자와 부호로써 완전하게 전부 전사한 서면을 말한다.

■ 말소등기

기존등기가 원시적 후발적인 사유로 인해 실체관계와 부합하지 않게 된 경우 기존 등기 전부를 소멸시킬 목적으로 하는 등기이다. 말소의 대상이 되는 등기는 등기 사항 전부가 부적법한 것이어야 한다. 그 부적법의 원인은 원시적(원인무효)든, 후발적(채무변제로 인한 저당권 소멸)이든, 실체적(원인무효나 취소)이든, 절차적 (중복등기)이든 가리지 않는다.

■ 매각결정기일

매각을 한 법정에서 최고가매수신고인에 대하여 매각허가 여부를 결정하는 날로 매각법정에서 선고한 후 법원게시판에 공고만 할 뿐 매수인, 채권자, 채무자 기타 이해관계인에게 개별적으로 통보하지 않는다.(매각기일로부터 통상 7일 이내) (구)경락기일, 낙찰기일

■ 매각기일

경매법원이 목적부동산에 대하여 실제 매각을 실행하는 날로 매각할 시각, 장소 등과 함께 매각기일 14일 이전에 법원게시판에 게시함과 동시에 일간신문에 공고 한다. (구)입찰기일

■ 매각기일 및 매각결정기일 통지

법원이 매각기일과 매각결정기일을 지정하면 이를 이해관계인에게 통지하는 절차 이다. 위 통지는 집행기록에 표시된 이해관계인의 주소에 등기우편으로 발송할 수 있다. (구)경매기일통지

■ 매각기일 및 매각결정기일의 공고

매각기일 및 매각결정기일을 지정한 때에는 법원사무관등은 이를 공고한다. 공고 는 공고사항을 기재한 서면을 법원의 게시판에 게시하는 것 외에 법원이 필요하다 고 인정할 때 공고사항의 요지를 신문에 게재하거나 정보통신매체를 이용하여 공

시할 수 있다. 대법원 홈페이지(www.scourt.go.kr) 법원공고란 에도 게재하고 있다.

(구)경매기일공고

■ 매각기일의 지정

집행법원은 공과주관 공무소에 대한 통지, 현황조사, 최저매각가격 결정 등의 절차가 끝나고 경매절차를 취소할 사유가 없는 경우 직권으로 매각할 기일을 지정하게 된다.

(구)경매기일지정

■ 매각물건명세서

법원은 부동산의 표시, 부동산의 점유자와 점유의 권원, 점유할 수 있는 기간, 차임, 보증금에 관한 관계인의 진술, 등기된 부동산에 관한 권리, 가처분으로서 매각으로 효력을 잃지 아니한 것, 매각에 따라 설정된 것으로 보게 되는 지상권의 개요 등을 기재한 매각물건명세서를 작성하고 이를 매각기일의 1주일 전까지 법원에 비치하여 누구든지 볼 수 있도록 작성해 놓은 것이다.

(구)경매물건명세서

■ 매각조건

법원이 경매의 목적부동산을 경락인에게 취득시키기 위한 조건인데 경매도 일종의 매매라 할 수 있지만 통상의 매매에서는 그 조건을 당사자가 자유로이 정할 수 있는 반면, 강제경매는 소유자의 의사에 반하여 행하여지고 이해관계인도 많으므로 법은 매각조건을 획일적으로 정하고 있다.

■ 매각허가결정

매각허가결정이 선고된 후 1주일 내에 이해관계인이(매수인, 채무자, 소유자, 임차인, 근저당권자 등)항고하지 않으면 매각허가결정이 확정된다. 매수인은 법원이 통지하는 대금지급기한내에 매각대금(매수보증금을 공제한 잔액)을 납부하여야 한다. 대금지급기한은 통상 매각허가결정이 확정된 날로부터 1개월 이내로 지정한다.

(구) 낙찰허가결정

■ 매도담보

매매형식에 위한 물적 담보로서 융자를 받는 자가 목적물을 융자 자에게 매도하고 대금으로 융자를 받아 일정한 기간 내에 원리금에 상당한 금액으로서 이것을 되사는 방법의 담보형태, 매도저당이라고 한다. 기한 내에 매도인이 되삼으로써 그 물건을 되찾을 수 있고 기한 내에 되살 수 없을 때에는 매수인이 확정적으로 그 물건의 소유자가 될 수 있는 점에서 실질적으로 융자와 그 담보의 역할을 하는 것이다.

■ 매립지

바다와 호수의 연안 부분을 매워 조성함으로써 생긴 지역으로 간척사업 등으로 인한 공유수면 매립지 등이 있다.

■ 매수보증금

경매물건을 매수하고자 하는 사람은 최저매각가격의 1/10에 해당하는 보증금액을 입찰 표와 함께 집행관 에게 제출하는 방법으로 제공하여야 한다. 매각절차가 종결된 후 집행관은 최고가매수신고인이나 차순위매수신고인 이외의 매수신청인에게 즉시 매수보증금을 반환하여야 한다. 매각허가결정이 확정되고 최고가매수인이 대금지급기한 내에 매각대금을 납부하면 차순위 매수신고인의 보증금을 반환하게 되고, 만일 최고가 매수인이 납부를 하지 아니하면 그 보증금을 몰수하여 배당할 금액에 포함하며, 이후 차순위 매수신고인에 대하여 낙찰허가여부의 결정 및 대금납부의 절차를 진행하게 되고 차순위 매수신고인이 매각대금을 납부하지 아니하면 역시 몰수하여 배당할 금액에 포함하여 배당하게 된다.

(구)입찰보증금

■ 매수신고인

경매부동산을 매수할 의사로 매수신고를 할 때 통상 매수신고가격(민사집행법의 적용을 받는 사건은 최저매각가격)의 1/10에 해당하는 현금 또는 유가증권을 집행관 에게 보관시킨 사람이다. 매수신고인은 다시 다른 고가의 매수허가가 있을 때까지 그 신고한 가격에 구속을 받고 매수신고를 철회할 수가 없다.

- **매수청구권**

타인의 부동산을 이용하는 경우에 이용자가 그 부동산에 부속시킨 물건에 대하여 이용관계가 종료되므로 타인에 대하여 부속물의 매수를 청구할 수 있는 권리 일종의 형성권이다. 민법상 인정되는 매수청구권으로서는 지상권설정자 및 지상권자의 지상물매수청구권, 전세권자의 부속물매수청구권, 토지임차인 및 전차인의 건물 기타 공작물의 매수청구권. 민사소송법상 부동산 공유자는 경매기일 까지 보증을 제공하고 최고 매수신고가격과 동일한 가격으로 채무자의 지분을 우선 매수할 것을 선고할 수 있다.

- **맹지**

지적법상 도로와 접하지 않은 땅. 즉 도로와 연결이 안 돼 재산적인 가치가 지극히 낮은 땅. 모든 대지는 도로와 어느 정도 접해야 하는데 도로와 접하지 않으면 부동산 공법상 및 사법상 많은 이용제한이 따른다.

- **멸실 등기**

등기된 부동산이 멸실된 경우에 행하여지는 등기를 말한다. 멸실 등기를 할 때는 표제부에 멸실 원인을 기재하고 부동산의 표시와 표시번호를 말소한 후 그 등기용지를 폐쇄하게 된다.

- **명도**

주거인(세입자)을 퇴거시키고 가제도구 등 동산을 철거한 후에 물건을 인도받아 점유하는 것이다. 명도는 인도의 한 형태이다.

- **명의신탁**

자신의 재산을 제3자의 명의를 빌려 등기부등에 등재한 뒤 실질소유권을 행사하는 제도이다. 종중재산의 위탁관리 등을 인정하기 위한 명의신탁제도는 우리나라에서만 허용되는 당사자 간의 계약관행이다. 명의 신탁제도가 합법적으로 재산을 도피할 수 있는 수단인 만큼 금융실명제의 미비점을 보안하기 위해 이 제도를 폐지해 〈부동산거래실명제〉를 이뤄야 한다는 지적이 많다. 이를 위해 실질 소유권 여부를 법원이 판단하는 〈등기실질주의 원칙〉이 선행이 되어야 한다.

■ 모기지

금융거래에 있어 차주가 대주 에게 부동산을 담보로 제공하는 경우 담보물에 설정되는 저당권 또는 이 저당권을 표방하는 저당증서 혹은 저당 금융제도를 모기지라 한다.

■ 목장용지

축산, 낙농업을 위한 가축의 사육초지, 축사와 그 부속시설물의 부지를 말한다.

■ 묘적지

분묘, 묘지, 납골당 등을 말한다.

■ 물건번호

한 사건에서 2개 이상의 물건을 개별적으로 입찰에 부친 경우 각 물건을 특정 하는 것이다. 입찰사건목록 또는 입찰공고에 물건번호가 기재되어있는 경우 사건번호 외에 응찰 하고자 하는 물건의 번호도 반드시 기재해야 한다.(물건번호가 없는 경우에는 기재 않는다)

■ 물권

물권은 그의 객체인 물건을 직접 재배해서 이익을 얻는 것을 내용으로 하는 권리이다. 물권은 재산권이고 지배권이며 특히 절대권이다.

■ 물권법

물권관계 즉 사람이 재화를 직접재배 이용하는 재산관계를 규율 하는 사법을 말한다. 채권법이 계약을 중심으로 하는 재산법이라고 말을 할 수 있는 반면 물권법은 소유권을 중심으로 하는 재산법이라 할 수 있다.

- **물권법정주의**

  물권은 법률 또는 관습법 외에는 임으로 창설하지 못 한다.

- **물건확인의 원칙**

  감정평가업자가 평가를 할 때 실지조사에 의하여 대상물건을 확인하여야 한다. 다만 신뢰할 수 있는 자료가 있는 경우 실질조사를 생략할 수 있다.

- **물상대위**

  담보물권의 목적물이 그가 치 형태를 바꾸어도 법률상 변형한 물권에 효력이 있는 것으로 그 담보물권을 행사하여 배상금 등의 우선 변제를 받을 수 있는 것이다.

- **미관지구**

  도시의 미관을 유지하기 위함으로 이러한 미관유지에 장애가 된다고 건축조례로서 정하는 건축물은 건축할 수 없다.

- **미불용지**

  이미 공공사업 용지로 이용 중에 있는 토지로 보상이 완료되지 않는 토지를 말한다. 미불용지에 대한 보상은 공공사업 편입 당시의 이용 상황을 기준으로 인근 유사토지의 정상시가를 감안하여 평가한 금액으로 한다.

- **미필적 고의**

  범죄사실 특히 결과의 발생을 확정적인 것으로 인식하지 아니하고 단지 가능한 것으로 인식하고 있음에 불과하지만 그 경과발생의 인용이 있는 경우를 말한다.

- **민사소송법**

  개인 사이의 분쟁이나 이해충돌을 국가의 재판권에 따라 법률적 또는 강제적으로 해결 조정하기 위한 소송절차법이다.

- **민영주택**

  국민주택기금의 자금지원 없이 민간건설업자가 건설하는 주택과 국가, 지방자치단체 및 대한주택공사가 기금자금의 지원 없이 건설하는 주택 중 전용면적 85m² (25.7평)을 초과하는 주택을 말한다.

■ 배당

경매되는 부동산의 대금 즉 경락대금으로 채권자를 만족시킬 수 없는 경우에 권리
의 우선순위에 따라 매각대금을 나누어 주는 절차를 말한다.(민, 상법상의 우열순
위에 따라 안분비례의 방법으로 나눔)

■ 배당요구

강제집행에서 압류채권자 이외의 채권자가 집행에 참가하여 변제를 받는 방법으
로 민법, 상법, 기타 법률에 의하여 우선변제청구권이 있는 채권자, 집행력 있는
정본을 가진 채권자 및 경매개시결정의 기입등기 후에 가압류를 한 채권자는 법원
에 대하여 배당요구를 신청할 수 있다. 배당요구는 법원에서 정하는 배당요구 종
기일 까지 할 수 있고 임금채권, 주택임대차보증금반환청구권 등 우선변제권이 있
는 채권자라 하더라도 배당요구 종기일 까지 배당요구를 하지 않으면 낙찰대금으
로부터 배당 받을 수 없고 후순 위자를 상대로 부당이득반환청구를 할 수도 없다.

■ 배당요구의 종기결정

경매개시결정에 따른 압류의 효력이 생긴 때부터 1주일 이내에 집행법원은 절차
에 필요한 기간을 감안하여 배당요구를 할 수 있는 종기를 첫 매각기일 이전으로
정한다. 제3자에게 대항 할 수 있는 물권 채권을 등기부에 등재하지 아니한 채권
자는 반드시 배당 요구의 종기일 까지 배당요구를 하고 법원이 필요하다고 인정한
경우 배당요구의 종기를 연기할 수 있다.

■ 배당요구의 종기공고

배당요구의 종기가 정하여진 때에 경매개시결정에 따른 압류의 효력이 생긴 때부
터 1주일 이내에, 채권자들이 널리 알 수 있도록 하기 위하여 법원은 경매개시결

정을 한 취지 및 배당요구의 종기를 공고한다.

■ 배당요구채권자

낙찰허가 기일까지 집행력이 있는 정본에 의하여 배당요구를 한 채권자 임차인으로 확정일자에 의한 소액임차인으로 배당요구를 한 임차인 기타 권리를 주장하여 배당요구를 한 채권자를 말한다.

■ 배당이의

배당기일에 출석한 채권자는 자기의 이해에 관계되는 범위 안에서 다른 채권자를 상대로 그의 채권 또는 채권의 순위에 대하여 이의를 할 수 있다. 이의를 제기한 채권자가 배당 이의의 소를 제기하고 배당기일로부터 1주일 이내에 집행법원에 대하여 소제기증명을 제출하면 그 금원에 대하여는 지급을 보류하고 공탁하게 된다. 이의제기 채권자가 그 증명 없이 위 기간을 초과하면 이의에도 불구하고 배당금을 지급하게 된다.

■ 배당절차

넓은 의미에서 강재집행이나 파산절차에서 압류당한 재산이나 파산재단을 환가함으로써 얻은 금전을 배당요구 신청을 한 각 채권자에게 안분하여 변제하기 위한 절차이다.

■ 배상

위법행위로 인하여 발생한 손해를 전보하는 것.

■ 법인입찰

법인 명의로 입찰을 하려면 대표자의 자격을 증명하는 서면으로 법인등기부등본이나 초본을 입찰 표에 첨부한다. 대리인은 법인등기부등본 또는 위임장과 법인인감증명이 필요하다. 입찰표의 기재방법은 본인의 성명 란에 법인의 명칭과 대표자의 직위 및 성명을 기재하고 주민번호란에 법인의 부동산등기용 등록번호를 기재한다.

■ 법정대위

변제할 정당한 이익이 있는 자는 당연히 법률상 채권자를 대위한다. 채권자의 승낙을 필요로 하지 않고 법률상 당연히 대위가 생기기 때문에 법정대위라고 한다.

■ 법정이율

약정이율에 대하는 말로서 법률에서 정하여진 이율이다.

■ 법정이자

법률의 규정에 의하여 당연히 생기는 이자이다. 약정이자에 대하는 것.

■ 법정지상권

토지와 건물이 동일 소유자에 속하여 있다가 경매 등의 이유로 소유자가 달라진 경우에 잠재적인 토지 이용권을 법률상 당연히 인정시켜준 제도로서 법률의 규정에 의한 지상권의 취득이므로 등기를 필요로 하지 않는다.

■ 변경

경매절차 진행도중 새로운 사항의 추가 또는 매각조건의 변경 등으로 권리관계가 변동되어 법원이 지정된 입찰 기일에 경매를 진행시킬 수 없을 때 담당 재판부 직권으로 입찰기일을 변경시키는 것이다.

■ 변경등기

등기가 행해진 후 등기된 사항에 변경이 생겨서 후발적으로 등기와 실체관계와의 불일치가 생긴 경우에 그 불일치를 바로 잡기 위하여 하는 등기를 말한다.(당사자의 주소, 성명 등 변경)

■ 별제권

파산재단의 특정재산에 대해 우선변제권이 있는 채권자가 다른 채권자보다 우선적으로 파산절차에 따르지 않고 변제를 받을 수 있는 권리이다. 특별한 선 취득권이나 질권을 가진 자가 이 권리를 갖는다.

■ 병합경매(중복경매)

제1채권자의 경매신청으로 인해 목적부동산이 사건번호를 받아 경매가 진행되는 상태에서 또 다른 채권자의 경매신청이 있어 다른 하나의 사건번호가 부여되어 진행되는 경매를 말한다. 이때에 먼저 부여 받은 사건번호에 의해 경매절차는 진행되고 선행된 사건 번호에 의해 경매절차는 진행되면서 경매의 취하, 취소, 정지되면 다른 채권자의 경매신청으로 부여 받은 사건번호에 의해 경매가 계속 진행된다. 즉, 경매목적 부동산에 대하여 둘 이상의 사건번호가 부여된 상태에서 진행되는 경매를 중복경매라 한다.

■ 보류지

재개발사업을 시행할 때 예상치 못한 사업경비가 발생하거나 분양 신청 시 누락된 조합원등을 구제하기 위하여 조합이 보유하고 있는 대지나 건물을 칭한다.

■ 보상

국가의 합법적인 권력행사로 인하여 받은 손실을 국가가 보상하여 준다.

■ 보전녹지지역

도시의 자연환경, 경관, 수림 및 녹지용 보전 할 필요가 있는 경우 도시계획법상 녹지지역에서 세분화되어 지정된 지역.

■ 보전지구

문화재 및 국방상 중요시설물의 보호와 보존의 필요가 있을 때 지정하는 지구.

■ 보증금

보증금은 입찰가액의 1/10 이다. 다만 특별매각조건으로 입찰공고문에 보증금 2할이라고 되어있는 사건은 재입찰의 경우로2/10 에 해당하는 보증금액을 현금이나 법원이 인정한 유가증권으로 입찰한다.(최고입찰자가 보증금을 법원이 요구하는 액수이상으로 보증금 봉투에 넣은 경우 초과부분을 반환하지만 모자라는 경우 입찰무효처리)

■ 보증보험증권의 제출

가압류, 가처분 사건에서 주로 사용되는 증권으로서 일정액의 보증료를 보증보험 회사에 납부한 후 경매보증보험증권을 발급받아 매수신청보증으로 제출할 수 있으 며 입찰자들의 현금소지로 인한 위험방지 및 거액의 현금을 준비하지 않고서도 손 쉽게 입찰에 참가할 수 있는 방법이며, 입찰자의 선택에 따라 매수신청의 보증으로 현금 또는 경매보증보험증권을 자유롭게 활용할 수 있도록 새로 도입한 규정이다. 매수신청의 보증으로 보험증권을 제출한 매수인이 매각대금 납부기한까지 매각대 금을 납부하지 않을 경우 경매보증보험증권을 발급한 보증보험회사에서 매수인 대신 매수보증금을 납부하게 하여 배당 시 배당재단에 포함하여 배당하게 된다.

■ 부기등기

독립한 등기 란을 설정하지 아니하고 이미 설정된 주등기에 부기하여 그 일부 를 변경하는 등기를 말하며 주등기와 같은 순위를 유지한다.

■ 부동산경매

채권자가 신청할 경우 국가권력에 의하여 채무자 또는 물상보증인(소유자)의 부동 산을 강제적 금전적으로 환가하여 그 환가대금을 가지고 채권자에게 배당하는 절 차를 말한다.

■ 부동산인도명령

낙찰인은 낙찰대금 전액을 납부한 후 채무자에 대해 낙찰부동산을 인도할 것을 구 할 수 있으나 채무자가 임의로 인도하지 아니한 때 대금을 완납한 낙찰인은 대금 을 납부한 후 6월내에 집행법원에 대하여 집행관으로 하여금 낙찰부동산을 강제 로 낙찰인에게 인도하게 하는 내용의 인도명령을 신청하여 그 명령의 집행에 기하 여 부동산을 인도 받을 수 있다.

■ 부동산환매권

매도인이 매매계약과 동시에 환매할 권리를 보류한 경우 그 영수한 대금 및 매수 인 부담의 매매비용을 반환하고 그 부동산을 환매할 수 있는 권리.

- **부분평가**

  일체로 이용되고 있는 대상물건의 일부는 평가하지 아니함을 원칙으로 한다. 다만 일체로 이용되고 있는 대상물건의 대하여는 특수한 목적 또는 합리적인 조건이 수반되는 경우에 그러지 아니한다.

- **부정형 토지**

  일정하지 않는 모양의 토지.

- **분묘기지권**

  관례상 인정되는 법정지상권의 일종으로 타인의 토지 위에 있는 분묘지기라도 마음대로 사용하거나 훼손할 수 없는 지상권과 유사한 일종의 물건을 말한다.

- **분할채권**

  같은 채권에 2인 이상의 채권자 또는 채무자가 있을 때 분할할 수 있는 채권을 말한다. 이런 채권을(가분채권)분할채권이라고도 한다. 예를 들면 갑, 을, 병 세 사람이 정에 대하여 3만원의 채권을 가지고 있을 때, 각각1만원씩의 채권으로 분할할 수 있는 경우에 그 3만원의 채권은 분할채권이 된다.(정의 입장을 기본으로 한다면 가분채무 또는 분할채무가 된다) 민법에는 채권자 또는 채무자가 수인인 경우 특별한 의사표시가 없으면 각 채권자 또는 채무자는 균등한 비율로 권리가 있고 의무가 있다고 규정하여 분할채권관계를 원칙으로 한다.

- **사도**

  일반의 통행에 이용되는 도로로 국도, 특별시도, 지방도, 시도 및 도로법의 준용을 받는 도로가 아닌 것.

- **사용검사**

  건축허가를 받은 설계도면 그대로 건물을 지었다는 것을 증명하는 검사. 과거에는 준공검사라고 명했으며 사용검사 필 증을 받아야 건물 보존등기가 가능하다.

■ 사적지
유적, 고적, 기념물의 보전목적으로 구획토지(실질적으로 경매목적이 안됨)

■ 상가건물 임대차보호법
'사업자등록'의 대상이 되는 상가건물에서 시행령에서 정한 일정보증금(환산보증금) 이하의 영세상인을 보호대상으로 한다. 주요상권에 있는 테마대형 상가 등은 일정규모 이상으로 영세상인에 포함되지 않으며 공익재단이나 비영리단체 등은 '사업자등록'대상이 되지 않아 상가건물임대차보호법에서 정한 보호대상에서 제외될 수 있다.

■ 상계
채권자가 동시에 매수인인 경우 매각대금의 특별한 지급방법. 현금을 납부하지 않고 채권자가 받아야 할 채권액과 납부해야 할 매각대금을 같은 금액만큼 서로 맞비기는 것이다. 채권자가 매각대금을 상계 방식으로 지급하고 싶으면 매각 결정기일이 끝날 때까지 법원에 위와 같은 상계를 하겠음을 신고하며 배당 기일에 매각대금에서 배당 받아야 할 금액을 제외한 금액만을 납부하게 된다. 그러나 금액에 대하여 다른 이해관계인으로부터 이의가 제의된 경우 매수인은 배당 기일이 끝날 때까지 이에 해당하는 대금을 납부하여야 한다.

■ 상고
종국판결에 대한 법률상의 상소로 원심판결의 부당을 오로지 법령의 준수적용의 면에서만 심사할 것을 구하는 불복신청(최종심)

■ 상세계획구역
도시계획구역 안의 토지 이용을 합리화하고 도시기능 미관 및 환경을 효율적으로 유지, 관리하기 위해 필요한 때에 건설교통부장관이 도시계획결정으로 정하는 계획구역을 말한다.

- **상업지역**

상업과 기타 업무의 편익을 증진시키기 위한 지역

① 중심상업지역 : 도심, 부도심의 업무 및 상업기능을 확충하기 위한 지역

② 일반상업지역 : 일반적인 상업 및 업무기능을 담당시키기 위한 지역

③ 근린상업지역 : 근린지역에서의 일용품 및 서비스를 공급하기 위한 지역

④ 유통 상업지역 : 도시와 지역 간의 유통기능을 증진시키기 위한 지역

- **석명권**

법원이 사건의 내용을 명백히 하기 위하여 법률상 사실상의 사항에 관하여 당사자에게 진술, 설명할 기회를 주고 입증을 촉구하는 권한.

- **선순위가등기**

1순위 저당 또는 압류등기보다 앞서있는 가등기는 압류 또는 저당권에 대항할 수 있으므로 경매 후 촉탁에 의하여 말소되지 않는다.

- **선순위가처분**

1순위 저당 또는 압류등기보다 앞서있는 가처분등기는 압류 또는 저당권에 대항할 수 있으므로 경매 후 촉탁에 의하여 말소되지 않는다.

- **소유권 이전 등기**

양도·상속·증여 기타 원인에 의하여 유상 또는 무상으로 부동산의 소유권이 이전되는 것을 부동산 등기부상에 기입하는 등기를 말한다.

- **소유권이전 등기촉탁**

낙찰 인이 대금을 완납하면 낙찰부동산의 소유권을 취득하므로 집행법원은 낙찰인이 등기비용을 부담하고 등기촉탁 신청을 하면 집행법원은 낙찰 인을 위해 소유권이전등기, 낙찰인이 인수하지 아니하는 각종 등기의 말소를 등기공무원에게 촉탁하는 절차이다.

■ 신 경매

입찰을 실시하였으나 낙찰 인이 결정되지 않았기 때문에 다시 기일을 지정하여 실시하는 경매이다.

■ 아파트

5층 이상이고 구분소유가 된 공동주택.

■ 아파트지구

토지이용도의 제고와 주거생활의 환경보호를 위하여 아파트의 집단적인 건설이 필요한 때 지정한 지구.

■ 압류

확정판결, 기타 채무명의에 의해 강제집행(입찰)하기 위한 보전수단이다.(압류 후 경매 또한 환가절차로 이행)

■ 연기

채무자(소유자)및 이해관계인의 신청에 의하여 채권자의 동의하에 지정된 경매기일을 일시적으로 연기하는 것(잠시 보류)을 말한다.

■ 연립주택

공동주택의 분류중의 하나로 동당 건축연면적이 $660m^2$를 넘는 4층 이하의 공동주택을 말한다. 단독주택, 공동주택, 연립주택, 아파트, 다세대주택.

■ 염전

바닷물을 유입하여 태양열에 의해 천일염을 추출하는 제염장과 부속시설의 부지, 부속유지(저장 저수지)등을 말한다.

- **예고등기**

현재 실행된 등기원인(매매, 증여 등)의 무효 또는 취소가 소송으로 신청된 경우 법원에서 이러한 소송이 제기되었다는 사실을 널리 알려 불의의 피해를 막기 위한 예비등기의 일종. 결국 제3자에게 하기 위함이며 그 등기 자체에는 아무 효력이 없다.

- **예비등기**

종국등기를 할 수 있는 요건이 갖추어지지 아니한 경우에 장래에 행하여질 종국등기의 준비로서 하는 등기를 말한다. 현재로선 물권변동에는 관계가 없다. 이에는 가등기와 예고등기가 있다.

- **용적률**

건축물 연면적(대지에 2 이상의 건축물이 있는 경우 이들 연면적의 합계)의 대지 면적에 대한 비율을 말한다. 다만 이때의 연면적에는 지하층의 면적과 당해 건축물의 부속용도인 지상 층의 주차장으로 사용되는 면적은 제외된다.

- **우선 매수권**

공유물지분의 경매에서 채무자가 아닌 다른 공유자는 매각기일 까지 최저매각가격의 1/10에 해당하는 금원을 보증으로 제공하고 최고매수신고가격과 같은 가격으로 채무자의 지분을 우선 매수하겠다는 신고를 할 수 있다. 이러한 다른 공유자의 권리를 우선매수권이라 한다. 이 경우 법원은 다른 사람의 최고가매수신고가 있더라도 우선매수를 신고한 공유자에게 매각을 허가한다. 이때 최고가매수신고인은 원할 경우 차순위 매수신고인의 지위를 부여 받을 수 있다.

- **우선변제**

대항요건(주택인도, 주민등록)과 주택임대차 계약서상에 확정일자를 갖춘 임차인은 임차주택이 경매되거나 공매되는 경우 임차주택(대지포함)의 환가대금에서 후순위담보권자나 기타 채권자의 우선하여 보증금을 변제 받을 수 있다.

■ 원형 토지

달처럼 둥근 모양의 토지.

■ 위락지구

도시계획법상 용도지구 중 하나로 위락시설을 집단화하여 다른 지역의 환경을 보호하기 위하여 필요한 일정구역을 확정·구분하여 지정한 지구를 말한다.

■ 유익비

관리비의 일종이면서 필요비에 상대되는 개념으로 물건의 개량·이용을 위하여 지출되는 비용. 유익 비라 할 수 있기 위해 목적물의 객관적 가치를 증가하는 것이어야 한다.

■ 유지

지적법에 의한 지목 중 하나로 일정한 구역 내에 물이 고이거나 상시적으로 물을 저장하고 있는 댐·저수지·소류지·호수·양어장·연못 등이 토지와 연·왕골 등이 자생하는 배수가 잘 되지 아니하는 토지를 말한다.

■ 유찰

매각 기일의 매각불능을 유찰이라고 한다. 즉, 매각 기일에 매수하고자 하는 사람이 없어 매각되지 아니하고 무효가 된 경우를 가리킨다. 통상 최저매각금액을 20% 저감한 가격으로 다음 매각기일에 다시 매각을 실시하게 된다.(30%를 저감하는 경우도 있다)

■ 유치권

타인의 물건 또는 유가증권의 점유자가 그 물건 또는 유가증권에 관하여 생긴 채권을 가질 경우에 그 변제를 받을 때까지 그 물건 또는 유가증권을 유치할 권리를 말한다.(민법 제320조)

■ 을구

소유권 이외의 물권, 즉 지상권 지역권 전세권 저당권 임차권 등이 기재되어 있다.

- **이시배당**

공동저당권의 목적물 중 일부만이 경매되어 그 대가를 먼저 배당하는 때에는 공동 저당권자는 그 대가에서 채권전액의 변제를 받을 수가 있다. 이러한 경우 그 경매 한 부동산의 후순위 저당권자는 선순위의 공동저당권자가 만약 동시에 경매하여 배당하였더라면 다른 부동산의 경매대가에서 변제를 받을 수 있었던 금액의 한도 내에서 선순위 공동저당권자를 대위하여 저당권을 행사할 수 있다.

- **이의신청**

위법, 부당처분으로 인해 권익을 침해당한 자의 청구에 의해 처분청 자신이 이를 재심사 하는 절차를 말한다. 경매사건의 이해관계인은 경락대금을 완납할 때까지 경매개시결정에 대하여 이의신청을 할 수 있다(동일 심급에의 불복이라는 점에서 상소와 다름).

- **이중경매(압류의 경합)**

강제경매 또는 담보권의 실행을 위한 경매절차의 개시를 결정한 부동산에 대하여 다시 경매의 신청이 있을 때 집행법원은 다시 경매개시결정(2중개시결정)을 하고 먼저 개시한 집행절차에 따라 경매가 진행되는 경우이다.

- **이해관계인**

경매절차에 이해관계를 가진자 중 법이 특히 보호할 필요가 있는 것으로 보아 이해관계인으로 법에 규정한 자를 말하며, 그들에 대하여는 경매절차 전반에 관여할 권리가 정하여져 있다.

- **이행지**

현재는 대지(택지)가 아니지만 머지않아 택지화될 것이 확실히 예견되기 때 문에 현재 토지의 지목 현황에도 불구하고 택지에 준하여 감정 평가하는 것이 타당하다고 인정되는 토지를 말한다.

- **인낙조서**

청구의 인낙을 기재한 조서는 확정판결과 동일한 효력이 있다. 피고가 인낙의 취지를 기재한 준비서면만 제출하고 변론 기일에 출석하지 않았다면 그 준비서면이 진술로 간주 되었다 하더라도 인낙의 효과가 발생하지 않는다. 인낙조서에 재심사유가 있는 때에는 재심절차에 준하여 재심을 제기할 수 있다.

■ 인도명령

채무자, 소유자 또는 압류의 효력이 발생한 후에 점유를 시작한 부동산 점유자에 대해 낙찰 인이 대금을 완납한 후 6개월 내에 집행법원에 신청하면 법원은 이유가 있으면 간단히 인도명령을 발하여 그들의 점유를 집행관이 풀고 낙찰 인에게 부동산을 인도하라는 취지의 재판을 한다.(법원은 세입자(제3자)를 불러 심문하는 경우도 있음) 민사집행법의 적용을 받는 사건에 대해 인도명령의 상대방을 확정하여 점유자가 매수인에게 대항할 수 있는 권원을 가진 경우 이외에는 인도명령을 발할 수 있도록 개선하였다.

■ 인수주의

낙찰으로 인하여 소멸되지 않고 낙찰인에게 인수되어 부담되는 권리.(선순위 가등기, 가처분, 지상권, 지역권, 임차인, 전세권, 환매등기, 유치권 등)

■ 일괄매각

경매의 대상이 여러 개의 부동산의 위치, 형태, 이용관계 등을 고려하여 이를 하나의 집단으로 묶어 매각이 인정된 경우 직권으로 또는 이해관계인의 신청에 따라 일괄매각 하도록 결정할 수 있다. 또한 다른 종류의 재산(금전채권 제외)이라도 부동산과 함께 일괄 매각 하는 것이 알맞다고 인정할 때도 결정할 수 있다.
(구)일괄입찰

■ 일괄평가

평가는 대상물건마다 개별로 행하여야 한다. 다만, 2개 이상의 대상물건이 일체로 거래되거나 대상물건 상호간에 용도상 불가분의 관계가 있는 경우 일괄하여 평가할 수 있다.

■ **임대차**

존속기간은 원칙적으로 20년을 넘지 못한다. 예외적으로 석조·석회조·연와조와 유사한 견고건물 기타 공작물의 소유를 목적으로 하는 토지임대차나 식목·채염을 목적으로 하는 토지임대차는 20년의 최장기의 제한을 받지 아니한다.(민법 제651조 제1항)

■ **임대사례비교법**

대상물건과 동일성 또는 유사성이 있는 다른 물건의 임대사례와 비교하여 대상물건의 현황에 맞게 사정 보정 및 시점수정 등을 가하여 임료를 산정하는 방법이다.

■ **임대차관계조사서**

임대차관계조사서는 경매목적물에 대하여 임차인의 인적 사항과 계약일자, 계약기간, 점유개시일, 보증금액, 전입일자, 확정일자, 점유의 권원 등을 보다 상세히 현장 확인 및 색인부 열람을 통하여 작성한 문서(공문서)이다.

■ **임야**

산림 및 임야, 수림지, 죽림지, 암석지, 자갈지, 모래땅, 습지, 황부지 등을 들 수가 있다.

■ **임의경매(담보권 실행 등을 위한 경매)**

담보권의 실행 등을 위한 경매라는 이름 아래 부동산에 대한 경매신청을 조문화하여 경매 신청에 채무명의를 요하지 아니하는 경매에 관한 규정을 두고 있는데 일반적으로 경매를 통틀어 강제경매에 대응하여 임의경매라 한다. 임의경매에는 저당권, 질권, 전세권 등 담보물권의 실행을 위한 이른바 실질적 경매와 민법, 상법 기타 법률의 규정에 의한 환가를 위한 형식적 경매가 있다.

■ **임의경매절차의 정지사유**

① 담보권 등기가 말소된 등기부등본
② 담보권 등기의 말소를 명한 확정판결등본
③ 담보권이 없거나 소멸되었다는 취지의 확정판결 정본

④ 채권자가 담보권을 실행하지 않기로 하거나 경매신청을 취하 하겠다는 취지 또는 변제를 받았거나 그 변제의 유예를 승낙한 취지를 기재한 서류

⑤ 담보권 실행의 일시정지를 명한 재판정본 등의 문서가 제출되었을 때

■ 입금증명서

기간입찰의 매수신청 보증방법으로서 해당법원에 개설된 법원 보관금 계좌에 매수신청 보증금을 납부한 후 발급받은 보관금 납부필통지서를 첨부하는 양식으로 사건번호, 매각기일 및 납부자 성명, 날인을 할 수 있도록 되어 있으며 경매계 사무실 및 집행관 사무실에 비치되어 있다.

■ 입찰

법원은 경매기일의 공고 전에 직권 또는 이해관계인의 신청에 의하여 경매에 갈음하여 입찰을 명할 수 있는데 입찰은 입찰 표에 입찰가격을 비공개리에 적어 제출하는 방법으로 최근에는 전국법원에서 전면적으로 시행되고 있다.

■ 입찰기간

기일입찰과는 달리 입찰기간을 정하여 지역적, 시간적인 구애 없이 보다 많은 사람이 입찰에 참여할 수 있게 하기 위하여 기간입찰에서 정한 기간을 말한다.

■ 입찰기일

경매법원이 목적부동산에 대하여 경매를 실행하는 날로 입찰시각, 입찰 장소 등과 함께 입찰기일 14일 이전에 일간신문에 공고한다. (신)매각기일

■ 입찰보증금

경매물건을 매수하고자 하는 사람은 최저매각가격의 1/10에 해당하는 보증금액을 입찰 표와 함께 집행관에게 제출하는 방법으로 제공하여야 한다. 매각절차가 종결된 후 집행관은 최고가매수신고인이나 차순위 매수신고인 이외의 매수신청인에게 즉시 매수보증금을 반환하여야 한다. 매각허가 결정이 확정되고 최고가매수인이 대금지급기한 내에 매각대금을 납부하면 차순위 매수신고인의 보증금을 반환하게 되고 만일 최고가매수인이 납부를 하지 않으면 그 보증금을 몰수하여 배당

할 금액에 포함하며, 이후 차순위 매수신고인에 대해 낙찰허가 여부의 결정 및 대금납부의 절차를 진행하게 되고 차순위 매수신고인이 매각대금을 납부하지 아니하면 역시 몰수하여 배당할 금액에 포함하여 배당하게 된다.

■ 잉여의 가망이 없는 경우의 경매취소
집행법원은 최저경매가격으로 압류채권자의 채권에 우선하는 부동산상의 모든 부담과 경매비용을 변제하면 남는 것이 없다고 인정할 때 이러한 사실을 압류채권자에게 통지하고, 압류채권자가 이러한 우선채권을 넘는 가액으로 매수하는 자가 없는 경우에는 스스로 매수할 것을 신청하고 충분한 보증을 제공하지 않는 한 경매절차를 법원이 직권으로 취소하게 된다.

■ 자연취락지구
녹지지역 나의 취락을 정비하기 위하여 필요한 때 지정한 지구.

■ 자연환경보전지구
자연경관, 수자원, 해안, 생태계 및 문화재의 보전과 수산자원의 보호, 육성을 위하여 필요한 지역.

■ 잡종지
지적법 제5조에 의한 지목의 하나로서 지적법시행령 제6조 제24호에는 "갈대밭, 물건을 쌓아두는 곳, 돌을 캐내는 곳, 흙을 파내는 곳, 야외시장, 비행장, 공동우물과 영구적 건축물 등 변전소, 송신소, 수신소, 주차시설, 납골당, 유류저장시설, 송유시설, 주유소, 도축장, 자동차운전학원, 쓰레기 및 오물처리장 등의 부지와 다른 지목에 속하지 아니한 토지는 잡종지로 한다. 다만 원상회복을 조건으로 돌을 캐내는 곳 또는 흙을 파내는 곳으로 허가된 토지를 제외 한다"라고 규정하고 있다.

- 재개발

  낡고 오래된 주택이 밀집되어 주거생활이 불편하고 도로가 좁아 재해 위험 등이 있는 지역에 도로, 상하수도, 공원 등 공공시설을 설치하고 구역 내 국공유지는 불하하여 토지의 이용도를 높이며 낡은 주택을 헐고 새로 건축하여 주거환경과 도시 환경을 정비하는 사업을 말한다.

- 재건축

  기존 노후 불량주택을 철거한 후 그 대지 위에 새 주택을 건립하는 것. 재건축을 위해 기존 주택소유자 20인 이상이 재건축 조합을 건립해야 하고 조합이 재건축사업의 주체가 된다.

- 재경매

  매수신고인이 생겨서 낙찰허가결정의 확정 후 집행법원이 지정한 대금지급 기일에 낙찰인(차순위 매수신고인이 경락허가를 받은 경우를 포함)이 낙찰대금지급의무를 완전히 이행하지 아니하고 차순위 매수신고인이 없는 경우 법원이 직권으로 실시하는 경매이다.

- 저당권

  채권자가 물건을 점유하지 않고 채무를 담보하기 위하여 등기부에 권리를 기재해 두었다가 채무를 변제하지 않았을 경우 그 부동산을 경매 처분하여 우선변제를 받을 수 있는 권리를 말한다.

- 적산법

  가격시점에 있어서 대상물건의 가격을 기대이율로 곱하여 산정한 금액에 대상물건을 계속하여 임대차 하는데 필요한 경비를 가산하여 임료를 산정하는 방법이다.

- 적정가격

  당해 토지에 대해 자유로운 거래가 이루어지는 경우 합리적으로 성립한다고 인정된 가격.

- **전**

  물을 대지 아니하고 곡물, 원예작물(과수류 제외), 약초, 뽕나무, 닥나무, 묘목, 관상수 등의 식물을 주로 재배하는 토지와 식용을 목적으로 죽순을 재배하는 토지.

- **정상가격**

  평가대상토지 등이 통상적인 시장에서 충분한 기간 거래된 후 그 대상물건의 내용에 정통한 거래당사자간에 통상 성립한다고 인정되는 적정가격.

- **정상가격주의**

  대상물건에 대한 평가액을 정상가격 또는 정상 임료를 원칙으로 함. 다만, 평가목적, 대상물건의 성격상 정상가격 또는 정상 임료로 평가함이 적정하지 아니한 평가에 있어서 특수한 조건이 수반되는 경우에 그 목적, 성격이나 조건에 맞는 특정가격 또는 특정임료로 결정할 수 있다.

- **정상임료**

  대상물건이 통상적인 시장에서 임대차가 행하여지는 경우 그 대상물건의 정통한 임대차 당사자 간에 통상 성립한다고 인정되는 적정 임료.

- **정지**

  채권자 또는 이해관계인의 신청에 의하여 경매절차를 일시적으로 정지시키는 것.

- **정지결정**

  채권자 또는 이해관계인의 신청에 의하여 법원이 경매진행 절차를 정지시키는 것.

- **정착물**

  토지의 고정적으로 부착되어 용이하게 이동할 수 없는 물건으로서 그러한 상태로 사용되는 것이 거래상의 성질로 인정되는 것.(건물, 수목, 교량, 돌담, 도로의 포장 등)

- **제3취득자**

  저당부동산에 대해 소유권, 지상권, 저당권을 취득한 제3자를 의미하고 제3취득자는 저당권자에게 그 부동산으로 담보된 채권을 변제하고 저당권의 소멸을 청구할 수 있으며 채무를 변제한 제3자는 비용 상환청구에 관한 규정에 의해 구상 권을 가지며 경매에 직접 참여 경락을 받을 수도 있다.

■ 제방

방수, 방파, 방사제 등이며 조수, 유수, 모래, 바람막이 등의 부지를 말한다.

■ 제시 외 건물

경매대상인 토지위에 서있는 경매대상이 아닌 건물로서 처음부터 채권자가 경매신청을 하지 않았거나 또는 그 후의 경매절차에서도 경매대상으로 포함되지 않은 건물을 통칭한다. ① 부합물, 종물인 경우 ② 일괄매각에 의한 경매대상에 포함하는 건물 ③ 제3자명의의 등기된 건물 등

■ 제형 토지

사다리꼴 모양의 토지.

■ 종국등기

등기의 본래의 효력 즉, 물권변동의 효력을 발생하게 하는 등기를 말한다. 이것은 권리의 보존을 목적으로 하는 예비등기인 가등기나 예고등기의 상대적인 개념이다. 보통의 등기는 이에 속한다.

■ 종교용지

교회, 사찰, 향교 등 건축물의 부지와 부속물의 부지를 말한다.

■ 주거지역

거주의 안녕과 건전한 생활환경의 보호를 위해 지정한 지역
① 전용주거지역 : 저층 중심의 양호한 주거환경 보전지역
② 일반주거지역 : 일상의 주거기능을 보호하기 위한 지역
③ 준주거지역 : 주거기능을 주로 하되 상업기능의 보완이 필요한 지역

■ 주등기(독립등기)

기존의 등기의 표시번호나 순위번호에 이어지는 독립한 번호를 붙여서 하는 등기
이다. 원칙적으로 주등기의 형식으로 행하여진다. 부기등기의 순위는 주등기의
순위에 의한다.

■ 주차장 정비지구

도로의 효율을 높이고 원활한 교통의 확보를 목적으로 상업지역, 일반주거지역,
준 공업지역으로서 주차수요가 현저히 높거나 자동차교통의 폭주로 인하여
주차장의 정비가 필요하다고 인정되는 지역을 지구지정 한다.

■ 주택임대차보호법

주거용 건물의 임대차에 관하여 민법에 관한 특례를 규정함으로써 국민의 주거생
활의 안정을 보장하기 위하여 제정된 법률로써 주거용 건물의 전부 또는 일부의
임대차에 관하여 이를 적용한다. 임대주택의 일부가 주거외의 목적으로 사용되는
경우와 같다.

■ 준 농림지역

도시지역에 준하여 토지의 이용과 개발이 필요한 주민의 집단적 생활근거지.
국민의 여가선용과 관광량을 위한 체육 및 관광휴양 시설용지, 농공단지, 집단
묘지 기타 각종 시설용지 등으로 이용되고 있거나 이용될 지역.

■ 중로각지

중로에 한 면이 접히면서 중로, 소로, 자동차 통행이 가능한 세로(가)에 한 면 이상
이 접하고 있는 토지.(구분: 중로-중로, 중로-소로, 중로-세로)

■ 중로한 면

폭 12m 이상 25m 미만의 도로에 한 면이 접하고 있는 토지.

■ 중복경매(병합경매)

제1채권자의 경매신청으로 인해 목적부동산이 사건번호를 부여 받아 경매가 진행

되는 상태에서 또 다른 채권자의 경매신청이 있어 다른 하나의 사건번호가 부여되어 진행되는 경매를 말한다. 이때 먼저 부여 받는 사건번호에 의해 경매절차는 진행되고 선행된 사건번호에 의한 경매의 취하, 취소, 정지되면 다른 채권자의 경매신청으로 부여 받은 사건번호에 의해 경매가 계속 진행된다. 즉, 경매목적 부동산에 대하여 둘 이상의 사건번호가 부여된 상태에서 진행되는 경매를 말한다.

■ 즉시항고

일정한 불변기간 내에 제기하여야 하는 항고. 재판의 성질상 신속히 확정시킬 필요가 있는 결정에 대하여 인정되는 상소방법이며 제기기간을 정하지 않고 원결정의 취소를 구하는 실익이 있는 한 어느 때도 제기할 수 있는 보통항고와는 다르다.

■ 증축

기존 건축물이 있는 대지 안에서 건축물의 건축면적, 연면적 또는 높이를 증가시키는 것을 말한다.

■ 지목

토지의 주된 용도에 의한 구분을 표시하는 명칭. 지적법은 지목을 주된 사용목적에 따라 28지목으로 구분하고 있다.

■ 지분경매

채무자의 소유권이 공유지분으로 되어있는 경우에 공유지분소유자의 채권자가 그 지분에 대하여 경매를 신청하여 진행되는 경매를 말한다. 이때 낙찰자는 낙찰로 인해 낙찰부동산의 소유권 중 그 지분에 대하여만 소유권을 얻게 된다.

■ 지상권

다른 사람의 토지에서 건물 기타의 공작물이나 수목을 소유하기 위하여 토지를 사용할 수 있는 권리를 말한다.

■ 지역권

지역권은 설정행위에서 정한 일정한 목적을 위하여 타인의 토지를 자기의 토지 편익에 이용하는 부동산용익물권의 일종이다. 지역권은 타인의 토지 이용이라는 점에서 임차권이나 또는 지상권, 전세권과 같은 제한물권과 다를 바가 없으나 지역권에 있어서 타인의 토지의 이용은 단순한 타인의 토지이용이 아니라 실질적으로 두 개의 토지의 이용을 조절한다는 기능을 가진 점에서 그 특징을 가진다.

- **질권**

채권자가 그의 채권을 확보하기 위해 채무자 등으로부터 받은 물건을 점유하고 채무자의 변제가 있을 때 까지 유치함으로서 채무의 변제를 간접적으로 강제하고 변제가 없을 경우 그 물건으로부터 우선변제를 받는 권리(약정담보물권)이다.

- **집행관**

집행관은 강제집행을 실시하는 자로서, 지방법원에 소속되어 법률이 정하는 바에 따라 재판의 집행과 서류의 송달 기타 법령에 의한 사무에 종사 한다.

- **집행권원**

일정한 사법상의 급여청구권의 존재 및 범위를 표시함과 동시에 법률이 강제집행에 의하여 그 청구권을 실현할 수 있는 집행력을 인정한 공정의 증서이다. 채무명의는 강제집행의 불가결한 기초이며, 채무명의로 되는 증서는 민사소송법 기타법률에 규정되어 있다.

(구) 채무명의

- **집행력**

협의로는 판결 또는 집행증서의 채무명의의 내용에 기초하여 집행채권자가 강제집행을 집행기관에 신청할 수 있고 집행기관은 일종의 강제집행을 행할 수 있는 효력을 갖게 되고 강제집행 이외의 방법에 의하여 재판내용에 적합한 상태를 만들어 낼 수 있는 효력을 부여함을 말한다. 가령, 혼인 무효의 판결의 경구 그 확정판결에 기하여 호적을 정정할 수 있는 효력, 토지소유권 확인판결의 경우 그 확정판결에 기하여 변경의 등기를 신청할 수 있는 효력 등이 있다.

■ 집행명의

채무명의와 같음.

■ 집행문

채무명의에 집행력이 있음과 집행당사자 집행의 범위 등을 공증하기 위하여 법원 사무관 등이 공증기관으로서 채무명의의 말미에 부기하는 공증문언 집행문이 붙은 채무명의 정본을 "집행력 있는 정본" 또는 "집행정본"이라 한다.

■ 집행법원

강제집행에 관하여 법원이 할 권한을 행사하는 법원을 말한다. 강제집행의 실시는 원칙적으로 집행관이 하나 비교적 곤란한 법률적 판단을 요하는 집행행위라든가 관념적인 명령으로 족한 집행처분에 관하여는 민사소송법상 법원으로 하여금 이를 담당하도록 하고 있다. 또 집행관이 실시하는 집행에 관하여도 신중을 기할 필요가 있는 경우에 법원의 협력 내지 간섭을 필요로 하도록 하고 있는데, 이러한 행위를 하는 법원이 곧 집행법원이다. 집행법원은 원칙적으로 지방법원이며 단독판사가 담당한다.

■ 차순위 매수신고인

최고가 매수신고인 이외의 입찰자 중 최고가 매수신고 액에서 보증금을 공제한 액수보다 높은 가격으로 응찰한 사람은 차순위 매수신고를 할 수 있다. 차순위 매수신고를 하게 되면 매수인은 매각대금을 납부하기 전까지는 보증금을 반환 받지 못한다. 그 대신 최고가매수신고인에 국한된 사유로 그에 대한 매각이 불허되거나 매각이 허가되더라도 그가 매각대금 지급의무를 이행하지 아니할 경우 다시 매각을 실시하지 않고 집행법원 으로부터 매각 허부의 결정을 받을 수 있는 지위에 있는 사람이다.

(구)차순위 입찰신고인

■ 차순위 입찰신고

최고가 입찰자 이외의 입찰자 중 최고가 입찰액에서 보증금을 공제한 액수보다 높은 가격으로 응찰한 사람은 차순위 입찰신고를 할 수 있다. 차순위 입찰신고를 하게 되면 낙찰자가 낙찰대금을 납부하기 전까지는 보증금을 반환 받지 못한다. 그 대신 최고가 입찰자에 국한된 사유로 그에 대한 낙찰이 불허가 되거나 낙찰이 허가되더라고 낙찰대금을 납부하지 아니한 경우 다시 입찰을 실시하지 않고 바로 차순위 입찰신고를 하는 것이 유리할 수 있다.

■ 채권상계신청

배당을 받을 채권자가 낙찰인인 경우 배당 액이 매입대금을 지급함에 충분할 때 교부 받은 배당액과 대등액에서 낙찰대금 납부를 상계하여 줄 것을 신청하는 것이다. 매각허가결정일 이전에 신청하여 법원의 허가를 받는다.

■ 채권신고의 최고

법원은 경매개시결정일로부터 3일 내에 이해관계인으로 규정된 일정한 자에게 채권계산서를 낙찰기일 전까지 제출할 것을 최고하는데 이 역시 우선채권유무, 금액 등을 신고 받아 잉여의 가망이 있는지 확인하고 적정한 매각조건을 정하여 배당요구의 기회를 주는 것이다. 민사집행법의 적용을 받는 사건은 경매개시결정에 따른 압류의 효력이 생긴 때부터 1주일 내에 배당요구의 종기를 결정하게 되고, 일정한 이해관계인에게 채권계산서를 배당요구의 종기까지 제출할 것을 최고하며, 이때까지 배당요구를 하지 아니하면 불이익을 받게 된다.

■ 채권인수신청

낙찰인은 매입대금 한도 내에서 관계 채권자의 승낙이 있으면 매입대금의 지급에 갈음 하여 채권을 인수 할 것을 신청. 대금지급기일 전에 신청하여 허가를 받는다.

■ 채권자

채권을 가진 사람으로 곧 채무자에게 재산상의 급부 등을 청구할 권리가 있는 사람을 말한다. 채무자가 임의로 그 행위를 이행하지 않을 때에는 채권자는 법원에 소를 제기하여 현실적 이행을 강제할 수 있다.

■ 채권전세

보통의 전세계약으로 등기를 하지 않은 통상의 임대차 계약.

■ 채무명의

일정한 사법상의 급여청구권의 존재 및 범위를 표시함과 동시에 법률이 강제집행에 의하여 그 청구권을 실현할 수 있는 집행력을 인정한 공정의 증서이다. 채무명의는 강제집행의 불가결한 기초이며, 채무명의로 되는 증서는 민사소송법 기타 법률에 규정되어 있다.

(신)집행권원

■ 채무자

채무를 진사람. 곧 채권자에게 어떤 급부의 의부가 있는 사람.(강제집행 대상)

■ 철도용지

교통운수를 위하여 일정한 궤도 등의 설비와 모험을 갖춰 이용되어지는 토지와 그에 접속되어지는 역사, 차고, 전기시설, 공작 창 등의 부속시설의 부지를 말한다.

■ 철회

아직 종국적인 법률효과가 발생하지 않은 의사표시를 그대로 정지하여 장래 효과가 발생하지 않게 하거나 일단 발생한 의사표시의 효력을 장래적으로 소멸시키는 표의자의 일방적 의사표시. 철회는 취소와 흡사하나 최소처럼 일정한 원인에 따라서 의사표시의 효과를 소급적으로 없애버리는 것이 아니라 다만 장래에 향해서만 그 효과를 잃게 한다는 점에서 양자는 근본적으로 다르다.

■ 청구금액

경매를 신청한 채권자가 신청한 채권 액.

■ 체비지

토지구획정리사업법의 규정에 의해 사업시행자가 사업구역내의 토지소유 또는 관계인에게 할 경우 그 토지를 체비지라 한다. 체비지에 관하여 환지예정자가 지정된 때에는 시행자는 구획정리사업의 비용에 충당하기 위해 이를 사용 또는 수익하게 하거나 처분할 수 있고 처분되지 아니한 체비지는 사업시행자가 환지처분의 공고가 있는 날의 다음날에 그 소유권을 취득한다.

■ 체육시설용지

종합운동장, 공설운동장, 실내체육관, 야구장, 골프장, 스키장, 승마장, 경륜장 등의 체육시설과 토지 부속시설의 부지(단 체육시설로서 영구성과 독립성이 약한 정구장, 골프연습장, 실내수영장, 일반체육도장, 흐르는 물을 이용한 요트+카누와 야영장 등의 토지를 제외)로서 국민의 건강증진과 여가선용에 이용할 목적으로 활용되는 토지를 말한다.

■ 촉탁등기

등기는 당사자의 신청에 의한 것이 원칙이나 법률의 규정이 있는 경우 법원 그 밖의 관공서가 등기소에 촉탁하는 등기. 예고등기, 경매신청의 등기 등이 있다.

■ 최고

타인에게 일정한 행위를 할 것을 요구하는 통지를 말한다. 이는 상대방의 일방적 의사표시이고, 최고가 규정되어 있는 경우에 법률규정에 따라 직접적으로 일정한 법률효과가 발생한다. 최고에는 두 종류가 있는데 하나는 의무자에게 의무의 이행을 구하는 경우이고, 다른 하나는 권리자에 대한 권리의 행사 또는 신고를 요구하는 경우이다.

■ 최우선변제 소액임차인

서울 및 광역시 및 4개 권역으로 구분되며 2014. 1. 1일 시행으로 상향조정되었다. 참고로 본 교재 5장을 참고하기 바란다.

■ 최저경매가

경매기일의 공고에는 경매부동산의 최저경매 가격을 기재해야 한다. 최초 경매기일의 최저경매가격은 감정인이 평가한 가격이 기준이 되며 경매 기일에 있어서 경매신청인이 없어 신경매기일을 지정할 때에는 상당히 저감한(통상 20%) 가격이 최저경매가격이 된다. 응찰하고자 할 때 항상 공고된 최저경매가격보다 같거나 높게 응찰해야 무효처리 되지 않는다.

■ 최저경매가격

집행법원은 등기공무원이 압류등기를 실행하고 기입등기의 통지를 받은 후에는 감정인으로 하여금 경매부동산을 평가하게 하고 그 평가액을 참작하여 최저경매가격을 정하고 최저경매가격은 경매에 있어 경락을 허가하는 최저의 가격으로 그 액에 미달하는 매수신고에 대하여는 경락을 허가하지 아니하므로 최초 경매기일에서의 최소부동산경매 가격이다.

■ 최저매각가격

경매 기일의 공고에는 경매부동산의 최저경매가격을 기재해야 한다. 최초 경매 기일의 최저경매가격은 감정인이 평가한 가격이 기준이 되며 경매 기일에 있어서 경매신청인이 없어 신경매기일을 지정한 때에는 상당히 저감한 가격이 최저경매가격이 된다. 응찰하고자 할 때에는 항상 공고된 최저경매가격보다 같거나 높게 응찰해야 무효처리 되지 않는다.
(구)최저입찰가격

■ 취득세 가산금

취득세는 자진신고 납부를 원칙으로 한다.(대급납부 후 30일 이내)자진신고 납부를 하지 않으면 20%의 가산세가 추가 부과 된다.

■ 취소

채무의 변제 또는 경매원인의 소멸, 잉여 없는 경매의 경우 법원이 경매개시결정을 취소하는 것. 유효하게 성립한 법률행위의 효력을 어떤 이유에서 당사자 일방의 의사표시에 의해 소멸시키는 것.

■ 토임

토지임야의 약자로 지적도에 나오는 임야를 말한다. 지번표기에는 000 임, 으로 표기된다. 통상임야는 대축척도(1/3,000) 또는 1/6,000)을 사용하고 토지(전, 답, 대지 등)은 소축척(1/1,200 또는 1/500)을 사용한다. 따라서 대축 척도를 임야도라 하며 소축척도를 지적도라 한다. 임야도는 산 000 번지로 지번이 표시되고 지적도는 000 번지로 표시되어 사용된다.

■ 토지

영구적 건축물의 부지나 정원, 택지 조성에 의한 건축 예정지 또는 택지 개발지를 들 수 있다.

■ 토지별도등기

토지에 건물과 다른 등기가 있다는 뜻으로 집합건물은 토지와 건물이 일체가 되어 거래 되도록 되어 있어 토지에는 대지권 이라는 표시만 있고 모든 권리관계는 전유부분의 등기부에만 기재하게 되어 있는데 건물을 짓기 전에 토지에 저당권 등 제한물권이 있는 경우 토지와 건물의 권리관계가 일치하지 않으므로 건물등기부에 "토지에 별도의 등기가 있다" 는 표시를 하기 위한 등기를 말한다. 법원실무에서는 인수조건(특별매각조건)을 붙이거나 인수조건을 붙이지 않고 토지의 저당권자로 하여금 채권신고를 하게하여 그 중 경매대상 구분건물의 대지권 비율만큼 토지저당권을 말소시키고 있다.

■ 특별매각조건

법원이 경매부동산을 매각하여 그 소유권을 낙찰인 에게 이전시키는 조건. 다시 말하면 경매의 성립과 효력에 관한 조건이고 매각조건은 법정매각조건 특별매각조건으로 구별된다. 법정매각조건은 모든 경매절차에 공통하여 법이 미리 정한 매각조건을 말하며, 특별매각 조건은 각개의 경매절차에 있어 특별히 정한 매각조건을 말한다. 어느 특정경매절차가 법정매각조건에 의하여 실시되는 경우 경매 기일에 그 매각조건의 내용을 관계인에게 알릴 필요가 없으나 특별매각조건인 경우 그 내용을 집행관이 경매기일에 고지하여야 하며 특별매각조건으로 낙찰한 때에는 낙찰허가결정에 그 조건을 기재해야 한다.

■ 특수주소변경

전입 신고 시 주소의 착오가 있을 경우 관계입증서류 또는 해당 통장기장의 인우보증에 의하여 주민등록표를 정정하는 행위, 주민등록관리 전산화 업무지침에 의거 주민등록관리 전산 입력 시 사용되는 용어이다.

■ 평가절차

감정평가업자는 다음 각 호에 순서에 따라 평가를 한다. 다만 합리적 능률적인 평가를 위해 필요한 때에는 순서를 조정하여 평가할 수 있다.

① 기본적 사항의 확정
② 처리계획의 수립
③ 대상물건의 확인
④ 자료수집 및 정리
⑤ 자료검토 및 가격형성요인의 분석
⑥ 평가방법의 선정 및 적용
⑦ 평가액의 결정 및 표시

■ 포락지

물에 휩쓸리어 간 땅. 현재 하천부지 또는 도랑으로 사용되고 있는 땅.

■ 표제부

토지건물의 지번(주소), 지목, 면적, 용도 등이 적혀 있으며 집합건물의 경우 표제부가 2장이다. 첫 번째 장은 건물의 전체면적이, 두 번째 장에는 건물의 호수와 대지지분이 있다.

■ 표준지 공시지가
당해 지역의 지가를 형성하는 요인인 표준적인 토지의 공시지가를 말한다. 지가를
신청하는 토지의 위치, 형성, 간구, 오행 등이 표준적이라고 인정되면 인근 유사지
의 가격을 유추하는데 규범력을 주게 된다.

■ 풍치지구
도시계획법상 용도지구 중의 하나 도시발정에 따라 파손되기 쉬운 자연 풍치를 유
지 보전하기 위해 필요한 일정구역을 확정 구분하여 지정한다.

■ 필요비
부동산 권리를 보존하거나 관리하는데 필요한 비용이다. 부동산 수리비, 가축사
료비, 조세.

■ 필지
하나의 지번이 붙는 토지의 등록단위를 말한다(법정개념).

■ 하천
자연의 유수가 있거나 유수가 예산되는 토지를 말한다.

■ 학교용지
학교의 교사와 운동장. 그 부속시설 및 부지를 말한다.

■ 한계농지
농업진흥지역 외 지역의 땅으로 평균경사도가 15도 이상, 단위면적 20,000평
방미터 미만인 농지를 말한다. 전원주택, 펜션 사업이 가능하다.

■ 합유

공동소유의 한 형태로서 공유와 총유의 중간에 있는 것이다. 공유와 다른 점은 공유에는 각 공유자의 지분을 자유로이 타인에게 양도할 수 있고, 또 공유자의 누군가가 분할할 것을 희망 하면 분할하여야 하는데, 합유에서는 각인은 지분을 가지고 있어도 양도, 분할이 인정되지 않고 제한되어 있다. 공유는 편의상 일시 공동소유의 형식을 가진 것으로 개인적 색채가 강하나 합유는 공동목적을 위하여 어느 정도 개인적인 입장이 구속되는 것으로 양자가 이런 점에서 근본적인 차이가 있으나 각인이 지분을 가지고 있는 점에서 총유 보다는 개인적 색채가 훨씬 강하다.

■ 항고

① 법원의 결정에 의하여 손해를 받을 이해관계인

② 허가결정에 대하여 이의가 있는 경락인(허가, 이유, 조건 등)

③ 불허가결정에 대하여 이의가 있는 매수신고인(허가를 주장하는)등

항고를 제기할 수 있는데 법원의 결정, 명령에 대하여 불복하는 상소의 한 제도이다.

■ 항고보증금

매각허가결정에 대하여 항고를 하고자 하는 모든 사람은 보증으로 매각대금의 1/10 에 해당하는 금전 또는 법원이 인정한 유가증권을 공탁해야 하는 것이 항고보증금인데 이를 제공하지 않을 때 원심법원이 항고장을 각하하게 된다. 채무자나 소유자가 한 항고가 기각 될 때 보증으로 제공한 금전이나 유가증권을 전액 몰수하여 배당할 금액에 포함하여 배당하게 되며 그 외의 사람이 제기한 항고가 기각된 때에는 보증으로 제공된 금원의 범위 내에서 항고한 날부터 2003.07.31까지는 연 25%, 그 이후 항고 기각결정이 확정된 날까지는 연 20%에 해당하는 금액에 대하여 돌려받을 수 있다.

■ 항소

제1심 종국판결에 대하여 상소, 항소의 대상이 되는 것은 지방법원 단독판사나 합의부가 제1심으로서 행한 종국판결이고, 고등법원이 제1심으로서 행한 종국판결에 대하여 항소를 할 수 있다.

- 행위능력

단순히 권리·의무의 주체가 될 수 있는 자격인 권리능력과는 달리 권리능력자가 자기의 권리·의무에 변동이 일어나게 스스로 행위 할 수 있는 지위를 말하며, 민법 상 행위능력의 개념은 적법·유효 하게 법률행위를 할 수 없는 행위무능력자로부 터 선의의 거래 시 상대방을 보호하여 거래의 안전을 확립하려는 무능력자제도에 서 크게 나타난다. 민법이 인정하는 무능력자에는 미성년자, 한정치산자, 금치산 자이다.

- 현황조사 보고서

법원은 경매개시결정을 한 후 지체 없이 집행관에게 부동산의 현상, 점유관계, 차 임 또는 임대차 보증금의 수액 기타 현황에 관하여 조사할 것을 명하는데, 현황조 사보고는 집행관이 그 조사내용을 집행법원에 보고하기 위해 작성한 문서이다.

- 호가경매

호가경매는 호가 경매기일에 매수신청의 액을 서로 올려가는 방법으로 한다. 매수 신청을 한 사람은 보다 높은 액의 매수신청이 있을 때까지 신청 액에 구속된다. 집 행관은 매수신청의 액 중 최고의 것을 3회 부른 후 그 신청을 한 사람을 최고가 매 수신고인으로 정하며, 그 이름 및 매수신청의 액을 고지해야 한다.

- 화해조서

소송중이나 소송 전에 판사에게 화해를 신청하여 양당사자가 판사 앞에서 화해한 조서.(판결문과 같은 효력)

- 확정일자

공증기관(공증인, 법원, 공무원)이 사문서에 기입하는 일자를 말하며, 그 일자 현 재에 그 문서가 존재하고 있었다는 것을 증명하는 것이다. 공증기관에 사문서를 제시하여 확정일자 청구를 하면 공증기관은 확정 일자부에 청구자의 주소, 성명과 문서 명을 기재하고 확정 일자부의 번호를 사문서에 기입한 후, 사문서에 확정 일 자인을 찍고 그 안에 청구한 날의 일자를 기재하는데 이것이 바로 확정일자이다.

■ 환가

경매신청에서 경매실시까지의 제 절차 진행 요소들을 환가절차라 한다.

■ 환매

토지구획정리사업에 의하여 토지구획정리를 실시할 때 필연적으로 발생하는 인접 토지와의 교환 분을 말한다. 넓은 의미로는 매도인이 한번 매도한 물건의 대가를 지급하고 다시 매수하는 계약을 말한다.

■ 환원방법

수익환원법에 의한 수익가격은 직접법, 직선법, 연금법 또는 상환기금법 중에 대상물건에 가장 적정한 방법을 선택하여 순수익을 환원이율로 환원하여 결정한다.

■ 환원이율

① 수익환원법에 적용하는 환원이율은 순수익을 자본 환원하는 이율로서 순수이율에 대상물건의 위험률을 가산한 율로 한다.

② 위의 위험률은 위험성, 비유동성, 관리의 난이성, 자금의 안정성 등을 참작한 것

③ 2개 이상의 대상물건이 함께 작용하여 순수익이 산출된 경우에는 종합 환원이율을 적용할 수 있다.

■ 환지

토지구획정리사업에 의하여 토지구획정리를 실시할 때에 필연적으로 발생하는 인접토지 와의 교환분합을 말한다.

■ 회복등기

실체관계에 부합하는 완전한 등기가 있었음에도 불구하고 그 등기가 후에 어떠한 사정으로 부당히 그 존재를 잃게 된 경우에 그 구등기를 되살려서 다시 실체관계와 부합시키려 하는 등기를 말한다. 말소회복등기와 멸실 회복등기가 있다. 말소회복등기는 구등기의 전부 또는 일부가 부적법하게 말소된 경우에 행하여지는 등기이고, 멸실 회복등기는 등기부의 전부 또는 일부가 화재나 천재지변, 기타 위난으로 멸실된 경우에 하는 등기를 말한다.

제2절   부동산경매서식 총정리

경 매 취 하 서

사건번호   타경   호

채 권 자

채 무 자

위 사건의 채권자는 채무자로부터 채권전액을 변제(또는 합의가 되었으므로)받았으므로 별지목록기재 부동산에 대한 경매신청을 취하합니다.

첨 부 서 류

1. 취하서 부본(소유자와 같은 수)   1통
1. 등록세 영수필확인서(경매기입등기말소등기용)   1통

　　　년   월   일

　　채권자   (인)

　　　　　연락처(☎)

　　　　　　　　　　지방법원   귀중

　　(최고가 매수신고인 또는 낙찰인의 동의를 표시하는 경우)

위 경매신청취하에 동의함.

　　　년   월   일

　　위 동의자(최고가 매수신고인 또는 낙찰인)   (인)

　　　　　연락처(☎)

☞유의사항

1) 경매신청은 매수인의 대금납부까지 취하할 수 있는 바, 경매신청취하로 압류효력은 소멸하나 매수신고 후 경매신청을 취하하려면 최고가매수신고인(차순위매수신고인 포함)의 동의가 있어야 합니다.

2) 동의를 요하는 경우에는 동의서를 작성하여 취하 서에 첨부하거나 또는 취하서 말미에 동의의 뜻을 표시하고 본인이 아닌 경우에는 인감증명을 첨부 하여야합니다.

공 동 입 찰 신 고 원

○ ○ 지방법원　　　　　　지원　　　집행관　　　　　　　　　귀하

사건번호 : ○○타경 ○○○○

물건번호 : ○

공동입찰자 : 별지목록과 같음

위 경매사건에 관하여 공동 입찰하고자 신고합니다.

2014 년　월　일

신청인　　　　　○○○ 외 ○인(별지목록 기재와 같음)

공동입찰을 허가(불허가) 함

2014 년　월　일

○ ○ 지방법원　　　　　　지원　　　집행관　　　　　　　　(인)
----

1. 공동입찰은 원칙적으로 친척, 부부 등 친족관계에 있는바 입찰 목적물의 공동점유, 사용자, 1필지의 대지위에 수개의 건물이 있는 경우의 각 건물 소유 자, 1동 건물에 수인이 임차인, 등과 같이 특수한 신분관계나 공동입찰의 필요성이 인정되는 경우에 한하여 허가됩니다.
2. 공동입찰 허가제도는 폐지되었으며 신고제도로 개편되었음
3. 별지공동입찰자 목록과 사이에 공동입찰자 전원이 간인하십시오.

공 동 입 찰 신 고 서

법원 집행관 귀하

사건번호   20   타경   호

물건번호

공동입찰자 별지 목록과 같음

위 사건에 관하여 공동입찰을 신고합니다.

20 년 월 일

신청인   외 인(별지목록 기재와 같음)

※1. 공동입찰을 하는 때에는 입찰 표에 각자의 지분을 분명하게 표시하여야 합니다.
  2. 별지 공동입찰자 목록과 사이에 공동입찰자 전원이 간인하십시오.

공 동 입 찰 자 목 록

번호	성 명	주　　소		지분
번호	성 명	주민등록번호	전화번호	지분
	(인)			
		－		
	(인)			
		－		
	(인)			
		－		
	(인)			
		－		
	(인)			
		－		
	(인)			
		－		
	(인)			
		－		
	(인)			
		－		
	(인)			
		－		
	(인)			
		－		

공유자의 지분우선 매수신고서

사건번호 :

채 권 자 :　　　　○시 ○구 ○동 ○번지

소유자(공유자) :　　　○시 ○구 ○동 ○번지

위 사건에 관하여 공유자는 다음과 같이 민사집행법 제140조에 따라서 공유자지분우선매수권행사 신고를 합니다.

다　　　음

1. 우선매수신고대상 매각목적물

　　○○지방법원　　　타경　　　호 부동산강제(임의)경매사건의 목적물　　　번호　　제　　　번 토지　시 구 동 번지 대　　㎡위 토지에 대한 지분

2. 위 항 목적물에 대하여 공유자　은 위 목적물에 대한(지분 %의) 공유자　인 바, 최고매수신고가격과 동일한 가격으로 우선 매수할 것을 신고합니다.

3. 보증의 선 제공에 관하여 최고매수신고가격을 금　　　원으로 예상하고 민　사집행법에 따라서 보증금으로 그 가격의 분의 에 해당하는 금　　원 의 현금 또는 자기앞수표를 집행관에게　년 월 일 보관하였습니다.

첨　　부　　서　　류

1. 집행관보증금보관영수증　　　　　　　　　　　　　　　1통
1. 등기부등본　　　　　　　　　　　　　　　　　　　　　1통
1. 주민등록등본　　　　　　　　　　　　　　　　　　　　1통(공유자의 것)

년　　　월　　　일

우선매수신고인 공유자　　　　　　　　(인)

연락처(☎)

지방법원　　　　　귀중

권리신고 겸 배당요구신청서

사건번호   타경 부동산강제(임의)경매

채 권 자

채 무 자

소 유 자

 본인은 이 사건 경매절차에서 임대보증금을 우선변제받기 위하여 아래와 같이 권리신고 겸 배당요구를 하오니 매각대금에서 우선배당을 하여 주시기 바랍니다.

아   래

1. 계 약 일 :   .   .   .
2. 계약당사자 : 임대인(소유자) ○ ○ ○
                임차인   ○ ○ ○
3. 임대차기간 :   .   .   .부터   .   .   .까지(년 간)
4. 임대보증금 : 전세   원
            보증금   원에 월세
5. 임차 부분 : 전부(방 칸), 일부(층 방   칸)
 (※ 뒷면에 임차부분을 특정한 내부구조도를 그려주시기 바랍니다)
6. 주택인도일(입주한 날) :   .   .   .
7. 주민등록전입신고일 :   .   .   .
8. 확 정 일 자 유무 : □ 유(.   .   .), □ 무
9. 전세권(주택임차권)등기 유무 : □ 유(.   .   .), □ 무

〔첨부서류〕

1. 임대차계약서 사본 1통
2. 주민등록등본   1통

년   월   일

        권리신고 겸 배당요구자   (인)
                연락처(☎)

                지방법원   귀중

(앞면)

기 간 입 찰 표

지방법원 집행관 귀하				매각(개찰)기일 : 년 월 일	

사 건 번 호			타 경 호	물 건 번 호	※물건번호가 여러 개 있는 경우에는 꼭 기재

입 찰 자	본인	성 명		전화번호	
		주민(사업자) 등록번호		법인등록번 호	
		주 소			
	대 리 인	성 명		본인과의 관 계	
		주민등록 번 호		전화번호	—
		주 소			

입 찰 가 격	천 억	백 억	십 억	억	천 만	백 만	십 만	만	천	백	십	일	원	보 증 금 액	백 억	십 억	억	천 만	백 만	십 만	만	천	백	십	일	원

보증의 제공방법	□ 입금증명서 □ 보증서	보증을 반환 받았습니다. □ 보증서를 반환 받았습니다. 입찰자

주의사항.

1. 입찰 표는 물건마다 별도의 용지를 사용하십시오, 다만, 일괄 입찰시 에는 1매의 용지를 사용하십시오.

2. 한 사건에서 입찰물건이 여러 개 있고 그 물건들이 개별적으로 입찰에 부쳐진 경우에는 사건 번호 외에 물건번호를 기재하십시오.

3. 입찰자가 법인인 경우에는 본인의 성명 란에 법인의 명칭과 대표자의 지위 및 성명을, 주민등록 란에는 입찰자가 개인인 경우에는 주민등록번호를, 법인인 경우에는 사업자등록번호를 기재하고, 대표자의 자격을 증명하는 서면(법인의 등기부 등·초본)을 제출하여야 합니다.

4. 주소는 주민등록상의 주소를, 법인은 등기부상의 본점소재지를 기재하시고, 신분확인상 필요하오니 주민등록등본이나 법인등기부등본을 동봉하십시오.

5. 입찰가격은 수정할 수 없으므로, 수정을 요하는 때에는 새 용지를 사용하십시오.

6. 대리인이 입찰하는 때에는 입찰자란에 본인과 대리인의 인적사항 및 본인과의 관계 등을 모두 기재하는 외에 본인의 위임장(입찰 표 뒷면을 사용)과 인감증명을 제출하십시오.

7. 위임장, 인감증명 및 자격증명서는 이 입찰 표에 첨부하십시오.

8. 입찰함에 투입된 후에는 입찰표의 취소, 변경이나 교환이 불가능합니다.

9. 공동으로 입찰하는 경우에는 공동입찰신고서를 입찰 표와 함께 제출하되, 입찰표의 본인 란에는 "별첨 공동입찰자목록 기재와 같음"이라고 기재한 다음, 입찰 표와 공동입찰신고서 사이에는 공동입찰자 전원이 간인하십시오.

10. 입찰자 본인 또는 대리인 누구나 보증을 반환 받을 수 있습니다(입금증명서에 의한 보증은 예금계좌로 반환됩니다).

11. 보증의 제공방법(입금증명서 또는 보증서)중 하나를 선택하여 ☑표를 기재 하십시오.

위 임 장

대 리 인	성 명		직업	
	주민등록번호	–	전화번호	
	주 소			

위 사람을 대리인으로 정하고 다음 사항을 위임함.

다 음

지방법원   타경   호 부동산

경매사건에 관한 입찰행위 일체

본 인 1	성 명	(인감인)	직 업	
	주민등록번호	–	전 화 번 호	
	주 소			
본 인 2	성 명	(인감인)	직 업	
	주민등록번호	–	전 화 번 호	
	주 소			
본 인 3	성 명	(인감인)	직 업	
	주민등록번호	–	전 화 번 호	
	주 소			

* 본인의 인감 증명서 첨부
* 본인이 법인인 경우에는 주민등록 번 호란에 사업자등록번호를 기재

지방법원 귀중

(앞면)

기 일 입 찰 표

지방법원 집행관 귀하   입찰기일 : 년 월 일

사건 번호		타 경 호	물건 번호	※물건번호가 여러 개 있는 경우에는 꼭 기재

입 찰 자	본인	성 명		전화 번호	
		주민(사업자) 등록번호		법인등록 번 호	
		주 소			
	대리인	성 명		본인과의 관계	
		주민등록 번 호		전화번호	—
		주 소			

입찰 가격	천 억	백 억	십 억	억	천 만	백 만	십 만	만	천	백	십	일	원	보증 금액	백 억	십 억	억	천 만	백 만	십 만	만	천	백	십	일	원

보증의 제공방법	☐ 현금·자기앞수표 ☐ 보증서	보증을 반환 받았습니다. 입찰자

주의사항.

1. 입찰 표는 물건마다 별도의 용지를 사용하십시오, 다만, 일괄 입찰시 에는 1매의 용지를 사용하십시오.

2. 한 사건에서 입찰물건이 여러 개 있고 그 물건들이 개별적으로 입찰에 부쳐진 경우에는 사건번호외에 물건번호를 기재하십시오.

3. 입찰자가 법인인 경우에는 본인의 성명 란에 법인의 명칭과 대표자의 지위 및 성명을, 주민등록란에는 입찰자가 개인인 경우에는 주민등록번호를, 법인인 경우에는 사업자등록번호를 기재하고, 대표자의 자격을 증명하는 서면(법인의 등기부 등·초본)을 제출하여야 합니다.

4. 주소는 주민등록상의 주소를, 법인은 등기부상의 본점소재지를 기재하시고, 신분확인상 필요하오니 주민등록증을 꼭 지참하십시오.

5. 입찰가격은 수정할 수 없으므로, 수정을 요하는 때에는 새 용지를 사용하십시오.

6. 대리인이 입찰하는 때에는 입찰자란에 본인과 대리인의 인적사항 및 본인과의 관계 등을 모두 기재하는 외에 본인의 위임장(입찰 표 뒷면을 사용)과 인감증명을 제출하십시오.

7. 위임장, 인감증명 및 자격증명서는 이 입찰 표에 첨부하십시오.

8. 일단 제출된 입찰 표는 취소, 변경이나 교환이 불가능합니다.

9. 공동으로 입찰하는 경우에는 공동입찰신고서를 입찰 표와 함께 제출하되, 입찰표의 본인란에는 "별첨 공동입찰자목록 기재와 같음"이라고 기재한 다음, 입찰 표와 공동입찰신고서 사이에는 공동입찰자 전원이 간인 하십시오.

10. 입찰자 본인 또는 대리인 누구나 보증을 반환 받을 수 있습니다.

11. 보증의 제공방법(현금·자기앞수표 또는 보증서)중 하나를 선택하여 ☑표를 기재하십시오.

매각결정취소 신청서

사건번호

매수인

부동산표시

매수인이 매수한 위 부동산에는 아래와 같은 사유가 있으므로 위 사건에 관한 매각허가결정을 취소하여 주시기 바랍니다.

아　　래

2014 . . .

매수인　　　인

법원 귀중

매각 대금 납입 신청서

사건번호 　 타경 　 호

채 권 자

채 무 자

소 유 자

매 수 인

위 사건에 관하여 매수인은 　 년 　 월 　 일에 대금지급기일 지정을 받았으나 사정에 의하여 지정 일에 납입하지 못하였으므로 다음과 같이 매수잔대금, 지연이자 및 진행된 경매절차의 비용을 합산하여 대급납입을 신청합니다.

매수금액 :

보 증 금 :

잔 대 금 :

지연이자 : (잔대금× 경과일수/365× 25%)

2014 년 　　　　　 월 　　　　　 일

매수인 　　　　　　　　　　　　　　　 (인)

　　연락처(☎)

지방법원 　　　　 귀중

매 각 대 금 완 납 증 명 원

수입인지
500원

사 건 타경   호

채 권 자
채 무 자
소 유 자
매 수 인

 위 사건의 별지목록기재 부동산을 금   원에 낙찰 받아 ．．．에 그 대금전액을 납부하
였음을 증명하여 주시기 바랍니다.

2014 년   1 월   일

매수인   (인)
연락처(☎)

지방법원   귀중

☞유의사항

1) 매각부동산 목록을 첨부합니다.

2) 2부를 작성합니다(원본에 500원 인지를 붙임).

매각허가에 대한 이의신청서

사건번호

채무자(이의신청인)

　　　　○시 ○구 ○동 ○번지

채권자(상대방)

　　　　○시 ○구 ○동 ○번지

　위 사건에 관하여 다음과 같이 이의 신청합니다.

신 청 취 지

별지목록 기재 부동산에 대한 매각은 이를 불허한다.

라는 재판을 구함.

신 청 이 유

년　　　　　　월　　　　일

채무자(이의신청인)　　　　　　　　　(인)

연락처(☎)

지방법원　　　　귀중

☞유의사항

　신청서에는 인지를 붙일 필요가 없고, 채권자(상대방)는 특정하지 않을 수도 있으며, 법원은 이 신청에 대하여 결정을 하지 아니할 수도 있습니다.

인 도 확 인 서

사건번호 :

이 름 :
주 소 :

 위 사건에서 위 임차인은 임차보증금에 따른 배당금을 받기 위해 매수인에게 목적부동산을 명도 하였음을 확인합니다.
첨부서류 : 매수인 명도확인용 인감증명서 1통

년   월   일

매 수 인   (인)
  연락처(☎)

지방법원   귀중

☞유의사항

1) 주소는 경매기록에 기재된 주소와 같아야 하며, 이는 주민등록상 주소이어야 합니다.

2) 임차인이 배당금을 찾기 전에 이사를 하기 어려운 실정이므로, 매수인과 임차인간에 이사날짜를 미리 정하고 이를 신뢰할 수 있다면 임차인이 이사하기 전에 매수인은 명도확인서를 해줄 수도 있습니다.

배 당 배 제 신 청 서

사건번호   타경   호 부동산 임의경매

신청인 ○ ○ ○
　　주소:

피신 청인(근저당권자)
　　○ ○ ○
　　주소 :

신 청 취 지

귀원 사건번호   호 부동산임의경매사건에 관하여 피신 청인(근저당권자)의 배당을 배제
하고 각 채권자의 권리순위의 비율에 따라 배당할 것을 신청합니다.

신 청 원 인

1. 피신 청인 근저당권자에 대하여

2. 사건경위 등

3. 결어 등

이러한 연유로 신청인은 피신 청인의 배당배제를 요청하오니 인용하여 주시기 바랍니다.

첨부서류:

2014년 1월 일

위 신청인　　　　인

○ ○ 지방법원 경매00계 귀중
(양식은 자유로우니 참고하시고 신청이유를 잘 쓰면 된다.)

배당 액 영수증

사건번호

채 권 자

채 무 자

위 사건에 관하여 집행력 있는 정본에 기한 집행채권액　　원 중 그 일부인　　원을 배당
액으로서 정히 영수함.

년　　　　　　　월　　　　　　　일

위 영수인 채권자(배당요구채권자)　　　　　　　　　　　(인)
　연락처(☎)

지방법원　　　　　귀중

☞유의사항
　채권전부의 배당을 받는 채권자는 배당액지급증을 수령하는 동시에 집행력 있는 정본 또
는 공정증서(채권증서)등을 채무자에게 교부하여야 하고, 채권의 일부만 배당받는 채권자
는 집행력 있는 정본 또는 공정증서(채권증서)등을 제출하여 배당 액을 기입하여 반환받음
과 동시에 배당액 영수증을 제출하셔야 합니다.

배 당 요 구 신 청

사건번호

채 권 자

채 무 자

배당요구채권자

　　○시 ○구 ○동 ○번지

배당요구채권

1. 금　　　원정

　　○ ○ 법원　가단(합) ○ ○호 ○ ○청구사건의 집행력 있는 판결정본에 기한 채권 금

　　　　원의 변제 금

1. 위 원금에 대한　년 ○ 월 ○ 일 이후 완제일까지 연 ○ 푼의 지연손해금

신 청 원 인

　위 채권자 채무자 간의 귀원　타경 ○ ○ 호 부동산강제경매사건에 관하여 채권자는 채무
자에 대하여 전기 집행력 있는 정본에 기한 채권을 가지고 있으므로 위 매각대금에 관하여
배당요구를 합니다.

　　　　　　　　　　　년　　　　　　　　월　　　　　일

　　　　위 배당요구채권자　　　　　　　　　　　　　　(인)

　　　　연락처(☎)

　　　　　　　　　　　지방법원　　　　　　귀중

☞유의사항

　실체법상 우선변제청구권이 있는 채권자, 집행력 있는 정본을 가진 채권자 및 경매신청의
등기 후 가압류한 채권자는 배당요구종기일까지 배당요구 할 수 있으며, 배당요구는 채권
의 원인과 수액을 기재한 서면으로 하여야 합니다.

배당이의의 소(허위의 근저당권에 대하여 배당된 경우)

소 장

원 고 ○○○ (주민등록번호)
○○시 ○○구 ○○동 ○○(우편번호 ○○○-○○○)
전화·휴대폰번호 :
팩스번호, 전자우편(e-mail)주소 :

피 고 ◇◇◇ (주민등록번호 또는 한자)
○○시 ○○구 ○○동 ○○(우편번호 ○○○-○○○)
전화·휴대폰번호 :
팩스번호, 전자우편(e-mail)주소 :

배당이의의 소

청 구 취 지

1. ○○지방법원 20○○타경○○○○ 부동산임의경매신청사건에 관하여 20○○. ○.
   ○. 같은 법원이 작성한 배당표 가운데 피고에 대한 배당 액 금 38,786,000원을 삭제하
   고, 원고에게 금 38,786,000원을 배당하는 것으로 경정한다.
2. 소송비용은 피고의 부담으로 한다.
라는 판결을 원합니다.

청 구 원 인

1. 원고는 ○○지방법원 20○○타경○○○○ 부동산임의경매신청사건의 채무자인 소외
   ◆◆◆에게 금 40,000,000원을 대여하고 변제 받지 못하고 있는데, 소외 ◆◆◆는 위
   경매사건의 목적물인 ○○시 ○○구 ○○동 산 ○○ 임야 ○○○.㎡에 관하여 소외
   ○○은행에게 ○○지방법원 ○○등기소 20○○. ○. ○. 접수 제○○○호로 채권최고
   액 금 60,000,000원인 제1순위 근저당권을 설정해주었고, 소외 ○○은행이 경매를 신
   청할 태세를 보이고 원고도 위 대여금채무의 이행을 여러 차례 독촉하자 아무런 채권채
   무관계가 없는 소외 ◆◆◆의 첫째 아들인 소외 ◉◉◉에게 ○○지방법원 ○○등기소

20○○. ○. ○. 접수 제○○○○호로 채권최고액 금 50,000,000원인 제2순위 근저당권을 허위로 설정해주었으며, 원고는 위 제2순위 근저당권이 설정된 뒤 위 임야에 대하여 가압류를 하고 대여금청구의 소송을 제기하여 승소하였습니다.

2. 그런데 소외 ◆◆◆의 셋째 아들인 피고는 소외 ◉◉◉와 아무런 채권채무관계가 없음에도 불구하고 소외 ◉◉◉의 위 제2순위 근저당권을 양수 받은 것처럼 가장하여 근저당권이전의 부기등기를 마쳤으며, 소외 ◉◉은행이 위 제1순위 근저당권에 기하여 신청한 위 경매사건의 배당절차에서 위와 같이 허위로 설정되고 허위로 이전된 제2순위 근저당권에 기하여 금 38,786,000원을 배당 받았습니다. 그러므로 원고는 배당기일에 출석하여 피고에 대한 배당 액 금 38,786,000원을 삭제하고, 원고에게 금 38,786,000원을 배당하여야 한다는 배당이의를 진술하였습니다.

3. 따라서 원고는 청구취지와 같은 배당표의 변경을 구하고자 이 사건 소제기에 이르렀습니다.

입 증 방 법

1. 갑 제1호증   부동산등기부등본
2. 갑 제2호증   호적등본
3. 갑 제3호증의 1 내지 3   각 최고서
4. 갑 제4호증   사실확인서

첨 부 서 류

1. 위 입증방법   각 1통
2. 소장부본   1통
3. 송달료납부서   1통

2016. ○. ○.

위 원고 ○○○ (서명 또는 날인)

○○지방법원 귀중

관할법원	배당법원(민사집행법 제156조)		
제출부수	소장원본 1부 및 피고수 만큼의 부본 제출	관련법규	민사집행법 제154조, 제160조 제1항 제5호
불복절차 및 기간	·항소(민사소송법 제390조) ·판결서가 송달된 날부터 2주 이내(민사소송법 제396조 제1항)		
비 용	·인지액 : ○○○원(☞산정방법) ※ 아래(1)참조 ·송달료 : ○○○원(☞예납기준표)		
기 타	·채권자의 다른 채권자에 대한 배당이의 : 기일에 출석한 채권자는 자기의 이해에 관계되는 범위 안에서는 다른 채권자를 상대로 그의 채권 또는 그 채권의 순위에 대하여 배당이의를 할 수 있음(민사집행법 제151조 제3항). ·배당이의의 소제기의 증명 : 다른 채권자에 대하여 이의한 채권자는 배당이의의 소를 제기하여야 하고, 배당기일부터 1주 이내에 집행법원에 배당이의의 소제기증명을 제출하지 아니하면 법원은 이의가 취하된 것으로 보고 유보되었던 배당을 실시하므로 소제기증명서, 변론기일소환장 등을 제출하여 소제기를 증명해야 함(민사집행법 제154조 제1항, 제3항). ·허위의 근저당권에 대하여 배당이 이루어진 경우, 통정한 허위의 의사표시는 당사자 사이에서는 물론 제3자에 대하여도 무효이고 다만, 선의의 제3자에 대하여만 이를 대항하지 못한다고 할 것이므로, 배당채권자는 채권자취소의 소로써 통정허위표시를 취소하지 않았다 하더라도 그 무효를 주장하여 그에 기한 채권의 존부, 범위, 순위에 관한 배당이의의 소를 제기할 수 있음(대법원 2001. 5. 8. 선고 2000다9611 판결). ·채권자가 제기하는 배당이의의 소는 대립하는 당사자인 채권자들 사이의 배당 액을 둘러싼 분쟁을 해결하는 것이므로, 그 소송의 판결은 원·피고로 되어 있는 채권자들 사이에서 상대적으로 계쟁 배당부분의 귀속을 변경하는 것이어야 하고, 따라서 피고의 채권이 존재하지 않는 것으로 인정되는 경우 계쟁 배당부분 가운데 원고에게 귀속시키는 배당 액을 계산함에 있어서 이의신청을 하지 아니한 다른 채권자의 채권을 참작할 필요가 없으며, 이는 이의신청을 하지 아니한 다른 채권자 가운데 원고보다 선순위의 채권자가 있다 하더라도 마찬가지임(대법원 2001. 2. 9. 선고2000다41844 판결). ·배당이의 소송에 있어서 원고는 배당이의 사유를 구성하는 사실에 대하여 주장·입증하지 아니하면 아니 되므로, 상대방의 채권이 가장된 것임을 주장하여 배당이의를 신청한 채권자는 이에 대하여 입증책임을 부담함(대법원 1997. 11. 14. 선고 97다32178 판결).		

※ (1) 인지

소장에는 소송목적의 값에 따라 민사소송등인지법 제2조 제1항 각 호에 따른 금액 상당의 인지를 붙여야 한다. 다만, 대법원 규칙이 정하는 바에 의하여 인지의 첩부에 갈음하여 당해 인지액 상당의 금액을 현금으로 납부하게 할 수 있는바, 현행 규정으로는 인지 첩부 액이 20만원을 초과하는 경우에는 현금으로 납부하여야 함(민사소송 등 인지규칙 제27조 제1항).

법원 보관금 환급신청서

사건번호   타경   호

채 권 자

채 무 자

위 사건에 관하여 신청채권자가 납부한 경매예납잔여금의 환급을 신청합니다.

환급청구금액   원

신청인 주소

신청인 주민등록번호

년   월   일

신청인(채권자)   (인)

연락처(☎)

지방법원   귀중

☞유의사항

1) 환급청구금액을 정확히 알지 못하는 경우 공란으로 제출하시고 신청인은 주민등록증과
   도장을 지참하십시오.

2) 대리인에게 위임시 위임장과 인감증명을 제출하여야 합니다.

보 정 서

사건번호

채 권 자

채 무 자

 귀원의 보정명령에 대하여 다음과 같이 보정합니다.

다   음

1.

2.

3.

년   월   일

신청인(채권자)   (인)

연락처(☎)

☞유의사항

  보정명령이 송달되면 흠결사항을 보정 기간내에 하셔야 합니다. 만약 그 기간을 어기면 불이익을 받을 수 있기 때문에 보정이 어려울 경우에는 기간연장을 받는 등 처리경과를 해당 경매 계에 알려 주어야 합니다.

부기 및 환부신청서

사건번호　타경　　호　부동산　경매

채 권 자

채 무 자

　위 당사자 간의 위 사건에 관하여 귀원에서 배당을 실시하고 채권중 아직 나머지 잔액이 있
으므로 후일을 위하여 채권원인 증서에 배당 액을 부기하여 채권원인증서를 환부하여 주시
기 바랍니다.
첨　부 : 영수증

년　　　　　월　　일

신청인(채권자)　　　　　(인)
연락처(☎)

지방법원　　　　귀중

☞유의사항
채권원인증서 사본이 있을 경우에는 지참하시기 바랍니다.

부동산경매개시결정에 대한 이의신청

사건번호

신청인(채무자 겸 소유자)

　○시 ○구 ○동 ○번지

피신 청인(채권자)

　○시 ○구 ○동 ○번지

신 청 취 지

1. ○ ○지방법원 년 월 일자로 별지목록기재 부동산에 대한 매각허가결정을 취소하고, 이
사건 경매신청을 기각한다.

라는 재판을 구함.

신 청 이 유

1. 신청인이 피신 청인으로부터 년 월 일 채권 최고액 금 　원의 근저당권설정계약을 체결하여
피신 청인 청구금액의 금원채무를 신청인이 부담하고 있는 사실 및 위 채무불이행으로 인하여
피신 청인이 경매를 신청하여 년 월 일자 경매개시결정된 사실은 인정한다.

2. 위 부동산의 경매개시결정된 후 신청인은 변제를 위하여 최선을 다하였으나 매각허가결
정 후에야 피신 청인에게 원금 　원에다 년 월 일부터 　년 월 일(완제일)까지 연 %의
지연이자 　원 및 경매비용 　원 합계금 　원정을 변제하고 위 경매신청을 취하하였습
니다.

3. 그러나 매수인은 위 경매신청 취하에 동의치 않으므로 부득이 본 이의신청으로 신청취지
와 같은 재판을 구합니다.

첨 부 서 류

1. 경매취하서 　　　　　　1통
1. 변제증서 　　　　　　1통

년 　　　　　　월 　　　　　　일

위 신청인(채권자) 　　　　(인)

연락처(☎)

지방법원 　　　　귀중

☞유의사항

1) 경매개시결정후 매수인의 동의가 없을 때 사용하는 양식입니다.

2) 신청서에는 1,000원의 인지를 붙여 1통을 집행법원에 제출하고, 이의재판정본 송달료
를(2회분) 납부하여야 합니다.

부동산 일괄매각 신청

사건번호

채 권 자

채 무 자

위 사건에 관하여 매각 목적 부동산들은 모두가 일단을 이루고 있는 부동산으로서 이들을 모두 동일인에게 매수시키는 것이 경제적 효용가치가 높을 뿐 아니라, 이들이 분할매각 됨으로써 장차 복잡한 법률관계의 야기를 사전에 예방하기 위하여 이를 일괄 매각하여 주시기 바랍니다.

년   월   일

(채권자)   (인)
연락처(☎)

지방법원   귀중

☞유의사항

수개의 부동산에 관하여 동시에 경매신청이 있는 경우에는 부동산별로 최저 입찰가격을 정하여 매각하는 개별매각이 원칙이나, 법원은 이해관계인의 합의에 구애되지 않고 일괄매각을 결정할 수도 있습니다.

주택임차권등기명령신청서

		수입인지 2000원
신청인(임차인)	(이름)	(주민등록번호 : -)
	(주소)	
	(연락처)	
피신 청인(임대인)	(이름)	
	(주소)	

신 청 취 지

별지목록 기재 건물에 관하여 아래와 같은 주택임차권등기를 명한다라는 결정을 구합니다.

아 래

1. 임대차계약일자 :	20 . . .
2. 임차보증금액 :	금 원, 차임 : 금 원
3. 주민등록일자 :	20 . . .
4. 점유개시일자 :	20 . . .
5. 확 정 일 자 :	20 . . .

신 청 이 유

첨 부 서 류

1. 건물등기부등본	1통
2. 주민등록등본	1통
3. 임대차계약증서 사본	1통
4. 부동산목록	5통

20 . . .

신청인 (인)

○○ 지방법원 ○○지원 귀중

변 경

매각기일   신청서

연 기

사건번호   타경   호

채 권 자

채 무 자

위 사건에 관하여   . . . : 로 매각기일이 지정되었음을 통지받았는바 사정으로 그 변경(연기)을 요청하오니 조치하여 주시기 바랍니다.

년   월   일

(채권자)   (인)

연락처(☎)

지방법원   귀중

집행관 송달신청서

사건번호

채 권 자

채 무 자

소 유 자

　위 사건에 관하여 소유자는 경매신청서에 기재된 주소지에 거주하고 있으면서 고의로 송달을 불능 시키고 있으니 귀원 집행관으로 하여금 송달토록 하여 주시기 바랍니다.

첨 부 서 류

1. 주민등록등본　　　　　　　1통

년　　　　　　월　　　　일

　　　(채권자)　　　　　(인)

　　　연락처(☎)

지방법원　　　　귀중

채 권 계 산 서

사건번호

채 권 자

채 무 자

위 사건에 관하여 배당요구채권자 ○ ○ ○는 아래와 같이 채권계산서를 제출합니다.

년   월   일

채권자(배당요구채권자)   (인)
연락처(☎)

지방법원   귀중

아   래

1. 원금   원정

   (단   년 ○ 월 ○ 일자 대여금)

1. 이자   원정

   (단   년 ○ 월 ○ 일부터   년 ○ 월 ○ 일까지의 연 ○푼의 이율에 의한 이자금)

1. 기타(집행비용 등 필요할 경우 기재)

합계 금   원정

☞유의사항

1) 집행법원의 제출최고에 의하여 제출하는 채권계산서에는 ①채권의 원금, ②이자, ③비
   용, ④기타 부대채권을 기재합니다.

2) 인지는 붙이지 않고 1통을 제출합니다.

채 권 상 계 신 청 서

사건번호 　타경　　호
채 권 자
채 무 자

　위 사건에 관하여 매수인이 납부할 매각대금을 민사집행법 제143조 제2항에 의하여 매수인이 채권자로서 배당받을 금액한도로 상계하여 주시기 바랍니다.

　　　　　　　　　　년　　　　　　　월　　　　　　　일

　　　　　　　　　　　매수인 겸 채권자　　　　　(인)
　　　　　　　　　　　연락처(☎)

　　　　　　　　　　　　　지방법원　　　　귀중

☞유의사항
1) 채권자가 매수인인 경우에 그 채권의 배당 액이 매입대금을 지급함에 충분한 때에는 매입대금의 상계로 채권이 소멸될 수 있습니다.
2) 이미 배당기일이 정해져 있는 경우에는 상계신청으로 인하여 배당기일은 새로 지정될 수 있습니다.

항 고 장

사 건   타경   호 부동산임의(강제)경매

항고인(채무자) ○ ○ ○

　　　　주소

　위 사건에 관하여 귀원이 년 월 일에 한 결정은 년 월 일에 그 송달을 받았으나, 전부 불복이므로 항고를 제기합니다.

원결정의 표시

항 고 취 지

원결정을 취소하고 다시 상당한 재판을 구함.

항 고 이 유

첨 부 서 류

1.

2.

　　　　　　　년　　　　　　　월　　　　　　　일

　　　　　위 항고인

　　　　　연락처(☎)

　　　　지방법원　　　　　　　　귀중

☞유의사항

1) 이해관계인은 매각허부여부의 결정에 따라 손해를 볼 경우에만 그 결정에 대하여 즉시항고를 할 수 있고 매각허가에 정당한 이유가 없거나 결정에 적은 것 외의 조건으로 허가하여야 한다고 주장하는 매수인 또는 매각허가를 주장하는 매수신고인도 즉시항고를 할 수 있습니다.

2) 매각허가결정에 대한 항고는 민사집행법에 규정한 매각허가에 대한 이의신청사유가 있다거나, 그 결정절차에 중대한 잘못이 있다는 것을 이유로 드는 때에만 할 수 있습니다.

3) 매각허가결정에 대하여 항고를 하고자 하는 사람은 보증으로 매각대금의 10분의 1에 해당하는 금전 또는 법원이 인정한 유가증권을 공탁하여야 합니다.

참고문헌

I. 국내문헌

[단행본]

강대성, 「민사집행법」, 탑북스, 2011.

강석희, 「실전경매」, 범론사, 2006.

강영호 외 5인, 「법률용어사전」, 청림출판사, 2009.

강해규 외 9인, 「부동산경매컨설팅」, 형설출판사, 2006.

김준호, 「민법강의」, 제19판, 법문사, 2013.

김정호, 「민사집행법 조문판례집」, 법학사, 2019

곽윤직, 「물권법 제7판」, 박영사, 2011.

굿옥션, 「핵심경매실무」, 도서출판 풍경소리, 2008.

김형배, 「민법학강의」, 신조사, 2010.

박정기·서승덕, 「경매비법」, 삼영사, 2008.

박용석, 「부동산경매첫걸음」, 위즈덤하우스, 2007.

법원공무원교육원, 「민사집행실무 I」, 한양당, 2012.

_____, 「민사집행실무 II」, 한양당, 2012.

법원행정처, 「법원실무제요 민사집행(II)」, 2003.

배병한, 「민사집행법」, 형설출판사, 2011.

손진홍, 「부동산권리분석과 배당」, 법률정보센타, 2011.

송순근, 「민사집행개론」, 매경출판, 2010.

이승우, 「헌법학」, 두남출판사, 2009.

이시윤, 「신민사집행법 제5판」, 박영사, 2009.

임윤수, 「민법강의 제5판」, 형설출판사, 2011.

임윤수, 「부동산공시법」, 2013.

윤 경, 「주석 민사집행법(III)」, 한국사법행정학회, 2007.

장희순·방경식, 「부동산학개론 제3판」, 부연사, 2007.

조성민, 「물권법 제2판」, 두성사, 2004.

지원림, 「민법강의 제10판」, 홍문사, 2012.

최광석, 「부동산유치권(부동산판례시리즈)」, 도서출판 로티스, 2009.

홍완기, 「민사집행법」, 형설출판사, 2007.

논문

강희숙, "부동산경매절차에 있어서 유치권 행사에 관한 법정책적 연구", 동아대학교 박사학
　　위논문, 2011.

김기찬, "부동산경매에서 유치권의 개선에 관한 연구", 건국대학교 박사학위논문, 2008.

손진홍, "유치권자의 신청에 의한 경매", 법조 제61권 제9호, 법조협회, 2012.

손한기, "민사소송법 개정작업의 방향과 그 주요내용", 법학논총 제14집, 한양대학교 법학연
　　구소, 1997.

윤진수, "유치권 및 저당권설정청구권에 관한 민법 등 개정안 해설", 유치권 제도 개선을 위
　　한 민법·부동산등기법·민사집행법 개정안 공청회, 법무부, 2012.

이석근, "부동산경매상 유치권에 관한 연구(문제점과 개선방안을 중심으로)" 가천대학교 박
　　사학위논문, 2012.

이석근·권영수, "부동산집행절차에 있어 유치권의 문제" 한국부동산중개학회지 제6집(별
　　쇄), 2012.

임윤수·민선찬, "부동산집행절차와 유치권자의 지위", 법학연구 제46집, 한국법학회,
　　2012.

임윤수·신승만·이석근, "상가권리금의 거래행태 분석 및 법제화 방안", 한국법학회 법학연
　　구 제56집, 2014.12.

전경운, "물권적 청구권의 본질과 비용부담에 관한 소고", 비교사법 제8권 제2호(통권15호),
　　한국비교사법학회, 2000.

최경진, "물건 개념의 변화에 따른 담보 및 공시제도의 개선에 관한 연구", 중항법학 제9집
　　제3호, 중앙법학회, 2007.

찾아보기

ㄱ

가등기 75, 310
가압류(假押留) 85, 160
가압류채권자 55
가처분 165
가처분권자 55
각하 310
감정인 310
감정평가 32
감정평가액 311
강제경매 16, 20, 311
강제경매개시결정등기 150
강제경매신청등기 168
강제집행 311
건물 63
경매개시결정 312
경매물건명세서 313
경매신청 23
경매신청취하 313
경매절차 21
경정등기 313
계약갱신요구권 241
공동경매 313
공매 156, 314
공유자우선매수청구권 151
공탁 314
과밀억제권역 250
과잉매각 314

ㄱ

구분지상권 133, 315
권리관계 315
권리분석 61, 67
권리증명 57
근저당 162
근저당권 95
금전집행 316
기간입찰 316
기입등기 316

ㄴ

낙찰기일 317
낙찰허가결정 317
농어촌특별세 297
농지법 318

ㄷ

다세대주택 318
단기시효 318
담보가등기 167, 319
담보물권 319
담합입찰 319
당해세 319
대리입찰 320
대위변제 147, 165
대지권 69
대집행 320
대항력 243

독립정착물	62	법정지상권	74
동시배당	201, 322	변경등기	331
등기지연서 과태료	322	별제권	331
등록세	297	보전가등기	167
		부기등기	333
ㅁ		부동산경매	14
말소기준권리	72	부동산환매권	333
매각결정기일	323	부합물	68, 283
매각대금	37	분묘기지권	98
매각물건명세서	33, 324	분할채권	334
매각허가결정	36, 324	비용상환청구권	109
매도담보	325		
매립지	325	**ㅅ**	
매수보증금	325	사도	334
매수신고인	325	상가건물임대차보호법	129, 236
매수청구권	326	소멸주의	22, 72
맹지	326	소유권보전가등기	164
멸실등기	326	송달사례	292
명도소송	287	순환배당	192
명도집행	289	순환흡수배당	194, 195, 196
물권	64	신경매	337
물권법정주의	328	실질적 경매	16
미필적고의	328		
민사소송법	328	**ㅇ**	
		안분배당	194, 196
ㅂ		양도소득세	298
반독립정착물	63	예고등기	73, 103, 104, 169, 338
배당	48, 329	예비등기	338
배당순위표	172	용익물권	75
배당요구	175	우선매수권	338
배당요구채권자	330	우선변제권	244
배당절차	330	유치권	74, 105
법인입찰	330	이시배당	202, 340
법정대위	331	이의신청권	54

이중경매신청 43
이행지 340
인낙조서 340
인도명령 280, 284
인수주의 22, 73
일괄매각 341
일반가등기권자 55
임금채권자 55
임대사례비교법 342
임대차관계조사서 342
임의경매 16, 20
임차권 165
임차권등기 126
임차주택 233
입금증명서 343
입찰 35
입찰보증금 343
입찰자 173

ㅈ

자연취락지구 344
재경매 345
재매각 38
적산법 345
전대차관계 245
전세권 130, 164
점유이전금지가처분 88, 89
조세 197
종물 69
종속정착물 63
주택임대차보호법 212, 252, 348
준농림지역 348
중로한면 348
증감요구권 245

지분경매 349
지상권 132
지역권 144
질권 350
집행명의 351

ㅊ

차순위매수신고인 351
채권 66, 182
채권상계신청 352
채권자 173
처분금지가처분 89
체납관리비 292
체납압류 168
체납압류등기 150
촉탁등기 354
최우선변제권 244
최저경매가격 355
취득세 296

ㅌ

토지 62
토지별도등기 70
특별매각조건 356
특수지역권 145
특수흡수배당 193

ㅍ

판례 180
포락지 357

ㅎ

합유 359

현황조사	30	확정일자	246
형식적 경매	15	환매등기	76, 145, 166
호가경매	360	흡수배당	188

저자약력

● 이석근

- 가천대학교 행정대학원 졸업(부동산학 석사)
- 가천대학교 대학원 졸업(법학박사)
- 가천대학교 행정대학원 부동산학과 겸임교수
- 서일대학교 자산법률학과 겸임교수
- NCS(국가직무능력표준)경·공매 개발위원
- 한국지방세연구원 교수

〈논문〉

- 「부동산경매상 유치권에 관한 연구」
  (문제점과 개선방안을 중심으로)
- 「부동산경매절차에 있어 유치권의 문제」
- 「상가권리금의 거래행태 분석 및 법제화 방안」

〈저서〉

- 「부동산경매 이론과 실무」(현학출판사)

● 임윤수

- 가천대학교 법과대학 졸업(법학사)
- 가천대학교 대학원 졸업(법학박사)
- 서일대학교 사회교육원 교무처장 역임
- 서일대학교 보육교사교육원 원장 역임
- 서일대학교 기획홍보처장/사무처장 역임
- 서일대학고 자선법률학과 교수
- 한국법학회 부회장, 한국감정평가협회 부회장
- 한국감정평가협회 감정평가심의위원
- 남양주시/양평군 분양가상한제심의위원회 위원장
- 공인중개사 및 주택관리사 출제위원
- 서울시공무원시험 및 부동산권리분석사 출제위원
- NCS(국가직무능력표준) 경·공매 개발위원

〈논문〉

- 「주택임차인의 지위강화에 관한 연구」(법학박사논문)
- 「주택임대차의 비교법적 분석」
- 「한국주택사업의 시행과 관리에 관한 연구」

- 「주거환경정비사업상 영업권 보상에 관한 연구」
- 「도시재생사업의 활성화를 위한 법제 개선방안」
- 「부동산취득시효에 관한 연구」
- 「부동산집행절차의 유치권자의 지위」
- 「가등기 실체법적 효력에 관한 연구」
- 「상가건물임차인의 권리금에 관한 연구」
- 「상가임차인의 계약갱신요구권과 묵시적 갱신의 관계」
- 「상가권리금의 거래행태 분석 및 법제화방안」외 다수

〈저서〉

- 「민법강의 ⅠⅡ」(형설출판사)
- 「부동산공시법」(형설출판사)
- 「생활과 법률」(삼영사)

● 장희헌

- 가천대학교 행정대학원 졸업(부동산학 석사)
- 서일대학교 자산법률학과 겸임교수
- 공인중개사, 권리분석사, 빌딩경영관리사,
- 분양상담사
- 부동산 자문 및 중개업사무소 대표

〈논문〉

- 「주택 양도소득세 과세체계에 관한 연구」

〈개정판〉 부동산 경·공매론

1판 1쇄 발행 2021년 09월 05일
1판 3쇄 발행 2024년 03월 04일
저   자 이석근·임윤수·장희헌
발 행 인 이범만
발 행 처 **21세기사** (제406-2004-00015호)
경기도 파주시 산남로 72-16 (10882)
Tel. 031-942-7861   Fax. 031-942-7864
E-mail : 21cbook@naver.com
Home-page : www.21cbook.co.kr
ISBN 978-89-8468-998-5

정가 32,000원